新疆生产建设兵团第十一师史志丛书

兵团建工集团志

(1992—2015)

新疆生产建设兵团建设工程（集团）有限责任公司史志编纂委员会　编

方志出版社
Publishing House of Local Records

图书在版编目（CIP）数据

兵团建工集团志 ：1992—2015 / 新疆生产建设兵团建设工程（集团）有限责任公司史志编纂委员会编. —北京 ：方志出版社，2022.11

ISBN 978-7-5144-5253-2

Ⅰ. ①兵… Ⅱ. ①新… Ⅲ. ①生产建设兵团－概况－新疆－1992-2015 Ⅳ. ①F324.1②F327.45

中国版本图书馆 CIP 数据核字(2022)第 221795 号

责任编辑：程倩
责任校对：刘玉霞
责任印制：梅中英
出 版 者：方志出版社
地　　址：北京市朝阳区潘家园东里 9 号（国家方志馆 4 层）
邮　　编：100021
网　　址：http://www.zgfzcb.cn
发　　行：方志出版社图书营销中心（010-67110500）
印　　刷：山东黄氏印务有限公司
开　　本：889 毫米×1194 毫米　1/16
印　　张：24
字　　数：528 千字
版　　次：2022 年 11 月第 1 版
印　　次：2022 年 11 月第 1 次印刷
定　　价：300.00 元

兵团建工集团史志编纂委员会

主　　任　夏建国　傅志训

副 主 任　张景峰

委　　员　张　辉　江　涛　付大泉　王丽荣　李贵琴

　　　　　闻永辉　刘小军　夏　鹏　于远征　王　新

　　　　　黄　华　康　领　王　燕

《兵团建工集团志（1992—2015）》编纂人员

主　　编　闻永辉

编　　辑　杨露敏　单清平　周春梅　张洪莉

　　　　　邹丹丹　樊姝彤　张一嘉

《兵团建工集团志（1992—2015）》提供资料部门

综合办公室　党群工作部（宣传部）　组织部（人力资源部）

纪检监事办公室　经营管理部　财务金融部　战略发展部

商务工作部　工程管理中心　安全环保部　审计部　法律事务部

《兵团建工集团志（1992—2015）》提供资料单位

北新路桥集团　兵团水利水电集团　兵团建工一建　兵团四建

北新建筑公司　北新房产公司　兵团五建　兵团六建　北新国际公司

北新建材工业集团　北新土木公司　兵团建科院　金来公司

兵团交通建设公司

序

夏建国[①] 张景峰[②]

岁月的每一份辉煌，事业的每一次成功，真实地记载着我们执着的追求和不懈的努力。在推进党史学习教育常态化、长效化期间，《兵团建工集团志（1992—2015）》终于付梓成书，可喜可贺。这是兵团建工集团文化建设的优秀成果，更是兵团建工集团党委带领全体员工奋发图强、艰苦创业、开拓进取的生动写照。

兵团建工集团自创建伊始，坚持以经济建设为中心，以造福广大员工为目标，开拓创新、求真务实，在新疆广袤的大地上兴修水利、修建道路、架设桥梁、建造电站、兴建工厂、建设城市，形成铁路、水利、公路、房建、市政“五大板块”和疆内、疆外、海外“三大市场”。兵团建工集团及其子公司拥有房屋建筑工程、公路工程总承包双特级资质和房屋建筑工程、市政、水利水电、公路、铁路等施工总承包一级资质10余项，各类专业一级资质20余项。在18个国家、国内21个省区参与建设施工。目前兵团建工集团发展成为以建设施工为主业，集投融资、房地产开发、国际工程、建材工业、商贸物流、科研设计为一体的多元化、现代化、国际化的大型企业集团。

近年来，兵团建工集团通过不懈努力，先后5次入围中国企业500强；获得第四届中国质量奖提名奖；在“全球最大250家国际承包商”中列第113名；被评为中国对外承包工程信用AAA级企业、全国商务系统先进集体和优秀施工企业。承建的工程项目先后多次荣获“鲁班奖”“詹天佑奖”“国家市政工程金奖”和“新中国成立60周年百项经典暨精品工程奖”等国家级、省部级优质工程奖，累计获得各类奖项百余项。同时，获国家级、省部级科学技术进步奖数项，其中承建的青藏铁路获得国家科学技术进步特等奖。

修志以存史，知史而鉴今。《兵团建工集团志（1992—2015）》以翔实、准确的资料，全面、真实地记述兵团建工集团24年的政治、经济、文化、社会等方面的历史和现状，反映了企业的发展规律，体现了兵团精神，具有很强的可读性。该志书是一部认识、了解、研究兵团建工集团发展的资料性著述，具有重要的“资政、育人、存史”功能和价值，对于兵团建工集团各级领导干部和员工读史明鉴、提高能力，助推兵团建工集团高质量发展都大有裨益。

回望征程，心生崇敬。在此，我们代表兵团建工集团党委，向历届老领导、老同志及全体员工致以崇高的敬意；向为本志书编纂、出版笔耕不辍、辛勤付出的全体人员，致以由衷的谢意！

---

① 夏建国：兵团建工集团党委书记、董事长

② 张景峰：兵团建工集团党委副书记、董事、工会主席

凡 例

一、指导思想 本志书以马克思列宁主义、毛泽东思想、邓小平理论、“三个代表”重要思想、科学发展观、习近平新时代中国特色社会主义思想为指导，坚持辩证唯物主义和历史唯物主义的立场、观点和方法，力求实事求是地反映兵团建工集团1992—2015年的政治、经济、文化、职工生活的发展状况，充分展示企业的发展历程和经验成果，以充分发挥地方志书“资政、存史、育人”的作用。

二、体例结构 本志书的体例采用述、记、传、表、图、录等体裁，以志为主体，图、表穿插其中。文体采用语体文、记叙体，分类归属，横排竖写，据事直书、述而不论。志书结构体例采用章、节、目排列，全书共设20章、91节。

三、断限 本志书上限从1992年8月公司组建起始，下限截至2015年12月。为记叙事物的完整性，个别建筑工程项目下限作了下延。

四、人物集体说明 本志书人物记述采用传略、简介、表录形式。人物传收录已故兵团建工集团主要领导干部，以卒年排序。人物章节收录兵团建工集团高管层领导干部，自治区劳动模范，兵团劳动模范、先进个人。先进集体章节收录兵团建工集团及所属企业获国家、自治区、兵团表彰的先进集体事迹。

五、名称使用 本志书在行文中的地名、人名、政权机构、单位名称、会议届次首次使用全称之后用简称。如新疆维吾尔自治区简称自治区，新疆生产建设兵团简称兵团，新疆生产建设兵团建筑工程第一师简称工一师，新疆生产建设兵团建筑工程师简称建工师，新疆农垦建筑安装工程总公司简称农垦建安总公司，新疆兵团建筑安装工程总公司简称兵团建安总公司，新疆生产建设兵团建设工程（集团）有限责任公司简称兵团建工集团。

六、数字用法 本志书数字用法、标点符号使用均执行中国国家标准化管理委员会发布，2011年11月1日实施的《出版物上数字用法》以及2012年6月1日实施的《标点符号用法》。

七、计量单位 本志书中计量单位的使用，按照国务院1984年2月27日颁布的《中华人民共和国法定计量单位》规定执行。计量单位统一使用中文。

八、资料来源 本志书入选资料主要来自企业档案室、机关各部门及兵团建工集团、师档案局主管部门档案，经过单位领导审核，一般不再标明出处。本志书采用的国民经济和社会发展相关数据，工程建设数据由于统计口径不同，个别数字会有不同，以专业部门提供的数据为准。

获得荣誉

①

②

③

④

⑤

⑥

① 2007 年 12 月，新疆生产建设兵团建设工程集团第一建筑安装工程有限公司承建的新疆生产建设兵团机关综合楼获“中国建筑工程鲁班奖”奖杯

② 2004 年 11 月，新疆生产建设兵团建筑安装工程总公司承建的西安绕城高速公路（北段）获“第四届土木工程詹天佑奖”奖杯

③ 2005 年 3 月，新疆生产建设兵团建设工程（集团）有限责任公司承建的青藏铁路工程获“火车头”奖杯

④ 2009 年 10 月，新疆生产建设兵团建设工程（集团）有限责任公司承建的青藏铁路工程获“新中国成立 60 周年百年经典暨精品工程”奖杯

⑤ 2009 年 11 月，新疆北新建设工程（集团）有限责任公司获“2009 中国对外承包工程企业社会责任银奖”

⑥ 2004 年 11 月，新疆生产建设兵团建设工程（集团）有限责任公司获“中华诚信鼎”奖杯

①

②

③

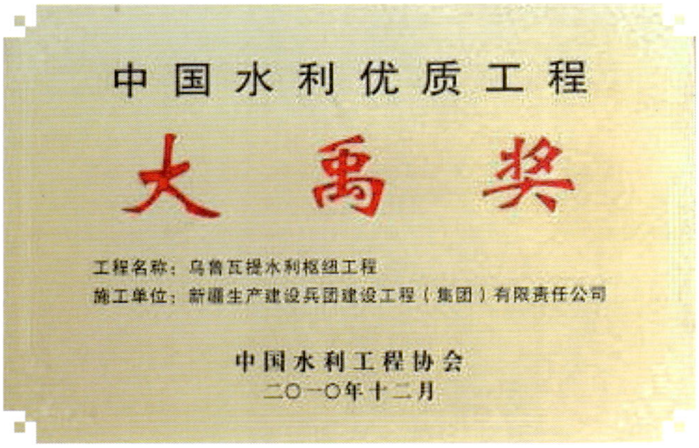

④

⑤

① 2004 年 11 月，新疆兵团建筑安装工程总公司承建的西安绕城高速公路（北段）获“第四届詹天佑土木工程大奖”证书

② 2006 年 12 月，新疆兵团第六建筑安装工程公司承建的石河子大学医学院附属医院住院二部获“中国建筑工程鲁班奖”奖牌

③ 2007 年 12 月，新疆生产建设兵团建设工程集团第一建筑安装工程有限责任公司承建的新疆生产建设兵团机关综合楼获“中国建筑工程鲁班奖”奖牌

④ 2010 年 12 月，新疆生产建设兵团建设工程（集团）有限责任公司承建的乌鲁瓦提水利枢纽工程获“中国水利优质工程大禹奖”奖牌

⑤ 2011 年 2 月，新疆生产建设兵团建设工程（集团）有限责任公司承建的新疆乌鲁瓦提水利枢纽工程荣获“第十届中国土木工程詹天佑奖”证书

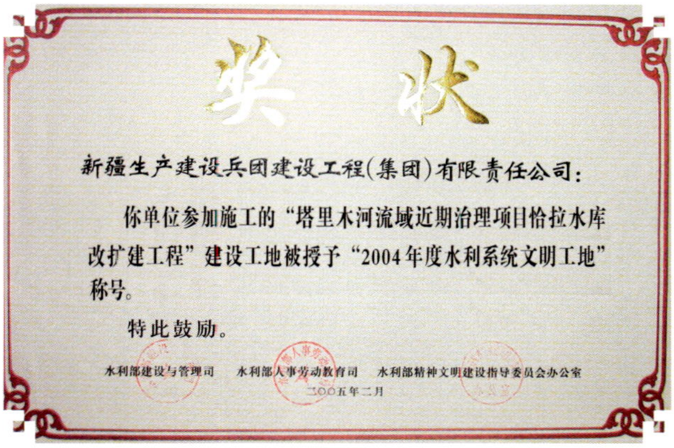

①

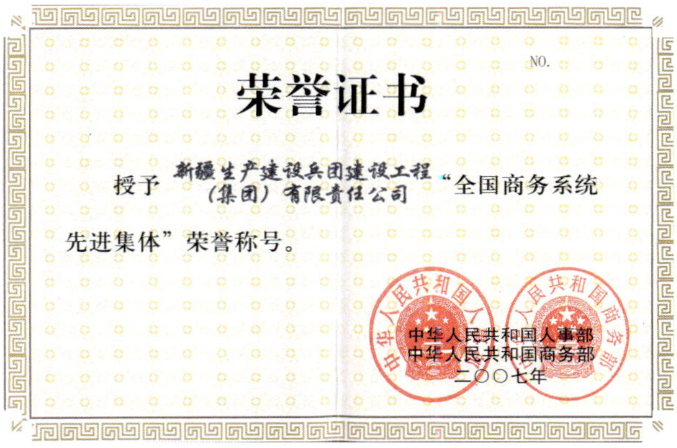

②

③

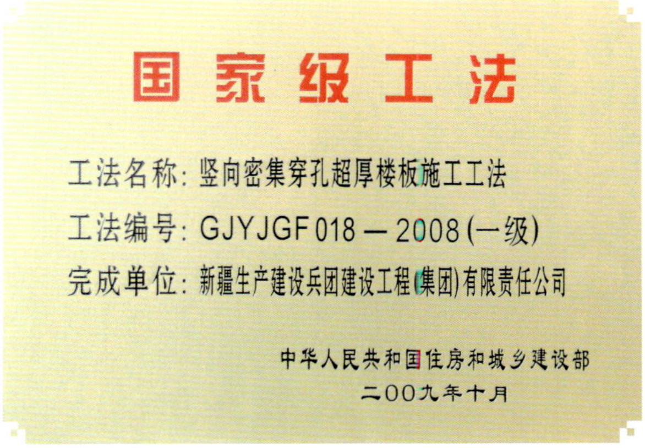

④

⑤

① 2005 年 2 月，新疆生产建设兵团建设工程（集团）有限责任公司承建的塔里木河流域近期治理项目恰拉水库改扩建工程获“2004 年度水利系统文明工地”称号

② 2007 年，新疆生产建设兵团建设工程（集团）有限责任公司获“全国商务系统先进集体”称号

③ 2008 年 12 月，新疆生产建设兵团建设工程（集团）有限责任公司承建的青藏铁路工程获“国家科学技术进步奖”

④ 2009 年 10 月，新疆生产建设兵团建设工程（集团）有限责任公司申报的竖向密集穿孔超厚楼板施工工法获“国家级工法”

⑤ 2021 年 9 月，新疆生产建设兵团建设工程（集团）有限责任公司评为“中国企业 500 强第 462 名”

①

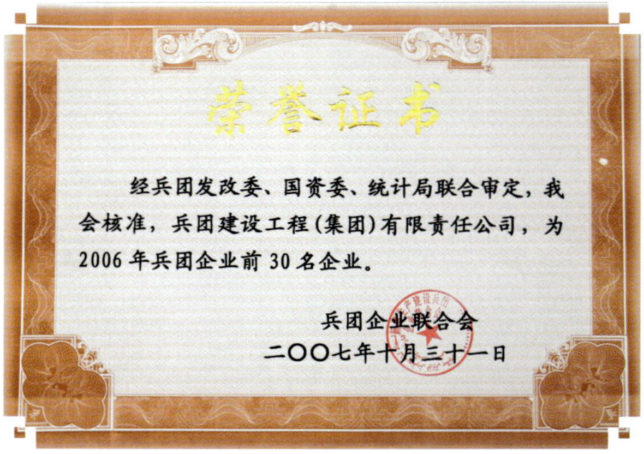

②

③

④

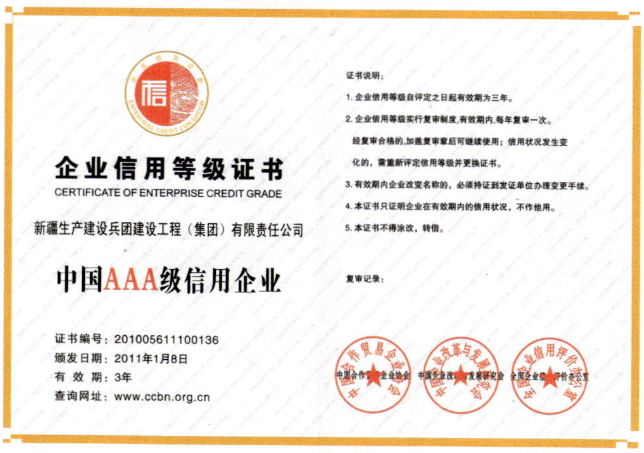

⑤

① 2004年，新疆生产建设兵团建设工程（集团）有限责任公司获“全国优秀施工企业”称号

② 2007年10月，兵团建设工程（集团）有限责任公司获“2006年兵团企业前30名企业”称号

③ 2009年3月，新疆生产建设兵团建设工程（集团）有限责任公司获“二〇〇八年度全国优秀施工企业”称号

④ 2009年11月，新疆北新建设工程（集团）有限责任公司获“2009中国对外承包工程企业社会责任银奖”

⑤ 2011年1月，新疆生产建设兵团建设工程（集团）有限责任公司获“中国AAA级信用企业”称号

①

②

③

④

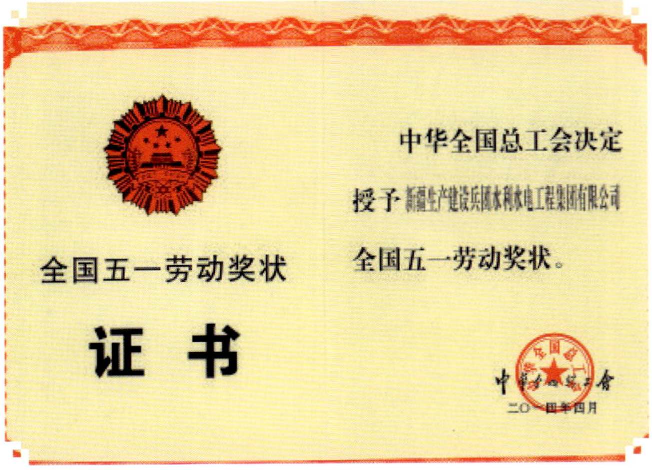

⑤

①2003年3月，新疆生产建设兵团建设工程（集团）有限责任公司获“自治区建设系统精神文明建设先进单位”称号

②2007年5月，新疆生产建设兵团建设工程（集团）有限责任公司获“开发建设新疆奖状”

③2011年1月，新疆生产建设兵团建设工程（集团）有限责任公司获“2010年执行援助巴基斯坦任务先进单位”称号

④2012年10月，新疆生产建设兵团建设工程（集团）有限责任公司获“中国建筑业竞争力百强企业”称号

⑤2014年4月，新疆生产建设兵团水利水电工程集团有限责任公司获“全国五一劳动奖状”

2020 年 12 月 15 日，兵团建工集团党委“落实新发展理念，扎实推进集团高质量发展”大学习大讨论会议召开（王婷婷　摄）

2021 年 4 月 11 日，兵团建工集团一届六次党委（扩大）会议召开（王婷婷　摄）

2021 年 4 月 11 日 兵团建工集团一届五次职工代表大会召开　　（王婷婷　摄）

2021 年 12 月 20 日，中国共产党新疆生产建设兵团建设工程（集团）有限责任公司党员代表大会召开　　（王婷婷　摄）

2008 年 5 月 18 日，兵团建工集团向四川省汶川地震灾区捐款 150 万元

（第十一师史志办　供稿）

2008 年 4 月 29 日，兵团建工集团向新疆维吾尔自治区焉耆县北大渠乡中学捐款 50 万元

（兵团建工集团党委宣传部　供稿）

2015 年 8 月 18 日，北新路桥集团承担中国无偿援助塔吉克斯坦物资运输任务。图为中国援塔物资车队　　（张明贵　摄）

2020 年 7 月 8 日，兵团四建集团所属项目部参加武汉江陵县抗洪抢险救灾工作　　（周鑫泉　摄）

2006 年 3 月 10 日，兵团建工集团举行精伊霍铁路 S9 标施工生产大干 100 天劳动竞赛签约大会

（第十一师史志办 供稿）

2006 年 9 月 15 日，兵团建工集团领导参加阿尔及利亚东西高速公路项目西标段实施合同签字仪式

（第十一师史志办 供稿）

2008年10月31日，兵团建工集团举行奎北铁路巴音努鲁隧道贯通庆典仪式

（张国成　摄）

2008年5月22日，兵团建工集团领导参加安哥拉社会住房项目K.K.一期工程国内合作伙伴合作协议签字仪式

（兵团建工集团党委宣传部　供稿）

2009年11月11日，兵团建工集团所属企业北新路桥公司在深圳证券交易所成功上市（张新斌　摄）

2017年5月23日，兵团建工集团与中国移动通信集团新疆有限公司举行战略合作协议签约仪式（兵团建工集团党委宣传部　供稿）

2015 年 4 月 29 日，新疆建设兵团建设工程（集团）有限责任公司与上海纺织（集团）有限公司举行战略合作协议签约仪式。图为双方代表进行签约　　　（第十一师史志办　供稿）

2021 年 5 月 12 日，天津企业家代表团到兵团建工集团考察指导工作（王婷婷　摄）

名优工程

1992 年 4 月，兵团六建承建的北疆铁路阿拉山口火车站票房竣工，1993 年工程获自治区优质工程“银奖”（第十一师史志办　供稿）

1998 年 10 月，兵团一建承建的乌鲁木齐市第二长途枢纽工程市话机房工程竣工，1999 年工程获“全国用户满意工程”称号（方正堂　摄）

2005 年 9 月，兵团六建承建的石河子大学医学院第一附属医院住院二部工程竣工，2006 年工程获中国建筑工程“鲁班奖”

（第十一师史志办　供稿）

2006 年 4 月，兵团建工一建承建的新疆医科大学第一附属医院新病房楼竣工，2007 年工程获自治区优质工程“天山杯奖”　（方正堂　摄）

2006 年 9 月，兵团建工一建承建的兵团机关综合楼竣工，2007 年工程获中国建筑工程“鲁班奖”（方正堂　摄）

2009 年 10 月，兵团六建承建的石河子大学公共教学楼竣工，2010 年工程获兵团优质工程“昆仑杯奖”（兵团六建　供稿）

2012 年 9 月，兵团建工一建承建的莎车县市民综合服务中心工程竣工，2013 年工程获中国建筑工程“鲁班奖” （方正堂 摄）

2014 年 1 月，兵团建工一建承建的图木舒克市职工文化活动中心竣工，2015 年工程获“国家 AAA 级安全文明标准化工地”称号 （方正堂 摄）

2014 年 12 月，兵团四建承建的乌鲁木齐市高新区科研总部基地 1 期 4 号地块工程竣工，2015 年工程获“国家 AAA 级安全文明标准化工地”称号　（章裔莲　摄）

2015 年 10 月，兵团四建承建的乌鲁木齐县亚新之都南山综合生态旅游基地工程竣工，2016 年工程获兵团优质工程“昆仑杯奖”　（滕　刚　摄）

2015 年 7 月，兵团建工一建承建的中国移动新疆红光山通信生产基地工程竣工，2016 年工程获自治区优质工程“天山杯奖”（方正堂 摄）

2016 年 12 月，兵团建工一建承建的兵团文化传媒发展基地工程竣工，2016 年工程获“国家 AAA 级安全文明标准化工地”称号（方正堂 摄）

2000 年 11 月，新疆生产建设兵团建筑安装工程总公司特种机械工程分公司承建的西安绕城高速公路（北段）路面工程第三标段竣工，2004 年工程获“第四届土木工程詹天佑奖”

（北新路桥集团　供稿）

2002 年 12 月，北新路桥公司承建的河南洛界高速公路洛阳段路基工程第三标段竣工，2003 年工程获兵团优质工程“昆仑杯奖”

（北新路桥集团　供稿）

2003 年 8 月，北新路桥公司承建的江西南康市龙岭至信丰公路新建工程竣工，2005 年工程获兵团优质工程“昆仑杯奖”（北新路桥集团　供稿）

2007 年 4 月，北新路桥公司承建的陕西商洛市丹凤至陕豫界高速公路路基桥隧工程第二十一合同段竣工，2010 年工程获兵团优质工程“昆仑杯奖”（北新路桥集团　供稿）

2005 年 9 月，北新路桥公司承建的国道 217 线布尔津至克拉玛依段公路改建项目竣工，2009 年工程获自治区优质工程“天山杯奖”　　（北新路桥集团　供稿）

2008 年 10 月，兵团路桥总公司承建的巴基斯坦喀喇昆仑公路改扩建工程竣工，2016 年工程获“国家优质工程奖”　　（北新路桥集团　供稿）

2008 年 12 月，北新路桥公司承建的重庆绕城高速公路第八合同段竣工，2011 年工程获自治区优质工程“天山杯奖”（北新路桥集团　供稿）

2019 年 12 月，北新路桥集团承建的福建顺邵高速项目河坊特大桥竣工，2020 年工程获第十一师优质工程“建工杯奖”（雒焕鼎　摄）

1994 年 9 月 16 日，兵团建安总公司参与施工的兰新铁路复线竣工

（兵团建工集团党委宣传部　供稿）

2004 年 6 月，兵团建工集团承建的青藏铁路那曲河一号大桥竣工，2004 年工程获铁路系统“火车头奖”

（第十一师史志办　供稿）

2009 年 7 月，兵团水利水电集团承建的太中银铁路杨家沟特大桥竣工
（兵团水利水电集团　供稿）

2009 年 12 月，兵团建工集团承建的精伊霍铁路工程竣工（第十一师史志办　供稿）

2009 年 12 月，兵团四建承建的奎北铁路盐田特大曲线桥竣工，2011 年工程获建工师优质工程“建工杯奖”
（徐彦林　摄）

2014 年 7 月，兵团建工集团承建的兰新铁路二线芨芨槽子特大桥竣工，2015 年工程获兵团优质工程“昆仑杯奖”
（北新土木公司　供稿）

2016 年 8 月，兵团建工集团承建的兰新铁路第二双线 LXTJ9 标段无砟轨道工程竣工，2017 年工程获兵团优质工程“昆仑杯奖” （第十一师史志办　供稿）

2019 年 10 月，北新永固钢结构公司承建的第一师十团至十二团特大桥竣工，2020 年工程获“第十四届中国钢结构金奖” （北新永固钢结构公司　供稿）

1990 年 9 月，兵团六建承建的奎屯市团结南路工程竣工，1990 年工程获自治区优质工程“银奖”

（第十一师史志办　供稿）

1996 年 10 月，兵团六建承建的石河子市西环路工程竣工，1996 年工程获兵团优质工程“铜奖”

（第十一师史志办　供稿）

1997 年 9 月，兵团建安总公司承建的乌鲁木齐市苏州路互通式立交桥竣工

（第十一师史志办　供稿）

2014 年 6 月，兵团交通建设公司承建的北屯市福阿高速北屯连接线公路（第三标段）竣工，2015 年工程获“新疆市政金杯示范工程奖”

（杨　婷　摄）

2004 年 9 月，北新路桥公司承建的乌鲁木齐市外环路蜘蛛山互通式立交桥竣工，2005 年工程获“全国市政金杯示范工程奖”（第十一师史志办　供稿）

2006 年 11 月，兵团四建承建的乌鲁木齐市七道湾路道路综合改造工程（一期）竣工，2007 年工程获乌鲁木齐市优质工程“亚心杯奖”（兵团四建　供稿）

2007 年 10 月，兵团路桥总公司承建的巴楚县城市道路友谊北路工程竣工，2008 年工程获“全国市政金杯示范工程奖”
（第十一师史志办　供稿）

2014 年 8 月，北新路桥集团承建的兰州新区纬五路市政道路工程竣工，2016 年工程获兵团优质工程“昆仑杯奖”
（北新路桥集团　供稿）

1990 年，兵团五建承建的新疆玛纳斯电厂 1 号冷却塔工程竣工，1992 年工程获自治区优质工程金奖
（兵团五建　供稿）

1996 年 11 月，兵团建工集团承建的新疆乌鲁瓦提水利枢纽工程竣工，2010 年工程获中国水利优质工程“大禹奖”
（第十一师史志办　供稿）

2004 年 10 月，兵团五建承建的新疆天业自备电厂烟囱工程竣工，2005 年工程获兵团优质工程“昆仑杯奖”（兵团五建　供稿）

2007 年，兵团八建承建的新疆呼图壁红山水库除险加固工程竣工，2008 年工程获建工师优质工程“建工杯奖”（兵团水利水电集团　供稿）

2009 年 6 月，兵团建工集团承建的新疆喀拉塑克水利枢纽工程竣工　（沈玉良　摄）

2010 年 10 月，兵团建工集团承建的新疆肯斯瓦特水利枢纽工程导流洞竣工，2012 年工程获兵团优质工程“昆仑杯奖”　（第十一师史志办　供稿）

2014 年 5 月，兵团建工一建参与施工的中国石油公司独山子石化分公司改扩建炼油及新建乙烯工程竣工，2015 年工程获“国家优质工程金质奖” （方正堂　摄）

2020 年 7 月 1 日，兵团水利水电集团承建的四川省攀枝花市观音岩引水工程竣工 （闫长来　摄）

2006 年 1 月，兵团建工集团承建的阿联酋棕榈岛花园别墅 100 套项目竣工

（兵团建工集团商务部　供稿）

2008 年 10 月，兵团建工集团承建的蒙古国都日根水电站工程竣工

（兵团建工集团商务部　供稿）

2009 年 10 月，兵团建工集团承建的阿尔及利亚东西高速公路 W1、W2 标段竣工

（兵团建工集团商务部　供稿）

2010 年 12 月，北新路桥公司承建的巴基斯坦真纳国际机场滑行道改扩建及附属工程竣工

（兵团建工集团商务部　供稿）

2010 年 8 月，北新路桥公司承建的吉尔吉斯斯坦南部运输走廊公路修复工程竣工

（兵团建工集团商务部　供稿）

2010 年 12 月，兵团建工集团承建的巴基斯坦马拉凯德三期水电站主厂房和引水明渠工程竣工

（兵团建工集团商务部　供稿）

2010 年 12 月，兵团建工集团承建的安哥拉社会住房 K.K. 项目一期工程竣工

（兵团建工集团商务部　供稿）

2011 年 3 月，兵团建工集团承建的阿尔及利亚苏丹尼亚镇 344 套住宅工程竣工

（兵团建工集团商务部　供稿）

2014 年 8 月，兵团建工集团承建的塞拉利昂博城体育馆项目竣工　（王文波　摄）

2014 年 9 月，北新国际公司承建的委内瑞拉社会住房蒂乌娜项目竣工
（北新国际公司　供稿）

2017 年 10 月，北新国际公司承建的委内瑞拉社会住房项目卡尼亚地块 1500 套住宅项目竣工（兵团建工集团商务部　供稿）

2019 年 6 月，北新国际公司承建的阿尔及利亚 672 套商品房项目竣工（王江华　摄）

海外农业建设

2011 年 4 月 15 日，新疆生产建设兵团与中信建设有限责任公司签约海外农业开发项目战略合作协议，其中兵团建工集团参与农场建设

（兵团建工集团商务部　供稿）

2012 年 8 月 28 日，兵团建工集团参与建设的安哥拉马兰热农场举办技术工人操作培训班。图为培训人员

（兵团建工集团商务部　供稿）

2011 年 10 月，兵团建工集团在安哥拉建设天昶农场。图为初具规模的农田（兵团建工集团商务部　供稿）

2015 年 7 月 28 日，北新国际公司成立安哥拉区农业公司。图为中方农业技术员向安哥拉籍员工传授水稻种植技术（兵团建工集团商务部　供稿）

职责使命

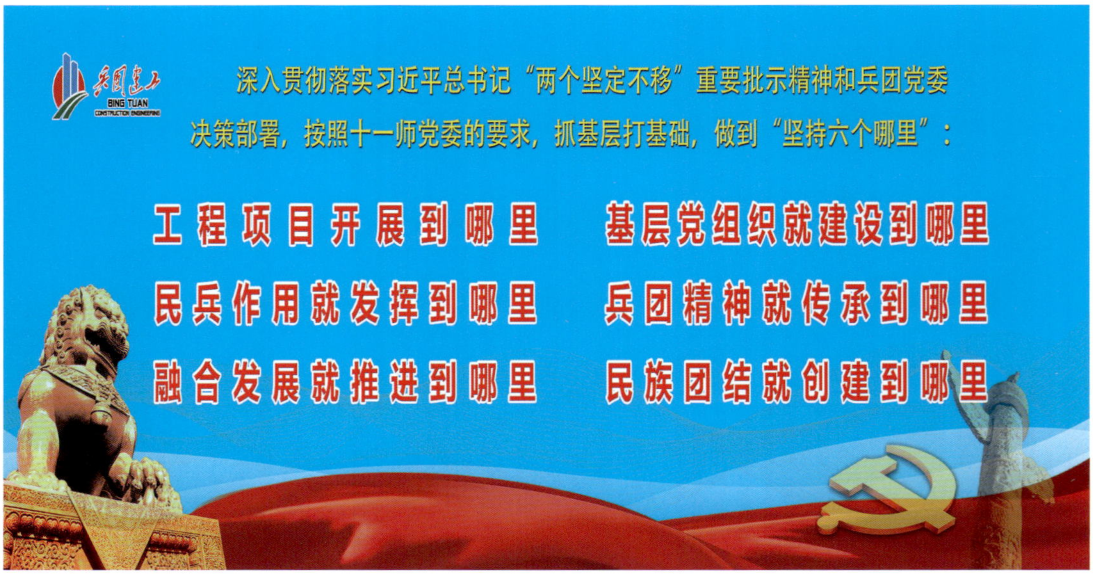

2008年4月28日，北新路桥公司在项目部成立民兵应急分队

（第十一师史志办　供稿）

2014年9月23日，兵团建工一建建业公司举行民兵应急分队授旗仪式

（王文波　供稿）

2015 年 3 月 20 日，兵团水利水电集团四川安岳宏鑫国际商贸城项目部举行民兵训练活动

（刘文权　供稿）

2015 年 6 月 27 日，兵团四建在项目部举行“兵”字号工程授旗仪式

（单清平　供稿）

2015 年 8 月 16 日，兵团六建积极参与兵地融合工作，因地制宜组织民兵开展联勤联动活动（杨召海　摄）

职工生活

1996—2000 年，兵团八建陆续从乌鲁木齐市南山矿区阿拉沟搬迁到新市区友谊路，职工生活质量有了很大提高。图为 2020 年 4 月 26 日，居住在小区的孩子去上学

（冯合忠　摄）

1998—2015 年，兵团建工一建投入资金分三期在乌鲁木齐市西山建设职工生活基地，解决部分职工住房问题。图为 2020 年 6 月 20 日，西山阳光小区居民

（周春梅　摄）

2005—2010 年，兵团四建通过实施危旧房改造、保障性住房建设，职工生活环境明显改善。图为 2008 年 9 月 10 日，兵团四建小区居民扭秧歌

（第十一师史志办　供稿）

2001—2015 年，兵团五建规范劳务工管理，推行劳务工加入工会工作，建立稳定的施工队伍。图为 2009 年 12 月，兵团五建劳务人员准备返回家乡

（第十一师史志办　供稿）

2005—2015 年，北新路桥集团按照示范小区标准对北新小区进行整体规划，为居民创造平安舒适的生活环境。图为 2010 年 11 月，居民在小区便民店选购蔬菜

（第十一师史志办　供稿）

2008—2015 年，兵团建工集团为确保海外员工生命安全，组建海外医疗队。图为 2013 年 4 月，专业医生向当地务工人员示范现场急救措施

（第十一师史志办　供稿）

2004年，奋战在青藏铁路线上的兵团建工人　　（第十一师史志办　供稿）

2019年2月1日，北新路桥集团福建顺邵高速项目员工向全师人民拜年（雒焕鼎　摄）

2019年9月27日，兵团水利水电集团钢结构公司在施工一线开展庆祝中华人民共和国成立70周年活动　　（王嫣茹　摄）

2011 年 6 月，兵团建工集团服务队到兰新铁路二线工地开展送温暖服务活动（兵团建工集团党委宣传部　供稿）

2019 年 5 月 4 日，兵团交通建设公司塔中沙漠公路项目部为青年职工举办婚礼（兵团建工集团党委宣传部　供稿）

2020 年 1 月 25 日，北新国际公司西非区经理部组织职工包饺子过春节（徐安瑞　摄）

文化活动

2008 年 1 月 30 日，兵团建工集团举办军民联欢晚会

（第十一师史志办 供稿）

2008 年 12 月 17 日，北新路桥集团举行冬季职工拔河比赛活动

（北新路桥集团 供稿）

2021 年 5 月 10 日，兵团建工集团举办第二届“建工杯”职工篮球比赛

（王婷婷 摄）

2013 年 5 月 25 日，兵团建工集团团委开展“关爱自闭症”儿童志愿服务活动。图为志愿者与儿童（兵团建工集团党委宣传部　供稿）

2015 年，北新国际公司机关创建“四位一体”活动室，方便职工学习。图为职工查阅资料（黄志祥　摄）

2015 年 6 月 13 日，北新路桥拉力车队举行征战 2015 环塔（国际）拉力赛启动仪式。图为参加拉力赛人员

（张　锋　摄）

2019年1月23日，北新路桥集团广平项目部职工挂灯笼迎新春

（刘英华　摄）

2019年11月30日，北新国际阿尔及利亚分公司职工参加中国驻阿尔及利亚大使馆和阿尔及利亚中资企业协会联合举办的植树活动　（王江华　摄）

2021年6月25日，兵团建工集团职工参加第十一师职工大合唱并获得一等奖

（王婷婷　摄）

目　录

概　述

兵团建工集团拥有房屋建筑工程、公路工程总承包双特级资质，房屋建筑工程、市政、水利水电、公路、铁路等施工总承包一级资质10项，各类专业一级资质20项，形成以房屋建筑、公路、铁路、水利水电、市政建设施工为主业，集投融资、房地产开发、国际工程、建材工业、商贸物流、科研设计为一体的多元化、现代化、国际化大型国有企业。兵团建工集团先后4次入围中国企业500强，被评为中国AAA级信用企业。承建项目先后荣获“鲁班奖”“詹天佑奖”“全国市政金杯示范工程奖”“新中国成立60周年百项经典暨精品工程奖”等国家级、省部级优质工程奖，累计获得各类奖项百余项；获国家、省部级科学技术进步奖3项，其中参与施工的青藏铁路获“国家科学技术进步特等奖”。

一

1992年8月4日，经新疆维吾尔自治区（简称自治区）人民政府批准，成立兵团建筑安装工程总公司，隶属兵团工一师，为独立核算、自主经营、自负盈亏并实行工程总承包的经济实体，对外番号新疆农垦建筑安装工程总公司（简称农垦建安总公司）。农垦建安总公司为副师级管理机构，具有一级建筑安装工程总承包资质。1996年6月，农垦建安总公司正式更名为新疆兵团建筑安装工程总公司（简称兵团建安总公司）。

2000年12月8日，为适应建筑市场的发展，新疆兵团建筑安装工程总公司改制，经新疆生产建设兵团（简称兵团）批准组建新疆生产建设兵团建设工程（集团）有限责任公司（简称兵团建工集团）。2000年12月11日，经兵团国有资产管理局批准，兵团建工集团实行国有资产授权经营。

2003年1月，由兵团国资委授权建工师出资，兵团建工集团规范重组，其性质为国有独资公司。组织形式以集团公司为母公司，以建工师所属兵团一建、兵团七建、兵团八建、北新路桥公司、西源公司、大型机械租赁公司、石油物资公司、兵团建科院为子公司，兵团四建、兵团五建、兵团六建3家公司为托管企业，以及控（参）股企业兵团房地产集团、西藏天昶公司、兵团建工设计院等14家企业组成母子公司管理体系。兵团建工集团有总承包一级资质8项，其中房屋建筑总承包一级资质4项，铁路工程、水电工程、公路工程、市政工程总承包一级资质4项，是集勘察设计、建筑科研、公路、铁路、水利电力、工民建施工为一体的大型建筑企业集团。

2004年1月，建工师党委根据兵团党委下发《关于建工师体制改革有关问题的指导意见》《关于进一步做好建工师与建工集团人事管理体制有关工作的通知》，深化建工师体制改革，加快建工师、兵团建工集团的改革力度，大力推行政企分设、撤团建企、主辅分离，以新体制、新机制做强做大兵团建工集团。兵团建工集团由兵团建工师出资，下辖12家子公司、3家分公司，并在北京、上海、成都、巴基斯坦等地设有分支机构。企业注册资金10.18亿元。兵团建工集团及子公司拥有房屋建筑工程、公路工程总承包双特级资质，房屋建筑工程、市政、水利水电、公路、铁路等施工总承包一级资质10项，各类专业一级资质20项。

2004—2015年，兵团建工集团及所属企业先后参与建设的施工项目遍布18个国家、国内21个省区，形成以房屋建筑、公路、铁路、水利水电、市政建设施工为主业，集投融资、房地产开发、国际工程、建材工业、商贸物流、科研设计为一体的多元化、现代化、国际化的大型国有企业。

二

1993年9月28日，经工一师党委常委会议研究决定，成立农垦建安总公司临时党委。

2003年2月10日，建工师党委常委会决定，兵团建工集团规范重组成立党委和纪律检查委员会，原临时党委在新的党委班子宣布之日起即予以撤销。

2004年3月22日，为适应现代企业制度的要求，规范兵团建工集团党委会议事和决策制度，充分发挥党委的政治核心作用，根据《中华人民共和国公司法》《中国共产党章程》《中共中央关于进一步加强和改进国有企业党的建设工作的通知》《兵团国企党建工作暂行规定》，建工师党委常委会第七次会议通过《新疆生产建设兵团建设工程（集团）有限责任公司党委会议事规则》。

截至2015年，兵团建工集团各级党组织和全体党员干部坚持把加强党的建设同企业发展结合起来，团结带领职工，全面推动兵团建工集团各项工作健康发展。坚持企业党组织与公司法人治理结构相适应的“双向进入、交叉任职”的领导体制，使党的建设规范化、制度化。各级党委把基层党组织建设和党员整体素质的提高作为党建重要工作。通过开展“三个代表”重要思想教育活动、保持共产党员先进性教育活动、深入开展学习实践科学发展观活动，同时开展“我为党旗添光彩”“示范党支部”“党员示范岗”等活动，不断加强领导干部的模范带头作用、共产党员的先锋模范作用。结合建筑行业特点和工程项目分布情况，建立党总支、党支部，创建项目党建工作新机制，确保党的组织覆盖到每一个项目部。加强党的思想建设、组织建设和反腐倡廉建设，充分发挥各级党组织的领导核心作用、基层党组织战斗堡垒作用，使党的组织逐步发展壮大。2010年，兵团建工集团党委全面推行区域化管理新体制，增设海外基层党组织。全年，有基层党组织241个。其中，党委10个、党总支26个、党支部205个。2015年，兵团建工集团有基层党组织307个。其中，党委12个、党总支39个、党支部256个。

三

1992年，农垦建安总公司组建初期，推行项目管理和施工现场标准化管理，进一步完善以承包经营责任制为核心的任务。在经营承包制中调动职工积极性，推动生产经营不断发展。全年完成总产值 3.93 亿元，其中施工产值 3.81 亿元。

1994 年，农垦建安总公司走上集约化发展道路，经济建设成效显著。全年完成社会总产值 4.77 亿元，其中施工产值 4.49 亿元。上缴利润 100 万元。

1997 年，兵团建安总公司建立完善经营管理机制，严格控制挂靠工程。在建安项目上实行项目经理个人负责的集体承包制，实行全额承包、单独核算、定额上缴、节余全留的经营目标。全年完成社会总产值 5.9 亿元，实现利润 5000 万元，上缴利润 160 万元，归还贷款 300 万元。

2000 年，兵团建安总公司加大对重点企业、重点行业和重点工程的管理力度，做大做强工民建。全年完成社会总产值 12.98 亿元，国内生产总值 3.17 亿元；实现利润总额 2407 万元，上缴管理费 200 万元，上缴各项税金 837 万元。

2004 年，兵团建工集团以资本为纽带，规范由母公司、子公司、参股公司等共同组成大型法人企业经济联合体，进一步调整产业结构。全年新接工程 29.5 亿元，完成任务总量 48.49 亿元；完成国内生产总值 7.66 亿元，完成社会总产值 25.74 亿元；实现综合利润 6150 万元，实现净利润 3934 万元。

2010 年，兵团建工集团经济总量大幅提升，融资能力不断增强，综合实力不断彰显，三大市场成效显著。全年实现生产总值 21.8 亿元，完成总产值 82.3 亿元；在手工程任务总量 210.7 亿元。实现综合利润 1.36 亿元，国有资产保值增值率 115%；完成固定资产投资额 4.4 亿元；成为新疆首家完成产值、承揽任务双百亿元建筑企业。

2015 年，兵团建工集团继续实施“立足疆内、拓展疆外、挺进海外”的发展战略，有针对性地调整产业结构，因地制宜地开展多元化经营，从传统施工向投资、建设、运营的转变，进一步加大投资力度，及时调整发展重心和产业布局并向“两翼”延伸，稳妥推进海外项目和新型工业建材板块的发展。全年完成总产值 310.81 亿元，完成生产总值 82.64 亿元。承揽工程任务总量 542.94 亿元，完成固定资产投资 19.76 亿元，实现利润 4.8 亿元。兵团建工集团连续两年跻身“中国企业 500 强”。2015 年，在“250 家国际承包商”和“250 家全球承包商”排名中，兵团建工集团分列第 118 位和第 79 位。

四

1993—2000 年，兵团建安总公司先后参加兰新铁路复线、乌鲁瓦提水电站、南疆铁路西延工程、乌鲁木齐市政工程、乌奎高速公路建设，开启快速企业发展之路。

2001—2015 年，兵团建工集团积极实施“立足疆内、拓展疆外，挺进海外”的发展战略，先后进入西藏、陕西、河南、江西、内蒙古、云南、广东、湖北、重庆、湖南、甘肃、宁夏等 15 个省、市、自治区建筑市场。同时，在巴基斯坦、吉尔吉斯斯坦、塔吉克斯坦、蒙古、布隆迪、阿尔及利亚、阿联酋、俄罗斯、塞拉利昂、安哥拉、委内瑞拉等 12 个国家承建 34 项海外工程，形成疆内、疆外、海外三大市场，初步形成铁路、水利、公路、房建、房地产开发五大板块。承建的国内建筑工程主要有石河子大学医学院第一附属医院住院二部大楼、兵团机关综合办公大楼、新疆医学院门诊楼、新疆医科大学第一附属医院新病房楼、红光山五星级大酒店，国外有安哥拉社会住房项目、阿尔及利亚住宅项目。承建的国内路桥工程主要有西安绕城高速公路、新疆和库高速公路、广东湛渝高速公路、江西赣定高速公路、河南洛界高速公路，国外工程有阿尔及利亚东西高速公路 W1、W2 标段。承建的铁路工程主要有青藏铁路、精伊霍铁路、奎北铁路、吐库铁路、乌精铁路、喀和田铁路、太中银铁路、哈大高速铁路、兰新客运专线（高铁）等。承建的水电工程主要有巴基斯坦马拉坎德水电站、蒙古都日尔根水电站、肯斯瓦特水电站。

兵团建工集团在不断扩大建筑市场的同时，加强工程质量的管理，工程质量不断提高。截至 2015 年，兵团建工集团承建工程先后获中国建筑工程“鲁班奖”3 项，中国土木工程“詹天佑奖”4 项，“全国市政金杯示范工程”4 项，国家优质工程奖 3 项，中国水利工程“大禹奖”1 项。其中，承建的青藏铁路工程获“国家科学技术进步特等奖”。

五

兵团建工集团在发展经济的同时，牢记兵团“维稳戍边”使命，加快推进基层人武部正规化建设。围绕建设一流民兵队伍，加强民兵应急分队建设，构建有效的情报信息网络体系。积极配合相关部门落实各项维稳措施，按照上级部署积极参与地方维稳工作。加强重点部位排查整治工作，进一步健全维稳工作机制，完善重点地区项目部安保措施，强化兵团建工集团社会面管控措施，推进维稳工作制度化、常态化建设。

2001 年 3 月，建工师人武部出台《建工师各团（公司）组织民兵创“兵”字号工程民兵工作实施方案》，规定创“兵”字号工程的民兵组织机构具体实施办法，并在连部建设、着装规定、内务建设、作风纪律、政治环境、政治教育以及训练制度、评比制度等方面进行具体规定。兵团建工集团结合兵团维稳戍边职责使命，把军事化管理融入现代企业管理之中，创新民兵编组形式，丰富活动内容，严格建设标准，完善“兵”字号工程管理办法，将“兵”字号工程融入生产经营之中，融入企业文化之中，坚持武装建在项目上，民兵跟着工地走，发挥兵团的特殊作用。

六

兵团建工集团党委践行“民生优先、群众第一、基层重要”的理念，始终把保障和改善民生作为工作出发点和落脚点。在发展壮大企业的同时，着力解决职工关心热点、难点问题，让企业发展成果惠及每一位职工。

职工生活显著提高。兵团建工集团职工收入每年快速增长。2000 年，职工年均工资收入 9778 元。2004 年，职工年均工资收入 1.36 万元；2010 年，职工年均工资收入 3.29 万元；2015 年，在岗职工年均工资收入 6.45 万元，职工收入稳步增长。重视社会保障工作，职工基本医疗保险、生育保险、养老保险、失业保险等实现全覆盖，城镇居民医疗保险参保率 100%。2015 年，职工多元增收目标全面实现，各项福利待遇全面落实，生活水平显著提高。以落实“十件实事”为抓手，职工住房条件、施工现场生活环境得到进一步改善。“十二五”期间，兵团建工集团及所属各企业累计投入资金 5.88 亿元，相继建成保障性住房 4187 套，共 31.82 万平方米，1.2 万名职工迁入新居，职工群众幸福感和获得感进一步提升。

职工文化活动丰富多彩。兵团建工集团及所属企业均设有职工文化中心活动室、图书阅览室。各企业先后创办内部刊物，成为企业和职工的“连心桥”。所属企业每年举办职工文艺会演，社区文化中心组织居民成立鼓乐队、秧歌队、腰鼓队，定期开展业余文娱活动，丰富职工群众的文化生活。2010 年，兵团建工集团开展全民健康活动，先后投入 10 万元为所属企业配置健身器材、篮球场、乒乓球室及各类健身活动室。本着因地制宜、灵活多样、职工喜爱的原则，有组织、有计划地开展各类体育活动竞赛，加大基层单位文体活动力度，让广大职工群众在活动中收获健康的体魄和愉悦的心情，成为助推企业发展的“加油站”“润滑剂”“催化剂”。

精神文明建设不断加强。兵团建工集团所属企业围绕爱国、爱兵团、爱企业的主题，在职工中广泛开展“学礼仪讲文明树新风”、尊老爱幼、道德模范评选、民族团结教育、企业文化建设等活动，提高职工的思想道德和文化素质，各项事业稳步发展。

回顾兵团建工集团走过 24 年的创业历程，是一部团结拼搏、艰苦奋斗的历史画卷。展望未来，兵团建工集团党委不忘初心、牢记使命，团结带领职工继续艰苦奋斗、攻坚克难，把兵团建工集团建成经济全面发展，社会安定祥和，民族团结和谐，职工群众安居乐业，具有高度物质文明、政治文明、精神文明的现代企业。在实现全面建成小康社会的伟大征程中，创建兵团建工集团更加美好的明天。

2011 年 6 月 30 日，兵团建工集团职工参加建工师文化广场艺术节活动

（第十一师史志办 供稿）

大事记

1992 年

8 月 4 日 经自治区人民政府批复，兵团建筑安装工程总公司成立，隶属工一师领导与管理，为副师级管理机构，对外番号新疆农垦建筑安装工程总公司（简称农垦建筑安装总公司）。

8 月 18 日 工一师党委任命李肖民为农垦建筑安装总公司总经理、陈渥浦为副总经理、祁树华为总工程师、马凤山为总经济师、张云山为总会计师。

8 月 22 日 兰新铁路复线工程开工，工一师北疆铁路工程指挥部更名为兰新铁路复线工程指挥部，副师长李肖民兼任总指挥，陈渥浦为常务副指挥。

11 月 21 日 农垦建筑安装总公司设立总经理办公室、工程管理部、物资管理部、工程监理部、承包经营管理部、财务部 6 个部门。

1993 年

7 月 1 日 农垦建筑安装总公司制定《农垦建筑安装工程总公司财务管理制度（试行）》。同时制定《农垦建筑安装工程总公司“独立经济实体”承包经营管理办法（试行）》《项目经理负责制实施办法（试行）》。

8 月 2 日 经建设部施工管理司批复，农垦建筑安装工程总公司获工程总承包一级企业资质。

10 月 9 日 工一师党委常委会议研究决定，成立农垦建安总公司临时党委，党委委员由李肖民、陈渥浦、祁树华、刘为公、马凤山、周彬 6 人组成，1 人待补。李肖民为临时党委书记。

11 月 15 日 农垦建安总公司召开第一次总经理办公室会议，研究讨论领导分工协调及总公司面临的任务和发展方向等问题。

1994 年

3 月 2 日 农垦建安总公司研究决定，组建农垦建安总公司建安分公司。

3 月 10 日 农垦建安总公司领导研究决定，组建农垦建安总公司九华公司。该公司属非法人性质的企业内部独立核算单位。

4 月 4 日 农垦建安总公司组建农垦建安总公司建安第一分公司。

4 月 22 日 农垦建安总公司临时党委研究决定，机关主任科员、副主任科员、科员、办事员实行聘任制。

4 月 26 日 农垦建安总公司组建农垦建安总公司建安第二分公司。

5 月 3 日 农垦建安总公司组建农垦建安总公司中天建筑公司。

5 月 15 日 农垦建安总公司计生办制定《计划生育宣传工作制度》《计划生育统计例会制度》《计划生育工作人员职责》。

9 月 20 日 农垦建安总公司办公室制定《新疆农垦建筑安装工程总公司工作管理制度》。

1995 年

2 月 4 日 农垦建安总公司成立混凝土搅拌站。

2 月 21 日 农垦建安总公司成立乌鲁木齐市西虹路立交桥 503 标段工程项目经理部。

3 月 10 日 农垦建安总公司成立市政工程公司，属非法人性质的企业内部独立核算单位。

4 月 5 日 由农垦建安总公司承建的乌鲁木齐市西虹路立交桥 503 标段开工。

4 月 19 日 农垦建安总公司混凝土搅拌站正式生产商品混凝土，为乌鲁木齐市西虹路高架桥工程供应商品混凝土。

6 月 5 日 工一师聘任朱柏园为农垦建安总公司副总经理兼晋江市政公司经理（正团级）、刘世斌为副总经理兼乌鲁瓦提工程指挥部常务副指挥（正团级）、马超刚为总工程师（正团级）。

7 月 27 日 农垦建安总公司成立精神文明建设委员会。

1996 年

1 月 农垦建安总公司撤销建安一分公司、建安二分公司、建安分公司、九华公司。

2 月 10 日 农垦建安总公司决定，在混凝土搅拌站基础上组建特种机械工程分公司，混凝土搅拌站隶属特种机械工程分公司，为非法人性质的企业内部独立核算单位。

3 月 13 日 农垦建安总公司临时党委调整精神文明建设委员会成员。

4 月 19 日 农垦建安总公司临时党委制定《党员干部廉洁自律的规定》，下发各部门及直属分公司、项目部执行。

4 月 26 日 农垦建安总公司临时党委研究决定，成立特种机械工程分公司党支部。

4 月 30 日 农垦建安总公司印发《关于新疆农垦建筑安装工程总公司人事管理制度暂行规定》。

5 月 17 日 农垦建安总公司成立计划生育领导小组。

6 月 7 日 根据工一师《关于恢复兵团建安总公司的请示》，经乌鲁木齐市工商管理局和建设部批准，新疆农垦建筑安装工程总公司更名为新疆生产建设兵团建筑安装工程总公司（简称兵团建安总公司）。

12 月 兵团建安总公司经交通部审核批准获公路建设施工一级资质，成为兵团唯一一家具有公路建设一级资质的施工企业。

1997 年

2 月 24 日 兵团建安总公司成立“三五”普法领导小组。

4 月 8 日 兵团建安总公司成立保密委员会。

5 月 20 日 兵团建安总公司承建的乌鲁木齐市苏州路互通式立交桥举行开工典礼，合同造价2000 万元。

8 月 28 日 兵团建安总公司召开职工（工会会员）第一次代表大会，选举兵团建筑安装总公司第一届工会委员会，成员晏立功、文军华、侯建军、程维生（女）、郭宏坤、陈刚。张俊文当选为工会主席。

9 月 15 日 经兵团建安总公司工会委员会批复，同意特种机械工程分公司成立工会委员会。

1998 年

6 月 5 日 兵团建安总公司特种机械工程分公司承建塔里木艾协克南—桑塔木沙漠公路建设任务，公路全长 46.41 千米。

6 月 28 日 兵团建安总公司承建的南疆铁路西延工程铺轨至阿克苏，阿克苏地委和行署召开庆祝大会。

7 月 13 日 兵团建安总公司特种机械工程分公司商品混凝土分公司被共青团中央评为“1997年度青年文明号先进集体”。

10 月 6 日 兵团建安总公司成立中新建建工（集团）总公司工程投标部。

11 月 11 日 兵团建安总公司特种机械工程分公司获“自治区建设系统先进集体”称号。

1999 年

2 月 23 日 经建工师批准，特种机械工程分公司与建工师二团对兵团机械施工公司实行资产重组。实现资产重组后，特种机械工程分公司番号不变，下设 11 个工作部门、14 家基层生产单位。

3 月 5 日 兵团建安总公司召开 1999 年经济指标签约大会。下属单位与总公司签订 1999 年经营承包责任书。

3 月 12 日 建工师党委常委会研究决定调整兵团建安总公司临时党委成员，调整后的临时党委会由 5 人组成，党委书记由建工师党委书记、政委傅援朝兼任，韩鸣任党委副书记。

3 月 20 日 建工师聘任朱柏园为兵团建安总公司副经理、总经济师（正团级），张玉贤为副经理、总会计师（正团级），周彬为副经理（正团级），韩鸣为综合部代主任（正团级）。

5 月 6 日　兵团建安总公司承建的南疆铁路西延工程库尔勒至喀什段全线铺轨贯通。

5 月 7 日　兵团建安总公司成立爱国卫生委员会领导小组。

5 月 17 日　兵团建安总公司成立安全生产管理委员会，下设安全生产管理办公室。

7 月 10 日　兵团建安总公司制定《公文工作保密制度》《会议工作保密制度》《复印室管理保密制度》《计算机操作人员保密制度》《文印工作人员保密制度》。

8 月 1 日　兵团建安总公司印发《新疆兵团建安总公司质量手册》。

8 月 9 日　兵团建安总公司制定《新疆兵团建安总公司档案管理实施细则》。

8 月 9 日　兵团建安总公司召开 ISO 9002 质量体系认证管代工作会议。

8 月 23 日　兵团建安总公司召开 1999 年领导干部廉洁自律专题民主生活会。

9 月 1—10 日　兵团建安总公司 3 个工作组，分别对库尔勒、乌鲁木齐、北屯片区 9 家单位工程项目的质量体系运行情况进行督导检查，检查的工程项目包括工民建、铁路房建、管道安装、水利、电力、道路工程和商品混凝土生产以及各公司、中心试验室。

10 月 19 日　兵团建安总公司决定兵团机械施工公司试验室更名为兵团建安总公司特种机械工程分公司中心试验室。

11 月 30 日　兵团建安总公司制定《工程技术文件资料管理规定》。

12 月 6 日　南疆铁路全线开通运营大会在喀什召开。兵团建安总公司领导傅援朝、王维均以及参建铁路建设的先进集体职工、5 名劳动模范代表参加会议，公司受到自治区总工会通报表彰。

12 月 20 日　兵团建安总公司被中国建筑业协会评为“全国先进建筑施工企业”。

2000 年

2 月 16 日　建工师聘任熊飞为兵团建安总公司物资公司代经理（正团级），聘任李昌民为水利水电公司代经理（正团级），聘任张效亮为南疆公司代经理（正团级），聘任吴利为建筑公司经理（正团级），聘任沈明杨为众合工程指挥部代指挥（正团级），聘任文军华为市政公司副经理（正团级）。

2 月 25 日　建工师聘任肖岭为兵团建安总公司水利水电公司总工程师（正团级）。

3 月 2 日　建工师宏强房地产开发公司即日起隶属兵团建安总公司。

3 月 7 日　建工师聘任沈明杨为兵团建安总公司西源建筑安装工程公司经理（正团级），聘任毕永来为西源建筑安装工程公司副经理（正团级）。解聘沈明杨众合工程指挥部代指挥职务，解聘毕永来国储粮库工程指挥部副总指挥职务。

3 月 12 日　兵团建安总公司研究决定将众合工程指挥部、国储粮库工程指挥部合并，成立西源建筑安装工程公司。

4 月 28 日　宏强房地产开发公司归属兵团建安总公司。

4 月 30 日　兵团建安总公司获“1999 年度全国优秀施工企业”称号。

5 月 18 日　建工师党委常委会研究决定成立中共兵团建安总公司临时纪律检查委员会。委员会由 5 人组成，韩鸣任临时纪委书记。

5 月 23 日　兵团建安总公司成立综合档案室，程维生任办公室主任。

6 月 19 日　中国银行新疆分行、交通银行乌鲁木齐分行分别与兵团建安总公司举行 2 亿元授信签字仪式。

7 月 12 日　兵团建安总公司获“全国优秀施工企业”称号。

8 月 4 日　兵团建安总公司研究决定，成立土地管理领导小组。

8 月 10 日　兵团建安总公司获“全国先进建筑施工企业”称号。

9 月 1 日　兵团建安总公司成立宏强物业管理部。

9 月 12 日　兵团建安总公司向建工师体改委呈报《关于筹备设立新疆北新路桥建设股份有限公司的请示》。

9 月 12 日　建工师对筹备成立新疆北新路桥建设股份有限公司做出批复，同意以兵团建安总公司为主发起人，以发起方式设立新疆北新路桥建设股份有限公司。

9 月 20 日　兵团建安总公司成立社会治安综合治理领导小组及人民调解委员会、治保会。

9 月 28 日　兵团建安总公司成立史志编纂委员会领导小组，与各单位党政领导签订责任书。

11 月 23 日　兵团建安总公司研究决定，成立档案管理工作委员会。

11 月 25 日　兵团建安总公司获自治区建设系统“精神文明建设先进单位”称号。

12 月 8 日　兵团党委下发《关于同意组建兵团建工（集团）有限责任公司的批复》。兵团建工（集团）有限责任公司由兵团建筑安装工程公司为核心企业，以建工师所属 10 家企业单位为紧密层企业及其他半紧密层和松散层企业组成。

12 月 18 日　兵团党委下发《关于新疆兵团建工（集团）有限责任公司领导人员组成的批复》，任命傅援朝为兵团建工（集团）有限责任公司董事会董事长，李肖民为副董事长，郑锦存、朱宁宁、顾吉诚、王维均为董事；李肖民兼任总经理，王喜祥为监事会主席。

12 月 19 日　建工师党委研究决定，委派谢幕贤、张立军、谢达伟、侯建军任新疆兵团建工（集团）有限责任公司监事会监事。

12 月 26 日　新疆生产建设兵团建设工程（集团）有限责任公司（简称兵团建工集团）正式挂牌成立。兵团建工集团是以建工师各企业为主体的国有独资企业，下设 11 家全资子公司和 6 家委托经营企业，具备工程施工总承包一级资质和对外经营权。

2001 年

2 月 5 日　兵团建工集团召开 2001 年度第一次临时党委扩大会议，会议研讨兵团建工集团挂牌之后亟待完成与兵团建安总公司的衔接工作。

2 月 8 日　建工师党委常委会议研究同意特种机械工程公司更名为新疆北新路桥建设工程公司。

2 月 14 日　建工师党委研究决定，成立兵团建工集团大地建设工程公司，该公司为兵团建工集团的非法人单位。

3 月 8 日　兵团建工集团出台《兵团建工集团保密工作目标管理考核标准》。

3 月 14 日　兵团建工集团成立克拉玛依至铁厂沟公路改建工程第二合同段项目经理部。

3 月 16 日　兵团建工集团做出机关、各分公司行政系列定编、定岗、定员的决定。

3 月 19 日　兵团建工集团召开 2001 年经营目标责任制签约大会，兵团建工集团与各单位签订经济指标责任书。

3 月 26 日　列入兵团建工集团的全资子公司有兵团一建、兵团四建、兵团六建、兵团八建、兵团路桥总公司、兵团运输公司、兵团设备租赁公司、宏强房地产开发公司、兵团科研所、建工设计院。兵团建工集团所属分公司有特机公司、建筑公司、市政公司、兵团水利水电公司、西源建筑公司、南疆公司、机械施工分公司、物资公司。

4 月 1 日　兵团建工集团以第二名称新疆北新建设工程（集团）有限责任公司办理中华人民共和国对外经济合作经营资格证书。

4 月 4 日　兵团建工集团成立水利水电工程分公司。

6 月 12 日　兵团建工集团董事会研究决定王维均任兵团建工集团铁路工程公司第一经理，任明辉任经理（正团级）,傅一鸣任副经理（正团级）,涂云凯任副经理（正团级）,田军任总工程师（正团级）。

6 月 12 日　兵团建工集团董事会研究决定聘任李成德为兵团建工集团质量安全部主任（正团级），聘任葛鸿佛为兵团建工集团南疆建筑分公司经理（正团级），聘任李铭为兵团建工集团市政公司代经理（正团级）。

6 月 29 日　建工师批复同意兵团一建改制设立新疆生产建设兵团建设工程集团第一建筑安装工程有限责任公司。

8 月 1 日　兵团建工集团中标铁干里克公路网工程，合同价 4485 万元。工程全长 40.70 千米，三级公路，沥青路面。

8 月 6 日　兵团建工集团作为主发起人，以其优质经营性资产——特种机械工程分公司投入，联合新疆中基实业股份有限公司、新疆金石置业集团有限公司、长安大学、新疆新通达机械工程有限公司共同发起成立新疆北新路桥建设股份有限公司（简称北新路桥公司）。兵团建工集团持有北新路桥公司 77.04% 的股份，向股份公司第一届董事会第一次会议推荐董事、董事长、副董事长、监事候选人，提请大会审议。

8 月 8 日　新疆北新路桥建设股份有限公司正式挂牌成立。

8 月 15 日　兵团建工集团董事会研究决定聘任张宗权为兵团建工集团驻上海联络处主任（正团级）。

9 月 25 日　兵团建工集团党委成立“三讲”领导小组，制定《关于在集团公司所属单位领导班子及成员中开展以讲学习、讲政治、讲正气为主要内容的学习教育活动方案》。

10 月 16 日　兵团建工集团董事会研究决定委派顾吉成、张传福、刘彦明出任新疆福星建材有限责任公司中方董事，并由顾吉成出任董事长兼总经理。

12 月 4 日　兵团建工集团召开 2001 年第六次临时党委会议，会议研究决定调整公司纪委班子成员，临时纪委成员程维生、王克喜、陈胜峰、文军华、卢兴武，程维生担任临时纪委书记。

12月26日 兵团建工集团制定《兵团建设工程集团驻外省（市）联络处工作规则》。

2002年

1月8日 兵团建工集团召开董事会，公布兵团对兵团建工集团重组方案的批复。根据建工师党委推荐意见，经董事会会议研究决定，董事会成员设9人（暂缺1人），董事长、总裁由师政委、师长兼任。

2月2日 兵团党委任命岳有堂为兵团建工集团董事长、法定代表人。免去傅援朝兵团建工集团董事长职务。

2月10日 兵团建工集团中标青藏铁路第二十一标段，合同价1.96亿元。兵团建工集团成立青藏铁路工程指挥部，下设3个项目部。

2月13日 兵团建工集团分包中国水利水电建设集团公司中标的巴基斯坦马拉坎德三期水电站工程，合同价2.6亿元。

3月2日 经兵团建工集团董事会研究决定，聘任马超刚为兵团建工集团总工程师。

3月10日 兵团建工集团临时党委调整治保会、人民调解委员会、矛盾纠纷排查调解工作领导小组成员。

3月12日 兵团建工集团成立信访工作领导小组，下设办公室负责日常工作。

3月14日 兵团建工集团成立计算机网络管理领导小组，下设网络管理办公室。

6月9日 兵团司令员张庆黎一行10人到兵团建工集团调研。

6月10日 兵团建工集团开展扶贫济困活动，集体捐款24万元，个人捐款2.12万元。

7月11日 新疆兵团建筑工程科学技术研究所经过改制更名为新疆生产建设兵团建筑工程科学技术研究院有限责任公司，属兵团建工集团子公司。

7月19日 兵团建工集团调整青藏铁路指挥部主要负责人，王维均担任青藏铁路指挥部指挥长，吴孟龙担任青藏铁路指挥部总工程师。

2003年

1月22日 兵团建工集团获“自治区优秀施工企业”称号。

2月10日 建工师印发《关于规范重组兵团建工集团公司法人治理结构的通知》，兵团建工集团董事会设立董事9人（暂缺1人），董事长岳有堂（兼），副董事长王江生（兼）、雷毅。

2月10日 建工师党委常委会研究决定，成立兵团建工集团党委，书记岳有堂（兼），副书记王江生（兼）、赵文艺，委员岳有堂、王江生、赵文艺、雷毅、雷胜富。纪律检查委员会成立，纪委书记赵文艺。

2月20日 兵团建工集团召开整合非法人公司及组建新企业会议。会议就非法人公司整合，组建新企业及企业今后经营方向进行研究。

3 月 24 日　兵团建工集团对青藏铁路工程指挥部领导班子进行调整，任辉明任指挥长，罗玉民、杨国华任副指挥长，文军华任指挥部党工委书记，吴孟龙任指挥部总工程师。

3 月 25 日　兵团建工集团编制《质量 / 环境 / 职业健康安全管理手册》，并经批准发布实施。

3 月 28 日　兵团建工集团召开党委会议，审议《兵团建工集团党委会议事规则》，研究各部室人事问题，审议批准巴基斯坦项目部成立党支部。

4 月 2 日　兵团建工集团召开第一届第三次董事会会议，通过集团公司薪酬考核委员会提交《薪酬管理办法》。

4 月 8 日　兵团建工集团总裁办公会研究决定成立安全生产委员会，下设安全生产办公室。

4 月 22 日　兵团建工集团成立第二次第三产业普查工作领导小组。

4 月 28 日　兵团建工集团召开第一届第四次董事会会议，修订并通过《董事会议事规则》《总裁工作纲要》，讨论兵团房地产公司流动资金借款的担保议题。

4 月 29 日　兵团建工集团向所属各公司下发《兵团建设工程（集团）有限责任公司董事会议事规则》《兵团建设工程（集团）有限责任公司总裁工作细则》。

6 月 15 日　兵团建工集团董事会研究决定，组建兵团西源建筑安装工程有限责任公司，注册资本金 5000 万元，其中兵团建工集团出资 4510.67 万元，社会自然人出资 489.33 万元。

6 月 17 日　兵团建工集团党委研究决定对企务公开领导小组成员进行调整。

7 月 8 日　兵团建工集团党委研究决定成立党风廉政建设责任制工作领导小组。

8 月 4 日　兵团建工集团党委研究决定成立保密工作领导小组。

10 月 12 日　兵团建工集团青藏铁路建设指挥部第二项目部获“西藏自治区青藏铁路建设先进集体”称号。

10 月 15 日　兵团建工集团开展扶贫帮困活动，职工捐赠衣物 187 件、捐款 1.24 万元。

2004 年

2 月 3 日　兵团建工集团成立资产清查领导小组，负责所属单位资产清查、资产剥离、人员分流工作。

2 月 10 日　建工师党委研究决定，王江生任兵团建工集团董事长。

2 月 25 日　建工师党委常委会研究决定，对兵团建工集团党委成员进行调整，党委成员王江生、赵文艺、雷毅、雷胜富、马超刚、任辉明、王世豪（暂缺 1 人），党委书记王江生，党委副书记赵文艺（暂缺 1 人）。

3 月 4 日　兵团建工集团党委召开党委会议，审议纪委提出临时纪律检查委员会人员名单议案，修订建工集团党委会议事规则，调整党风廉政建设责任制领导小组成员。

3 月 12 日　兵团建工集团总裁办公会研究决定成立兵团建工集团安全生产管理部。

3 月 16 日　兵团建工集团党委会研究决定对党风廉政建设责任制工作领导小组成员进行调整。

3 月 16 日　兵团建工集团总裁办公会议研究决定调整安全生产委员会。

3月17日 兵团建工集团研究决定组建兵团建工集团西源建筑有限责任公司，为独立法人企业。

3月25日 建工师总工会批复兵团建工集团成立工会委员会，工会委员赵文艺、徐以丰、张星月、吴顺明、李明、何喜梅、朱建忠，工会主席赵文艺，工会副主席徐以丰。

4月20日 兵团建工集团就酒钢铁道专用线施工组织召开专题会议，会议决定工程由兵团建工集团所属兵团五建、兵团八建组建项目部完成。

4月21日 兵团建工集团制定《建工集团财务核算补充规定》，并发放到下属公司。

4月23日 兵团建工集团召开第一届第六次董事会会议，会议通过2003年审计报告，研究2003年薪酬兑现方案，审议2004年集团公司财务预算方案，讨论兵团建工一建职工股权置换问题。

5月9日 兵团建工集团批准北新路桥公司重组大地公司。大地公司全部职工整体划入北新路桥公司（不含退休人员）。北新路桥公司以现金方式置换兵团建工集团大地公司净资产300万元，2004年6月5日前置换完毕。

5月10日 兵团建工集团决定以现金方式出资1750万元，与浙江高运建设集团有限公司及李亚群三方共同在浙江杭州萧山区组建浙江高新建设有限公司，公司股权占新公司总股本的35%。公司主要经营房屋建筑工程、市政公用工程、园林绿化工程、装修工程、地基基础工程。

6月2日 兵团建工集团第十四次总裁办公会议研究决定，将原兵团三建一分公司整建制划归兵团八建管理。

6月4日 兵团建工集团决定，免去方有志兵团四建党委常委、党委书记职务，任命张益飞为兵团四建党委常委、党委书记；免去张开明北新路桥建设股份有限公司原有职务；免去韦达大型设备租赁有限责任公司原有职务。

6月8日 兵团建工集团与上海外经（集团）合作建设蒙古国都日根水电站举行开工典礼，合同价1.05亿元。

6月26日 兵团建工集团青藏铁路建设指挥部在西藏那曲举行“决战六十天、确保铺轨不挡道”劳动竞赛表彰大会。大会对1个优秀项目部、9个先进集体和22名先进个人进行物质奖励，并为参建青藏铁路时间在半年以上职工颁发“青藏铁路建设”纪念章。

7月30日 兵团建工集团党委决定成立人民武装委员会（简称武委会）。

8月 兵团建工集团被ENR（美国《工程新闻记录》杂志）列入全球最大225家国际承包商行列，排第221位。

9月4日 兵团建工集团设立武委会办公室、综合治理办公室、信访办公室，并合署办公。

10月10日 兵团建工集团党委决定张开明任北新路桥公司党委书记。

10月 经商务部批准，兵团建工集团取得援外成套项目B级资质。

11月2日 兵团建工集团召开第一届第八次董事会、二十六次总裁办公联席会议，讨论兵团八建出资与施达建设公司组建联营公司的议题。

11月2日 兵团建工一建、兵团六建、兵团八建获新疆建筑业协会2004年自治区“优秀施工企业”称号。

11月6日 兵团建工集团党委决定成立信访工作领导小组。

12 月 15 日 兵团建工集团青藏铁路工程指挥部被中国建设银行西藏自治区分行拉萨市城西支行授予“诚实守信先进单位”称号，被西藏那支地区授予“文明施工先进集体”“综合治理优胜单位”称号。

2005 年

1 月 11 日 兵团建工集团董事会研究通过《兵团建工集团企业负责人经营业绩考核暂行办法》，要求下辖各公司认真执行。

1 月 17 日 兵团建工集团召开所属企业党政领导述职会，兵团建工集团董事会董事和考评小组参加会议。

1 月 28 日 兵团建工集团党委成立“保持共产党员先进性教育活动”领导小组、督导组、办公室。

2 月 3 日 兵团建工集团召开党委会通过“保持共产党员先进性教育活动”的实施方案。

3 月 15 日 兵团建工集团召开第一届第十一次董事会会议，会议审议通过北新路桥建设股份有限公司召开第一届董事会第十一次会议拟审议的 13 个议题，第二届董事会、监事会成员组成研究决定，2004 年度利润分配预案。

3 月 17 日 兵团建工一建、兵团六建获“2004 年度全国用户满意工程”称号。

4 月 1 日 兵团建工集团召开第一届第十二次董事会暨第六次党委会会议，会议审定兵团建工集团机关 2005 年度财务预算方案（草案），《兵团建工集团企业负责人政治工作考核暂行办法》，研究兵团路桥总公司党委增补委员事宜，兵团五建人事有关事宜，大型设备租赁公司纪委委员组成事宜。

4 月 8 日 兵团建工集团成立科技领导小组。

5 月 13 日 兵团建工集团召开第七次党委会议。

5 月 19 日 兵团建工集团与中建总公司、中建国际建设公司签订《关于在精伊霍铁路工程项目及云南大理至丽江铁路工程项目合作协议书》。

6 月 8 日 建工师驻上海办事处变更为兵团建工集团驻上海办事处。

6 月 16 日至 7 月 20 日 兵团建工集团联合检查组对所属企业 31 个项目的党群工作（党的基层组织建设、党风廉政、综合治理、人口和计划生育等）开展检查。

6 月 30 日 兵团建工集团中标精河至伊宁至霍尔果斯铁路第九标段（简称精伊霍铁路），工程造价 4.3 亿元，工期 3 年。

7 月 21 日 兵团建工集团党委制定《兵团建工集团办理群众来信规则》《兵团建工集团接待群众来访工作规则》。

7 月 27 日 兵团建工集团召开第十次党委会议，会议对兵团四建党委书记任职进行调整。

8 月 29 日 兵团建工集团中标云南大理至丽江铁路工程 W1 标段，工程造价 7600 万元。

9 月 17 日 兵团建工集团成立利比亚项目物资设备采购招标领导小组，下设招标办公室。

10 月 21 日 中央文明委授予北新路桥公司“全国精神文明建设工作先进单位”称号。

12月5日 兵团建工集团召开第十四次党委会议，听取建工师组织部、纪委办对集团所属企业2005年班子建设情况的汇报。

2006年

1月16日 兵团建工集团召开2006年度第一次党委会议,会议听取各企业法人代表（董事长、总经理）、党委书记、总会计师（财务总监）年度述职报告。

2月18日 兵团建工集团召开第四次总裁办公会联席会议，会议研究讨论关于集团北欧银行贷款购置机械设备项目问题、关于大型设备租赁公司与北站仓储问题、关于成立集团海外公司及设立阿尔及利亚项目经理部问题、关于兵团五建冷却塔设备更新贷款问题。

2月22日 兵团建工集团第四次总裁办公会议研究决定，兵团建工集团大型设备租赁公司北站物资综合市场与大型设备租赁公司分立，单独注册成立一个有限责任公司，单独经营核算，隶属集团直接领导；原兵团三建一分公司整建制从兵团八建分离，与兵团建工集团建业分公司（大型设备租赁公司）合并。

3月6日 兵团建工集团召开精伊霍铁路S9标段2006年施工生产暨“大干150天”劳动竞赛签约大会。

3月18日 兵团建工集团召开第十六次董事会会议，会议研究确定兵团建工集团领导班子指数方案及所属企业领导班子建设和人事调整议题，审议2006年兵团建工集团经营目标、企业负责人考核办法，补齐兵团建工集团董事成员。

3月20日 兵团建工集团成立治理商业贿赂专项工作领导小组。

3月23日 兵团建工集团成立防火安全委员会，办公室设在综治办。

3月27日 兵团建工集团召开第三次党委会议，通过聘任建业公司总经理、副总经理、总经济师、总会计师，海外公司副经理，兵团八建副总经理、兵团五建副总经理人员。

4月1日 兵团建工集团20名技术管理人员赴上海建工集团挂职。

4月8日 兵团建工集团所属企业北新路桥公司承建的乌鲁木齐市蜘蛛山立交桥工程获“全国市政金杯示范工程奖”。

4月14日 兵团建工集团召开第四次党委会议，研讨兵团房地产公司董事长人选调整事宜；审议兵团六建副总经理人事聘任议案、兵团建工一建人事调整事宜。

4月28日 兵团建工集团召开第十七次董事会暨2006年度第五次党委会、总裁办公联席会会议，会议决定成立兵团建工集团企业党委换届工作领导小组。

5月15日 兵团建工集团第六次总裁办公会议决定成立兵团建工集团海外公司，第二名称为新疆北新建设工程（集团）有限责任公司海外公司。兵团建工集团海外公司是独立非法人的实体，下设财务部、物资供应部、商务合约部、人力资源部、综合部。

6月3日 《兵团建设工程（集团）有限责任公司经营管理纲要（试行）》,即日下发进行试运行。

6月28日 由兵团建工集团所属企业兵团建工一建参建的独山子石化千万吨炼油百万吨乙烯

工程裂解装置建设开工。

7 月 31 日 兵团建工集团召开第九次党委会议，会议审议通过所属企业党代会选举上报党委委员、纪委委员名单。

8 月 12 日 兵团建工集团党委调整保密委员会成员。

8 月 25 日 兵团建工集团参加建设太原至中卫至银川（简称太中银铁路）铁路工程，合同造价 9.5 亿元，工期 2 年。

9 月 15 日 兵团建工集团承建阿尔及利亚东西高速公路 W1 和 W2 合同段，合同价 20 亿元。

11 月 2—10 日 兵团建工集团组织检查组对所属 12 家企业党建、党风廉政建设、综合治理、人口与计划生育、工会、信访、史志、机要、保密、档案等工作进行综合检查。

11 月 3 日 北新路桥公司被建设部授予“全国建设系统思想政治工作先进单位”称号。

12 月 6 日 兵团建工集团召开董事会对核资工作中清理出的资产损失进行专题研究。

12 月 11 日 兵团建工集团首批 20 名劳动模范、先进工作者前往香港、澳门等地进行为期 13 天的观摩学习。

12 月 15 日 兵团建工集团召开 2006 年度统计年报会议，会议表彰 2006 年度统计工作先进单位。

12 月 25 日 兵团建工集团与中建总公司合作，承建阿尔及利亚世行贷款项目 800 套社会住房及配套设施工程，建筑面积 7.4 万平方米，合同价 1.4 亿元。

12 月 30 日 兵团六建承建的新疆石河子大学医学院第一附属医院住院二部工程获 2006 年度中国建筑工程“鲁班奖”。

2007 年

1 月 15 日 建工师批复同意兵团建工集团上报《关于成立新疆北新房地产股份有限公司的请示》，兵团建工集团作为主发起人，组建新疆北新房地产开发有限责任公司。

1 月 23 日 兵团建工集团召开 2007 年度第四次总裁办公会议，会议专题研究塞拉利昂体育馆项目管理模式议案。

1 月 24 日 兵团建工集团召开 2007 年度董事会及第一次党委会议，会议听取各企业法人代表（董事长、总经理）、党委书记、总会计师（财务总监）年度述职报告。

3 月 5 日 兵团建工集团第六次总裁办公会议决定成立兵团建工集团所属企业北新路桥公司上市工作领导小组。

3 月 13 日 兵团建工集团召开中国—哈萨克斯坦霍尔果斯国际边境合作中心开发建设工作专题会议，会议决定成立中哈霍尔果斯国际边境合作中心开发建设招揽任务工作小组。

5 月 8 日 兵团建工集团召开 2007 年度第四次党委会议，会议讨论通过《兵团建工集团党建工作目标责任书考核办法》《兵团建工集团党风廉政建设责任制目标管理考核办法》《兵团建工集团“四好”领导班子创建活动实施办法（暂行）》。

5 月 21 日 兵团建工集团召开第八次总裁办公会议决定成立兵团建工集团乌鲁木齐至精河二线、天业专用线工程指挥部，兵团建工集团将塔吉克斯坦项目整体移交北新路桥股份公司。

6 月 5 日 北新路桥公司获“全国先进基层党组织”称号。

7 月 1 日 兵团建工集团总裁办公会讨论通过《新疆生产建设兵团建设工程（集团）有限责任公司安全生产监督管理办法》《新疆生产建设兵团建设工程（集团）有限责任公司建筑工程争创优质工程活动的实施办法》。

8 月 17 日 兵团建工集团成立巴基斯坦灾后重建项目前期工作领导小组。

8 月 26 日 兵团建工集团中标奎屯至北屯铁路 S3 标段工程，合同总价 8.6 亿元。

9 月 26 日 兵团建工集团中标吐鲁番至库车铁路增建第二线 S3 标段工程，合同额 6.06 亿元。

10 月 15—31 日 兵团建工集团组成南北疆两个片区检查组对所属各企业承建的在建工程进行综合性检查。

10 月 26 日 兵团建工集团与马鞍山市政府举行经济合作签字仪式。

10 月 31 日 经兵团企业联合会核准，兵团建工集团在 2006 年度兵团 300 名企业中排名第三。

11 月 20 日 兵团建工集团召开第 2007 年第六次党委会，会议讨论通过《兵团建工集团“四好”领导班子创建活动考核办法》，审议通过阿尔及利亚高速公路项目部请示组建临时党委的议题。

12 月 8 日 兵团建工一建承建的兵团机关综合楼工程获 2007 年度中国建筑工程“鲁班奖”。

2008 年

1 月 12 日 兵团建工集团召开企业法人代表（董事长、总经理）、党委书记、总会计师（财务总监）述职报告大会。

1 月 15 日 兵团建工集团举办办公室自动化启用培训班，机关、企业有关人员 60 人参加培训。

1 月 18 日 兵团建工集团成立工资清欠领导小组，负责所属各企业职工、农民工工资清欠工作。

1 月 25 日 兵团建工集团获“全国商务系统先进集体”称号。

3 月 4 日 兵团建工集团稽核审计部获自治区“内部审计工作先进单位”称号。

3 月 17 日 兵团建工集团中标安哥拉社会住房项目凯兰巴凯亚西一期第二标工程，中标价房建工程项目 5.4 亿美元，市政基本工程项目 7000 万美元，折合人民币 40 亿元。

3 月 26 日 北新路桥公司获 2007 年度“全国优秀施工企业”称号。

4 月 1 日 兵团建工集团召开关于实施安哥拉社会住房项目第一次会议，会议研究成立项目领导小组。

4 月 28 日 兵团建工集团安哥拉项目部第一批人员从乌鲁木齐市出发。

4 月 28 日 兵团建工集团成立安哥拉社会住房医疗站。

5 月 5 日 兵团建工集团出台《兵团建工集团专利工作管理办法》《兵团建工集团科技发展基金管理办法》《兵团建工集团科技成果评审管理办法》《兵团建工集团科技进步奖励办法》《兵团建工集团科技考核办法》《兵团建工集团科技创新工作管理办法》《兵团建工集团工法管理办法》。

5 月 15 日　兵团建工集团及所属企业 8706 名职工向四川省汶川地震灾区捐款 294.47 万元，向四川省慈善总会捐款 150 万元。

7 月 7 日至 8 月 20 日　兵团建工集团组成安全质量标准化达标工程质量检查组，对在建工程进行安全质量标准化达标及工程质量专项检查，受检工程项目 32 项（房建工程 16 项、公路工程 4 项、水利工程 2 项、铁路工程 10 项）。

7 月 29 日　兵团建工集团党委召开第三十次董事会会议，审议西藏天昶公司国有股份转让给天昶公司职工。

8 月 1 日　兵团建工集团领导与陕西高速公路建设集团领导就进一步深化两大集团下属企业（北新路桥公司与陕西高速机械化工程有限公司）战略合作事宜进行会谈。

8 月 31 日　兵团建工集团承建的安哥拉社会住房项目一期工程举行奠基暨开工典礼。

9 月 3 日　兵团建工集团第八次总裁办公会议研究决定兵团建工集团直属法人、非法人企业的总会计师（财务负责人），财务部经理（部长）、直属项目部财务负责人统一由兵团建工集团委派。

10 月 9 日　兵团建工集团召开董事会会议，会议决定注销昆仑贸易大厦，其相关资产、债权、债务及人员等事宜由兵团建工集团继承和安置。

10 月 28 日　兵团建工集团召开第一届董事会第三十一次会议，会议审议通过为西藏天昶公司担保 500 万元流动资金启动生产。

12 月 3 日　兵团建工集团参建的青藏铁路项目获“国家科技进步特等奖”。

12 月 8 日　兵团建工集团中标喀什至和田铁路（简称喀和铁路）S3 标段，合同价 6.01 亿元，工期 837 天。

2009 年

1 月 5 日　兵团建工集团成立内蒙古巴新铁路工程项目部。

1 月 16 日　新疆北新建设工程（集团）有限责任公司、新疆北新路桥建设股份有限公司获“2008 年度兵团外经先进企业”称号。

1 月 20—23 日　兵团建工集团高管层领导分组对海外员工家属、困难党员、贫困户走访慰问。

2 月 14 日　兵团建工集团与巴基斯坦签订 11.6 亿元灾后重建项目。

2 月 20 日　建工师党委研究决定雷毅任兵团建工集团党委书记、董事长。

2 月 20 日　兵团建工集团通过商务部对外援助成套项目施工任务企业资格核验。

2 月 21 日　兵团建工集团召开第三十一次董事会会议，决定将兵团建工集团“总裁”名称变更为“总经理”。

3 月 13 日　兵团建工集团党委成立深入学习实践科学发展观领导小组，印发《兵团建工集团开展深入学习实践科学发展观活动实施方案》。

3 月 19 日　兵团建工集团申请兵团建筑工程技术研究中心建设项目，通过兵团科技局有关专家评审。

3 月 24 日 兵团建工集团获“2008 年度全国优秀施工企业”称号。

5 月 6 日 兵团建工集团制定《兵团建工集团高管层领导承揽工程任务额度的暂行规定》。

5 月 23 日 兵团建工集团党委成立开展“突出一个主题”“围绕一个目标”“抓好两项建设”“开展八项活动”领导小组。

6 月 13 日 兵团建工集团召开 2009 年度第二次党委会议，讨论通过《集团公司外区项目党建工作管理办法》《关于开展“岗位做表率五小建功做奉献活动”的通知》《关于批转集团公司团委〈关于做好新招大中专毕业生培训教育工作〉的通知》。

6 月 16 日 兵团建工集团党委对党风廉政建设工作领导小组成员进行调整。

6 月 27 日 兵团建工集团党委开展“学习身边模范”主题演讲比赛活动，所属企业 14 名选手参加比赛。

7 月 1 日 经中国证券监督管理委员会批准，兵团建工集团所属企业北新路桥公司首次公开发行股票，向中国境内社会公众发行 4750 万股 A 股。

7 月 6 日 兵团建工集团党委成立预防和处置突发事件领导小组，启动《预防和处置突发事件应急预案》。

7 月 16 日 兵团建工集团受到喀和铁路指挥部通令嘉奖，获 16.58 万元奖励。

7 月 21 日 兵团建工集团制定《关于集团公司机关承揽任务的奖励暂行办法》。

8 月 2 日 兵团建工集团中标河南许昌至禹州地方铁路工程第 3 标段工程，合同额 1.46 亿元。

9 月 28 日 由兵团建工集团承建的大理至丽江铁路举行通车仪式。

10 月 25 日 兵团建工集团申报的“竖向密集穿孔超厚楼板施工工法”获评国家一级工法。

10 月 29 日 兵团建工集团参加建设的青藏铁路工程获“新中国成立 60 周年百年经典暨精品工程”称号。

11 月 11 日 北新路桥公司股票在深圳证券交易所上市，证券简称北新路桥。

12 月 1 日 兵团建工集团成立兰新铁路第二线项目经理部，为兵团建工集团直属项目部。

2010 年

1 月 1 日 北新路桥公司承建的重庆绕城高速公路正式通车。

1 月 7 日 兵团建工集团召开 2010 年度第一次党委会议，会议部署集团 2009 年度企业及中层领导述职有关事宜等九项议题。

1 月 7 日 兵团建工集团党委对治安综合治理委员会、普法依法治理工作领导小组、平安建设活动工作领导小组、信访工作领导小组的成员进行调整。

1 月 8 日 兵团建工集团总经理第一次办公会议决定成立大型设备和大宗材料采购招标委员会。

3 月 5 日 兵团建工集团召开董事会会议，会议对第二次总经理办公会议提交的《关于提请审议向安哥拉项目借款的议案》进行审议联签，同意向安哥拉项目借款 2500 万元人民币作为流动资金周转使用。

3 月 26 日 兵团建工集团兰新铁路第二双线项目部中心试验室通过自治区质检站检查验收，正式投入使用。

4 月 6 日 兵团建工集团出台《新疆兵团建设工程（集团）有限责任公司安全生产监督管理办法》。

4 月 18 日 兵团建工集团向青海玉树地震灾区捐款 38 万元。

5 月 17 日 兵团建工集团召开董事会会议，同意发行短期融资券 5 亿元。

6 月 7 日 兵团建工集团成立第六次全国人口普查暨兵团建工集团人口统计调查工作领导小组。

6 月 23 日 兵团建工集团召开 2010 年第五次党委会议，会议审议通过兵团建工集团党委“三重一大”事项的暂行规定，审议通过兵团建工集团后备领导人员管理办法。

7 月 8 日 商务部副部长访问安哥拉代表团一行到兵团建工集团安哥拉项目部农场调研。

8 月 2 日 兵团建工集团研究决定直属项目部物资采购供应集中由新北商贸有限公司统一采购。

8 月 23 日 兵团建工集团总经理办公会议研究决定所属石油物资有限责任公司和新北商贸有限公司合并。

9 月 13 日 兵团建工集团召开第一届第四十一次董事会和第八次党委会联席会议，通过兵团建工集团机关各部门 2010 年度预算方案。

9 月 15 日 中国对外承包工程商会通报 2010 年国际承包商排名榜单，兵团建工集团列国际承包商第 169 名。

9 月 16 日 兵团建工集团制定《集团公司海外公司、总承包部资金使用管理办法》《集团公司机关资金审批办法》《集团公司驻京办事处财务管理办法》。

9 月 26 日 由兵团建工集团参建的肯斯瓦特水利枢纽工程成功截流。

9 月 27 日 兵团建工集团成立清产核资项目小组，对所属各核算单位的流动资产、非流动资产进行彻底清产核算。

10 月 19 日 兵团建工集团组建内蒙古口岸国际管道运输建设项目部。

12 月 1 日 兵团建工集团中标新建兰新铁路第二双线第九标段工程，合同造价 18.22 亿元。

12 月 9 日 兵团建工集团承建的巴基斯坦马拉坎德三期水电站项目获得竣工证书。

12 月 8—24 日 兵团建工集团工作组对 14 家企业党群工作情况进行检查考核，对 9 个在建项目部党群工作的延伸情况进行抽检。

12 月 10 日 兵团建工集团获“自治区文明单位”称号。

12 月 13 日 兵团八建更名为新疆生产建设兵团水利水电工程（集团）有限公司（简称兵团水利水电集团），更名后的公司对原兵团八建债权、债务承担连带责任。

2011 年

1 月 5 日 兵团建工集团获“全国文明诚信示范单位”“中国 AAA 级信用企业”称号。

1 月 8 日 兵团建工集团北新房地产公司开发的石河子北新佳境小区获第十二届中国国际房地

产与建筑科技展览“中国名盘”奖。

1月10日 兵团建工集团承建的安哥拉社会住房项目一期工程6号地块通过业主验收，是24个地块中首个正式交验的工程。

1月11日 兵团建工集团出台《兵团建工集团通讯费用管理办法》《兵团建工集团机关办公用品管理制度》《兵团建工集团机关工作人员日常性费用管理办法》。

1月13日 兵团建工集团被商务部评为“对外承包工程管理条例专项检查优秀企业”。

1月19日 北新路桥公司自治区级公路行业技术中心揭牌。

2月23日 北新路桥公司获“兵团优秀施工企业”称号。

3月3日 兵团建工集团承建的安哥拉社会住房工程完成首楼封顶、首楼交验、首个地块交验，获65万美元奖金。

3月8日 兵团建工集团安哥拉项目部与海外公司合并，暂定名为新疆北新国际建设有限责任公司。

3月8日 兵团建工集团成立技术中心，暂定名为新疆兵团建设工程技术研发有限责任公司。

3月10日 兵团建工集团制定《兵团建工集团领导接见预约制度》《兵团建工集团高管领导工作报告制度》《兵团建工集团企业主要领导用车管理办法》。

4月6日 北新路桥公司申报的“出区桥梁桩基冲孔遇倾斜岩层纠偏施工”工法获国家级公路工程工法。

4月12日 兵团建工集团出台《兵团建工集团2011年继续推进兵团建筑业管理年活动实施方案》。

4月28日 兵团建工集团党委会决定海外公司党总支与安哥拉社会住房项目部党委合并，成立新疆北新国际建设有限责任公司党委。

4月29日 兵团建工集团召开蒙古国市场开发专题会议，会议明确兵团建工集团搭建平台，北新路桥公司具体实施。

5月4日 兵团建工集团党委制定《兵团建工集团党委、集团关于开展干部作风建设年活动的实施意见》。

5月28日 兵团建工集团总工办开始对乌鲁木齐片区和石河子片区在建工程进行检查。

6月8日 兵团建工集团党委制定《兵团建工集团党委、兵团建工集团开展机关干部下基层活动促进作风建设的实施方案》。

6月15日 北新路桥公司对兵团路桥总公司进行资产重组，重组后的兵团路桥总公司更名为新疆生产建设兵团交通建设有限公司。

8月1日 兵团建工集团承建的兰新铁路第二双线S9标段涵洞工程和桥梁工程被业主评为“优质样板工程”。

8月17日 根据乌鲁木齐市《关于批转乌鲁木齐市地名公共服务工程实施方案的调整》文件，兵团建工集团门牌号码改为新民路113号。

8月19日 兵团建工集团党委调整人口与计划生育领导小组成员。

8月20日 兵团建工集团制定《兵团建工集团流动人口计划生育服务管理工作规范》。

8月26日 兵团建工集团举行委托上海浦发银行发行8亿元中期票据签约仪式。

9月6日 兵团建工集团制定《兵团建工集团机关对外接待工作制度（试行）》。

9月10日 兵团建工集团与阿拉尔356钢铁有限公司举行300万吨/年钢铁配套项目一期工程建设签约仪式。

9月26日 兵团建工集团承担商务部第三次援助巴基斯坦物资运输任务。

10月10日 兵团建工集团运输的首批援助巴基斯坦物资抵达灾区苏斯特，并于当日北京时间18时举行援助物资交接仪式。

12月28日 兵团建工一建、兵团四建获“2011年度自治区优秀施工企业”称号。

2012年

1月11日 兵团建工集团召开董事会会议，同意兵团四建注册资本金由5424.15万元增加到10424.15万元。

2月10日 兵团建工集团批复同意兵团六建上报的《关于兵团第六建筑安装工程公司申请资质证书中企业名称变更事宜的请示》，即日正式启用新疆生产建设兵团第六建筑安装工程公司名称。

2月16日 兵团建工集团印发《新疆兵团建设工程（集团）有限责任公司制度汇编》。

2月16日 建工师国资委批复同意新疆北新路桥建设股份有限公司更名为新疆北新路桥建设集团股份有限公司。

2月21日 建工师国资委批复同意兵团建工集团所属企业新疆北新路桥集团建设股份有限公司、新疆北新投资建设有限公司共同出资设立新疆北新恒通典当有限公司。

2月23日 新疆新北商贸有限责任公司获“2011年度兵团商务系统内贸先进企业”称号。新疆北新建设工程（集团）有限责任公司、新疆北新路桥建设集团股份有限公司获“2011年度兵团商务系统外经先进企业”称号。

4月5日 兵团建工集团制定《兵团建工集团在创先争优活动中开展基层组织建设年的实施方案》。

4月10日 兵团建工集团调整人民武装工作委员会成员。

4月27日 兵团建工集团所属企业新疆北新房地产公司晋升为房地产开发一级资质。

5月22日 兵团建工集团党委调整社会管理综合治理委员会成员。

6月19日 兵团建工集团第二届第三次董事会批复同意北新路桥集团股份公司报送的《关于申请新疆鼎源设备租赁有限公司融资租赁保理业务担保的请示》，批复同意北新国际公司报送的《关于上报公司章程及三项议事规则的请示》，批复同意兵团水利水电集团报送的《关于调整水利水电集团监事会成员的请示》。

6月28日 兵团建工集团与中国国机重工集团有限公司签订合作框架协议。

8月30日 兵团建工集团董事会同意兵团建工一建与农三师工建集团共同出资成立新疆旺宏建设工程有限公司。

9月17日　中信建设南部非洲区举行安哥拉凯兰巴凯亚西一期工程竣工庆典活动，兵团建工集团董事长雷毅、北新国际公司总经理陆忠、项目部部分管理人员及劳务工人参加。

9月26日　兵团建工集团印发《兵团建工集团财务管理制度、会计核算办法》。

9月29日　兵团建工集团同意兵团六建上报的《关于申请成立环境工程有限公司的请示》。

10月22日　兵团建工集团获“2011年度中国建筑企业竞争力双百强企业”称号。

12月17日　新疆北新国际工程建设有限责任公司开业，办公地点位于北京市朝阳区京顺东街6号院3号楼，公司业务主要是开拓北新国际在非洲、拉丁美洲国际市场。

12月21日　兵团建工集团召开2012年第八次党委会议、第十次总经理办公会联席会议。

2013年

1月4日　兵团建工集团第二届第五次董事会研究决定，对兵团六建所属兵团工业设备安装公司进行重组。兵团工业设备安装公司从兵团六建整体剥离升格为兵团建工集团所属副团级国有独资子公司。

1月7日　兵团建工集团批准环境工程有限公司全称为新疆生产建设兵团建设工程（集团）环境工程有限公司。

1月25日　兵团建工集团及所属各企业民兵开始冬季训练和轮训备勤任务。

3月5日　兵团建工集团2013年第一次总经理办公会研究决定组建兵团建工集团设计公司。

3月6日　兵团建工集团制定《兵团建工集团工程质量监督管理管理办法》。

3月6日　兵团建工一建技术质量部飞翔“QC”小组获“全国优秀质量管理小组”称号。

3月19日　兵团建工集团获2012年度“全国优秀施工企业”称号。

4月9日　由兵团建工集团承建的兰新铁路第二双线LXTJ9标段全线贯通。

4月15日　兵团建工集团召开第二届第八次董事会会议，同意成立新疆北新建筑工程有限责任公司，为兵团建工集团所属全资子公司。

4月16日　兵团建工集团与中国移动新疆公司签订战略合作框架协议。

5月10日　兵团建工集团兰新铁路第二双线项目部1号集中拌和站获自治区“工人先锋号”称号。

6月5日　兵团建工集团共青团委员会根据《中国共产主义青年团章程》规定，同意兵团建工集团机关成立团支部、同意北新房地产公司成立团总支。

7月3日　兵团建工一建收购的新疆金石商品混凝土有限责任公司更名为新疆兵团建工集团金石商品混凝土有限责任公司。

7月10日　兵团建工集团召开第二届第九次董事会会议，同意成立新疆生产建设兵团建设工程设计研究院（有限公司）。

7月30日　兵团建工集团成立招投标管理委员会。

8月9日　兵团建工集团第三次党委会同意兵团交通建设有限公司党委上报《关于增补党委委员的请示》，同意新疆北新国际工程建设有限责任公司党委上报的《关于拟增补王永勤等同志任党委委员的请示》。

8 月 13 日 兵团建工集团制定《兵团建工集团关于贯彻落实中央八项规定的实施办法（试行）》。

8 月 15 日 兵团建工集团与上海现代设计集团合作，上海现代设计集团华东建筑设计研究院有限公司新疆分公司在乌鲁木齐市揭牌。

8 月 30 日 兵团建工集团决定兵团建设工程设计研究院合并新疆天华建筑勘察设计有限责任公司。

8 月 30 日 天津市武清经济技术开发区与兵团建工集团北新房产公司项目合作举行签约仪式。

9 月 10 日 兵团五建负责施工的金川电厂烟囱工程在对烟囱 40 米钢平台安装时，4 根钢梁不慎滑落，致使辅助施工用的钢平台倾斜，造成钢平台施工作业的 7 人坠落死亡。

9 月 30 日 兵团建工集团董事会和党委会研究决定对兵团建科院有限责任公司进行资产重组。重组后的建科院成为兵团建工集团全资子公司，北新四方土木工程试验研究所有限公司成为兵团建科院有限责任公司控股子公司。

10 月 8 日 兵团建工集团获 2013 年度“中国 AAA 级信用企业”称号。

11 月 7 日 兵团建工集团与重庆建工集团签署新疆北新永固钢结构有限公司战略合作协议。

11 月 13 日 兵团建工集团董事会同意北新路桥集团收购北新国际公司持有的西藏天昶公司股权。北新路桥集团收购股权后对其进行有效整合和重组，原有的独立法人资格不变。

11 月 27 日 兵团建工集团与安徽工业大学签订战略合作协议。

12 月 25 日 兵团建工集团成立招投标管理委员会、建筑咨询服务业管理分会。

12 月 26 日 兵团建工集团召开第二届第十次董事会会议，通过新疆北新房地产开发有限公司增资方案等 4 项方案。

12 月 31 日 兵团建工集团第二届第十一次董事会研究同意新疆兵团建筑工程科学技术研究院有限责任公司董事会、监事会组成人选。

2014 年

1 月 15 日 兵团建工集团举办清华大学建筑施工企业项目经理高级研修班正式开学。

2 月 16 日 兵团建工集团与安徽蚌埠市国道 104 线级公路开发有限公司签署施工合同。

2 月 18 日 兵团建工集团召开第二届第十二次董事会会议，同意 2014 年度集兵团建工集团机关本部财务预算为 8091 万元，同意发行 6 亿元短期融资券。

2 月 20 日 兵团建工集团与中国电子进出口总公司签署战略合作协议。

3 月 7 日 北新路桥集团中标乌鲁木齐市地铁一号线第十五标段，中标价 3.01 亿元。

4 月 11 日 兵团建工集团与广东省铁路有限公司签署战略合作协议。

4 月 14 日 兵团建工集团成立“六五”普法依法治理工作领导小组。

4 月 10 日 北新国际公司承建委内瑞拉 1520 套社会住房项目开工。

4 月 22 日 兵团建工集团召开董事会会议，同意兵团水利水电集团发行 3 亿元短期融资券并报请建工师审批。

5 月 9 日 兵团建工集团共青团委员会同意北新国际公司团组织召开第一次团员代表大会。

5 月 12 日 兵团建工集团党委决定天昶公司党组织工作由北新路桥集团党委管理。

5 月 15 日 兵团建工集团所属企业兵团交通建设有限公司获住房和城乡建设部颁发公路工程施工总承包一级、公路路面工程专业承包一级资质证书。

7 月 7 日 兵团建工集团董事会同意以兵团建工集团名义在喀麦隆注册分公司等 5 项提案。

7 月 15 日 北新路桥集团被住房和城乡建设部核准为公路施工总承包特级资质。

8 月 6 日 兵团建工集团获住房和城乡建设部核准的房屋建筑工程施工总承包特级资质证书。

8 月 19—29 日 兵团建工集团成立财务专项检查组,对所属 13 家企业进行 7 项财务专项检查。

9 月 5 日 兵团建工集团承建的委内瑞拉蒂乌娜社会住房项目首楼交工仪式在 A 地块举行。

11 月 5 日 兵团建工集团、北新路桥集团分别获得“中国对外承包工程企业与对外劳务合作企业信用等级 AAA”称号。

11 月 8 日 兵团军事部副部长对兵团建工集团“兵”字号工程进行调研。

11 月 20 日 兵团建工集团成立质量整治两年行动实施领导小组，成员由各企业法人组成。

12 月 3 日 兵团建工一建技术质量部质检班获“全国质量信得过班组”称号。

12 月 9 日 兵团建工集团将党委组织部和人力资源部合并，更名为组织人事部。

12 月 19 日 兵团建工集团承建的玛纳斯河肯斯瓦特水利枢纽工程开始下闸蓄水。

12 月 19 日 兵团建工一建参建的中国石油公司独山子石化分公司改扩建炼油及新建乙烯工程获“国家优质工程金质奖”。

2015 年

1 月 4 日 兵团建工集团召开董事会会议，同意收购红光山华域龙湾项目。

1 月 28 日 兵团建工集团召开 2014 年度总结考核及企业党委书记抓基层党建工作述职会议。

2 月 3 日 兵团建工集团所属企业兵团五建获“中国 AAA 级信用企业”称号。

2 月 6 日 兵团建工集团党委决定成立“兵”字号工程建设领导小组。

2 月 18 日 兵团建工集团党委成立兵团建工集团党的群众路线教育实践活动领导小组。

3 月 20 日 兵团建工集团董事会同意新疆鼎源融资租赁有限公司挂牌新三板。

3 月 30 日 兵团建工集团董事会同意北新路桥集团参与投资建设巴基斯坦拉合尔市 KAHNA 跨线立交桥 BOT 项目，同意组建新型建材工业科技集团有限责任公司。

4 月 10 日 兵团建工集团党委调整人民调解委员会小组成员。

4 月 17 日 兵团建工集团总经理办公会、董事会、党委会研究，组建新型建材工业科技集团有限公司（暂定名）。

4 月 22 日 兵团建工集团党委调整社会管理综合治理委员会成员。

6 月 5 日 兵团建工集团成立中国新建集团国际农业合作开发有限责任公司筹建公司领导小组。

6 月 5 日 兵团建工集团监察室和纪委合署办公，办公室名称为纪检监察办公室。

6 月 30 日 兵团建工集团承建的福建省顺昌至邵武高速公路举行开工动员大会。

9 月 17 日 由兵团建工集团承办的第九届西部地区建工集团合作与发展交流研讨会在石河子市召开。

10 月 28 日 中国建筑设计院有限公司领导到兵团建工集团考察调研。

11 月 17 日 原宏强公司房屋产权即日转移至北新方圆物业服务有限公司。

12 月 12 日 兵团建工集团与第十师在北屯市举行 PPP 项目合作签约仪式。

2009 年 8 月 10 日，兵团建工集团承建的兰新线天山至盐湖段提速改造工程开工

（兵团建工集团　供稿）

第一章　建　制

1992 年 8 月，新疆农垦建筑安装工程总公司（简称农垦建安总公司）成立。1996 年 6 月，农垦建安总公司更名为兵团建安总公司。2000 年 12 月，兵团建安总公司改制为兵团建工集团。2003 年，兵团建工集团规范重组，由兵团国资委授权建工师出资，其性质为国有独资公司。同时，理顺集团董事会、监事会、管理层关系，理顺管理层与各部门、总公司与子公司及托管企业关系，确立兵团建工集团母子公司体系下经营管理体制框架。

第一节　总部位置

1992 年 8 月，农垦建安总公司机关位于乌鲁木齐市水磨沟区红山路 155 号。

2003 年 10 月，兵团建工集团机关驻地由乌鲁木齐市水磨沟区红山路 155 号搬迁至乌鲁木齐市天山区新民路 113 号。

第二节　建制沿革

1992 年 8 月 4 日，经自治区人民政府批准，兵团工一师成立新疆农垦建筑安装工程总公司。总公司为副师级机构，具有国家一级建筑安装工程总承包资质。8 月 22 日，兰新复线开工建设，原工一师北疆铁路工程指挥部改为兰新铁路复线工程指挥部。

1996 年 6 月，新疆农垦建筑安装工程总公司更名为新疆生产建设兵团建筑安装工程总公司（简称兵团建安总公司）。

1998 年 4 月，兵团建安总公司合并到兵团建工师机关，同年 10 月与建工师机关分离。

2000 年 12 月，新疆生产建设兵团建筑安装工程总公司改制为新疆生产建设兵团建设工程（集团）有限责任公司（简称兵团建工集团）。

2001 年 5 月，兵团建工集团为便于开拓国际市场，经自治区工商局批准第二名称为新疆北新建设工程（集团）有限责任公司。同年，兵团建工集团全资子公司为兵团一建、兵团四建、兵团八建、兵团路桥总公司、兵团运输公司、兵团设备租赁公司、宏强房地产开发公司、兵团科研所、建工设计院。

2003 年 2 月 10 日，兵团建工集团规范重组法人治理结构，由兵团国资委授权建工师出资，其性质为国有独资公司。理顺公司董事会、管理层关系，理顺管理层与各部门、总公司与子公司及托管企业关系，基本确立兵团建工集团母子公司体系下经营管理体制框架。

第三节 参控股公司

一、新疆北新路桥集团建设股份有限公司

新疆北新路桥集团建设股份有限公司（简称北新路桥集团）组建于1995年2月，前身是农垦建安总公司混凝土搅拌站。1996年2月，在混凝土搅拌站的基础上组建特种机械工程分公司。1998年12月,特机公司分公司更名为兵团建筑安装工程总公司特种机械工程分公司。1999年2月，特种机械工程分公司兼并兵团机械施工公司。2000年12月，特种机械工程分公司更名为兵团建设工程（集团）有限责任公司特种机械工程分公司。

2001年8月6日，兵团建工集团作为主发起人，以其优质经营性资产——特种机械工程分公司投入，联合新疆中基实业股份有限公司、新疆金石置业集团有限公司、长安大学、新疆新通达工程机械有限责任公司共同发起成立新疆北新路桥建设股份有限公司。8月20日，兵团建工集团撤销特种机械工程分公司建制。2009年11月11日，新疆北新路桥建设股份有限公司在深圳证券交易所上市。2012年3月28日，新疆北新路桥建设股份有限公司更名为新疆北新路桥集团股份有限公司，实行集团化管理模式。北新路桥集团是由兵团建工集团控股、以路桥建设为主营业务的上市公司，公司拥有公路工程施工总承包特级、公路路面（路基）工程专业承包一级、市政公用工程总承包一级、隧道工程专业承包二级资质。同时，拥有对外承包工程经营、对外援助成套项目A级实施企业等资格。公司下设6个事业部和数十家控（参）股公司，拥有国际、国内领先水平的机械装备1050余台（套），年施工能力达60亿元以上，施工项目遍布甘肃、陕西、内蒙古、四川、湖南、海南、重庆等16个省、自治区、直辖市，以及巴基斯坦、吉尔吉斯斯坦、塔吉克斯坦、阿尔及利亚、蒙古、安哥拉6个国家。

1995年组建初期，公司营业收入500万元。2001年，公司营业收入1.73亿元。2005年，完成营业收入5.31亿元，资产总计4.98亿元，实现利润1153.08万元。2009年，公司完成营业总收入增至23.21亿元，总资产18.39亿元，实现利润总额5858.8万元。2015年，公司完成营业总收入81亿元，总资产12.71亿元。

二、新疆生产建设兵团水利水电工程（集团）有限公司

新疆生产建设兵团水利水电工程（集团）有限公司组建于1966年8月，前身为兵团工二师工程支队。1969年4月，工程支队划归兵团农二师，改称农二师工程支队。1974年4月，工程支队称南疆铁路工程指挥部二支队。1979年3月，二支队改称自治区铁工局二团。1983年4月，自治区铁路工程局二团归属工一师领导，称工一师二团。1989年2月，二团对外称兵团第八建筑安装工程公司（简称兵团八建），体制不变。1998年4月，兵团八建兼并工一师机械厂。2000年12月，兵团建工集团成立，兵团八建为兵团建工集团全资子公司。2002年6月18日，兵团八建改制，名称为新疆生产建设兵团第八建筑安装工程有限责任公司。2010年12月10日，新疆生产建设兵团水利水电工程（集团）有限公司成立。

兵团水利水电集团具有市政公用工程施工总承包一级、土石方工程专业承包一级、水利水电

工程施工总承包一级、房屋建筑工程施工总承包一级、钢结构工程专业承包一级、工程材料检测一级，铁路工程施工总承包二级、公路工程施工总承包二级、金属门窗专业总承包二级、起重设备安装工程专业总承包三级、水工建筑物基础处理工程专业承包三级资质的综合性施工企业，注册资金25116.45万元。

2001—2005年，兵团八建累计实现国内生产总值10.64亿元，累计完成社会总产值40.4亿元，累计承揽工程任务33亿元，累计完成固定资产投资1.19亿元。2006—2010年，兵团八建累计实现国内生产总值42.82亿元，累计完成社会总产值161.89亿元，累计承揽工程任务141.44亿元，累计完成固定资产投资63905万元。2015年，兵团水利水电集团完成固定资产投资1.82亿元，完成总产值45.80亿元，完成生产总值12.44亿元，实现利润9616万元。

三、新疆生产建设兵团建设工程集团第一建筑安装工程有限责任公司

新疆生产建设兵团建设工程集团第一建筑安装工程有限责任公司，组建于1980年5月。前身为自治区农垦总局第一建筑安装工程公司。1983年3月，更名为兵团第一建筑安装工程公司。1984年4月，划归工一师管理编为工一师七团。1989年2月，工一师七团对外称新疆生产建设兵团第一建筑安装工程公司（简称兵团一建），体制不变。2000年12月，兵团一建为兵团建工集团全资子公司。2001年7月8日，兵团一建改制更名为新疆生产建设兵团建设工程集团第一建筑安装工程有限责任公司。

兵团建工一建是一家以工业与民用建筑施工为主，集投资、装饰装修、市政工程、园林工程、建材检测、商品混凝土生产等为一体的国有独资公司，注册资金2.16亿元。公司拥有房屋建筑工程施工总承包一级、建筑装饰装修工程设计与施工一级、建筑幕墙工程二级等资质。公司下辖专业建筑分公司7家，独资公司4家，控股公司2家，投资管理公司1家。

1984—1987年，兵团一建完成社会总产值5448.72万元，实现利润136.15万元。1994—1996年，兵团一建第三轮承包期完成社会总产值62177.03万元，实现利润1135.68万元。2011年，完成社会总产值13.04亿元，实现利润1600万元。2013年，完成社会总产值23.39亿元，实现利润3910万元。2015年，完成总产值33.17亿元，实现利润5967.5万元。

四、新疆生产建设兵团第四建筑安装工程公司

新疆生产建设兵团第四建筑安装工程公司（简称兵团四建），组建于1963年11月，前身为8531工程指挥部。1974年9月，称兵团南疆铁路指挥部四支队。1979年3月，四支队改称自治区铁工局四团。1983年4月，自治区铁路工程局四团归属工一师，称工一师四团。1989年2月，工一师四团对外名称为兵团第四建筑安装工程公司，体制不变。2000年12月，兵团建工集团成立，兵团四建为兵团建工集团托管企业。

兵团四建主要从事工民建、铁路、公路、市政、水利等工程施工，建筑设备租赁，新型建材生产。公司拥有房屋建筑工程施工总承包一级、市政公用工程施工总承包二级、起重设备安装专业承包二级、钢结构工程专业承包二级、铁路工程总承包三级、送变电工程专业承包三级、建筑装修装饰工程专业承包三级资质，可经营货物与技术的进口业务，注册资金10424.15万元。

2005年，兵团四建完成社会总产值29021万元，实现利润216万元。2006年，完成社会总产值 3.02 亿元，实现利润 324 万元。2009 年，完成社会总产值 8.6 亿元，实现利润 577 万元。2010 年完成社会总产值 9.23 亿元（不含海外工程），实现利润 853 万元。2013 年，完成营业总收入 18.98 亿元，实现利润总额 3552.91 万元。2015 年，完成企业总产值 24.63 亿元。其中，完成建筑业产值 17.55 亿元,完成工业产值 6.49 亿元（含附营工业产值 6770 万元),完成第三产业产值 5874 万元。完成企业生产总值 6.64 亿元。其中，建筑业增加值 5.33 亿元，工业增加值 1.21 亿元，第三产业增加值 961 万元，完成固定资产投资 5436.5 万元。

五、新疆生产建设兵团第五建筑安装工程公司

新疆生产建设兵团第五建筑安装工程公司（简称兵团五建），组建于 1966 年 3 月，前身为兵团工三师二十三团。1974 年 9 月，称兵团南疆铁路工程指挥部五支队。1979 年 3 月，五支队改称自治区铁工局五团。1983 年 4 月，自治区铁路工程局五团归属工一师，称工一师五团。1989 年 2 月，工一师五团对外名称为新疆生产建设兵团第五建筑安装工程公司，体制不变。2000 年 12 月，兵团建工集团成立，兵团五建为兵团建工集团托管企业。

兵团五建具有房屋建筑施工总承包一级、防腐保温工程专业承包二级、起重设备安装工程专业承包二级、工程施工总承包二级、水利水电工程施工总承包三级、钢结构施工三级、高耸构筑物专业施工一级资质。同时，拥有相应的一级资质试验室和自治区级技术中心。公司注册资金 2.7 亿元。主要经营工业与民用建筑工程、各类排水管道工程、高耸构筑物、淋水面积 500 ～ 5000 平方米的冷却塔及附属工程和防腐保温工程、公路和桥梁工程。

2005—2007 年，兵团五建完成社会总产值 6.17 亿元，实现利润 1519.52 万元，2008—2010 年，兵团五建完成社会总产值 11.80 亿元，实现利润 1841 万元。2015 年，兵团五建完成生产总值 6.37 亿元，完成企业总产值 23.03 亿元，实现利润 532 万元，完成固定资产投资 915.31 万元。

六、新疆生产建设兵团第六建筑安装工程公司

新疆生产建设兵团第六建筑安装工程公司（简称兵团六建）组建于 1951 年 3 月，前身为中国人民解放军第二十二兵团工兵团。1959 年 1 月，改称兵团工一师四团。1975 年 4 月，工四团改称自治区建筑安装公司第四团。1979 年 4 月，工四团改称自治区建工局第六建筑工程公司。1983 年 6 月，整建制划归兵团工一师，名称为工一师六团。1989 年 2 月，对外称新疆生产建设兵团第六建筑安装工程公司，体制不变。1995 年 4 月，注册第二名称新疆东方建筑安装工程公司。2000 年 12 月，兵团建工集团成立，兵团六建为兵团建工集团托管企业。

兵团六建具有房屋建筑工程施工总承包一级、市政公用工程施工总承包二级、预应力工程专业承包二级、防腐保温工程专业承包二级、水利水电施工总承包三级、爆破与拆除工程专业承包三级、环保工程专业承包三级、钢结构工程专业承包三级资质。公司注册资金 28631 万元。公司主要经营建筑工程施工；水暖、电照安装，机械维修、安装、租赁；润滑油、钢材、水泥、机械设备及配件、建筑材料销售；货物与技术的出口业务；电子计算机技术研发，技术交流与推广服务；电子产品、计算机软件及辅助设备、办公设备销售。

2000 年，兵团六建完成社会总产值 2.64 亿元，实现利润 165 万元。2011 年，兵团六建完成总产值 153724.79 万元；完成国内生产总值 29446 万元，实现净利润 1504 万元。2015 年，兵团六建实现企业总产值23.17亿元，实现企业生产总值7.2亿元，实现利润总额4120.81万元，上缴管理费410万元。

七、新疆北新国际工程建设有限责任公司

新疆北新国际工程建设有限责任公司（简称北新国际公司），前身为兵团建工集团海外事业部。2011年3月，兵团建工集团安哥拉项目部与海外公司合并组建公司，名称为新疆北新国际建设有限责任公司，为兵团建工集团所属子公司。2011年11月28日，北新国际公司在乌鲁木齐市注册成立，初始资本金1008万元。2013年12月20日，兵团建工集团增资，资本金增加8000万元。

北新国际公司先后在13个国家承建30项海外工程项目。从单一的建筑施工发展为集工程总承包、货物和技术进出口业务，建筑建材制造与销售，物业管理、仓储服务，房屋、设备、建材租赁，农业开发投资，国际贸易四大板块经营体系。

2011年，北新国际公司完成产值13.79亿元，承揽合同12.51亿元，进出口贸易3385.6万元，实现利润8464.29万元。2015年，北新国际公司完成产值44.45亿元，承揽合同38.01亿元，进出口贸易1.44亿元，实现利润1.67亿元。

八、新疆北新建筑工程有限责任公司

新疆北新建筑工程有限责任公司（简称北新建筑公司）组建于2000年2月。2000年3月12日，兵团建工集团将众合指挥部与粮储库合并，成立西源建筑安装工程公司为非法人公司，隶属兵团建工集团。2004年8月9日，西源建筑安装有限责任公司成立，为独立法人公司。2013年5月，新疆北新建筑工程有限责任公司成立。2015年，北新建筑公司拥有钢结构二级、房屋建筑三级总承包资质，注册资金8000万元。

2007年，西源公司实现国内生产总值5290万元，实现净利润332.4万元。2011年，西源公司完成施工产值12亿元，实现利润1712万元。2013年，北新建筑公司完成施工产值18.13亿元，实现利润5514万元。2014年，北新建筑公司实现利润7155万元。2015年，北新建筑公司完成建筑业总产值27.14亿元，完成固定资产投资507万元，实现利润1065万元。

九、新疆北新土木建设有限公司

新疆北新土木建设有限公司（简称北新土木公司）组建于2013年1月，前身为兵团建工集团铁路施工队。公司以铁路建设工程施工总承包为主营业务，以房屋建筑、市政工程等施工总承包为兼营业务，注册资本金8000万元。公司下辖8个项目部，即克塔铁路项目部、格库铁路项目部、蒙华铁路项目部、图木舒克铁路项目部、前海总干渠项目部、哈密综合大厦项目部、兰新二线铁路项目部、奇台碧流河项目部。

2011—2015年，北新土木公司完成产值13.99亿元。其中，铁路工程完成11.56亿元，占产值总额的82.63%；建筑工程完成1.35亿元，占产值总额的9.65%；水利工程完成1.08亿元，占产值总额的7.72%。完成生产总值3.47亿元，实现利润1811.45万元，上缴管理费1360.88万元。

十、新疆北新建材工业集团有限公司

新疆北新建材工业集团有限公司（简称北新建材公司），前身是北新路桥公司建材事业部。2014年，建材事业部与广东松本绿色板业公司、新疆君浩投资有限公司合作，投资1.2亿元组建

新型建材公司。2015 年 5 月，兵团建工集团成立新疆北新建材工业集团有限公司。北新建材事业部所属的 5 家法人单位资产进行置换，划归新疆北新建材工业控股有限公司管理，将集团工业纳入专业化统一集中管理，建材事业部撤销。公司注册资本金 3.8 亿元，总资产 6.2 亿元。北新建材公司辖 4 家独立法人企业，即兵团工业设备安装公司、新疆北新永固钢结构工程有限公司、新疆天山玻璃有限责任公司、新疆北新新型建材有限公司。

2015 年，北新建材公司完成总产值 85175.94 万元。其中，建筑业总产值 47833.42 万元，工业销售收入 34331.89 万元，第三产业收入 3010.63 万元，实现利润 765.55 万元。

十一、新疆北新房地产开发有限公司

新疆北新房地产开发有限公司（简称北新房地产公司）组建于 2007 年 3 月。2012 年 2 月，兵团建工集团宏瑞物业公司与北新房地产公司合并，改称新疆北新方圆物业管理有限公司，注册资金 1.5 亿元，拥有房地产开发一级资质、物业服务二级资质。下设全资子公司 4 家，即北新方圆物业服务公司、北新方圆营销管理公司、吐鲁番北新房地产开发公司、天津北新房地产开发有限公司。下设分公司（项目部）4 家，即石河子分公司、五家渠分公司、华域龙湾项目部、兵团卡子湾公务员小区及集团自建楼项目部。

2010 年，北新房地产公司完成销售产值 1.56 亿元。2015 年，实现销售收入 4.28 亿元。

十二、新疆新北商贸有限公司

新疆新北商贸有限公司（简称新北商贸公司），前身是物资经销总公司储运公司。2000 年 11 月 14 日，公司编入兵团建工集团工程机械租赁维修有限责任公司。2006 年 4 月 29 日，注册成立新疆新北商贸有限公司，资金 500 万元。2008 年 3 月 18 日，新北商贸公司更名为新疆兵团建设工程（集团）有限责任公司新北商贸分公司。2010 年 7 月，兵团建工集团石油物资公司与新北商贸公司合并，主要经营仓储租赁和对兵团建工集团承接大项目提供物资采供工作。

2006 年，新北商贸公司实现生产总值 214 万元，上缴利费 120 万元。2010 年，新北商贸公司完成经营收入 4.3 亿元，实现利费 550 万元。2015 年，新北商贸公司完成总收入 55675 万元，实现利费 849 万元，完成生产总值 1759 万元，上缴管理费 502.2 万元。

十三、新疆生产建设兵团建筑工程科学技术研究院

新疆生产建设兵团建筑工程科学技术研究院（简称兵团建科院）组建于 1983 年 4 月，前身为自治区铁路工程局试验室。1984 年 5 月，更名为兵团建筑工程科学技术研究所，为全民所有制事业单位。2002 年 7 月 11 日，兵团建科院改制，成立兵团建筑工程科学技术研究院有限责任公司，行政受兵团建工集团管理，业务受兵团科技局、兵团建设局、兵团交通局、兵团水利局指导。2013 年 12 月，兵团建科院与北新路桥集团公司四方土木公司进行重组，按照"一院三所两中心"组织构架管理。下设四方土木研究所，建筑科研所，水电铁路所，岩土所，检测中心、技术研发中心，宏力新型材料厂，万象新公司。2015 年 11 月 3 日，兵团建科院与四方土木公司剥离。

兵团建科院是一个集建筑、建材科研开发，新成果、新技术、新产品、新工艺推广应用，工民建、水电路原材料试验检测，建筑结构、构件质量检验，新型建材生产，特种工程施工为一体的综合性科研开发机构，是兵团专职从事建筑建材科学研究的单位。先后承担兰新复线工程、阿尔及利亚东西高速公路 W1、W2 标段、兰新二线高速铁路、奎北铁路、吐库铁路、喀和铁路、肯斯瓦特水利枢纽等国内外重点工程的试验检测工作。

十四、新疆生产建设兵团金来建设工程技术研发有限责任公司

新疆生产建设兵团金来建设工程技术研发有限责任公司（简称金来公司）成立于 2011 年 4 月 15 日，注册资金 1100 万元。金来公司拥有电子与智能化专业承包二级资质、计算机信息化集成资质甲级、安防施工资质三级、影视动漫制作发行许可证。主营业务建筑技术服务、工程咨询、工程监理、影视动漫制作、课题研发、视觉创意设计、广告印刷等。

2013 年，金来公司制作输气管道两轴三维轴向励磁高清晰漏磁内检测系统三维动漫演示片。2015 年，制作北新工业控股集团宣传片、北新建材集团宣传片、承插式脚手架安装演示片、兵团六建宣传片、中瑞国际施工工艺片、双河市三管一心设计方案三维演示片。金来公司以兵团建筑施工安全标准化为主题，制作三维动漫集《兵团建筑施工安全生产标准化动漫集》《兵团建筑施工安全标准化》。

第四节　兼并　撤销　整体移交企业

一、新疆生产建设兵团交通建设有限公司

新疆生产建设兵团交通建设有限公司（简称兵团交通建设公司）组建于 1971 年，前身为艾维尔沟铁路专用线 101 工程指挥部第一营，隶属农一师。1974 年 4 月，第一营称南疆铁路工程指挥部一支队。1979 年 3 月，一支队改称自治区铁工局一团。1983 年 4 月，自治区铁路工程局一团归属工一师，称工一师一团。1989 年 2 月，一团称新疆兵团第七建筑安装工程公司（简称兵团七建），体制不变。1994 年 3 月，更名为新疆生产建设兵团道路桥梁工程总公司（简称兵团路桥总公司）。2000 年 12 月，兵团建工集团成立，兵团路桥总公司为兵团建工集团全资子公司。2011 年 5 月，兵团路桥总公司更名为新疆生产建设兵团交通建设有限公司，为北新路桥集团全资子公司。

兵团交通建设公司拥有公路工程施工总承包一级，公路路面工程专业承包一级，市政公用工程施工总承包二级，桥梁、隧道工程专业承包二级，水利水电工程施工总承包三级，公路路基工程专业承包二级，土石方工程专业承包二级和兵团综合丙级公路工程试验检测资质以及中华人民共和国对外承包工程等资格，拥有国内外各类大型专业施工、运输设备 500 台（套），主营业务范围公路工程、市政工程、桥梁工程、水利工程的施工。企业注册资金 1.2 亿元。

2005 年，兵团路桥总公司完成社会总产值 13644 万元。2010 年，兵团路桥总公司完成社会生产总值 51799 万元，完成国民生产总值 11000 万元，实现利润 659 万元。2011 年，兵团交通建设公司完成总产值 8 亿元，实现利润 1060 万元。2015 年，兵团交通建设公司实现营业总收入 18.14 亿元，实现营业利润 2664.92 万元，实现净利润 2238.2 万元，上缴利润 900 万元，完成固定资产投资 1350.27 万元。

二、新疆生产建设兵团第三建筑安装工程公司

新疆生产建设兵团第三建筑安装工程公司（简称兵团三建），组建于 1959 年 8 月，前身为兵

1990 年，兵团三建承建的大山口水电站 （第十一师史志办 供稿）

团工二师二工区。1971 年 2 月，二工区更名为农二师工三团。1974 年 4 月，称南疆铁路工程指挥部三支队。1979 年 3 月，工三团改称自治区铁工局三团。1983 年 4 月，自治区铁路工程局三团归属工一师，称工一师三团。1989 年 2 月，三团称新疆兵团第三建筑安装工程公司。2000 年 12 月 26 日，兵团三建为兵团建工集团全资子公司。2004 年 1 月，兵团三建整建制移交兵团农二师管理，兵团三建驻乌鲁木齐市水磨沟区一分公司归属兵团建工集团管理。

兵团三建曾参与承建国家、自治区、兵团数十项重点工程。1964 年，参与修建铁门关水电站。1972 年 10 月，建设和静钢铁厂莫托沙拉索道，全长 20 千米。1986 年，在新疆泽普石油基地建成全国第一个氧化塘。1986 年，参与修建黑孜水库。1988 年，修建高 54 米，淋水面积 1 万平方米的拜城电厂冷却塔。1991 年，参与新疆和田乌鲁瓦提引水枢纽工程施工。1989—1995 年，兵团三建参加北疆铁路，兰新复线，南疆铁路，库喀铁路施工。

三、新疆生产建设兵团第九建筑安装工程公司

新疆生产建设兵团第九建筑安装工程公司（简称兵团九建），组建于 1966 年 5 月，前身为农七师武装独立二团。1975 年 6 月，独立二团移交新疆矿务局管理，更名为新疆 730 矿。1984 年 1 月，730 矿移交工一师管理，更名为工程支队。1990 年 4 月，工一师工程支队整建制从工一师一团划出，称工一师奎屯基地。1991 年 3 月，更名为工一师八团，对外称兵团第九建筑安装工程公司，体制不变。2000 年 12 月，兵团建工集团成立，兵团九建为兵团建工集团全资子公司。2004 年 1 月，兵团九建整建制移交兵团农七师管理。

1991—1997 年，兵团九建先后参加独山子矿区的部分市政道路施工和铁路专用线建设，兰新铁路复线工程建设，塔城地区和布克赛尔蒙古自治县的改水防治工程建设。

四、兵团建工集团建业公司

2006 年，兵团建工集团建业公司（简称建业公司），在原兵团三建一分公司基础上重新组建。2010 年 4 月，建业公司与兵团八建合并，更名为兵团水利水电工程（集团）有限公司，是兵团建工集团下属全资子公司。

2007 年，建业公司完成国内生产总值 2907 万元，实现利润 115 万元。2008 年，建业公司完成国内生产总值 5001 万元，实现利润 96.5 万元，上缴管理费 40 万元。

第二章 人口与计划生育

兵团建工集团人口主要来源于所属企业，直属项目部人员以及所属企业在当地聘用各类人员。2001 年，兵团建工集团下设 11 家子公司和 6 家委托经营企业。根据工程建设的需求，大量招聘临时合同工，流动人口快速增长。2010—2015 年，兵团建工集团所属企业、直属项目部每年在社会上公开招聘各类专业技术人员进入企业工作。截至 2015 年，兵团建工集团总人口 21017 人。

第一节 人口概况

1992 年，农垦建安总公司组建初期，人口以所属企业人口为主。

2001 年，兵团建安总公司人口总数为 43000 人。

2004 年 1 月 14 日，兵团建工集团实行体制改革，兵团三建整建制移交农二师管理（兵团三建一分公司驻乌鲁木齐除外）；兵团六建驻独山子一分公司，驻克拉玛依三分公司、安装公司，驻奎屯兵团九建整建制移交农七师管理；驻石河子兵团五建，兵团六建，兵团路桥总公司剥离出来的学校、医院、退休职工及其他社政职能相关人员移交农八师管理。是年末，兵团建工集团人口总数为 28317 人。

2008 年，兵团建工集团招聘各类人员进入企业工作，人口总数为 34780 人。

2010 年 11 月 1 日零时，兵团建工集团开始进行第六次全国人口普查。兵团建工集团总人口 36937 人。

2015 年，兵团建工集团人口总数为 21017 人。

2004—2015 年兵团建工集团人口统计表

表 2-1-1　　单位：人

年份	总人数	男	女	少数民族	出生	死亡	流动人口
2004	28317	22297	6020	706	169	181	5783
2005	25586	19163	6423	474	55	94	9024
2006	31165	24633	6532	523	120	112	6169
2007	28115	22017	6098	519	110	115	6375

续表 2-1-1

年份	总人数	男	女	少数民族	出生	死亡	流动人口
2008	34780	28921	5859	448	94	99	5362
2009	33116	27350	5766	468	83	122	4729
2010	36937	23605	13332	1050	60	100	7769
2011	21963	16709	5254	431	66	62	8681
2012	22210	17041	5169	437	68	59	6410
2013	22588	17514	5074	460	65	65	5870
2014	22975	17762	5213	470	53	79	6066
2015	21017	16303	4714	459	52	113	4065

第二节　人口规模及结构

一、性别结构

1992 年，农垦建安总公司主要从事铁路施工，职工 714 人。其中，男性 642 人，占职工总数的 89.92%；女性 72 人，占职工总数的 10.08%。

2000 年，兵团建安总公司职工总数 1026 人。其中，男性 725 人，占职工总数的 70.66%；女性 301 人，占职工总数的 29.34%。

2004 年，兵团建工集团总人口 28317 人（包括所属企业、直属项目部）。其中，男性 22297 人，占总人口的 78.74%；女性 6020 人，占总人口的 21.26%。

2010 年，兵团建工集团总人口（包括所属企业、直属项目部）36937 人。其中，男性 23605 人，占总人口的 63.91%；女性 13332 人，占总人口的 36.09%。

2015 年，兵团建工集团总人口（包括所属企业、直属项目部）21017 人。其中，男性 16303 人，占总人口的 77.57%；女性 4714 人，占总人口的 22.43%。

二、文化结构

1993 年，农垦建安总公司成立初期，职工文化程度不高，有大专及以上文化程度的职工 11 人，占职工总人数的 1.54%；中专文化程度的职工 49 人，占职工总人数的 6.86%；高中文化程度（含技校毕业生）的职工 394 人，占职工总人数的 55.18%；初中文化程度的职工有 241 人，占职工总人数的 33.75%；初中以下文化程度的职工有 19 人，占职工总人数的 2.66%。

2001 年，兵团建工集团本部具有大专及以上学历的 136 人，具有中专学历的 30 人，高中学历（含技校毕业生）24 人，初中学历 11 人。

2010 年，兵团建工集团及所属企业具有大专学历 7315 人，本科学历 3172 人，研究生学历 60 人。

2015 年，兵团建工集团具有大专及以下学历 8016 人，本科学历 2998 人，研究生学历 102 人。

三、民族结构

1992 年，农垦建安总公司职工 714 人。其中，回族 1 人，汉族 713 人。

2004 年，兵团建工集团总人口 28317 人。其中，汉族 27611 人，占总人口的 97.5%；少数民族 706 人，占总人口的 2.49%。

2010 年，兵团建工集团总人口 36937 人。其中，汉族 35887 人，占总人口的 97.2%；少数民族 1050 人，占总人口的 2.8%。

2012 年，兵团建工集团总人口 22210 人。其中，汉族 21773 人，占总人口的 98.03%；少数民族 437 人，占总人口的 1.97%。

2015 年，兵团建工集团总人口 21017 人。其中，汉族 20558 人，占总人口的 97.82%；少数民族 459 人，占总人口的 2.18%。

第三节　计划生育工作

一、机构设置

1992 年，农垦建安总公司实行人口与计划生育目标管理，主要领导对计划生育工作负总责。

1994 年 5 月，农垦建安总公司成立计划生育工作领导小组。党委书记李肖民任组长，王绍永任副组长，办公室配备兼职计生工作人员，负责计划生育宣传和具体业务工作。

1996 年 4 月，农垦建安总公司调整计划生育领导小组，组长祁树华，副组长张俊文。各基层单位相应建立计划生育小组，单位主要领导任组长。总公司下辖单位制定奖罚办法，计划生育工作实行制度化管理。

2000 年，兵团建安总公司调整计划生育工作领导小组，党委副书记韩鸣任计划生育领导小组组长，副组长程维生。兵团建工集团下辖单位根据人口的规模配备计划生育专（兼）职干部，健全各级组织。

2004 年，兵团建工集团调整计划生育工作领导小组，组长党委书记、总裁王江生，副组长党委副书记赵文艺，具体工作由群工部负责。

2012 年 3 月，兵团建工集团调整人口与计划生育工作领导小组成员，组长党委书记、董事长雷毅，副组长党委副书记、纪委书记、监事会主席、代工会主席王志民，董事会秘书、办公室主任周彬。具体业务由党群工作部（计生办公室）负责。

二、计划生育管理

1994 年，农垦建安总公司计划生育工作领导小组制定《新疆农垦建筑安装工程总公司计划生育办法》，严格执行计划生育奖罚措施。

1994 年，农垦建安总公司职工实行一对夫妇只生 1 个孩子。按计划生育管理办法领取独生子女光荣证的夫妇，每月享受 5 元保健费至孩子满 14 周岁，退休后可一次性领取独生子女费补贴 2000 元。

1996 年，兵团建安总公司建立计划生育信息二级网络。总公司与企业党政负责人签订人口与计划生育目标管理责任书，各企业分别与下辖基层分公司、项目部签订责任书。所属企业实行人口与计划生育目标管理责任制，对达到计划生育目标的单位予以奖励。加强对外用工和流动人口的管理，所属企业计生委对辖区内育龄妇女进行登记造册，进行计划生育指导。

1998 年，兵团建安总公司计生委针对施工单位点多、线长、面广的特点，坚持每月已婚育龄妇女随访制。

2000 年 5 月，兵团建安总公司计划生育领导小组印发《计划生育领导小组职责》《计划生育工作人员职责》《计划生育统计例会制度》《计划生育统计工作制度》《计划生育宣传工作制度》《避孕药具发放管理制度》《计划生育信访工作制度》。全年，兵团建安总公司计划生育领导小组对允许生育第二胎的夫妇进行严格审查，从严掌握。

2001—2003 年，兵团建工集团各企业、项目部严格执行已婚妇女生育待遇规定，不得在女工孕期、产期、哺乳期内解除劳动关系。产假期间工资由师社保局支付生育津贴。

2004 年，兵团建工集团对计划生育工作人员进行岗位培训，提高兼职计生人员对政策法规的理解能力，选派兵团六建、北新路桥计划生育工作人员参加兵团计生委举办的计生系统信息化上岗培训班。

2006—2007 年，兵团建工集团加强计划生育考核工作机制，通过考核强化目标责任制的落实，计生工作人员定期到基层单位进行督查，坚持跟踪问效，先后对 60 个工程项目部进行大检查，均无超计划生育和非婚生育人员。

2010 年，兵团建工集团各单位将计划生育经费纳入预算费用。全年用于人口与计划生育业务经费总额为 625.46 万元，落实计划生育基本服务手术费 0.49 万元。各企业均配置药具柜。

2013 年，兵团建工集团进一步加大对海外项目部人口与计划生育工作的管理工作。在海外工作的管理人员及劳务工中普及计划生育政策法规，优生优育，避孕节育和生殖健康等知识。

2012 年 5 月，兵团四建重视女职工培训工作，在项目部开展“导师带徒”活动（赵泉友　摄）

2015 年，兵团建工集团有育龄妇女 4714 人，落实各种节育措施的有 2276 人。为 5 名下岗失业职工家庭落实保健费和独生子女父母奖励金 1.5 万元，12 名死亡、伤残计划生育职工家庭享受到特别奖励扶助金 46440 元。全年有 2469 对夫妇领取独生子女光荣证。

2015 年兵团建工集团人口与计划生育情况表

表 2-3-1 单位：人

年份	年末人口	已婚育龄妇女	出生		计划生育率（%）	自然增长率（‰）	一孩	二孩以上	晚婚率（%）	独生子女领证数	领证率（%）
			人数	出生率（‰）							
2004	28317	6020	169	5.77	100	–0.41	4370	268	99	2590	48.94
2005	25586	6423	103	4.03	100	0.36	4005	178	100	4000	94.40
2006	31165	6532	120	4.18	100	0.28	4488	275	100	4436	79.19
2007	28115	6098	110	3.93	100	–0.18	4092	246	100	3914	79.50
2008	34780	5984	94	3.31	100	–0.18	3869	287	100	3712	77.41
2009	33116	5766	83	2.96	100	–1.39	3608	241	100	3725	84.70
2010	36937	6025	60	2.33	100	–1.55	3750	94	100	3760	83.39
2011	21963	5254	66	2.86	100	0.17	3087	90	100	3223	85.92
2012	22210	5169	68	3.08	100	0.41	2997	90	100	2328	64.15
2013	22588	5074	65	2.90	100	0.00	2752	84	100	2159	62.67
2014	22975	5213	53	2.33	100	–1.14	2813	77	100	1884	54.20
2015	21017	4714	52	2.36	100	–2.77	2352	129	100	2469	77.01

三、流动人口计划生育管理

1992—1995 年，农垦建安总公司每到施工季节，招聘大量流动人口进入工地。计划生育工作领导小组成员深入施工一线摸底调查，统计育龄妇女，并逐一登记、造册、分类，对需用药品的妇女免费提供避孕药品。

1996—2000 年，兵团建安总公司以居住地管理为主，坚持流动人口与常住人口同管理、同宣传、同服务，建立流动人口管理体系。各分公司和项目部与流动人员签订计划生育责任书，对总部流动人口进行“三证”（结婚证、身份证、生育证）检查，对育龄妇女进行登记、造册、建卡、立档，及时发放流动人口管理证。

2001 年，兵团建工集团建立健全流动人口计划生育管理规定，层层签订责任书，在检查生产经营工作的同时，检查流动人口计划生育工作。

2003—2004 年，兵团建工集团建立和完善各项制度及台账档案，按照建工师计生委的要求，规范填报各类计划生育报表，对育龄妇女数、人口出生数、独生子女数全部纳入微机管理。所属企业对流动已婚育龄妇女实行“四个一”管理制度，即签订一份合同，发放一份证明，落实一项可靠的节育措施，明确一名联系人。实行“谁用工、谁管理、谁负责、谁受益”的综合治理原则。

2006 年，兵团建工集团建立集团、企业两级流动人口管理站，实行双向责任管理。企业同劳务公司签订计划生育责任书，劳务公司同劳务工负责人签订计划生育责任书。在流动人口管理中严格实行层级负责制，兵团建工集团所属企业均采取与工资、奖金挂钩的奖罚措施。

2010 年，兵团建工集团所属企业全面推广采取“四步工作法”，确保流动人口计生管理规范化、制度化。一访（通过下访项目部摸清劳务工人口数），二送（在进入项目部时为流动人口送一份维护劳务工合法权益的宣传单、一张生殖健康宣传卡），三跟踪（对接受服务的育龄妇女实行服务跟踪，让她们了解计生常识和生殖保健知识，并维护自己的合法权益），四建档（根据所采集的信息及时为已婚育龄妇女建立档案并保存）。

2012—2014 年，兵团建工集团计生委根据所属企业承揽工程任务的施工特点，继续在规模较大的工程项目部设立“流动人口学校”。各项目党支部和计生兼干充分利用“流动人口学校”平台，在工休日和节假日给外来流动人口上课，积极宣传计划生育政策，发放宣传手册、宣传折页。同时建立流动人口管理台账。

2015 年，兵团建工集团计划生育领导小组、工会配合协助建工师人口和计划生育委员会开展“流动人口服务万里行”活动，对生产一线的劳务工进行优生优育知识宣传普及，并为他们免费发放避孕药具。

四、计划生育宣传

1996 年 4 月，兵团建安总公司所属单位及直属项目部利用三八妇女节开展“五期”教育（青春期、婚前期、孕产期、育儿期和更年期），对 15 ～ 49 岁育龄妇女进行宣传，受教育率达到 95% 以上。

2000 年 5 月，兵团建安总公司所属企业通过板报图片、生殖咨询、电视录像、知识竞赛、文艺演出、体育比赛等形式，宣传计划生育政策与知识。同时在施工一线的建筑围墙用画漫画、张贴图片，播放计生科普知识等形式对农民工开展计划生育宣传教育活动。

2001—2004 年，兵团建工集团计划生育领导小组对职工开展形式多样的计划生育宣传教育。利用人口学校、流动书籍和协会小报，开展生殖保健、预防艾滋病等知识培训。利用各类会议，板报、宣传画，加大对已婚育龄妇女的避孕药具知识宣传，提高育龄妇女的生殖健康水平。

2005 年，兵团建工集团根据建工师计生委的统一部署，开展“婚育新风进万家”活动，使人口和计划生育知识家喻户晓。所属基层单位以“心语屋”、法制讲座、青春期课堂等形式，推动计划生育宣传工作的广泛开展。在三八妇女节、世界人口日、计划生育协会纪念日期间，利用板报、宣传栏、内部简讯方式开展优生优育宣传。

2006 年，兵团建工集团计生办开展“育儿知识”“儿童心理”知识讲座，开展“关爱女孩行动”宣传活动，提升人口素质与独生子女教育，向流动人员宣传计生法规，避孕节育、生殖健康、优生优育及婚育新风等方面知识。

2007—2010 年，兵团建工集团计生办重点对流动人口进行“男性生殖健康知识”等宣传。每年计生协会纪念日，集团所属企业通过出板报、悬挂横幅，印发各种宣传册，发放避孕工具，发放宣传册各种形式的宣传教育，宣传科学婚育观念和优生优育知识。

2009 年 5 月 28 日，建工师计生办在兵团四建豪姆兰德项目施工现场开展“流动人口服务万里行”活动　（杨新宏　摄）

2012 年，兵团建工集团计生办，邀请陕西医科大学妇科专家为所属企业已婚育龄妇女讲授“妇女保健知识”课。开展“走小家，送温暖，办实事”活动，重点走访弱势群体，提供免费孕检、妇女病普查等服务。

2015 年，兵团建工集团计生办通过网络平台、QQ 群，微信、展板、小报等方式向各基层单位、社区发送宣传资料，宣传计划生育政策法规，优生优育、生殖健康、自我保健、家庭幸福等内容，提高计划生育宣传覆盖率和知晓率。

第三章　职工队伍

兵团建工集团职工队伍主要为管理人员、各类技术人员和工人。中层以下管理人员企业有权择优录用。2004 年，兵团建工集团根据建筑市场发展的趋势，对传统的管理体制进行改革，制定聘用、社会保险、工资薪酬和绩效考核机制，完善各项管理办法，切实维护职工的合法利益，使职工生活水平日益提高，幸福指数逐年提升。

第一节　职工概况

1992 年，农垦建安总公司组建初期，有职工 714 人。

1999 年，兵团建安总公司有职工 936 人。

2000 年，兵团建工集团有职工 1026 人。

2005 年，兵团建工集团有从业人员 29866 人，其中职工 8550 人，劳务工 21316 人。

2010 年，兵团建工集团有从业人员 40996 人，其中有职工 9306 人，劳务工 31690 人。

2015 年，兵团建工集团有从业人员 80559 人，其中职工 11116 人，劳务工 69443 人。

第二节　职工结构

一、性别结构

1992 年，农垦建安总公司有职工 714 人。其中，男性 642 人，占职工总人数的 89.92%；女性 72 人，占职工总人数的 10.08%。

2000 年，兵团建安总公司有职工 1026 人。其中，男性 725 人，占职工总人数的 70.67%；女性 301 人，占职工总人数的 29.33%。

2004 年，兵团三建、兵团九建从兵团建工集团剥离。兵团建工集团有职工 21830 人。其中，男性 15930 人，占职工总人数的 72.97%；女性 5900 人，占职工总人数的 27.03%。

2008 年，兵团建工集团有职工 9204 人。其中，男性 6533 人，占职工总人数的 70.98%；女性 2671 人，占职工总人数的 29.02%。

2010 年，兵团建工集团公司有职工 9306 人。其中，男性 6935 人，占职工总人数的 74.52%；女性 2371 人，占职工总人数的 25.48%。

2015 年，兵团建工集团有职工 11116 人。其中，男性 8034 人，占职工总人数的 72.27%；女性 3082 人，占职工总人数的 27.73%。

二、文化结构

1992 年，农垦建安总公司职工中具有初中、高中文化程度的比较普遍，大专及大专以上文化程度所占比例较少。

1996 年，兵团建安总公司重视职工教育，年轻职工自学成才人数增多，公司每年招聘各大院校毕业生，职工文化程度不断提高，文化结构发生较大变化。

2000—2008 年，兵团建安总公司从社会大量招聘各行各业的专业技术人才，职工队伍的文化程度有新的变化，大专、本科文化程度极为普遍，初中、高中文化程度的职工逐年递减。

2010 年，兵团建工集团自有职工 9306 人。其中，具有本科及以上学历 1496 人，大专学历 2877 人。职工队伍的知识结构发生显著变化。

2013 年，兵团建工集团自有职工 10289 人。其中，具有研究生学历 67 人，本科学历 2294 人，大专学历 3832 人，中专及以下学历 4096 人。

2015 年，兵团建工集团自有职工 11116 人。其中，具有研究生学历 102 人，本科学历 2998 人，大专学历 4461 人，中专及中专以下学历 3556 人。

三、年龄构成

1992—1995 年，农垦建安总公司职工队伍大多数为青壮年，平均年龄 47 岁。

2003 年，兵团建安总公司具有 30 年工龄且 45 岁以上女职工，50 岁以上男职工批准退休。职工队伍平均年龄 45 岁。

2010 年，兵团建工集团 30 岁及以下职工 1844 人，占职工总数的 19.82%；31 ～ 40 岁职工 2440 人，占职工总数的 26.22%；41 ～ 50 岁职工 4118 人，占职工总数的 44.25%；51 岁及以上职工 904 人，占职工总数的 9.71%。

2015 年，兵团建工集团 30 岁及以下职工 4192 人，占职工总数的 37.71%；31 ～ 40 岁职工 1863 人，占职工总数的 16.76%；41 ～ 50 岁职工 3594 人，占职工总数的 32.33%；51 岁及以上职工 1467 人，占职工总数的 13.2%。

2008 年 3 月 3 日，北新路桥公司承建陕西蓝商公路工程。图为进行钢筋绑扎的劳务人员（北新路桥公司　供稿）

四、民族结构

1993 年，农垦建安总公司有职工 714 人，其中少数民族职工 1 人。

2006 年，兵团建工集团职工 25025 人。其中，汉族职工

24888 人，占职工总数的 99.45%；少数民族职工 137 人，占职工总数的 0.55%。

2010 年，兵团建工集团有职工 9306 人。其中，汉族职工 9165 人，占职工总数的 98.48%；少数民族职工 141 人，占职工总数的 1.52%。

2015 年，兵团建工集团有职工 11116 人。其中，汉族职工 10853 人，占职工总数的 97.63%；少数民族职工 263 人，占职工总数的 2.37%。

第三节　职工生活

一、职工工资

1992—1995 年，农垦建安总公司职工收入来源于岗位工资。随着企业的经济稳步发展，职工的收入明显提高，除工资之外，还有季度奖金和年终奖金。

2000—2004 年，兵团建工集团机关管理人员、服务人员执行岗位工资和绩效工资相结合的工资制度，当年按照月工资标准的 80% 发放基本工资，次年 4 月根据上年底员工绩效考核情况，一次性发放上年度计提的绩效工资。

2005—2015 年，兵团建工集团部门经理及下属人员薪酬按职务序列分为 5 级。其中，岗位工资占其薪酬总额的 60%，效益工资占其薪酬总额的 40%。根据国家及自治区现行政策，集团公司员工享受暖气费、独生子女费、教育经费及电话费补贴，不同职务享有对应的福利待遇。集团公司部门经理及下属人员薪酬中的岗位工资部分原则上按月计发，效益工资部分待年终经过考核和审计后一次性发放（但要与集团公司完成绩效挂钩，完成或超额完成则足额发放，未完成同比例扣减）。绩效考核部门经理及其下属人员根据工作岗位和职责确定工作目标，并根据工作目标进行绩效考核。年终由集团公司考核委员会及人力资源部实施考核，考核结果与效益工资挂钩。集团公司年终完成董事会确定的利润指标，超出部分计提 20% 对高管层管理人员进行奖励，具体分配系数为董事长、总裁系数为 1，其他高管层人员系数为 0.6 ～ 0.8，由集团公司总裁确定。但是个人所得超利润提倡金额不得超过其年薪酬的 50%，余额作为总裁奖励基金，由总裁支配用于集团公司特殊奖励。

2006 年，兵团建工集团及所属企业职工年均收入 16681 元，较上年增长 30%。

2007 年，兵团建工集团及所属企业职工年均收入 20900 元，较上年增长 25.3%。

2008 年，兵团建工集团及所属企业职工年均工资 25184 元，较上年增长 20.5%。

2013 年，兵团建工集团及所属企业职工年均工资 46736 元，较上年增长 18.5%。

2015 年，兵团建工集团及所属企业职工年均工资性收入 64501 元，较上年增长 11.25%。

二、职工住房

1992—1995 年，农垦建安总公司职工居住没有固定集中地域，职工分布在乌鲁木齐市各个区域居住。其中，70% 以上职工家庭居住砖混结构的楼房，住房面积平均在 55 平方米；30% 的职工家庭居住 45 平方米的砖混结构平房。

2010 年，兵团建工集团根据自治区统建房政策，新建职工保障性住房 408 户，面积 30004 平方米；新建职工集资房 11 栋 494 户，面积 46128 平方米，其中廉租房 175 户，面积 5902 平方米。

进一步解决职工住房难的问题，提高职工的生活质量。

2014 年，兵团建工集团通过申请上级拨款和企业自筹资金等方式筹措资金，完成 1020 套保障性住房建设，解决困难职工和大学毕业生住房问题。

2015 年，兵团建工集团及所属企业 95% 以上的职工居住楼房。

三、职工福利

1992—1996 年，农垦建安总公司职工福利主要是职工医疗费，职工生活困难补助等。总公司根据国务院《关于工人、职员回家探亲的假期和工资待遇的规定》，规定在新疆连续工作四年享受一次探望父母的探亲假，假期 40 天（包括往返路程天数），探亲假期间往返车船票报销，工资照发。夫妻分居两地的职工，每年可探望一次配偶。

1997—1999 年，兵团建安总公司职工福利费一部分用于职工生活困难补助和其他临时性困难补助，一部分用于集体福利补助。

2000—2008 年，兵团建工集团给予困难补助的职工越来越少，困难补助费的支出额占福利费总额的比例逐年下降，职工福利费多用于独生子女保健费、公共设施购置、探视住院职工、慰问离退休职工等。

2011 年，兵团建工集团印发《集团机关工作人员日常性费用管理办法》，规定职工误餐费按人均每个考勤日 15 元标准发放。暖气费标准为高管领导享受 150 平方米的面积，部门正副职领导（具备高级职称人员）享受 120 平方米的面积，主办科员享受 105 平方米的面积，一般科员、司机及工勤人员享受 95 平方米的面积，夫妻双方各一半的原则予以补助。如是单身，或离异、丧偶家庭，按照享受到面积全额补助。集团下属企业职工误餐费执行标准各异，各企业根据自己的实际情况制定不同发放标准，各企业职工暖气费发放均按照自治区采暖标准文件执行。

2012 年，兵团建工集团修订夏季高温津贴发放标准。同年，修订《兵团建工集团公司通讯费用管理办法》，规定部门正职 580 元 / 月，部门副职 470 元 / 月，主办科员 260 元 / 月，部室科员（司机）160 元 / 月。

2013 年 5 月，兵团建工集团印发《兵团建工集团机关车辆管理办法》，明确车贴发放标准：部门正职 1200 元 / 月，部门副职 1000 元 / 月，主办科员、驾驶员 600 元 / 月，科员（含工勤）500 元 / 月。同时提高工作人员出差乘坐交通工具的补贴标准。集团下属企业根据各自的经济效益制定机关工作人员交通费补助。企业有交通车辆接送职工上下班的不再执行交通补助费。

2010 年 10 月，兵团八建为改善职工居住环境，在乌鲁木齐市友谊路修建职工住宅楼（兵团八建　供稿）

第四章　中国共产党兵团建工集团组织

1993 年 10 月，农垦建安总公司临时党委成立，企业党委成员均由兵团党委、建工师党委任命。2003 年，中国共产党兵团建工集团委员会正式成立。

兵团建工集团历届党委重视基层党组织建设。通过开展“三个代表”重要思想教育活动，保持共产党员先进性教育活动，深入开展学习实践科学发展观活动，不断加强各级党组织的思想建设、组织建设、作风建设、制度建设，充分发挥党委的领导核心作用和党员的先锋模范作用，为企业跨越式发展提供强大的政治保障。

第一节　组织建设

一、机构沿革

1993 年 10 月 9 日，工一师党委常委会议研究决定，成立农垦建安总公司临时党委，党委委员由李肖民、陈渥浦、祁树华、刘为公、马凤山、周彬等 7 人组成，党委委员暂缺 1 人待补。李肖民为临时党委书记。

1994 年 3 月 8 日，工一师党委常委会议研究决定，任命张俊文为农垦建安总公司临时党委副书记，主持临时党委工作。农垦建安总公司临时党委人员配齐。

1996 年 4 月，工一师党委对农垦建安总公司临时党委班子进行调整，任命屈衍庆为农垦建安总公司临时党委副书记，全面主持临时党委日常工作。

1998 年 4 月，兵团建安总公司与建工师机关合并，党组织生活由师机关党总支管理。同年 10 月，兵团建安总公司与师机关分离，党组织生活暂时由师机关党总支兼管。

1999 年 3 月，建工师党委研究决定成立兵团建安总公司临时党委，师党委书记傅援朝兼任兵团建安总公司临时党委书记，韩鸣任临时党委副书记，朱柏园、周彬等任临时党委委员。

2001 年 8 月，建工师党委任命程维生代理兵团建工集团临时党委副书记，主持党委日常工作。

2003 年 2 月，兵团建工集团党委正式成立，建工师党委任命师党委书记岳有堂兼任兵团建工集团党委书记，王江生兼任党委副书记，赵文艺任党委副书记，雷毅、雷胜富、张玉贤、马超刚为党委委员。

2004 年 2 月，建工师党委对兵团建工集团党委成员及数量进行调整，设党委书记 1 人，党委副书记 2 人，党委委员 9 人。调整后的党委成员王江生、赵文艺、雷毅、雷胜富、马超刚、任辉明、王世豪（暂缺 1 人），王江生任党委书记，赵文艺任党委副书记（暂缺 1 人）。

2007年11月，建工师党委根据人事调整情况，对兵团建工集团党委成员进行调整，调整后党委成员王江生、赵文艺、雷毅、马超刚、任辉明、王世豪，王江生任党委书记，雷毅、赵文艺任党委副书记。

2009年2月，兵团建工集团党委书记王江生调离。建工师党委任命雷毅为党委书记，赵文艺任党委副书记。党委成员雷毅、赵文艺、马超刚、任明辉、王世豪。

2012年2月，建工师党委根据人事变动，对兵团建工集团党委成员进行调整，党委成员雷毅、王志民、马超刚、任辉明、吕超海、王宝龙、史全喜，雷毅任党委书记，王志民任党委副书记。

2015年6月，建工师党委根据兵团建工集团党委成员变动情况调整党委成员，雷毅、王志民、马超刚、任辉明、吕超海、王宝龙、史全喜、张景峰为党委委员，雷毅任党委书记，王志民任党委副书记。

1992—2015年兵团建工集团党委书记、副书记任职一览表

表4-1-1

姓名	职务	性别	民族	籍贯	出生年月	学历	参加工作时间	任职时间②
李肖民	党委书记	男	汉	江西	1941.9	中专	1959.9	1993.10—1999.3
傅援朝	党委书记	男	汉	河南	1950.10	大专	1969.1	1999.3—2002.2
岳有堂	党委书记	男	汉	河南	1957.2	本科	1974.9	2003.2—2004.2
王江生	党委书记	男	汉	甘肃	1957.10	本科	1975.10	2004.2—2009.2
雷　毅	党委书记	男	汉	河南	1957.8	大专	1975.11	2009.2—
张俊文	党委副书记	男	汉	山东	1941.11	中专	1964.8	1994.3—1997.12
屈衍庆	党委副书记	男	汉	山东	1936.12	初中	1955.8	1996.4—1998.3
韩　鸣	党委副书记	男	汉	山东	1957.7	本科	1976.11	1999.3—2001.8
程维生	代党委副书记	女	汉	江西	1960.7	本科	1976.9	2001.8—2003.2
王江生	党委副书记	男	汉	甘肃	1957.10	本科	1975.10	2003.2—2004.2
赵文艺	党委副书记	女	汉	山东	1956.12	本科	1975.9	2003.2—2011.12
雷　毅	党委副书记	男	汉	河南	1957.8	大专	1975.11	2007.11—2009.2
朱建国①	党委副书记	男	汉	安徽	1958.2	本科	1976.8	2009.2—
王志民	党委副书记	男	汉	河北	1959.3	本科	1976.8	2012.2—

①朱建国　2017年6月，因违法、违纪被开除党籍、开除公职，涉嫌犯罪问题移交司法部门。

②任职时间表一栏，个别领导任职时间超过2015年，在此不做记录。

二、基层党组织

1993年10月，中共农垦建筑安装工程总公司临时党委成立时，有党支部3个，党员32人。

1993—2000 年，农垦建安总公司、兵团建安总公司实行动态管理，公司承接工程任务之后，根据工程的总量和工期确定组建项目部或者分公司。工程结束后，项目部和分公司自行解体。因此，基层党支部随组建的工程单位而变化，党组织机构变动频繁。

2000 年 12 月，兵团建工集团直辖 9 家分公司，分别是特种机械工程施工分公司、市政公司、水利水电公司、建筑公司、南疆公司、物资公司、西源公司、上海分公司、宏强房地产公司均建立党支部。兵团建工集团所属 11 家全资子公司党组织健全。

2001 年，兵团建工集团党组织建设及各项工作逐步走向正规化，承接工程任务后做到党组织建设与行政班子组建同步进行。坚持把党支部建在项目中，项目建在哪里，党支部就建在哪里。只要有施工现场，就有党组织。

2002 年，兵团建工集团临时党委建立基层党支部 8 个，配备专职党支部书记 6 人，兼职书记 2 人。2 月，兵团建工集团承建青藏铁路建设，文军华为青藏铁路工程指挥部党工委书记。随着青藏铁路施工全面开展，兵团建工集团青藏铁路工程指挥部健全党的基层组织，各施工项目部成立党支部。

2004 年 1 月，兵团建工集团全资子公司兵团三建、兵团九建整体建制从兵团建工集团剥离出去。兵团建工集团其他全资子公司党组织机构健全，各企业党组织根据工程项目设置情况，及时调整党支部设置，分别设立项目党支部，发挥党组织在施工生产一线的战斗堡垒作用。

2010 年，兵团建工集团党委全面推行区域化管理新体制，增设海外基层党组织。年底，兵团建工集团有党委 10 个、党总支 26 个、党支部 205 个。

2015 年，兵团建工集团有基层党组织 307 个。其中，基层党委 12 个、党总支 39 个、党支部 256 个。

2001—2015 年兵团建工集团及所属企业党委书记、副书记任职一览表

表 4-1-2

单位	姓名	职务	性别	民族	籍贯	出生年月	学历	参加工作时间	任职时间[7]
北新路桥公司	张开明	党委书记	男	汉	重庆	1962.1	本科	1980.10	2001.2—2004.6
	朱建国	党委书记	男	汉	安徽	1958.12	本科	1976.8	2004.6—2004.10
	张开明	党委书记	男	汉	重庆	1962.1	本科	1980.10	2004.10—2007.1
	王志民	党委书记	男	汉	河北	1959.3	本科	1976.7	2007.1—2012.5
	陈　刚	党委书记	男	汉	甘肃	1962.4	本科	1983.7	2012.5—2015.5
	张　杰	党委书记	男	汉	四川	1971.12	本科	1997.8	2015.5—
	朱建国	党委副书记	男	汉	安徽	1958.12	本科	1976.8	1999.3—2004.6 2004.10—2012.4
	陈　刚	党委副书记	男	汉	甘肃	1962.4	本科	1983.7	2006.7—2012.2
	吕　伟[1]	党委副书记	女	汉	甘肃	1962.11	本科	1981.3	2012.4—

续表 4-1-2

单位	姓名	职务	性别	民族	籍贯	出生年月	学历	参加工作时间	任职时间⑦
北新路桥	张　杰	党委副书记	男	汉	四川	1971.12	本科	1997.8	2012.11—2015.5
	熊保恒	党委副书记	男	汉	河南	1963.8	本科	1985.7	2015.5—
兵团建工一建	王克喜	党委书记	男	汉	江苏	1951.3	大专	1966.10	2001.1—2001.7
	吕超海	党委书记	男	汉	河南	1963.8	本科	1984.8	2002.1—2006.5
	王宝龙	党委书记	男	汉	湖北	1966.12	本科	1991.9	2006.5—2010.7
	史全喜	党委书记	男	汉	河南	1960.2	大学	1980.4	2010.8—2015.7
	雷胜富	党委副书记	男	汉	湖南	1956.7	大专	1976.3	2001.1—2001.7
	吕超海	党委副书记	男	汉	河南	1963.8	本科	1984.8	2001.7—2001.12
	王宝龙	党委副书记	男	汉	湖北	1966.12	本科	1991.9	2002.1—2006.5
	吴顺明	党委副书记	男	汉	江苏	1957.7	大专	1975.8	2006.6—2013.8
	史全喜	党委副书记	男	汉	河南	1960.2	大学	1980.4	2006.6—2010.7
	丁长江	党委副书记	男	汉	安徽	1963.5	大学	1982.8	2010.8—
兵团四建	方有志	党委书记	男	汉	河南	1960.9	本科	1981.3	2001.1—2004.6
	张益飞	党委书记	男	汉	江苏	1962.1	大专	1975.9	2004.6—2005.7
	袁新河②	党委书记	男	汉	河南	1963.9	本科	1981.10	2005.11—
	雷文初	党委副书记	男	汉	湖北	1953.7	大专	1970.7	2001.1—2005.1
	丁振江③	党委副书记	男	汉	江苏	1963.12	本科	1984.7	2015.1—2012.5
	朱建忠	党委副书记	男	汉	甘肃	1962.2	大专	1979.7	2012.5—
	张学生④	党委副书记	男	汉	江苏	1965.11	大专	1981.10	2012.5—
兵团五建	李道华	党委书记	男	汉	江苏	1950.8	大专	1965.8	2001.1—2004.10
	王志民	党委书记	男	汉	河北	1959.3	大学	1976.7	2005.1—2007.1
	李　禾	党委书记	男	汉	四川	1963.6	本科	1982.10	2007.1—2005.12
	邓国民	党委副书记	男	汉	山东	1961.1	大学	1983.9	2001.1—2008.3
	徐雅芬	党委副书记	女	汉	江苏	1958.10	大学	1975.8	2006.6—2013.10
兵团六建	谢永革	党委书记	男	汉	江西	1957.1	大专	1976.1	2001.1—2007.2
	王　星	党委书记	男	汉	河北	1964.5	本科	1982.7	2007.2—
	刘　栋	党委副书记	男	汉	河南	1947.10	大专	1966.8	2001.1—2002.12
	王　星	党委副书记	男	汉	河北	1964.5	本科	1982.7	2003.1—2007.2
	刘洪生	党委副书记	男	汉	河南	1953.9	大专	1969.5	2007.2—2010.3
	柴峻岭	党委副书记	男	汉	河南	1962.8	大专	1982.6	2010.4—

续表 4-1-2

单位	姓名	职务	性别	民族	籍贯	出生年月	学历	参加工作时间	任职时间[7]
兵团八建	王世豪	党委书记	男	汉	安徽	1950.1	本科	1969.9	2001.1—2006.6
	李昌明	党委书记	男	汉	湖南	1960.9	大专	1977.9	2006.6—2008.3
	汤保东	党委书记	男	汉	河北	1962.8	大专	1980.9	2008.3—2010.4
	蔡新平	党委书记	男	汉	湖北	1963.1	本科	1980.1	2010.4—
	雷　毅	党委副书记	男	汉	河南	1957.8	大专	1975.8	2001.1—2002.1
	李昌明	党委副书记	男	汉	湖南	1960.9	大专	1977.9	2002.1—2006.6
	尹行龙	党委副书记	男	汉	陕西	1963.3	本科	1982.6	2006.3—2007.3
	汤保东	党委副书记	男	汉	河北	1962.8	大专	1980.9	2006.6—2008.3
	夏建国	党委副书记	男	汉	江苏	1965.3	本科	1985.7	2008.3—
	王伟峰	党委副书记	男	汉	四川	1961.11	本科	1982.8	2011.3—2012.5
兵团路桥总公司	李忠民	党委书记	男	壮	广西	1955.9	大专	1974.6	2001.1—2010.4
	吕　伟	党委书记	女	汉	甘肃	1962.11	本科	1985.7	2010.5—
	王克宏	党委副书记	男	汉	河南	1953.1	大专	1972.5	2001.1—2004.10
	曹建辉	党委副书记	男	汉	江苏	1964.3	大专	1983.9	2004.11—2010.12
	窦鲁平	党委副书记	女	汉	山东	1969.1	本科	1991.1	2006.6—2010.8
	熊保恒	党委副书记	男	汉	河南	1963.3	本科	1985.3	2010.11—
北新国际公司	吕超海	党委书记	男	汉	河南	1963.8	本科	1984.6	2011.2—
	陆　忠	党委副书记	男	汉	江苏	1968.3	中专	1989.1	2011.2—
	韩　鸣	党委副书记	男	汉	山东	1957.7	本科	1976.10	2013.12—
北新建材工业	陈　刚	党委书记	男	汉	甘肃	1962.4	本科	1983.7	2015.4—
	范文胜	党委副书记	男	汉	河南	1969.11	本科	1992.12	2015.4—
西源公司	杨新民	党总支书记	男	汉	甘肃	1959.1	本科	1975.8	2000.2—2006.5
	李　禾	党总支书记	男	汉	四川	1964.10	本科	1982.10	2006.5—2007.1
	刘志刚	党委书记	男	汉	陕西	1966.10	本科	1988.7	2007.1—2011.1
	李建军[5]	党委副书记	男	汉	安徽	1962.8	大专	1981.4	2011.2—2013.3
	张学斌[6]	党委副书记	男	汉	安徽	1963.5	本科	1980.9	2012.11—2013.3
北新建筑公司	李建军	党委书记	男	汉	安徽	1962.8	大专	1981.4	2011.2—2013.3
	张学斌	党委副书记	男	汉	安徽	1963.5	本科	1980.9	2012.11—
	何喜梅	党支部书记	男	汉	河南	1962.10	本科	1980.8	2006.3—
	吴　利	党支部副书记	男	汉	安徽	1961.2	本科	1979.2	2006.3—2007.7
	杨新民	党支部副书记	男	汉	甘肃	1959.1	大专	1976.8	2010.7—2012

续表 4-1-2

单位	姓名	职务	性别	民族	籍贯	出生年月	学历	参加工作时间	任职时间[7]
兵团建科院	赵政卫	党总支书记	男	汉	安徽	1961.12	本科	1981.10	2014.1—
北新房产公司	毕永来	党支部书记	男	汉	河南	1955.12	大专	1974.6	2007—2012
	庞国强	党支部书记	男	汉	四川	1961.4	高中	1980.9	2012—
	尹行龙	党支部副书记	男	汉	陕西	1963.10	本科	1995.1	2009.10—
北新土木公司	张　华	党委书记	男	汉	江苏	1967.10	本科	1988.8	2014.12—
	黄开其	党委副书记	男	汉	重庆	1961.1	本科	1983.7	2014.12—
	曾新迪	党委副书记	男	汉	重庆	1974.1	本科	1995.8	2014.12—

①吕　伟　2019 年 6 月，因违规违纪被开除党籍。

②袁新河　2019 年 7 月，因违纪受到免职处理。

③丁振江　2020 年 6 月，因违纪被撤销第十一师党委常委、副师长职务，降为一级调研员，7 月任建设局一级调研员，7 月批准提前退休，一级调研员自然免除。

④张学生　2019 年 1 月，因违规违纪被开除党籍、开除公职，涉嫌犯罪问题移交司法机关处理。

⑤李建军　2019 年 8 月，因违规违纪被开除党籍。

⑥张学斌　2017 年 7 月，因违规违纪被解聘领导职务、开除党籍。

⑦任职时间表一栏，个别领导任职时间超过 2015 年，在此不做记录。

第二节　党委工作机构

1993—2000 年，农垦建安总公司、兵团建筑安装总公司时期未设党委工作机构，临时党委下设办公室，负责企业党的建设及其他综合事务。由于企业属于工程承包单位，管理人员较少，因此未设专职职能部门，一个机构发挥多种功能。

2003 年 3 月，兵团建工集团党委工作部、党委办公室成立，刘志刚任部长、主任，徐以丰任副部长、副主任。同时成立纪检办公室，张星月任办公室主任。

2003 年 10 月，兵团建工集团党委工作部改称党委组织部，刘志刚任部长，张玲任副部长。

2004 年 3 月，兵团建工集团党委工作部和群工部合并改为党群工作部，部长刘志刚，副部长徐以丰；主管党务、组织人事、宣传、教育、统战、综合治理、人武、信访、工会、共青团、妇女工作、计划生育、侨务、残联等工作。

2007 年 2 月，兵团建工集团撤销党群工作部，成立党委组织部，党委工作部、群众工作部。

2008 年 1 月，兵团建工集团根据经营发展需要，党委工作部、群众工作部合并改称党群工作部，原党委办公室主管党委中心组学习，党委会议记录归属办公室（办公室又称“两办”）。党务、宣传、教育、统战、综合治理、人武、信访、工会、共青团、妇女工作、计划生育、侨务、残联等工作归属党群工作部。

2014 年 12 月，兵团建工集团撤销党委组织部，成立组织人事部。党务、党员管理工作划归组织人事部，党委中心组学习、党委会议记录工作划归办公室，宣传、教育、统战、综合治理、人武、信访、工会、共青团、妇女工作、计划生育、侨务、残联工作划归党群工作部。

2003—2015 年兵团建工集团党委工作机构负责人任职一览表

表 4-2-1

部门名称	姓名	性别	出生年月	学历	入党时间	职务	任职时间[①]
党委工作部	刘志刚	男	1966.11	本科	1995.7	部长	2003.3—2003.10
	谢永革	男	1957.1	本科	1981.11	部长	2007.3—2008.4
	徐以丰	男	1974.6	本科	1996.7	副部长	2003.3—2006.3
党委组织部	刘志刚	男	1966.11	本科	1995.7	部长	2003.10—2004.9 2011.2—2012.5
	谢永革	男	1957.1	本科	1981.11	部长	2007.2—2008.4
	张星月	女	1959.1	本科	1985.7	代部长	2010—2011
	王伟峰	男	1961.11	中专	1988.5	部长	2012.5—2014.12
	张　玲	女	1964.2	本科	1994.7	副部长	2003.10—2004.9 2011.2—2015.12
党群工作部	刘志刚	男	1966.11	本科	1995.7	部长	2003.3—2007.1
	李　明	男	1959.11	本科	1987.6	部长	2006.3—2012.2
	张　辉	女	1967.6	大专	1993.7	部长	2012.2—
	徐以丰	男	1974.6	本科	1996.7	副部长	2004.9—2007.2
	刘齐鲁	男	1955.12	大专	1984.1	副部长	2004.9—2011.12
	程维生	女	1960.7	本科	1996.7	副部长	2010.10—2013.7
	苗建设	男	1957.7	大专	1992.6	副部长	2012.2—2013.7
	叶　兰	女	1962.6	大学	1994.6	副部长	2012.5—2013.2
	钱中华	女	1970.4	本科	2002.6	副部长	2013.5—
	张新斌	男	1981.2	大学	2009.10	团委书记	2013.5—
党委办公室	谢永革	男	1957.1	本科	1981.11	主任	2007.2—2008.4
	徐以丰	男	1974.6	本科	1996.7	副主任	2003.3—2006.3 2008.8—2009.12
	江　涛	男	1973.6	大学	2005.10	副主任	2014.11—
组织人事部	王伟峰	男	1961.11	中专	1988.5	部长	2014.12—
	张　玲	女	1964.2	本科	1994.7	副部长	2014.12—
	赵燕芹	女	1979.1	本科	2004.7	副部长	2014.12—

①任职时间表一栏，个别领导任职时间超过 2015 年，在此不做记录。

第三节　组织工作

一、党员概况

1992年8月，农垦建安总公司有党员32人。其中，男性29人，女性3人。大专14人，中专6人，高中4人，初中7人，小学1人，党员占全体职工的4.48%。

2000年12月，兵团建安总公司有党员70人。其中女性10人，占党员总数的14.29%。本科学历8人，占党员总数的11.43%；大专学历46人，占党员总数的65.71%；中专及高中学历5人，占党员总数的7.14%。

2003年12月，兵团建工集团有党员83人。其中，女性13人，占党员总数的15.66%。大学本科学历14人，占党员总数的16.87%；大专学历45人，占党员总数的54.22%；中专学历6人，占党员总数的7.23%；高中学历8人，占党员总数的9.64%；初中学历5人，占党员总数的6.02%。

2004年1月，兵团建工集团根据兵团党委文件规定"撤团建企"，建工师下辖11家企业党组织纳入兵团建工集团党委管理。年末，有党员4542人。其中，女性636人，占党员总数的14%；少数民族党员13人，占党员总数的0.29%；离退休党员1119人，占党员总数的24.64%。

2010年，兵团建工集团有党员3483人。其中，女性652人，占党员总数的18.72%；少数民族党员46人，占党员总数的1.32%。按文化程度分，大专及以上文化程度1544人，占党员总数的44.33%；中专文化程度213人，占党员总数的6.12%；高中文化程度441人，占党员总数的12.66%；初中及初中以下文化程度1285人，占党员总数的36.89%。按年龄分，35岁及以下党员375人，占党员总数的10.77%；36～45岁党员972人，占党员总数的27.91%；46～54岁党员822人，占党员总数的23.60%；55～59岁党员177人，占党员总数的5.08%；60岁及以上党员1137人，占党员总数的32.64%。

2015年，兵团建工集团有党员4268人。其中，少数民族党员57人，占党员总数的1.34%；女性915人，占党员总数的21.44%。按学历分，大专及以上文化程度2411人，占党员总数的56.49%；中专文化程度249人，占党员总数的5.83%；高中文化程度453人，占党员总数的10.61%，初中及以下文化程度155人，占党员总数的3.63%。按年龄分，35岁及以下党员806人，占党员总数的18.88%；36～45岁党员765人，占党员总数的17.92%；46～54岁党员1227人，占党员总数的28.75%；55～59岁党员335人，占党员总数的7.85%；60岁及以上党员1135人，占党员总数的26.59%。

二、发展党员

1992年8月，农垦建安总公司下辖分公司、项目部党支部负责对递交入党申请书的积极分子进行培养、考察、公示、发展，报临时党委审批。

1995年，农垦建安总公司临时党委按照《中国共产党发展党员工作细则（试行）》规定，实行发展党员公示制，重点在生产一线的业务技术骨干和优秀团员青年中发展党员，定期举办入党积极分子培训班，学习党的基础知识，引导入党积极分子端正入党动机，确保发展党员的质量。党员人数由成立之初的 32 人增加到 35 人，正式党员 34 人，预备党员 1 人。

2000 年 12 月，建工师所属 11 家企业划归兵团建工集团，企业党员人数及中青年党员比例增大。

2001 年，兵团建工集团临时党委重视入党积极分子的培养教育，安排专人进行全程培养，开展谈心谈话活动，组织入党积极分子听党课、观看党员电教片，结合开展“三个代表”重要思想学习教育活动，举办入党积极分子培训班，把参加培训且考试合格作为入党的必经程序。全年发展党员 13 人。

2002—2003 年，兵团建工集团党委把发展党员工作纳入党建工作要点、党支部目标管理办法，与其他工作同安排、同检查、同落实、同考核，发展对象向施工一线年轻人倾斜，注重培养企业骨干和优秀员工。在此期间，兵团建工集团党委发展党员 70 人。

2005 年，兵团建工集团所属企业党组织结合开展的先进性教育活动，引导入党积极分子对中国共产党有更深层次的认识，加强培养施工生产一线的优秀青年员工积极分子入党。全年发展党员 110 人。

2007—2008 年，兵团建工集团党委从抓基础入手，实行党员发展宏观指标指导计划，推行“双培双带”计划，党组织的吸引力和凝聚力进一步增强。在此期间，举办入党积极分子培训班 25 期。2007 年，发展党员 61 人；2008 年，发展党员 80 人。

2009—2012 年，兵团建工集团党委完善入党积极分子培养发展机制，根据建工师党员发展分配计划，在申请入党积极分子中重点进行培养，发展党员 304 人。

2013—2015 年，兵团建工集团党委按照“坚持标准，保证质量，改善结构，慎重发展”的方针，抓好发展党员工作，兵团建工集团机关及所属企业共发展党员 283 人。

三、党员教育

（一）开展“三讲”教育活动

2001 年 9 月，兵团建工集团临时党委根据师党委《关于在建工师国有企业领导班子及成员中开展以讲学习、讲政治、讲正气为主要内容的学习教育活动实施方案》的安排，成立兵团建工集团“三讲”领导小组，临时党委代副书记程维生为第一责任人。临时党委制定《关于在兵团建工集团所属单位领导班子及成员中开展以讲学习、讲政治、讲正气为主要内容的学习教育活动的方案》，召开兵团建工集团领导班子和各所属企业副总经理及以上领导干部“三讲”教育活动动员大会，并在兵团建工集团及所属企业全面展开“三讲”教育活动。

兵团建工集团临时党委在这次教育活动中，结合兵团第五次党代会精神、兵团党委《关于加快国有工交建商企业改革与发展的意见（试行）》及其 8 个配套文件出台（以下简称“1+8”文件）精神，结合企业改制后出现的问题，围绕“提高党员素质，加强基层组织，服务职工群众，促进各项工作”的目标，建立“党员受教育、群众得实惠”的教育活动长效机制。兵团建工集团临时党委成员及各企业党委成员采取集中学习与自学相结合，专题学习与通读相结合，重点问题集中讨论，做到学习工作两促进、两不误。

兵团建工集团所属企业党委按照建工师党委统一部署和兵团建工集团“三讲”领导小组印发的学习计划，对本企业开展“三讲”学习教育活动做出安排。兵团四建在教育活动中坚持边讲边改，

2007—2015年兵团建工集团党组织和党员结构统计表

表4-3-1　　单位：个、人

年份	党委	党总支	党支部	党员总数	性别		民族		年龄					文化程度				当年发展
					男	女	汉族	少数民族	35岁及以下	36～45岁	46～54岁	55～59岁	60岁以上	大专及以上	中专	高中	初中及以下	
2007	9	17	171	3450	2812	638	3400	50	421	1148	598	171	1112	1327	223	519	1381	61
2008	10	19	200	3535	2868	667	3486	49	418	1131	679	181	1126	1450	222	502	1361	80
2009	10	23	201	3527	2868	659	3478	49	397	1075	744	169	1142	1542	208	463	1314	77
2010	10	26	205	3483	2831	652	3437	46	375	972	822	177	1137	1544	213	441	1285	77
2011	9	19	214	3527	2842	685	3480	47	403	923	852	224	1125	1615	219	440	1253	84
2012	9	22	217	3554	2835	719	3505	49	442	825	892	271	1124	1655	231	446	1222	66
2013	12	23	233	3611	2879	732	3562	49	463	771	925	301	1151	1717	236	453	1205	58
2014	11	24	230	3704	2934	770	3657	47	545	707	1030	295	1127	1851	241	443	1169	89
2015	12	39	256	4268	3353	915	4211	57	806	765	1227	335	1135	2411	249	453	1155	131

200多名职工进行专业技术培训和岗位培训，提高企业管理水平。兵团一建党委采取办培训班等形式组织党员学习邓小平理论，并在基层党支部开展“创建红旗党支部”活动。北新路桥公司党委通过学习理论阶段，找准问题，制定整改措施阶段，重点解决领导班子、领导干部中存在影响企业改革发展的突出问题，达到预期效果。“三讲”教育活动历时6个月，各企业领导干部积极参与，活动组织严密，效果良好。

（二）开展“三个代表”重要思想学习教育活动

2002年2月，兵团建工集团临时党委根据建工师党委部署，召开“三个代表”重要思想学习教育活动动员大会，成立“三个代表”学习教育活动领导小组。领导小组按照“三个代表”学习教育活动的要求，制订活动计划。按照“三个代表”重要思想学习教育活动要求，落实中心组学习制度，企业党委落实理论学习日制度，保证学习时间、学习效果。充分利用冬休时间，有计划、分层次对党员干部进行强化培训，提高党员干部的理论素质和政策水平，增强工作系统性、预见性和创造性，不断提高领导能力和执政水平。

按照“三个代表”重要思想学习教育活动要求，兵团建工集团临时党委把基层组织建设纳入党建目标管理中，以抓好基层党支部建设为重点，以提高基层党员干部素质为根本，以创建先进党支部为目标，加强党组织建设，发挥基层党组织的战斗堡垒作用。按照“三个代表”重要思想学习教育活动要求，加强党的民主集中制建设，落实“三重一大”制度。推行公开招聘，竞争上岗，干部轮岗交流，形成能者上、平者让、庸者下的良性机制。按照“三个代表”重要思想学习教育活动要求，加强党风廉政建设。坚持党委领导，党政齐抓共管，纪委组织协调，部门各负其责，依靠职工群众参与监督的领导格局和工作机制。重点抓好企务公开，推进党风、政风整体好转。

（三）开展保持共产党员先进性教育活动

2005年12月，兵团建工集团保持共产党员先进性教育活动正式启动，成立兵团建工集团保持共产党员先进性教育活动领导小组及办公室、督导组，巡回检查组。各企业也相继成立领导机构和工作机构，建立领导和工作责任制，结合本单位实际制定实施意见和各阶段工作方案，形成主要领导亲自抓，分管领导具体抓，其他党员领导干部结合分工协助抓，一级抓一级，层层抓落实的工作格局。兵团建工集团领导班子成员到基层单位进行调研，走访贫困户家庭，和基层贫困户结对子，为基层办实事、解难事，开展批评与自我批评，制定整改措施，带头过好双重组织生活。

兵团建工集团所属各企业党委把开展保持共产党员先进性教育活动这条主线贯穿于各阶段各环节。特别是在第三批保持共产党员先进性教育活动中，各单位注重丰富学习培训活动载体，确保学习培训活动取得实效。兵团建工集团督导组到各企业指导工作召开会议30余次。

兵团建工集团党委在保持共产党员先进性教育活动期间，以换届选举和先进性教育活动为契机，按照《中国共产党章程》规定，按照“政治素质好、团结协作好、经营业绩好、作风形象好”的目标要求，进一步加强企业领导班子和干部队伍建设，完成兵团建工集团所属八家企业党委换届选举工作。

（四）开展“四抓四看”活动

2008年5月，兵团建工集团党委开展“四抓四看”活动，其主要内容一是抓宗旨意识教育，看各项惠民政策措施是否落实到位；二是抓能力建设，看各级领导干部促进发展和解决实际问题的能力是否提高；三是抓政治纪律，看各级党组织和领导干部是否做到政令畅通、令行禁止；四是抓基层组织建设，看基层党组织的凝聚力、战斗力是否增强。

活动期间，兵团建工集团党委及各企业党委均成立“四抓四看”活动领导小组及工作机构，并结合自身实际制订活动实施方案和阶段性工作计划，进行总体动员和周密部署，做到机构、方案、场所、人员、经费“五落实”。兵团建工集团领导深入基层调研近 30 次，召开座谈会、形势报告会 115 场。采取集中学习和自学方式，确保调研参加活动。兵团建工集团国内 11 个项目部的 9 个党支部、96 名党员，国外 4 个项目部的 7 个党支部、56 名党员都参加活动。兵团建工集团“四抓四看”活动督导检查组与建工师督导检查组对参加活动的企业进行考核评价，对没有达到要求的及时“补课”。12 月，“四抓四看”活动结束。

（五）开展“学习实践科学发展观”活动

2009 年 3 月，兵团建工集团按照《建工师深入学习实践科学发展观实施方案》要求，开展兵团第二批开展学习实践科学发展观活动。兵团建工集团参加学习实践科学发展观活动的各级党组织有 250 个，其中党委 11 个，党总支 24 个，党支部 215 个。在参加活动的 3484 名党员中，党员干部 1076 人，普通党员 1255 人，离退休党员 1153 人。8 月，活动结束。

2009 年 3 月 16 日，兵团建工集团召开深入学习落实科学发展观动员大会
（第十一师史志办　供稿）

兵团建工集团党委围绕建工师 10 个方面调研专题，结合兵团建工集团实际，先后深入疆内 16 家企业、3 个直属铁路项目部和国外 2 个工程项目部 18 家参学单位，采取员工个别谈话或座谈，网上调查问卷等形式，了解员工的看法和建议，关注的热点、难点等问题，深入开展调研活动。先后完成《新形势下兵团建工集团战略发展的思路与对策》《兵团建工集团企业文化建设现状》《兵团建工集团保增长、保民生、保稳定工作情况》等调研报告。各企业按照兵团建工集团党委要求，结合实际制定 63 个调研课题，均形成调研报告。同时，兵团建工集团党委紧密联系工作实际和党员干部思想实际，组织开展“保民生、保稳定、促发展”大讨论活动。通过发放征求意见表、问卷调查等形式，征集广大干部群众对本单位科学发展观方面的意见建议。把各项工作制度的废、改、立和影响制约科学发展的突出问题，作为解放思想的重点，活动中共废除与发展不适应的各项规章制度、文件 82 项，修改 136 项，重新订立 129 项。

兵团建工集团学习实践活动领导小组，先后对所属企业各阶段活动开展情况进行现场检查和指导，同时对3个铁路直属项目部、2个国外直属项目部的学习实践活动开展情况，通过电话和互联网进行了解和指导。这次教育活动效果明显，班子成员素质得到提高，"四好班子"建设得到进一步加强，形成实践活动的长效机制，达到党员干部受教育、科学发展上水平、职工群众得实惠的目标。

（六）开展"创先争优"活动

2010年，兵团建工集团党委根据《建工师党委关于在全师党的基层组织和党员中深入开展"创先争优"活动的实施方案》要求，启动兵团建工集团"创先争优"活动。兵团建工集团参加"创先争"优活动的各级党组织241个。其中，党委10个，党工委1个，党总支26个，党支部204个，参加活动党员3628人。其中，在职领导干部及管理人员1158人，普通党员1255人，离退休党员1215人。各企业党组织建立健全活动机构，成立领导小组办公室，明确职责，落实工作责任制，召开专题会议研究部署兵团建工集团"创先争优"活动。抓宣传教育，营造学习氛围，各企业党组织运用宣传栏、发短信、贴标语、编简报等多种形式及时反映活动情况。兵团建工集团所属企业及项目部党组织，将开展"创先争优"活动与"大干180天"劳动竞赛活动有机结合起来，坚持"一企一方案"，力争"一企一亮点"，并以开展"四强"党组织、"四优"共产党员创建为抓手，开展"岗位做奉献、立功做表率""导师带徒""我为党旗添光彩"等活动。广泛开展公开承诺和领导点评。企业党委及基层党组织、党员按照上级要求做出公开承诺，接受群众监督和评议。严格讲评实施践诺，所属基层党组织定期开展本级"创先争优"活动情况的讲评，讲评活动采取民主生活会、"三会一课"进行结合形式开展，以批评与自我批评，领导点评促进公开承诺事项按期。保质保量实现。开展典型引路推动活动，表彰"创先争优"活动中的先进集体和先进个人。

2012年，兵团建工集团党委加强"创先争优"活动的组织领导，并把此项活动常态化。兵团建工集团及所属企业领导分别与下属企业挂钩联系，及时帮助挂钩单位解决实际问题，建立基层联系点387个，其中集团高管领导联系点23个。围绕中心任务把"基层组织建设年""创先争优"活动和企业的科学发展融为一体。当年，所属企业获自治区表彰"先进基层党组织"1个、兵团表彰"先进基层党组织"3个。

（七）开展"党的群众路线教育实践"活动

2014年2月，兵团建工集团党委按照"照镜子、正衣冠、洗洗澡、治治病"的总要求，在所属14个党委、26个党总支、222个党支部，3877名党员参加教育实践活动，参与覆盖率达100%，兵团建工集团和各企业两级派出督导组51个，党员领导干部以身作则，建立基层联系点168个，讲党课199场。兵团建工集团党委把分析检查、找准突出问题作为教育实践活动的重点，印发领导班子及成员作风建设情况征求意见表，设立征求意见箱，开设网络征求意见平台。兵团建工集团及所属企业领导班子成员下基层与职工群众"坐下谈、上门听、面对面"征求意见，先后召开各类座谈会158次，参加3350人次，发放对党委班子及班子成员征求意见表近4000份，收集整理各类意见或建议2117条。兵团建工集团党委将严格执行中央八项规定精神贯穿活动始终，全年兵团建工集团压缩会议53%，压缩文件31%，"三公经费"比2013年减少36%，调整清理办公用房面积2307.02平方米，清退超标超配公务用车29辆。兵团建工集团新建、扩建基层党组织活动场所21个，化解多年来未解决的信访积案27件。兵团建工集团党委对5个方面的38项现行制度进行梳理评估，分别提出修订和新建意见，修订3项、新建17项。

（八）开展“三严三实”和“四强”专题教育活动

2015年5月，兵团建工集团党委按照“三严三实”和“四强”专题教育要求，在兵团建工集团及所属企业14个党委、28个党总支、245个党支部、4381名党员中分层次广泛开展。兵团建工集团党委书记通过《企业领导人员要做“三严三实”行动表率》专题党课,启动全集团“三严三实”专题教育活动。部分企业以视频会议的形式将“三严三实”专题党课教育传递到疆外事业部（或分公司）。同时将《习近平谈治国理政》《优秀领导干部先进事迹选编》作为副职及以上领导干部必读书籍，做好读书笔记和撰写心得体会。在个人自学的基础上，兵团建工集团及各企业党委分别组织开展4～6次专题研讨。在进一步巩固学习研讨成果的同时，对照“三严三实”基本要求，兵团建工集团及各企业广泛征求意见建议，按照“三必谈”深入开展谈心谈话活动，联系正反两方面，结合个人思想，工作、生活和作风实际等情况认真撰写民主生活会对照检查材料。兵团建工集团所属各企业基层的专题组织生活会按照“四强”教育的要求陆续召开。兵团建工集团对各企业“三严三实”专题教育开展情况进行不间断的督导检查，确保专题教育有效开展。

四、基层党组织建设

2000年12月，兵团建工集团有11家全资子公司，各级党组织基本健全，全部隶属建工师组织部管理。

2003年6月，兵团建工集团青藏铁路党支部设立党员责任区，发挥党员先锋模范作用

（第十一师史志办　供稿）

2004年，兵团建工集团改制后，所属企业党组织在建工师党委和兵团建工集团党委双重领导下，结合本单位基层组织建设工作的实际，完善加强制度建设，整体推进兵团建工集团基层组织建设，壮大党员队伍，促进基层党的建设全面发展。

2008年，兵团建工集团党委根据各个企业建筑施工点多面广、人员分散特点，要求各企业党委把党支部活动与生产经营结合起来，做到党组织健全，组织活动正常开展。兵团建工集团所属企业党组织按照兵团建工集团党委要求，制定党组织工作重点。北新路桥公司党委下设党总支1个、党支部28个，党员445人；设专职书记9人、兼职书记19人。兵团建工一建党委下设党总支1个、党支部34个，党员580人。各施工单位及项目部有3名党员的均成立党支部，配备专职书记。兵团四建党委下设党总支4个、党支部30个，党员527人；设专职书记14

人、兼职书记3人。兵团五建党委下设党总支4个、党支部25个，党员312人。设专职书记16人、兼职书记7人。兵团六建党委下设党总支6个、党支部16个，党员450人，全年发展党员9人。兵团水利水电集团党委下设党总支1个、党支部32个，党员663人。党委加大基层党组织建设力度，规定正式党员满3人以上的项目部均建立党支部，为32个党支部配备书记，全年发展党员5人。兵团路桥总公司党委下设1个党总支、14个党支部，党员151人。西源公司党委下设党支部3个，党员51人。建业公司党委下设14个党支部、党员180人。天昶公司有党总支1个、下设3个党支部，党员34人。兵团建科院设党支部1个，有党员18人。石油物资公司党支部设党支部1个，有党员7人。新北商贸公司党支部设党小组2个，有党员11人。

2011年，兵团建工集团党委把党的建设与打造百亿元集团目标相结合，要求所属企业党委结合企业实际，制订党建全年工作计划，做到工作有计划、有组织、有落实。采取上级领导蹲点、党委调整班子、党委工作部门帮助指导工作等形式，提升了基层党建的工作水平。北新路桥公司党委下设党总支4个、党支部45个，全年发展党员25人，党员总数为487人。配备党支部书记、副书记52人。兵团建工一建党委下设党总支1个、党支部33个，党员547人。兵团四建党委下设党总支3个、党支部32个，党员528人。兵团六建党委下设党总支5个、党支部20个，党员475人，配备专职党支部书记22人、兼职书记3人，党组织覆盖率100%。兵团交通建设公司党委下设党支部14个，党员148人。西源公司党委下设党总支1个、党支部8个，党员62人。新北商贸公司党支部完善党组织机构，构建完整的党群工作体系。天昶公司党总支下设党支部3个，党员30人。北新方圆物业公司党支部有党员10人，党支部健全党建工作目标责任制，采用电教、培训、参观、座谈、写心得笔记等形式增强学习实效。

2015年，兵团建工集团党委按照师《关于加强基层标准化服务型党组织建设的实施办法》的有关要求，以“六个到哪里”为抓手，按照“五同五有”标准抓好基层党组织标准化建设。兵团建工集团所属企业基层党组织建设做到全覆盖，组织体系健全，党员都在党组织的管理中。

北新路桥集团党委下设党总支9个、党支部55个，全年发展党员20人，在职党员599人。配备党支部书记、副书记85人。兵团建工一建党委下设基层党组织23个，全年发展新党员23人，在职党员322人，退休党员220人。兵团四建党委下设党总支2个，党支部25个，当年发展新党员14人，党员总数为548人。兵团五建党委下设党总支2个、党支部25个，全年发展党员3人，党员总数为265人。兵团六建党委下设党总支3个、党支部22个，全年发展新党员6人，党员总数为401人。兵团水利水电集团党委下设党总支8个、党支部25个，当年发展新党员14人，党员总数为628人。兵团交通建设公司党委下设16个基层党组织，发展党员4人，党员总数为186人。北新建筑公司党委下设党支部8个，党员总数为106人。北新国际公司党委下设党支部13个，党员总数为177人。新北商贸公司党总支下设党支部2个，党员总数为20人。兵团建科院党总支下设党支部2个，党员总数为36人。北新房地产公司党总支下设党支部3个，党员总数为29人。

第四节　干部工作

一、干部选拔任用

1992年8月，农垦建安总公司干部由兵团党委和工一师党委、工一师组织部统一调配。农垦建安总公司坚持“德才兼备”原则，考察任用机关部室正、副科级干部及分公司行政领导。

1996年，兵团建安总公司对科级干部进行考察，接收大中专院校毕业生，根据其专业安排相应工作岗位，为施工生产一线引进技术人员。

2000年，兵团建工集团按照干部管理要求，做好干部的考察任免工作，对妇女干部和少数民族干部进行调整和补充。对新提拔的干部进行不定期考察，了解他们的任职情况，广泛征求意见，肯定他们的成绩，及时指出工作中存在的问题，促进干部健康成长。12月，兵团建工集团设立股东会、董事会、监事会。兵团建工集团董事长、总经理由兵团党委任免。董事会、监事会成员由工一师党委提名，依法通过股东大会或董事会予以选举和聘任，党委书记、纪委书记、工会主席由建工师党委任命。兵团建工集团下辖全资子公司党政领导由师党委和组织部调配聘任。

2003年，兵团建工集团党委设立党委工作部，开始对干部进行考察、考核、提拔、调配管理。

2004年1月，兵团建工集团改制重组后，兵团建工集团董事长、总经理仍由兵团党委调配和聘任。党委书记、纪委书记、工会主席仍由建工师党委任命。董事会、监事会成员由建工师党委提名，董事会选举产生进行聘任和罢免。兵团建工集团所属企业党政领导，“三总师”由兵团建工集团党委、总经理、监事会提名，兵团建工集团党委组织部对拟聘人员进行考察、考核。集团董事会，总经理，党委联席会议根据拟聘人员考核结果进行研究讨论后报请建工师党委批复后，予以宣布聘任。

2005—2008年，兵团建工集团党委完善监督机制，推行公开选拔、竞争上岗和交流轮岗、任前公示制、任期目标责任制、试用制的试点工作。针对不同领域、不同层次领导班子实际加强思想政治建设。组织开展“四好”领导班子和创新型领导班子创建等活动，建立健全兵团建工集团党委管理的领导班子和领导干部配备情况统计和定期分析制度。加强兵团建工集团后备干部培养和管理，坚持每年选派一批优秀年轻干部到基层挂职锻炼。兵团建工集团党委坚持把董事会依法选择经营管理者以及经营管理者依法行使用人权结合起来，通过民主推荐等方式确定考察对象并进行公示。

2009年，兵团建工集团党委建立和完善干部选拔任用机制，按照德才兼备，以德为先和民主、公开、竞争、择优的原则选拔使用优秀人才，初步形成领导干部“进退流转”机制，企业之间干部贯通互动取得实质性进展。全年招进大中专毕业生475人，退伍军官15人。

2010年，兵团建工集团党委制定《后备领导人员选拔暂行办法》，出台《兵团建工集团领导人员退出领导岗位管理办法》，推进人事制度改革。全年选拔领导干部19人，16名领导干部在集团内部交流任职。

2012年，兵团建工集团党委贯彻领导干部“三谈两述”制度，北新路桥公司、交通建设公司、兵团四建等企业采用公开竞聘方式选拔干部，加强纪委监督，对新聘用和提拔的领导人员进行廉政知识测试。全年，兵团建工集团机关及各企业领导人员进行任前廉政谈话 142 次、诫勉谈话 13 次，纪委负责人同下级党政主要领导谈话 89 次，集团及所属企业领导人员述职述廉 646 人。全年，兵团建工集团及各企业对本单位管理的领导人员 97 人进行任前公示。

2013 年，兵团建工集团党委对管辖范围内的领导干部进行调整，全年按照程序共提拔干部 16 人，企业之间平级交流 4 人、解聘（内退）7 人、调离 1 人、退休 7 人，对集团新提拔和交流的干部进行考察和公示，提职考察谈话 160 余人次；对所有外派执行国外施工任务的人员进行政审，全年出具政审报告 170 余人次。积极组织兵团建工集团及企业符合条件人员报名参加师公开选拔，所属企业有 36 人报名参加竞聘，经过政审、笔试、面试后，3 人竞聘成功（社区工作人员）。建立人才培养体系，加大急需人才培养力度和资金投入，出台相应制度措施，鼓励职工自学成才。一年来，经上级组织部门批准的培训 156 人次，其他培训 231 人次，参加培训 5045 人次，培训费用共 253.7 万元。同时，大力引进各类专业技术人才，与安徽工业大学签订战略合作意向书。兵团建工集团及所属企业共招聘大中专毕业生 803 人。其中，集团机关招聘研究生 1 人，从所属企业调入 5 人，引入第 14 批博士服务团成员 1 人。

2014 年，兵团建工集团党委落实《党政领导干部选拔任用工作条例》文件及师党委文件精神，调配、任免干部 31 人次，其中提拔使用 14 人、平级交流 8 人、调离 2 人、解聘 7 人。12 月，由兵团建工集团领导带队前往其他省（市、区）对选拔干部进行任前考察谈话。加强援疆干部服务管理，做好援疆干部和博士服务团成员的迎接、服务和考核工作。

2015 年，兵团建工集团党委加强对企业选拔用人的指导工作。按程序和要求提拔集团副职领导 2 人、企业正职领导 1 人、机关部门正职 1 人、机关部门和企业副职领导 4 人，调离企业副职领导 1 人，企业间领导人员岗位调整 10 人。新招大学生 1404 人，通过社会招聘引进人才 819 人，引进高层次人才 17 人，其中硕士 15 人，副高级职称 5 人。兵团建工集团对 12 家企业选拔聘用干部相关工作进行检查，对机关及企业领导人员进行了档案审核、整理，共整理干部档案 1108 份；按照中组部要求，督促副职及以上领导人员填报领导干部个人事项报告表，按干部管理权限对 9 名管理干部进行个人事项检查；严格按层级管理做好领导人员因私出国（境）登记备案工作，建立登记备案人员因私出国（境）信息查询表，对集团管理的领导人员和企业管理的部分中层人员共计 810 人的信息进行核实。对职工群众反映一些企业设置总经理助理岗位较多的问题，集团党委印发《关于集团所属企业设置总经理助理等职务的规定》《兵团建工集团所属各企业党委委员、领导班子和总经理助理等职务职数》的通知，严格按程序考察、公示、上报审批，不准超职数配助理，不准超出兵团建工集团规定的工资待遇。

二、干部教育培训

1992—2000 年，农垦建筑安装总公司、兵团建筑安装总公司时期，临时党委积极鼓励干部参加业余函授学习。年轻干部参加中央党校函授本科、新疆电大，兵团党校及其他院校学习人员占干部总人数的 75% 以上。对中青年后备干部的培训，采取派赴其他省（市、区）全脱产学习和下基层挂职锻炼的方法。集团先后派送生产一线的优秀青年 36 人赴西安交大、西南交大、上海建工学院学习。

2001 年，兵团建工集团干部培训工作主要是围绕党的中心工作，不断提高思想认识和政治业务素质，深入学习邓小平理论，学习党在新时期的各项方针、政策，按照兵团党委，建工师党委的部署，集中培训和自学相结合，有计划、分层次、分期分批安排所属企业副科级及以上干部到建工师党校培训。全年参加培训的副科级及以上干部 122 人。

2003 年，兵团建工集团党委把干部教育培训工作作为一项重要任务纳入兵团建工集团党委工作议程。对干部的培训采取广开培训渠道，不断完善培训制度，注意实际效果以提高干部培训的质量。集团高管层领导，集团所属企业党政领导在任期内必须到兵团党校培训 1 次，培训为脱产学习，学习结束考核合格者颁发结业证书，作为选拔任用的依据。为保证把培训制度落到实处，兵团建工集团把干部培训计划列入党建目标管理，完不成培训任务的单位不得参与年终先进评选，无故不参加培训的干部不能吸收入党或者提拔聘用。从而保证干部培训的质量和效果。执行处级干部在兵团党校培训，科级干部在建工师党校培训的规定。全年处级干部参加培训 26 人，科级干部参加培训 134 人。

2008 年，兵团建工集团党委组织部按照《兵团党委贯彻〈干部教育工作条例（试行）〉实施办法（暂行）》，依据干部管理权限，统筹安排兵团建工集团培训任务。全年举办协同办公平台启用培训，兵团建工集团各部门主管领导以及所属各企业办公室主任参加培训。举办项目实施培训班，正式启动人力资源管理信息系统项目，兵团建工集团及所属各企业从事人力资源管理的工作人员 50 余人参加了培训。

2009 年，兵团建工集团在干部教育培训中坚持和完善组织调训制度，出国培训项目审批和管理制度，各部门对口培训项目申报制度。全年完成建工师举办“深入学习实践科学发展观活动”领导干部集中学习培训班、基层党支部书记培训班。全年培训 4561 人次，其中内部培训 3350 人次，外部培训 1211 人次。

2010—2012 年，兵团建工集团及所属各企业副处级及以上干部、党委办公室主任轮流到建工师党校参加贯彻落实党的十七届四中全会精神暨深入学习《新疆生产建设兵团建筑工程师改革发展重要文件汇编》精神培训班，累计参加培训 162 人。

2013 年，兵团建工集团组织领导班子及所属企业党政主要领导、机关部门领导、项目经理、党支部书记等 267 人次参加系统学习党的十八大、十八届三中全会精神以及中央领导一系列重要讲话精神、兵团党委常委六届十一次全委（扩大）会议精神。31 人参加兵团党委党校举办的“贯彻党的十八届三中全会暨总书记系列讲话精神研讨班”。

2014—2015 年，《兵团建工集团党委贯彻落实中央（2010—2020 年）干部教育培训改革纲要》精神，选派 125 人次参加 2014 年兵团组织的春、秋季干部培训。组织参加董事和监事培训班、中青年干部培训班、干部选拔任用培训班、上海建工培训班等培训，共 540 次，参加培训 8367 人次；组织 120 人参加清华大学建筑施工企业项目经理高级研修班，为期 16 天 160 个学时，其中取证学员 40 人，累计参加培训 600 多人次。

三、专业技术人员

1992 年，农垦建安总公司有管理人员 690 人，其中有技术经济职称人员 536 人，占管理人员的 77.7%；包括工程技术人员 316 人，经济、会计、统计等管理人员 220 人。在专业技术人员中具有高级职称 58 人，其中高级工程师 46 人；具有中级职称 266 人，占职称人员的 49.63%；具有中级及以上技术经济职称人员 324 人，占职称人员的 60.44%。

1998 年，兵团建安总公司有高级经济师 4 人，高级会计师 7 人，高级工程师 36 人，高级、中级工程技术人员占工程技术人员总数的 36%。

2006 年，兵团建工集团有专业技术人员 3756 人。其中，高级工程师 168 人，工程师 930 人，助理工程师 214 人。高级工 440 人，中级工 1572 人；高级政工师 39 人，政工师 109 人；一级建造师 122 人，二级建造师 112 人。

2010 年，兵团建工集团有高级工程师 260 人，工程师 1080 人;高级工 680 人，中级工 1251 人;高级政工师 60 人，政工师 99 人；一级建造师 143 人，二级建造师 280 人。

2015 年，兵团建工集团有技术人员 4414 人。其中，高级工程师 326 人，工程师 1395 人。初级工 264 人，高级工 400 人；技师及以上 375 人；高级政工师 70 人，政工师 135 人；一级建造师 246 人，二级建造师 850 人。

第五节　保密　档案

一、保密工作

1. 组织机构

1992 年 8 月，农垦建安总公司保密业务归属总经理办公室负责，设 1 名兼职人员负责保密日常工作。

1997 年 4 月，兵团建安总公司成立保密委员会，党委副书记屈衍庆任保密委员会主任，负责领导并指导公司的保密工作，王维均、张俊文任副主任，日常工作由总经理办公室主任程维生负责。总公司所属各企业建立保密工作小组，组长由党委书记担任，形成两级保密网络。

1999 年 6 月，兵团建安总公司调整保密委员会成员，党委副书记韩鸣任保密委员会主任，程维生任副主任。

2000 年 12 月,兵团建工集团对保密委员会成员进行调整,调整后的成员由 9 人组成,副总经理、总经济师朱柏园任保密委员会主任，办公室副主任程维生任副主任。

2002 年 3 月，兵团建工集团保密委员会主任调整为代党委副书记程维生，委员会下设办公室，范翠萍负责日常业务。

2003 年 8 月，兵团建工集团保密委员会根据建工师保密局管理大纲要求，调整保密委员会组织机构，保密委员会主任由赵文艺、周彬担任，成员由 8 人组成，办公室设在党群工作部，具体业务由党群工作部负责。

2004 年 1 月，兵团建工集团调整保密委员会成员，党委书记王江生任保密委员会主任，党委

2006—2015 年兵团建工集团管理及专业技术人员统计表

表 4-5-1　　单位：人

年份	管理及专业技术人员	年龄结构				学历				职称			建造师	
		30 岁以下	31～40 岁	41～50 岁	51 岁以上	硕士研究生	本科	专科	中专及以下	高级	中级	初级	一级	二级
2006	3756	—	—	—	—	—	—	—	—	238	1289	2229	122	112
2007	3259	—	—	—	—	—	—	—	—	271	1261	2046	147	182
2008	4929	1799	3396	3344	665	14	1401	2603	5186	312	1292	1901	163	225
2009	3908	1950	2929	3765	841	—	1559	2935	—	345	1368	2022	165	278
2010	4593	1844	2345	3718	904	—	1496	2877	—	400	1394	2032	143	280
2011	6757	1983	2235	3428	959	—	1561	3010	—	405	1415	1882	161	265
2012	9888	3287	2324	3721	895	—	2117	7283	—	465	1660	2202	177	339
2013	7019	3662	2191	3517	919	67	2294	3832	4096	426	1631	2446	189	456
2014	7677	3928	1945	3692	1145	82	2698	4197	3733	434	1594	2288	184	612
2015	6702	4192	1863	3594	1468	102	2998	4461	3556	477	1737	2565	246	850

副书记赵文艺任副主任，成员由 8 人组成。保密委员会办公室设在党群工作部，日常保密工作由党群工作部部长兼职负责。

2006 年 8 月，兵团建工集团根据人员变动情况，调整保密委员会成员，增设吕超海、沈玉良任副主任。委员会办公室设在党委工作部，刘志刚任办公室主任，办公室成员由 3 人组成。

2011 年 5 月，兵团建工集团根据人员变动情况，调整保密委员会成员，党委书记、党委副书记共同担任委员会主任；监事会主席赵文艺，办公室主任、董事会秘书周彬任副主任，成员由 13 人组成。委员会下设办公室，办公室成员由 15 人组成。

2013 年 3 月，兵团建工集团调整保密委员会成员，由监事会主席王志民，办公室主任、董事会秘书周彬共同担任副主任。

2014 年 11 月，兵团建工集团保密委员会成员由 13 人调整为 9 人，委员会办公室设在党委办公室，办公室副主任江涛兼任保密委员会主任，办公室成员由 11 人组成。

2. 开展工作

1999 年 7 月，兵团建安总公司出台一系列保密制度。在职工冬季施工技术培训班课程中，增设一节保密知识内容，并聘请工一师党校教师授课。

2000 年 3 月，兵团建安总公司印发《兵团建安总公司保密工作目标管理考核标准》并组织各单位开展学习。5 月，保密工作委员会按建工师保密局颁发的有关保密法规，在印发工作秘密、商业秘密范围条款表的基础上，出台保密工作实施细则。保密委员会自 2000 年开始，每年召开一次工作例会，通报上一年度保密工作开展情况、听取机关各部门及基层单位保密工作汇报并开展保密教育。

2001 年，兵团建工集团保密委员会进一步规范定密工作，修订和完善保密工作制度，加强计算机保密管理和保密宣传教育工作，定期开展保密检查，并完成保密史志编制。

2002 年，兵团建工集团档案工作制定发放、传阅、清退、销毁台账登记制度，实现对涉密文件各环节层层把关。

2004 年 8 月，兵团建工集团印发《计算机网络保密管理、涉外接待工作中的保密制度》，对计算机及涉外接待的保密管理工作提出明确要求。同年，保密工作被列入党委重要议事日程，主管领导在日常工作中把关，分管领导具体指导、协调，积极支持保密部门开展工作。

2007—2008 年，兵团建工集团保密委员会运用办公平台、板报、答卷、展览、保密知识有奖竞赛活动等方式，生动直观地宣传保密法及保密法规知识，提高机关干部保密意识。

2009 年 6 月，兵团建工集团召开保密委员会专题会议，学习《关于组织开展保密承诺书签订工作的通知》文件精神，与机关工作人员签订保密承诺书 250 份，签订率 100%。保密办公室和信息办公室联合对相关存储介质使用管理情况进行检查，发现问题，立即纠正，并向所在部门负责人进行反馈，检查情况以书面形式向集团保密委员会进行汇报。

2011—2015 年，兵团建工集团保密委员会实行严格自审和送审机制。

二、档案工作

1992 年 9 月，农垦建安总公司启动文书档案收集工作，起初未设置单独的档案室，设 1 名兼职档案员负责日常业务，归属总经理办公室管理。

1993年，农垦建安总公司成立文书档案室，隶属综合办公室，配备兼职档案员1人，负责公司档案收集、整理、组卷工作。

1996年，兵团建安总公司档案工作正式纳入党委工作的重要议事日程中，设档案室1间，配有标准铁制档案柜，档案室安装防盗门，窗户安装防盗栏，实现“三铁”要求。

1998年初，兵团建安总公司与师机关合并，档案工作划归师档案科。年底，与师机关分离，档案工作也重新纳入兵团建安总公司日常工作中。为加强档案工作，兵团建安总公司制定档案工作发展规划，添置铁制档案柜4组，将机关和基层形成的文件进行收集、整理、归档，使档案工作初步形成系统管理。

2000年5月，兵团建安总公司成立综合档案室，主任程维生，配备专职档案员1人，归属总经理办公室管理。8月，档案鉴定小组成立，韩鸣任组长，程维生任副组长，成员6人。11月，档案管理工作委员会成立，党委副书记韩鸣任委员会主任，程维生任副主任，另设委员10人。综合档案室成立后对各类档案进行分类管理，设10个一级目录、53个二级目录，并设置全宗卷。一级目录分别为党群工作、行政管理、经营管理、生产技术、基本建设、设备仪器、财会档案、职称档案、声像档案和实物档案。文书档案以党群工作、行政管理、经营管理、生产技术四类为主，基本建设档案分房建、路桥、水利、铁路4个二级目录，各类档案按年度组卷整理，保管期限分为永久、长期、短期。

2001年3月，兵团建工集团成立档案工作达标领导小组，组长由程维生担任，副组长由朱柏园、张玉贤担任，另设组员11人。在业务管理上，配备档案管理软件，通过管理软件编制案卷目录、卷内目录、全引目录、专题目录等各种检索工具，并形成组织沿革、大事记、专题文件汇编等档案编研资料，建立一套较为规范的档案管理方法。同时，建立各项档案管理制度及岗位责任制，形成由领导分管、综合办公室主管、综合档案室具体负责和专兼职档案员共同管理的管理网络。同年11月21日，由兵团档案局和建工师档案科共同组成的档案目标管理考评小组，依据国家档案局《企业档案目标管理工作考评办法》《档案目标管理的考评标准》对兵团建工集团的档案管理工作进行综合考评。12月，经兵团档案局批准，兵团建工集团档案目标管理工作晋升省部级。

2003年，兵团建工集团办公地点由乌鲁木齐市红山路155号搬迁至乌鲁木齐市新民路113号，档案室随迁，在办公楼五楼设档案室2间，面积80多平方米。兵团建工集团拨款6万元购置档案密集架1组。

2004年9月，兵团建工集团印发《兵团建工集团档案管理办法》《兵团建工集团工程技术档案归档管理规定》等文件，规定综合档案室管理工作职责范围。根据国家文件材料归档整理规则要求，兵团建工集团调整文书档案归档立卷制度，文书档案整理方式由“卷”调整为“件”，并在原有制度的基础上完善文件材料收集、整理、保管、利用借阅、鉴定销毁和保密等制度。

2007年3月，兵团建工集团印发《文件材料归档范围和文书档案保管期限规定》。同年，兵团建工集团建立协同工作平台，档案信息化纳入平台管理，非涉密文件经平台处理后可通过管理员操作转入平台“文档中心”，员工需要查档时，可通过平台完成查阅、归档操作。

2004年12月，兵团建工集团档案目标管理工作通过省级考评。图为档案室资料　　（第十一师史志办　供稿）

2010年，兵团建工集团综合档案室重点加强电子文件和电子档案的管理，确保电子文件和电子档案的真实性和完整性。根据《中华人民共和国档案法》《电子文件归档与管理规范》《电子公文归档管理暂行办法》等，结合企业的实际情况，制定《兵团建工集团电子文件和电子档案管理办法》。电子文件从形成、收集、积累、鉴定、归档等工作由承办的业务部门负责，档案部门应对电子文件实行全过程管理与监控，具有永久保存价值的电子文件，必须制成与其对应的纸质文件并同时归档。为落实国家及兵团档案局在档案系统中实现电子化管理的目标要求，档案室对兵团建工集团从建立之日起具有永久保存的5000余件文书档案进行扫描，完成电脑储存微机管理。

2004—2011年，兵团建工集团先后投入13.82万元，安装档案密集架26组，对集团的文书、科技、会计、声像、实物档案实行统一管理。

2012年，兵团建工集团综合档案室出台档案管理制度，建立档案管理基本情况和统计台账，对所有档案进行准确的统计保存。建立档案库房温湿度记录，15天进行一次测记库房温湿度，发现情况及时采取有效措施，库房温湿度始终在国家规定的标准内，所保管的档案没有破损、霉变、虫蛀、鼠咬等现象。6月，综合档案室对保管的档案资料进行全面清查，对珍贵档案如1994年、1995年、1997年承建西虹路立交桥、苏州路立交桥、克拉玛依东路立交桥质量认证证书原件（甲方用圆珠笔复写的），均进行复制，并用复制件代为提供利用。

2013—2015年，兵团建工集团档案室开发利用档案信息资源，编辑兵团建工集团重要文件汇编、档案工作大事记、历年经济活动分析会概况、大型工程合同检索、档案利用情况说明、历年获奖荣誉一览表，满足利用者的不同需求，为公司经济发展、编史修志、工作查考、工程投标、维护合法权益及历史遗留问题复查等方面提供有效服务。2015年，兵团建工集团综合档案室内藏1992—2015年各类档案资料16102卷（件），其中全宗170卷、文书档案337卷8997件、科技档案3262卷、会计档案2770卷、声像档案159件、实物档案200件、审计档案207卷。接待查档利用5000余人次，查阅档案资料6000卷次/2000件次，出具证明850份。

第六节　精神文明建设

一、机构设置

1995年7月，农垦建安总公司临时党委决定成立精神文明建设委员会，委员会由7人组成，王维均任主任，张俊文任副主任，委员由李承德、田军、王绍永、文军华、熊飞5人组成。

2003年之前，兵团建工集团精神文明建设工作由临时党委直接管理，具体工作由兵团建工集团办公室负责。

2003年2月，兵团建工集团精神文明建设由党委组织部管理，具体工作由党群工作部负责。

2008年1月，兵团建工集团对精神文明建设委员会成员进行调整，同时更名为兵团建工集团精神文明建设指导委员会。精神文明建设指导委员会主任由兵团建工集团董事长、党委书记兼任。兵团建工集团精神文明建设指导委员会负责兵团建工集团及所属企业精神文明建设创建活动，负责制定精神文明建设规划，确定工作任务，指导各项精神文明建设活动的开展。精神文明办公室设在兵团建工集团党群工作部，办公室主任由党群工作部部长兼任，配备工作人员1人，具体工作由党群工作部部署、检查、督促。

2008—2010年，兵团建工集团党委始终按照自治区文明单位标准开展各项工作，把企业政治、经济、文化发展与精神文明建设同规划，始终把文明单位的建设与行风、政风紧密相扣，坚持做到与经营生产、综合治理、计划生育、质量安全、环境保护、办公绿化、企业文化等其他各项工作一起抓，一起部署，一起落实。兵团建工集团先后被评为乌鲁木齐市天山区文明单位、乌鲁木齐市文明单位、自治区文明单位，实现三年连创目标。

2004—2015年，在兵团建工集团精神文明建设委员会的领导下，各企业进一步健全精神文明建设委员会领导小组，组长均由各企业党委书记担任，企业精神文明建设工作一般都纳入党委办公室工作职责，部分单位把精神文明建设工作设在党群工作部管理，均配备专人负责精神文明创建活动。各单位精神文明建设委员会领导小组组织实施、落实各项创建活动，各企业按照兵团建工集团要求完成相关任务，形成条块结合，以块为主的精神文明创建网络。

二、精神文明创建活动

1993年，农垦建安总公司按照乌鲁木齐市水磨沟区红山路街道办事处印发的开展以遵守“社会公德、职业道德、家庭美德”和《乌鲁木齐市市民文明公约》《“做文明礼貌的乌鲁木齐人”活动安排意见》，开展争做文明礼貌的乌鲁木齐人活动，提高干部职工讲文明意识。

1996—2000年，兵团建安总公司临时党委开展“三优一学”创建文明单位活动，引导职工群众热爱本职工作，学习先进模范人物，为企业的经济发展作贡献。

2001年，兵团建工集团直属项目部和所属单位开展“五好家庭”“十好文明户”评比活动。各单位在办公场所明显地方设置警示牌，实行一周一次文明语言提示，各单位开展干部职工向不文明行为告别签字等大型活动。

2003年，兵团建工集团党委重视发挥文明学校的作用，制订文明学校培训计划，各级领导分批为员工讲政治理论、业务知识、精神文明等方面知识。每年 2 次邀请各学科专家教授给全体员工讲授有关公共礼仪、个人修养、团队建设等知识，提高员工的思想道德和修养意识。

2006 年，兵团建工集团举办《公民道德建设实施纲要》知识竞赛，开展“四德”（社会公德、职业道德、家庭美德、个人品德）和“在社会做个好公民、在单位做个好职工、在家庭做个好成员”的群众性公民道德实践活动。同时，兵团建工集团所属企业把精神文明建设贯穿于生产经营活动全过程，加强文明施工现场管理。各单位施工工地按照兵团建工集团《文明施工现场布置形象设计》要求，搭建彩门，设置六牌两图和彰显企业精神的标语。在办公区、生活区分设学习和娱乐场所，公共场所整洁有序。是年，北新路桥公司被中央文明委授予“全国精神文明建设先进单位”称号，兵团水利水电建被兵团授予“文明单位”称号。

2008—2009 年，兵团建工集团以典型引路进行“先进部室”“优秀中层领导”“优秀员工”等“创先争优”活动和各类先进的评比表彰活动，开展“祖国在我心中”有奖知识竞赛活动并利用板报、文化站、每周提示等形式加强职工道德、礼仪教育。参与青年路街道办事处组织的“讲科学、讲发展、讲诚信”演讲比赛活动。在兵团建工集团范围内开展“和谐小康家庭”创建活动。2008 年，兵团建工集团表彰 39 户“和谐小康家庭”。

2011 年，兵团建工集团党委在职工中开展“做一个有道德的人”为主题的网上签名活动；在办公平台上发布“开展家庭道德教育、做双合格小公民”学习资料，加强对职工子女“知荣辱、树新风、我行动”的实践教育活动。

2013 年，兵团建工集团党委组织各企业开展“公民道德建设月”活动。加强“爱国守法、明礼诚信、团结友善、勤俭自强、敬业奉献”基本道德规范和社会公德、职业道德、家庭美德教育。

2014—2015 年，在企业文化建设过程中，兵团建工集团党委把解决职工物质需求、精神需求和文化需求作为开展精神文明建设的一项重要内容。初步建成企业理念和企业价值观体系的总体框架，确定企业形象识别系统，出版兵团建工集团画册，制作反映兵团建工集团实施“走出去”战略的宣传片。截至 2015 年，兵团建工集团深入开展群众性文明创建活动，对各企业各类精神文明建设先进集体进行分类汇总，实行动态管理。兵团建工集团获全国文明单位 2 个，自治区文明单位 3 个，兵团级文明单位 3 个，市区级文明单位 3 个。

2008 年 1 月 30 日，兵团建工集团举办军民联欢晚会（第十一师史志办　供稿）

第五章　中国共产党兵团建工集团纪律检查委员会

兵团建工集团纪委坚决履行“保护、惩处、监督、教育”四项职能。围绕经济建设中心，坚持标本兼治不断加强党风廉政建设和反腐败斗争。严格落实“两个责任”，针对不同企业、不同对象制定谈话制度，通过组织建设、作风建设提高领导干部廉洁意识。加强领导干部廉洁自律，落实党风廉政建设责任制，从源头预防治理腐败，为企业经济发展提供政治纪律保证。

第一节　机构设置

1993 年，农垦建安总公司临时党委兼管纪检检查工作，纪检委员由朱柏园担任。

2000 年 5 月，兵团建安总公司成立临时纪律检查委员会。委员由 5 人组成，党委副书记韩鸣兼任纪委书记，分管纪律检查工作。纪律检查日常工作由办公室负责。

2001 年 12 月，建工师党委任命兵团建工集团代党委副书记程维生兼任临时纪律委员会书记，负责兵团建工集团纪律检查工作。业务设在办公室，配备专职人员负责纪律检查工作。

2003 年 2 月，兵团建工集团纪律检查委员会正式成立，建工师党委任命赵文艺为兵团建工集团纪律检查委员会书记。3 月，任命张星月为兵团建工集团纪委副书记，协助纪委书记负责兵团建工集团纪律检查工作。纪律检查委员会设纪检监事办，纪检监事办负责党纪教育，查处违纪案件，纠正不正之风，处理群众来信来访，推动党政干部廉政建设等日常工作。

2012 年 2 月，建工师党委任命王志民为兵团建工集团纪律检查委员会书记，负责兵团建工集团纪律检查工作。11 月，建工师党委任命李明为兵团建工集团纪委副书记，协助纪委书记全面负责兵团建工集团纪律检查工作。

2014 年 12 月，建工师党委任命张景峰为兵团建工集团纪律检查委员会书记，负责兵团建工集团纪律检查工作。

2000—2015 年兵团建工集团纪委书记、副书记任职一览表

表 5-1-1

姓名	职务	籍贯	性别	出生年月	学历	任职时间
韩　鸣	纪委书记（兼）	山东	男	1957.7	本科	2000.5—2001.8
程维生	纪委书记（临时）	江西	女	1960.7	本科	2001.12—2003.2

续表 5-1-1

姓名	职务	籍贯	性别	出生年月	学历	任职时间
赵文艺	纪委书记	山东	女	1956.12	本科	2003.2—2012.2
王志民	纪委书记	河北	男	1959.3	本科	2012.2—2014.12
张景峰	纪委书记	江苏	男	1966.2	本科	2014.12—2015.12
张星月	纪委副书记	陕西	女	1959.10	本科	2003.3—2012.10
李　铭	纪委副书记	四川	男	1959.11	本科	2012.11—2015.8

第二节　制度建设

1993 年，农垦建安总公司临时党委印发《党风廉政建设责任制实施细则》，明确总公司及部门领导班子和领导干部在党风廉政建设中应负的责任。建立对违反党风廉政建设责任制行为实施责任追究的规定，加大对基层单位“一把手”执行责任制情况及履行“四个亲自”（亲自研究部署领导干部廉洁自律工作，亲自解决涉及廉洁自律的重大事项和群众反映强烈的热点问题，亲自向上级党委、纪委报告执行廉洁自律情况，亲自主持好班子民主生活会并带头开展批评与自我批评）情况的检查力度和负有“失管、失教、失察、失误、失究”的直接责任人，主要负责人进行责任追究的力度，切实把强化责任意识，细化责任分解，严格落实制度，加强监督考核和责任追究四个程序落实到位。

2000 年，兵团建安总公司成立临时纪律检查委员会，相继制定实施廉政谈话制度、提醒谈话制度、询问谈话制度、述职述廉制度，使领导干部带头抓党风廉政建设的责任意识和自身廉洁从政意识得到进一步增强。

2001 年，兵团建工集团临时纪律检查委员会印发《党员干部廉洁自律的规定》《关于纠正行业不正之风工作的通知》《纪检监察工作要点》，围绕中纪委文件精神和工一师纪委总体部署，开展检查工作。

2003 年 3 月，兵团建工集团纪律检查委员会出台《党风廉政建设责任制实施细则》，建立《兵团建工集团党风廉政建设责任制》，进一步明确党委及其职能部门领导班子和领导干部在党风廉政建设中应负的责任，建立各种对违反党风廉政建设责任制行为实施责任追究的规定。

2005 年，兵团建工集团纪律检查委员会出台《党风廉政建设责任制考核办法》，成立治理商业贿赂专项工作领导小组，印发《兵团建工集团治理商业贿赂专项工作实施方案》，要求各企业在实施过程中，重点治理工程招投标、工程分包、材料设备采购，劳务用工包公，机械设备租赁及使用等环节上的不正当交易行为。

2007 年，兵团建工集团纪委制定《关于学习贯彻中纪委〈关于严格禁止利用职务上的便利谋取不正当利益的若干规定〉通知》，在兵团建工集团所属企业党组织开展以倡导和践行八个方面良好风气（勤奋好学、学以致用，心系群众、服务人民，令行禁止、发扬民主，团结共事、秉公用权、廉洁从政，生活正派、情趣健康等），坚持八个带头（带头加强学习，带头强化政治观念，带头深入基层、关注民生，带头树立节俭意识、反对铺张浪费，带头深入廉洁从政，带头遵守民主集中制原则，带头勤奋工作，带头培养健康的生活情趣）为主题的作风建设集中教育活动。兵团建工集团各企业党委均制定“三重一大”议事规定及党委、行政议事规则和领导干部述职述廉、班子民主生活会、任前廉政谈话、诫勉谈话等制度，建立企业领导个人重大事项报告制度和企业领导通信、交通、差旅费、招待费等职务消费管理规定。

2008年，兵团建工集团党委与所属12家企业领导签订党风廉政建设责任书，各企业与基层单位签订党风廉政建设责任书274份，所属单位与个人签约承诺书1494份。集团公司纪委参与考核和监督兵团五建、兵团八建主要领导的调整，对9家企业及直属项目中新提拔的16人进行考核，对102人进行任前廉政谈话，对16人实行诫勉谈话。

2014年，兵团建工集团纪委印发《兵团建工集团纪委工作安排意见》《兵团建工集团纪检监察和审计部门违纪线索移送处理和协作配合的暂行办法》，对党风廉政建设责任书内容进行补充修改；对中央八项规定及兵师相关规定执行情况进行专项监督检查。

2015年，兵团建工集团纪检委严格落实“两个责任”，针对不同企业、不同领域、不同对象分类提出党风廉政建设和反腐败工作的目标要求，印发《基层纪检工作手册》160余本。

第三节　党风廉政教育

1993—1996年，农垦建安总公司临时党委在全体党员、干部中开展党风党纪法规教育，重点学习《中国共产党章程》《中国共产党纪律处分条例》，利用冬休时间，举办短期党支部书记培训班，聘请工一师党校教师、工一师组织部纪委专干人员给学员授课。进行《中国共产党纪律处分条例》知识问卷测试。对党员干部进行学习中共十四届三中全会精神的轮训。

1997—2000年，兵团建安总公司临时党委在全体党员干部中，每年组织不同主题的“党风廉政教育月”活动，重点学习邓小平理论，《中国共产党纪律处分条例》和中央领导人的“七一”重要讲话。组织党员干部进行党内法规知识测试，观看《胡长清案件警示录》《广东湛江特大走私受贿案透视》等

2010年7月29日，兵团一建第十一个党风廉政教育月活动动员大会举行
（夏　鹏　摄）

录像片，参加师纪委举办党的知识板报比赛，测试竞赛，党风廉政歌咏比赛，对全体党员干部进行党风廉政建设教育，增强自我约束意识。

2003—2005 年，兵团建工集团纪律检查委员坚持每年利用 1 个月的时间在兵团建工集团机关及所属企业开展“党性党风党纪”专题教育，通过以“八个一”为主要形式，即一次专题民主生活会、一堂预防职务犯罪讲座、一本好书、一部典型案例录像片、一次专题学习讨论、一张测试卷、一次廉洁谈话、一期培训班，使党员干部受到深刻的廉政教育。

2006—2011 年，兵团建工集团纪律检查委员会把反腐倡廉教育纳入兵团建工集团所属企业党委中心组学习内容，开展以“学习贯彻工作规划、推进反腐倡廉建设”为主题党风廉政教育月活动。组织党员干部观看理论专题片，观看《廉政中国》电教片，观看学习王瑛先进事迹，开展家庭助廉教育活动。2011 年，兵团建工集团纪委与所属 15 家企业分别签订党风廉政建设责任书，各企业层层签订责任书 324 份，与个人签订承诺书 1270 份。

2012—2013 年，兵团建工集团纪委组织开展兵团廉政文化建设月活动及党风廉政教育月活动，举办纪检干部培训班，编制《兵团建工集团纪委党风建设学习手册》，推动纪委工作开展。2013 年，兵团建工集团机关及各企业领导人员进行任前廉政谈话 142 次、诫勉谈话 13 次，纪委负责人同下级党政主要领导谈话 89 次，集团及所属企业领导人员述职述廉 646 人。

2015 年，兵团建工集团纪委首次将家庭助廉纳入党风廉政建设工作之中，通过发送一组廉洁短信、发放一份廉洁倡议书、举办一次家庭助廉座谈会、赠送一本廉洁读本、开办一个廉洁警示案例专栏的形式，发挥亲情监督预防作用。全年，兵团建工集团及各企业召开 16 场家庭助廉座谈会，对 643 名领导人员配偶进行家庭助廉教育，其中副处级及以上领导人员 145 人；赠送兵团建工集团纪委印制的《党风廉政建设法规手册》658 本。

第四节　监督检查

2006 年，兵团建工集团纪委对所属企业党委的换届工作进行全过程监督。按照兵团建工集团党委的要求，对所属企业纪委班子配备提出建议、审核。11 月上旬，对兵团建工集团所属 12 家企业党委（总支）及其班子成员，执行党风廉政建设责任制情况进行全面考核，重点对各企业领导班子成员 103 人住宅电话费及移动话费、个人应缴纳的“五险”及住房公积金等进行专项检查。

2008 年，兵团建工集团纪委对机关电梯改造招标、经营稽核部近 4 万元的办公用品的采购、北欧银行贷款购买机械设备运输招标、人力资源办公软件招标、办公楼装修采购等工作进行监督。全年立案 3 件，被立案 3 人，结案 2 件，2 人受到党纪政纪处分，挽回经济损失 70.5 万元；报检察院 1 件，挽回经济损失 0.3 万元。

2009 年，兵团建工集团纪委参加承建的喀（什）和（田）铁路购置机械设备招标，机关食堂设施、用品近 5 万元的采购招标，对招标工作的程序和公正性予以监督。对兵团建工集团处理奥迪车 1 辆过程，宏瑞物业公司由民营企业改为国有企业的账户、资产、人员移交工作进行监督。

2011 年，兵团建工集团纪委参与自建房监督招标、集团项目管理系统及档案管理软件等招标工作。全年立案 1 件，为企业挽回经济损失 3.9 万元，受党纪处分 1 人，政纪处分 3 人，党纪政纪处分 1 人；对 2 名党员干部进行责任追究。

2012 年 6—7 月，兵团建工集团纪委成立检查小组，对所属各企业和直属项目部落实集团党委工作部署、领导班子及其成员落实“三重一大”制度、纪委书记工作开展情况、廉洁文化进项目、重点项目廉洁示范工程等情况进行专项检查，并下发通报。全年受党纪处分 2 人，政纪处分 6 人，党纪政纪处分 2 人。

2013 年，兵团建工集团纪委印发《2013 年建工集团纪检监察工作安排意见》。11 月中旬，兵团建工集团纪委对 13 家企业党委（总支）、支部及其班子成员执行党风廉政建设责任制执行情况进行检查考核，并下发监督检查情况通报。全年立案 2 件，受党纪处分 1 人，党纪政纪处分 1 人。

2014 年，兵团建工集团纪委对中央“八项规定”、兵师相关规定执行情况进行专项监督检查。3 月，对各企业“小金库”清理活动落实情况进行抽查；4 月，对集团所属企业车改情况进行摸底调查；7 月，对集团所属企业公款消费问题进行监督检查，对发现问题的单位责令整改落实；8 月，开展对领导干部及亲属违规经商办企业问题的专项清理工作；9 月，对领导干部违规在企业持有股份问题进行专项清理；10 月，对违规使用公务卡消费进行清理。重点对招待费、公务用车等情况开展监督检查 55 次，收缴违纪款 2 万元及 500 美元。全年，初核了结 5 件，为企业挽回经济损失 26.21 万元；查办案件 4 件，立案 7 人，结案 2 件，挽回经济损失 89.3 万元；受党纪处分、政纪处分各 1 人。

2015 年，兵团建工集团纪委对机关及所属企业 171 名领导干部亲属任职情况开展专项督查，对 23 名领导人员亲属任职情况进行调整。全年初核了结 7 件，为企业挽回经济损失 78.96 万元；立案 12 件，结案 9 件，立案 13 人，挽回经济损失 25.93 万元；受党纪处分 8 人、政纪处分 3 人、党纪政纪处分 3 人。

2015 年 5 月 16 日，兵团建工集团召开家庭助廉座谈会　　（张新斌　摄）

第六章　行政管理

兵团建工集团行政领导由工一师党委组织部任命。基层单位相继设为分公司、项目部。行政管理工作根据企业经济发展目标设立行政机构。2015 年，兵团建工集团有行政工作部门 12 个，下设 16 家子公司，1 家上市公司。在不同的历史时期，兵团建工集团各届行政领导班子抓住发展机遇，转换经营机制，调整机构设置，实行定岗定编。经过不断发展，形成机构健全、功能配套的行政管理体系。

第一节　组织机构

1992—1996 年，农垦建安总公司下设 6 个行政工作部门，下辖 7 家单位，基层单位称分公司、项目部。

2000 年 12 月，兵团建安总公司改制为兵团建工集团，行政部门下设四部三室，下辖 9 个分公司。

2003 年 3 月，兵团建工集团规范重组法人结构，行政管理职能部门 15 个，下设 6 家子公司、7 家控股公司、3 家参股公司。

2015 年 12 月，兵团建工集团行政工作部门 12 个，下设 16 家子公司，1 家上市公司。

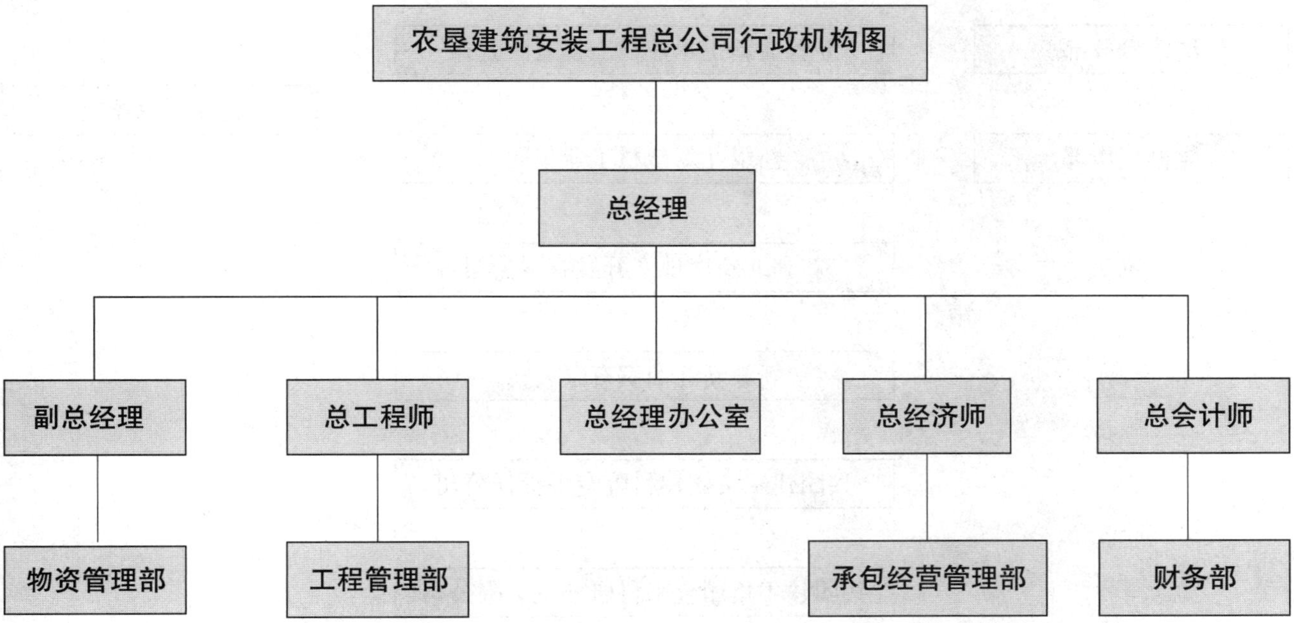

新疆生产建设兵团建设工程（集团）有限责任公司行政机构图

- 职能部门
  - 集团办公室
  - 战略发展部
  - 组织 / 人力资源部
  - 财务部
  - 经营管理部
  - 总工办
  - 审计督察部
  - 监事纪检办
  - 法律事务部
  - 党群工作部
- 子公司
  - 新疆北新路桥集团股份有限公司
  - 兵团水利水电集团有限公司
  - 兵团建工第一建筑安装工程公司
  - 兵团第四建筑安装工程公司
  - 兵团第五建筑安装工程公司
  - 兵团第六建筑安装工程公司
  - 新疆北新国际工程建设有限责任公司
  - 新疆北新建筑工程有限责任公司
  - 新疆北新土木建设工程有限公司
  - 新疆北新建材工业集团
  - 新疆北新房地产开发有限公司
  - 新疆新北商贸有限公司
  - 兵团建工集团建科院有限责任公司
  - 兵团建工集团金来科研开发有限公司
- 分支机构
  - 北京联络处
  - 成都联络处
  - 西安联络处
  - 巴基斯坦联络处
  - 巴拿马联络处

第二节　行政领导

1992 年 8 月，工一师任命李肖民为兵团建安总公司总经理，陈渥浦为副总经理，祁树华为总工程师，马凤山为总经济师，张云山为总会计师。

1993 年 9 月，工一师聘任陈渥浦、祁树华、刘为公、马凤山、涂允凯为农垦建安总公司副总经理，聘期为一年。

1993 年 9 月，工一师聘任周彬为农垦建安总公司总经理助理，朱赞玉、刘海云、孙力川、冯国庆为农垦建安总公司副总工程师，李信华为农垦建安总公司副总经济师，聘期为一年。

1998 年 9 月，工一师聘任朱柏园为新疆建设建工（集团）总公司总经济师，马少勤为总工程师，张玉贤为总会计师。

2000 年 3 月，兵团建安总公司任命朱柏园为兵团建安总公司副总经理兼总经济师，任命张玉贤为副总经理兼总会计师，任命马少勤为总工程师。

2002 年 3 月，经兵团建工集团董事会研究决定，聘任马超刚为兵团建工集团总工程师。

2006 年 5 月，经兵团建工集团董事会研究决定，聘任吕超海为兵团建工集团副总裁。

2007 年 2 月，经兵团建工集团董事会研究决定，聘任孙愚为兵团建工集团总经济师。

2007 年 5 月，经兵团建工集团董事会研究决定，聘任沈玉良为兵团建工集团副总裁。

2007 年 11 月，经兵团建工集团董事会研究决定，聘任朱建国为兵团建工集团总裁。

2010 年 6 月，经兵团建工集团董事会研究决定，聘任王宝龙为兵团建工集团副总经理。

2012 年 3 月，经兵团建工集团董事会研究决定，聘任孙愚、陆忠为兵团建工集团副总经理。

2015 年 5 月，经兵团建工集团董事会研究决定，聘任陈刚为兵团建工集团副总经理；7 月，聘任史全喜为副总经理。

1992—2015 年兵团建工集团行政领导任职一览表

表 6-2-1

姓名	职务	性别	民族	籍贯	出生年月	学历	任职时间 ②
李肖民	总经理	男	汉	江西	1941.9	中专	1992.8—2001.8
王江生	总经理	男	汉	甘肃	1957.10	本科	2001.8—2003.2
王江生	总裁	男	汉	甘肃	1957.10	本科	2003.2—2007.11
朱建国	总裁	男	汉	安徽	1958.12	本科	2007.11—2009.2
朱建国	总经理	男	汉	安徽	1958.12	本科	2009.2—

续表 6-2-1

姓名	职务	性别	民族	籍贯	出生年月	学历	任职时间[②]
陈渥浦	副总经理	男	汉	湖南	1938.5	中专	1992.8—1998.5
刘为公	副总经理	男	汉	安徽	1936.3	中专	1993.9—1996.3
马凤山	副总经理	男	汉	山东	1938.2	大专	1993.9—1996.4
祁树华	副总经理	男	汉	江苏	1940.1	中专	1993.9—1997.2
涂允凯	副总经理	男	汉	湖北	1947.3	初中	1993.9—2002.12
张玉贤[①]	副总经理	男	汉	浙江	1956.12	本科	2000.3—2003.3
朱柏园	副总经理	男	汉	上海	1946.7	大专	2000.3—2003.4
王维均	副总经理	男	汉	上海	1946.7	大专	2001.6—2002.12
周　彬	副总经理	男	汉	四川	1959.3	本科	2001.7—2003.3
朱建国	副总裁	男	汉	安徽	1958.12	本科	2003.3—2007.11
任辉明	副总裁	男	汉	河北	1963.10	本科	2003.3—2009.2
马超刚	副总裁	男	回	河南	1961.11	本科	2003.3—2009.2
吕超海	副总裁	男	汉	河南	1963.8	本科	2006.5—2009.2
沈玉良	副总裁	男	汉	河南	1953.10	本科	2007.5—2009.2
雷　毅	副总裁	男	汉	河南	1957.8	专科	2003.2—2009.2
雷胜富	副总经理	男	汉	湖南	1956.7	本科	2003.2—2004.6
吕超海	副总经理	男	汉	河南	1963.8	本科	2009.2—
任辉明	副总经理	男	汉	河北	1963.10	本科	2009.2—
马超刚	副总经理	男	回	河南	1961.11	本科	2009.2—

续表 6-2-1

姓名	职务	性别	民族	籍贯	出生年月	学历	任职时间②
沈玉良	副总经理	男	汉	河南	1953.10	本科	2009.2—2013.10
王宝龙	副总经理	男	汉	湖北	1966.1	本科	2010.6—2012.1
陆　忠	副总经理	男	汉	江苏	1968.3	本科	2012.2—
孙　愚	副总经理	男	汉	吉林	1963.2	本科	2012.2—
陈　刚	副总经理	男	汉	甘肃	1962.4	本科	2015.5—
史全喜	副总经理	男	汉	河南	1960.2	本科	2015.7—
祁树华	总工程师	男	汉	江苏	1940.1	中专	1992.8—1997.2
吴伟谋	总工程师	男	汉	广东	1935.8	高中	1993.9—1995.12
马少勤	总工程师	男	汉	湖南	1940.3	大学	1998.9—2000.5
马超刚	总工程师	男	回	河南	1961.11	本科	2002.3—2008.5
马凤山	总经济师	男	汉	山东	1938.2	大专	1992.8—1996.4
朱柏园	总经济师	男	汉	上海	1946.7	大专	1998.9—2003.3
孙　愚	总经济师	男	汉	吉林	1963	本科	2007.2—
张云山	总会计师	男	汉	河北	1939.7	大专	1992.8—1994.9
张玉贤	总会计师（财务总监）	男	汉	浙江	1956.12	本科	1998.9—

① 张玉贤　2018 年 1 月，因违纪受留党察看 2 年处理。

②任职时间表一栏，个别领导任职时间超过 2015 年，在此不做记录。

第三节 职能部门

1992年8月，农垦建安总公司成立时，为副师级管理机构，实行工程总承包的经济实体。机关设立一室五部，即总经理办公室、工程管理部、物资管理部、工程监理部、承包经营管理部、财务部。

1994年3月，农垦建安总公司撤销物资管理部，承包经营管理部分别设经营部、工程承包部，工程管理部改称为工程技术部。

1996年3月，为适应市场竞争和内部管理要求，农垦建安总公司成立六部一室，增加招投标部和房地产开发部，取消工程承包部。

1997年11月，兵团建安总公司机关行政工作机构设工程技术部、投标部、质量安全部、财务部、贯标办公室、综合办公室、中心试验室。

2001年，兵团建工集团机关行政部门设总工办（质量安全管理、质量技术管理、工程监理）经营管理部、法律事务部、战略发展部、市场开发部、财务部、人力资源部、审计督察部、行政办公室等部室。10月，增设投标部。

2003年3月，兵团建工集团改制后，机关工作机构设办公室、投标管理部、企划发展部、财务部、质量技术安全部、总承包部。10月，增设人力资源部。

2004年2月，兵团建工集团增设市场一部、市场二部、西南联络处。9月，增设综合治理办公室；人民武装委员会办公室、信访办、综治办合署办公。

2006年4月，兵团建工集团增设清欠办公室。

2008年1月，兵团建工集团机关部门进行调整，党委办公室与办公室合并，统称办公室；成立安全管理部与质量技术管理部；成立经营稽核部；撤销质量技术安全部；市场一部、二部合并至总承包部，并撤销市场一部、二部两个机构、编制。集团调整后的部室为办公室、质量技术管理部、安全管理部、企划发展部、投资管理部、审计部、财务部、结算中心、经营稽核部、人力资源部，总承包部。

2010年，兵团建工集团整合调整部门，办公室、经营管理部、人力资源部、财务部、总工办、战略发展部、审计督察部、市场开发部。为做好对上业务衔接，调整后的相关部门实行一个机构多块牌子。

2013年，兵团建工集团增设设计部。

2014年12月，为理顺各职能部门的关系，加强各职能部门的联系与配合，兵团建工集团党委组织部和人力资源部合并组织人事部。

2015年，兵团建工集团行政机关工作机构是办公室、质量安全管理部、经营管理部、财务部、战略规划部、法律事务部、审计督察部、海外工作部、北京联络处。

1992—2015 年兵团建工集团行政部门负责人任职一览表

表 6-3-1

部门	职务	姓名	性别	任职时间
工程经营部（更名）↓经营管理部	经 理	任明辉	男	1992.11—2008.2
	部 长	张学斌	男	2008.2—2011.8
		范文胜	男	2011.8—2014.4
		刘小军	男	2014.4—2015.12
	副部长	金 辉	男	2009.10—2011.7
		刘小军	男	2010.12—2014.4
财务部	经 理	李再愚	女	1993.9—1994.9
		侯建军	男	1996.1—1998.7
		曹建辉	男	2003.3—2004.10
	部 长	孙军江	男	2008.2—2011.7
		付大泉	男	2012.5—2015.12
	副部长	卢兴武	男	2001.7—2011.7
		孙军江	男	2005.3—2008.2
		吕淑珊	女	2006.3—2015.12
		付大泉	男	2011.7—2012.4
		张丽琴	女	2011.8—2015.12
		杨文成	男	2015.5—2015.12
总承包部	经 理	马超刚	男	2003.3—2010.4
		汤宝东	男	2010.4—2011.2
	副经理	刘国栋	男	2003.3—2004.1
		张益飞	男	2003.3—2004.6
		吴 利	男	2003.3—2004.1
		文军华	男	2003.3—2008.10
		罗玉民	男	2003.3—2007.11
		李 忠	男	2003.3—2011.1
		刘云华	男	2004.3—2011.2

续表 6-3-1

<table>
<tr><th colspan="2">部门</th><th>职务</th><th>姓名</th><th>性别</th><th>任职时间</th></tr>
<tr><td colspan="2" rowspan="7">总承包部</td><td rowspan="7">副经理</td><td>张德进</td><td>男</td><td>2004.7—2010.3</td></tr>
<tr><td>黄开其</td><td>男</td><td>2005.6—2012.11</td></tr>
<tr><td>吴孟龙</td><td>男</td><td>2006.12—2010.4</td></tr>
<tr><td>李昌明</td><td>男</td><td>2008.3—2009.9</td></tr>
<tr><td>黎汉进</td><td>男</td><td>2009.9—2010.5</td></tr>
<tr><td>杨　俊</td><td>男</td><td>2010.8—2011.2</td></tr>
<tr><td>杨　力</td><td>男</td><td>2010.4—2011.2</td></tr>
<tr><td colspan="2" rowspan="4">稽核审计部
↓
审计督察部</td><td>副部长</td><td>肖建芳</td><td>女</td><td>2004.1—2011.7</td></tr>
<tr><td>部　长</td><td>侯建军</td><td>男</td><td>2011.7—2015.12</td></tr>
<tr><td rowspan="2">副部长</td><td>朱兴梅</td><td>女</td><td>2011.7—2014.1</td></tr>
<tr><td>杨　锦</td><td>女</td><td>2014.12—2015.12</td></tr>
<tr><td colspan="2">工程技术部</td><td>经　理</td><td>李承德</td><td>男</td><td>1992.11—2001.6</td></tr>
<tr><td rowspan="9">总工办</td><td rowspan="2">安全管理部
技术安全部</td><td rowspan="2">主　任</td><td rowspan="2">李承德</td><td rowspan="2">男</td><td>2003.3—2011.1</td></tr>
<tr><td>2003.3—2008.1</td></tr>
<tr><td rowspan="6">↓
质量安全部
↓
质量技术安全部
↓
质量安全管理部</td><td rowspan="2">部　长</td><td>范吉明</td><td>男</td><td>2008.1—2011.2</td></tr>
<tr><td>邓如才</td><td>男</td><td>2011.8—2015.12</td></tr>
<tr><td rowspan="4">副部长</td><td>李建西</td><td>男</td><td>2010.12—2014.12</td></tr>
<tr><td>邓如才</td><td>男</td><td>2011.6—2011.8</td></tr>
<tr><td>戴文虎</td><td>男</td><td>2012.5—2015.4</td></tr>
<tr><td>刘　彬</td><td>男</td><td>2012.5—2014.12</td></tr>
<tr><td>工程监理部</td><td>经　理</td><td>田　军</td><td>男</td><td>1992.11—1999.7</td></tr>
<tr><td colspan="2" rowspan="4">战略发展部</td><td rowspan="2">部　长</td><td>侯建军</td><td>男</td><td>2003.3—2011.7</td></tr>
<tr><td>黄为群</td><td>男</td><td>2012.11—2015.12</td></tr>
<tr><td rowspan="2">副部长</td><td>郝　颖</td><td>男</td><td>2007.12—2011.5</td></tr>
<tr><td>金　辉</td><td>男</td><td>2011.7—2012.11</td></tr>
<tr><td colspan="2" rowspan="2">人力资源部</td><td>部　长</td><td>谢永革</td><td>男</td><td>2007.3—2008.4</td></tr>
<tr><td>副部长</td><td>张　玲</td><td>女</td><td>2003.10—2014.12</td></tr>
</table>

续表 6-3-1

部门	职务	姓名	性别	任职时间
人力资源部	副部长	刘志刚	男	2011.2—2012.3
		王伟峰	男	2012.5—2014.12
海外部 ↓ 海外工作部	部　长	周　彬	男	2003.3—2006.5
		王丽荣	女	2015.5—2015.12
	副部长	王丽荣	女	2004.4—2006.5
北京联络处	主　任	韩　鸣	男	2001.5—2004.1
	副主任	袁建新	男	2001.10—2010.12
		胡晓斌	男	2010.12—2013.11
上海联络处	主　任	张宗权	男	2001.8—2015.12
	副主任	黄伟敏	男	2001.8—2003.3
		陈胜峰	男	2003.3—2008.6
		苗建设	男	2008.6—2012.2
投标部 ↓ 市场一部 ↓ 市场开发部	主任、经理	刘国栋	男	2001.1—2003.3
	副经理	杨　进	男	2001.5—2003.3
	副经理	范吉明	男	2001.10—2002.12
		刘云华	男	2003.3—2004.3
	副部长	付　军	男	2010.12—2012.11
综合部	主　任	韩　鸣	男	1998.9—1999.3
综合治理办公室	副主任	苗建设	男	2004.6—2008.6
法律事务部	副部长	刘彦龙	男	2012.5—2015.12
信息中心	主　任	江　涛	男	2008.3—2015.12
资产管理部	部　长	杨文成	男	2015.5—2015.12
办公室	主　任	王绍永	男	1992.11—1993.9
		文军华	男	1992.11—1999.4
		韩　鸣	男	1999.4—2001.5
		程维生	女	2003.3—2004.2
		沈玉良	男	2004.2—2010.4

续表 6-3-1

部门	职务	姓名	性别	任职时间
办公室	主　任	周　彬	男	2010.4—2015.12
	副主任	程维生	女	1999.4—2003.3
		倪志江	男	2009.9—2012.5
		马　建	男	2009.10—2013.8
		江　涛	男	2014.11—2015.12

第四节　项目部

1992 年 8 月，农垦建安总公司下辖铁路项目部、公路项目部、水利工程项目部、工业和民用建筑工程项目部、设备安装项目部。

1994 年，农垦建安总公司组建兰新复线工程指挥部。

1996 年，兵团建安总公司先后组建乌鲁木齐西虹路 503 标段工程项目经理部，混凝土搅拌站，乌鲁瓦提工程指挥部。

2002 年 2 月，兵团建工集团承担青藏铁路第二十一标段工程，成立青藏铁路工程指挥部。

2003 年 2 月，兵团建工集团成立马拉坎德水电站项目部。

2005 年 8 月，兵团建工集团中标云南大理至丽江工程 W1 标段，成立云南大理铁路 W1 标段项目部。9 月，兵团建工集团中标精河至伊宁至霍尔果斯铁路（简称精伊霍铁路）第九标段，成立精伊霍铁路项目指挥部。6 月，成立塔乌公路项目部；9 月，设立阿尔及利亚项目经理部。

2007 年 1 月，兵团建工集团承接哈密三道岭惠泽苑小区二期工程，组建哈密三道岭惠泽苑小区二期工程项目部。4 月，成立农六师五家渠工程项目部。6 月，成立乌精二线项目指挥部。9 月，成立奎北铁路工程指挥部、吐库铁路二线项目指挥部。

2008 年 4 月，兵团建工集团组建直属安哥拉社会住房项目经理部。12 月，组建喀和铁路 S3 标段工程指挥部、乌鲁木齐市乌拉泊水库除险加固工程项目部。

2009 年 1 月，兵团建工集团组建内蒙古巴新铁路工程项目部。5 月，组建别迭里水电站第四标段工程项目部。8 月，组建河南许禹铁路改建工程 XYZQ-3 标段项目部、新疆布尔津西水东引一期工程伴渠道路一标工程项目部。9 月，组建新疆布尔津河西水东引一期工程输水干渠工程第三标段工程项目部。12 月，组建兰新铁路第二线项目经理部。

2010 年 4 月，兵团建工集团组建天富热电股份有限公司北热电工程项目部、新疆福海新区工程项目指挥部。6 月，组建禹州制梁场项目部、喀和铁路站房工程指挥部。10 月，组建内蒙古口岸国际管道运输建设项目部。

2011 年 6 月，兵团建工集团组建新疆可可托海水电站扩机厂交通洞工程、额尔齐斯河可可托海水电站扩机工程电站进水口及发电引水隧洞工程项目部。9月，组建阿拉尔三五九钢铁厂工程项目部、伊犁川宁生物技术公司火电厂工程项目部。

2013年5月,兵团建工集团组建阿克苏项目部。8月,组建阿克苏左岸明珠工程项目部。11月,组建川东北国际商贸物流中心项目部、泽组拉冒险大世界工程项目部。

2014年1月，兵团建工集团组建贵州省水利水电工程项目部。6月，组建四川郫县百伦广场项目部。7月，组建克塔铁路TJ-B标段项目部、西藏吞米岭·藏艺文博园（一期）项目部、喀什经济开发区兵团分区总部大厦项目部。8月，组建哈密综合大厦项目部。11月，组建石河子大学医学院第一附属医院项目部。

2015年5月,兵团建工集团组建阿克苏项目部。6月,组建自治区纪委“905”工程项目部。7月,组建图木舒克新建铁路专用线工程S4标段项目部。

第五节　组建公司

1994年，农垦建安总公司成立晋江分公司、物资经销公司、建安分公司、九华公司、建安第一分公司、建安第二分公司、中天建筑公司。

1995年，农垦建安总公司组建市政工程公司，混凝土搅拌站。

1996年1月，农垦建安总公司组建3家实体公司，即特种机械施工分公司、城市建设公司和建筑工程公司；撤销建安分公司、建安一分公司、建安二分公司、九华公司建制。

1997年4月，兵团建安总公司组建物资公司、供销公司。

2000年2月，兵团建安总公司将众合指挥部和国储库指挥部2家单位合并为总公司下属非法人公司，公司名称为西源工业建筑安装工程公司；4月，宏强房地产开发公司归属兵团建安总公司。

2001年2月，兵团建工集团特种机械工程分公司更名为新疆北新路桥建设工程公司；同月，兵团建工集团成立大地建设工程公司，为兵团建工集团的非法人单位。兵团建工集团的全资子公司10家，分别是兵团一建、兵团四建、兵团六建、兵团八建、兵团路桥公司、兵团运输公司、兵团设备租赁公司、宏强房地产开发公司、兵团科研所、兵团设计院。兵团建工集团下辖8家分公司，即特机公司、建筑公司、市政公司、水利水电公司、西源建筑公司、南疆公司、机械施工分公司、物资公司。4月，兵团建工集团成立水利水电工程分公司。

2002年6月，兵团昆仑建筑安装工程公司移交兵团建工集团管理。

2003年4月，鲁新公司整建制划拨兵团建工集团管理。

2004年3月，兵团建工集团组建新疆兵团建工集团西源建筑有限责任公司（简称西源公司），为独立法人企业；4月，兵团建工集团将建筑分公司、大地建设工程分公司整合并入西源公司。撤销建筑分公司、大地建设工程分公司和铁路工程分公司建制。

2006年2月，兵团建工集团大型设备租赁公司北站物资综合市场与大型设备租赁公司分立，单独注册成立有限责任公司，隶属兵团建工集团直接领导。原兵团三建一分公司整建制从兵团八建分离出来与建业分公司（大型设备租赁公司）合并。

2007年1月，兵团建工集团组建新疆北新房地产股份有限公司。

2008年11月，兵团建工集团组建新疆北新房地产开发有限责任公司。

2009年1月，经商务部批准，兵团建工集团在安哥拉罗安达市注册成立安哥拉分公司。

2010年7月，兵团建工集团组建北新基础工程公司，新北商贸公司和石油物资公司合并为兵团建工集团新北商贸公司。11月，乌鲁木齐北新天润国际贸易有限公司组建。

2011年3月，兵团建工集团安哥拉项目与海外公司合并，改称新疆北新国际建设有限责任公司；新疆兵团建设工程技术研发有限责任公司组建。6月，北新路桥公司对兵团路桥总公司进行资产重组，兵团路桥总公司更名为新疆生产建设兵团交通建设有限公司。

2012年2月，兵团建工集团所属宏瑞物业公司与北新房地产公司合并，改称新疆北新方圆物业管理有限公司；兵团建工集团和田分公司组建，新疆北新路桥建设股份有限公司更名为新疆北新路桥建设集团股份有限公司。3月，石河子北泉镇分公司组建。

2013年1月，兵团建工集团以铁路项目为基础组建土木工程公司。2月，兵团建工集团哈密分公司组建。4月，新疆北新土木建设工程有限公司组建。5月，撤销西源公司，成立新疆北新建筑公司，为全资子公司；新疆北新建筑公司喀什分公司组建。6月，新疆北新建筑工程有限责任公司成立。7月，新疆生产建设兵团建设工程设计研究院（有限公司）成立。9月，兵团建科院有限责任公司进行资产重组为全资子公司。新疆北新四方土木工程试验研究所有限公司重组为兵团建科院有限责任公司控股子公司。

2014年11月，经兵团商务局批准，兵团发改委备案，在安哥拉卡代代市注册成立兵团建工集团安哥拉公司。

2015年5月，兵团建工集团成立北新建材工业集团。截至2015年12月，兵团建工集团下辖13家子公司，其中1家上市公司（北新路桥公司）。

第六节　办事处

2001年，兵团建工集团在北京、上海、成都、巴基斯坦等国家地区设有分支机构。

2003年2月，经兵团商务局批准，兵团建工集团在巴基斯坦伊斯兰堡成立办事处，负责与国内沟通，服务马拉坎德水电站项目。

2004年2月，兵团建工集团成立驻西南联络处。

2005年6月8日，兵团建工集团成立驻上海办事处。

2006年1月，兵团建工集团成立新疆北新建设工程（集团）有限责任公司海外公司，为事业部性质，负责在建海外项目管理，海外市场开发，海外项目国内物资、人员、财务的后勤保障。

2010年4月，兵团建工集团设置驻内蒙古自治区办事机构。

2013年12月10日，经商务部批准，兵团建工集团在巴拿马首都巴拿马城成立巴拿马办事处。

第七章　董事会

兵团建工集团董事会是公司经营决策机构，也是股东会的常设权力机构。2002—2015 年，兵团建工集团召开第一届董事会会议 44 次，第二届董事会会议 29 次。董事会定期召集股东会、执行股东会，决定公司的生产经营计划和投资方案，制定公司年度财务预算、决算方案和利润分配方案、弥补亏损方案，对公司增加或减少注册资本、分立、合并、终止和清算等重大事项提出方案，聘任或解聘公司总经理、副总经理、财务部门负责人，并决定其奖惩。

第一节　董事会成员

2000 年 12 月，建工师成立新疆兵团建设工程（集团）有限责任公司（简称兵团建工集团）。兵团建工集团董事会是公司经营决策机构，也是股东会的常设权力机构。建工师任命傅援朝为兵团建工集团董事会董事长，李肖民为副董事长，郑锦存、朱宁宁、顾吉诚、王维均为董事。

2002 年 2 月，建工师任命岳有堂为兵团建工集团董事长。

2003 年 2 月 10 日，建工师规范重组兵团建工集团法人治理结构董事会，兵团建工集团董事会设立董事 9 人（暂缺 1 人），董事长岳有堂（兼），副董事长王江生（兼）、雷毅，董事岳有堂、王江生、雷毅、雷胜富、朱建国、杨庆国、吕超海、李克勤，总裁王江生（兼）。

2004 年 2 月，建工师任命王世豪为兵团建工集团董事，免去黄耀华集团独立董事职务，任命王江生为兵团建工集团董事长。

2009 年 2 月，建工师任命雷毅为兵团建工集团董事长。

2000—2015 年兵团建工集团董事会成员任职一览表

表 7-1-1

姓名	职务	性别	民族	籍贯	学历	任职时间 ①
傅援朝	董事长	男	汉	河南	大专	2000.12—2002.2
岳有堂	董事长	男	汉	河南	本科	2002.2—2004.2
王江生	董事长	男	汉	甘肃	本科	2004.2—2009.2
雷　毅	董事长	男	汉	河南	本科	2009.2—
李肖民	副董事长	男	汉	江西	中专	2000.12—2001.8

续表 7-1-1

姓名	职务	性别	民族	籍贯	学历	任职时间[①]
王江生	副董事长	男	汉	甘肃	本科	2003.2—2004.2
雷　毅	副董事长	男	汉	河南	专科	2003.2—2009.2
朱建国	副董事长	男	汉	安徽	本科	2009.2—
周　彬	董事会秘书	男	汉	四川	本科	2003.2—
郑锦存	董事	男	汉	江苏	初中	2000.12—2002.1
朱宁宁	董事	男	汉	甘肃	大专	2000.12—2001.8
顾吉成	董事	男	汉	甘肃	大专	2000.12—2002.1
王维均	董事	男	汉	上海	大专	2000.12—2002.1
岳有堂	董事	男	汉	河南	本科	2002.1—2002.2
王江生	董事	男	汉	甘肃	本科	2002.1—2003.2
雷胜富	董事	男	汉	湖南	大专	2002.1—2004.6
吕超海	董事	男	汉	河南	本科	2002.1—
杨庆国	董事	男	汉	内蒙古	大专	2002.1—2006.3
李克勤	董事	男	汉	甘肃	大专	2002.1—
黄耀华	独立董事	男	汉	—	—	2003.3—2004.2
王世豪	董事	男	汉	安徽	本科	2004.2—2012.2
张玉贤	董事	男	汉	浙江	本科	2006.3—
丁振江[②]	董事	男	汉	江苏	本科	2012.2—
陈　刚	董事	男	汉	甘肃	本科	2012.2—
蔡新平	董事	男	汉	湖北	本科	2012.2—

① 任职时间表一栏，个别领导任职时间超过 2015 年，在此不做记录。

② 丁振江　2020 年 6 月，因违纪被撤销第十一师党委常委、副师长职务，降为一级调研员，7 月任建设局一级调研员，7 月批准提前退休，一级调研员自然免除。

第二节　监事会成员

2000 年 12 月，建工师成立新疆兵团建设工程（集团）有限责任公司。建工师党委任命王喜祥任监事会主席。委派谢幕贤、张立军、谢达伟、侯建军任监事会监事。

2003 年 2 月 10 日，建工师党委规范重组兵团建工集团法人治理结构董事会，监事会主席赵文艺（监事暂空缺）。

2000—2015 年兵团建工集团监事会成员任职一览表

表 7-2-1

姓名	职务	性别	民族	籍贯	学历	任职时间
王喜祥	监事会主席	男	汉	陕西	中专	2000.12—2003.2
赵文艺	监事会主席	女	汉	山东	本科	2003.2—2011.12
王志民	监事会主席	男	汉	河北	本科	2012.2—2015.12
谢幕贤	监事	男	汉	江苏	大专	2000.12—2003.2
张立军	监事	男	汉	山西	大专	2000.12—2003.2
谢达伟	监事	男	汉	四川	大专	2000.12—2003.2
侯建军	监事	男	汉	内蒙古	本科	2000.12—2003.2
张星月	监事	女	汉	陕西	本科	2003.2—2012.10
李军印	监事	男	汉	湖南	本科	2003.2—2012.10
李　铭	监事	男	汉	四川	本科	2012.11—2015.8
王　翙	监事	女	汉	新疆	本科	2015.5—2015.12

第三节　董事会会议

一、第一次董事会会议

2002 年 1 月 8 日，兵团建工集团召开第一次董事会会议。会议宣读兵团党委对兵团建工集团公司重组方案的批复，传达建工师党委推荐意见。经会议研究决定，按照兵团的批复董事会成员设 9 人，董事长、总裁由师政委、师长兼任，副董事长由雷毅出任，董事由岳有堂、王江生、雷毅、雷胜富、吕超海、杨庆国、李克勤组成（暂缺 1 人）。监事会主席由赵文艺出任。党委书记由岳有堂担任，副书记由王江生、赵文艺担任，委员雷毅、雷胜富。财务总监由张玉贤出任。经岳有堂提名全会通过，董事会秘书由周彬担任。经王江生提名，全会通过雷胜富为常务副总裁，雷毅、马超刚、任辉明为副总裁，马超刚兼总工程师。会议明确组织机构的工作原则和指导思想。会议强调发挥董事会、监事会、党委会、纪委会的职能。会议研究讨论兵团建工集团机构部门的设置框架。2 月 2 日，兵团党委任命岳有堂为兵团建工集团董事长、法定代表人，免去傅援朝兵团建设工程集团董事长职务。

2002 年 2 月 19 日，兵团建工集团董事会召开第一届二次董事会会议。会议主要研究讨论 4 个议题，研究集团公司薪酬与考核委员会的组成，研究集团公司拟向西藏建行贷款的有关事宜，研究审议集团公司章程，研究集团公司整合情况和意见。3 月，建工师党委聘任张星月、李军印任兵团建工集团监事会监事。4月2日，董事会召开第一届三次董事会会议，会议通过集团公司薪酬考核委员会提交的《薪酬管理办法》，讨论、修改通过兵团建工集团制定《兵团建工集团章程》。4月28日，董事会召开第一届四次董事会会议，会议主要研究修订通过《董事会议事规则》，研究修订通过《总裁工作纲要》，讨论兵团房地产公司流动资金借款的担保议题。会议通过下发集团所属各公司《兵团建设工程（集团）有限责任公司董事会议事规则》《兵团建设工程（集团）有限责任公司总裁工作细则》。

2004年3月3日，兵团建工集团召开第一届五次董事会会议，会议宣布兵团建工集团董事会人员组成调整情况，王江生出任董事长，增补王世豪为董事。会议主要修订《兵团建工集团章程》《董事会议事规则》，研究确定2004年工作思路、目标、措施。聘用黄耀华博士为董事会顾问的议题，研究讨论原机施公司、特机公司下岗人员，终止合同，解除劳动合同，解决经济补偿金问题。

2005年1月24日，兵团建工集团召开第一届十次董事会会议，会议就董事会审计委员会实施细则进行研究讨论修改。会议讨论通过内部审计处理处罚暂行规定。研究兵团四建竞聘总经理职务人选的议题。3月15日，董事会召开第一届十一次董事会，对北新路桥建设股份有限公司提交的拟召开第一届董事会第十一次会议文件进行审议：同意北新路桥建设股份有限公司2005年3月18日召开第一届董事会第十一次会议上拟审议的十三个议题；同意北新路桥建设股份有限公司第二届董事会、监事会成员组成的研究决定；同意北新路桥建设股份有限公司2004年度利润分配预案。对兵团建工一建2005年3月21日召开2004年度股东大会会议上拟审议的7个议题进行审议；同意兵团建工一建第二届董事会、监事会成员组成的研究决定；同意兵团建工一建的分红方案，利润分配扣除20%三金的50%给股东派现，剩余部分待分配。兵团建工集团董事会在兵团建工一建对原章程修改稿的基础上提出对18条、25条、28条、29条、50条进行修改。研讨所属企业改制的意见。4月1日，董事会召开第一届十二次董事会会议，会议审定兵团建工集团机关2005年度财务预算方案（草案）。研究兵团路桥总公司党委增补委员事宜，研究兵团五建人事有关事宜，研究大型设备租赁公司纪委委员组成事宜，审定《兵团建工集团企业负责人政治工作考核暂行办法》，听取2004年度各企业职代会评议企业领导班子及成员情况汇报。

2006年3月18日，兵团建工集团召开第一届十六次董事会会议，会议研究确定所属班子指数方案，研究讨论企业班子建设和人事调整议题，会议审议2006年集团经营目标，审议集团企业负责人考核办法，审议集团审计委员会第一次会议决议，审议补齐集团董事成员。5月15日，董事会召开第一届十八次董事会会议，会议主要研讨兵团房地产公司有关产权如何理顺的问题。会议认为房地产是集团经济发展不可缺一的五大板块，必须走向良性循环的轨迹。

2007年8月22日，兵团建工集团召开第一届二十三次董事会会议，会议审议《2007年度兵团建工集团机关、驻外办事处及事业部财务支出预算》议题。研究讨论市场开拓奖励基金议题，讨论北新路桥新一届法人、经理人事调整议题。研究参加长沙基础设施投资议案，研究讨论科研所改制重组方案。会议对上述议题经过讨论达成共识，表决通过决议。11月13日，兵团建工集团董事会召开第一届二十六次董事会会议，会议审议通过朱建国任兵团建工集团总裁职务的提案。会议进一步明确党政领导工作的排序。

2008年1月15日，兵团建工集团召开第一届二十七次董事会会议，会议审议北新房地产公司开发师机关小区有关费用的议题。审议成立投资公司相关程序事宜，研讨集团公司与中基公司银行互保贷款有关事宜。研究机关部室机构调整和人事变动事宜。7月29日，董事会召开第一届三十次董事会会议，会议审议西藏天昶公司的国有股份转让给天昶公司职工，并确定7项原则。审议2008年兵团建工集团机关各项开支的预算方案，研究决定成立薪酬考核委员会，研究决定总裁奖励基金有关事宜，审议大租股权的调整方案，审议中建北新铁路公司投股议案，讨论关于在巴基斯坦注册公司的议题。讨论投资焦化股份的议题。

2009年2月21日，兵团建工集团召开第一届三十一次董事会会议，会议主要研究决定两个议题，同意解聘雷文初副总经理职务，集团公司总裁变更为总经理。8月5日，兵团建工集团董事会召开第一届三十二次董事会会议，会议审议总经理办公会议提交四项议案，兵团建工集团机关2009年财务预算方案，解决宏瑞物业公司遗留问题的议题，审议北新路桥公司购置新办公场所的议案，审议开发石河子41号宗地的议案。

2010年1月22日，兵团建工集团召开第一届三十四次董事会会议，会议着重讨论集团董事会换届的议题，研讨建工师下达2010年集团责任目标草案，审议2009年完成的主要经营指标。讨论董事会新章程修订后有关议事规则修订议案，提请建工师关于集团董事换届的意见，拟定2010年集团改革的主要方向，安排2010年度企业经营责任目标工作，安排2010年度集团财务预算工作，审议集团有关银行贷款担保额度及担保议案，审议兰新铁路双线购置机械设备议案，审议关于组建基础公司的议案。

2011年7月18日，兵团建工集团召开第一届四十四次董事会会议，会议对总经理办公会议提交的调整集团与新疆中基实业股份公司互保额度的议案进行审议，对新疆鼎源设备租赁有限公司进行流动资金贷款担保额度的议案进行审议，会议决定解除集团公司与新中基的互保协议，集团与农六师国资公司建立互保关系，签订总额5亿元的互保协议，农六师国资公司向集团公司提供银行对该公司有效的授信证明。兵团建工集团为新中基提供贷款担保，由农六师国资公司提供反担保。兵团建工集团同意为新疆鼎源设备租赁有限公司提供1亿元流动资金贷款担保额度，由新疆兴沃机械设备租赁有限公司向集团提供所占股权同比例金额的反担保。上述决定报请建工师审批。

兵团建工集团第一届董事会共召开董事会会议44次。董事会履行职责，负责召集股东会；执行股东会决议并向股东会报告工作；决定公司的生产经营计划和投资方案；决定公司内部管理机构的设置；批准公司的基本管理制度；听取总经理的工作报告并做出决议；制定公司年度财务预、决算方案和利润分配方案、弥补亏损方案；对公司增加或减少注册资本、分立、合并、终止和清算等重大事项提出方案；聘任或解聘公司总经理、副总经理、财务部门负责人，并决定其奖惩。

二、第二届董事会会议

2012年3月10日，兵团建工集团董事会召开第二届一次董事会会议，会议对2012年集团公司机关本部财务预算进行审议。4月20日，兵团建工集团董事会召开第二届二次董事会会议，会议着重对集团公司总经理办公会议提交的官途参股矿业公司等议案进行审议。会议认为进军矿业开发是兵团建工集团转变发展方式的一个重要突破口，应积极跟进。兵团建工集团与新疆金正能源有限公司在南疆片矿权合作上实施先期运作，建立风险评估机制谨慎投资，减少投资风险，待项目运作成功后，由北新路桥公司进行整体回购。此决议上报建工师审批。6月19日，董事会召开第二届三次董事会会议，会议研究讨论并批复北新路桥集团股份公司报送的《关于申请新疆鼎源设备租赁有限公司融资租赁保理业务担保的请示》，兵团建工集团同意为新疆鼎源设备租赁有限公司融资租赁保理业务给予5亿元的担保。同意并批复北新国际公司报送的《关于上报公司章程及三项议事规则的请示》，同意并批复兵团水利水电集团报送的《关于调整兵团水利水电集团监事会成员的请示》，同意兵团水利水电集团董事会成员由尉建军（监事会主席）、史忠敏（职工监事）、李丽3人组成，按照规定召开职代会，履行职工监事选举程序，将选举结果报告集团公司董事会审议。审议通过关于成立法律合约部的议案。7月3日，兵团建工集团召开二届四次董事会会议，会议就兵团建工集团发行2012年度企业中期票据7亿元向中债信用增进投资股份有限公司提供反担保进行专题研究。会议决定由中债信用增进投资股份有限公司为集团公司2012年度企业中期票据信用增进服务，拟将兵团建工集团此次发行中期票据的主体信用评级提升至AA+级或AAA级。并向中债信用增进投资股份有限公司支付主体信用评级AA−级到AA+级或AAA级后兵团建工集团成功发行中期票据的利率差额的50%～60%的服务费。此决定上报建工师审批。

2013年12月26日，兵团建工集团召开第二届十次董事会会议，会议对新疆北新房地产开发有限公司增资方案进行审议，经全体董事投票表决，一致同意北新房地产增资方案；会议对注册成立天津北新房地产建设开发有限公司进行审议，经全体董事投票表决，同意注册成立天津北新房地产建设开发有限公司。会议对新疆北新路桥开发建设新疆北新集团大厦项目进行审议，经全体董事投票表决，同意北新路桥开发建设新疆北新集团大厦项目，会议对新疆北新路桥集团股份有限公司转让北新永固35%股权进行审议，经全体董事投票表决，一致同意北新路桥转让北新永固35%股权。上述议案报送建工师审批。

2014年2月27日，兵团建工集团召开第二届十三次董事会会议，会议就北新博睿人力资源管理有限公司增加注册资本的议案进行审议，会议对2014年兵团建工集团银行信贷方案进行审议，会议对兵团建工集团为北新房地产提供2亿元贷款担保进行审议。经全体董事表决，一致同意博睿公司注册资本金由100万元增加到600万元，同意2014年度公司银行信贷计划方案，同意集团公司为北新房地产提供2亿元贷款担保，担保期限为2年。7月7日，兵团建工集团董事会召开第二届十五次董事会会议，会议对以兵团建工集团名义在喀麦隆注册分公司进行审议，对以兵团建工集团名义在南苏丹共和国注册分公司进行审议，对北新路桥在香港独资设立离岸公司进行审议，对北新国际全资收购博睿公司注册资本金进行审议，对安哥分公司增加营业范围进行审议，经与会董事投票表决，一致同意以兵团建工集团名义在喀麦隆和南苏丹共和国注册分公司；在香港独资设立离岸公司，同意北新国际公司回购原刘丽华个人名义对博睿公司投资的等额资本金，同时博睿公司法人变更为刘心胜。同意安哥分公司增加营业范围，上述决议报送建工师批复。12月3日，兵团建工集团召开第二届十六次董事会会议，会议审议通过兵团建工集团在厄瓜多尔和乌干达设立分公司议案，审议通过集团公司退出中建铁路公司股权议案，审议通过在卡拉沃索农场投资运营议案，审议通过土木公司章程、董事会议事规则、“三重一大”决策制度的议案，审议通过向西藏银行办理流动资金借款提供担保的议案，审议通过阿尔及利亚分公司设立仓库的议案，审议通过安哥拉分公司增加营业范围议案，审议通过北新国际公司在巴拿马餐饮议案。上述议案报请建工师审批。

2015 年 2 月 16 日，兵团建工集团召开第二届十八次董事会会议，会议审议通过《关于集团公司 2015 年度银行信贷计划方案的议案》，审议通过《关于集团公司 2015 年度经营计划的议案》，审议通过《关于建团公司机关 2015 年度预算的议案》，审议通过《关于成立集团综合档案室的议案》，审议通过《关于设立集团海外工作部的议案》，审议通过《关于成立集团资产管理部的议案》。审议通过《关于兵团一建在京购置办公用房的请示》。审议通过《关于兵团一建与瑞绎昕生态园林有限公司投资合作事项的请示》，经与会董事投票表决，一致同意上述议案。3 月 30 日，董事会召开第二届二十次董事会会议，会议对北新路桥参与投资建设巴基斯坦拉合尔市 KAHNA 跨线立交桥 BOT 项目投资合作进行审议，认为该投资项目地理位置优势明显，投资收益率较高，风险可控，经与会董事投票表决，一致同意北新路桥集团参与投资巴基斯坦拉合尔市 KAHNA 跨线立交桥 BOT 项目。会议对组建成立新型建材工业科技集团有限责任公司进行审议，经与会董事投票表决，一致同意组建成立新型建材工业科技集团有限责任公司。6 月 3 日，兵团建工集团董事会召开第二届二十二次董事会会议，会议审议通过《关于北新建筑公司以集团公司名义同哈密（建设）集团有限责任公司和哈密地区德翔工贸公司联合成立哈密投资建设有限责任公司的议案》，审议通过《关于成立中国新建集团国际农业合作开发有限责任公司筹建工作领导小组的议案》，审议通过《关于成立兵团建工集团监察办公室的议案》。经与会董事投票表决，一致同意上述议案，即日报送建工师审批。10 月 19 日，兵团建工集团董事会召开第二届二十八次董事会会议，会议审议通过《关于兵团一建为金石商混公司担保议案》，审议通过《关于增加兵团水利水电工程集团有限责任公司增加注册资本金的议案》，审议通过《新疆北新路桥集团股份有限公司回购兵团建科院所持四方土木实验研究院有限公司 51% 股权的议案》，审议通过《新疆中北运输有限公司收购喀什未来型材有限公司的议案》，审议通过《关于大道公司有关事项的议案》。

截至 2015 年，兵团建工集团第二届董事会共召开董事会会议 29 次。研究决定重要议案，审议通过每年年度总经理经济分析会议工作报告及公司章程修改议案。

2015 年 9 月 22 日，北新路桥集团国际工程事业部在巴基斯坦向北新路桥集团成立二十周年献礼
（张　辉　摄）

第八章 经济综述

1999—2000 年，农垦建安总公司、兵团建安总公司期间实现计划经济向市场经济的根本转变，按照兵团关于工交建企业改革要求，进一步完善企业改革承包方式，落实经营承包责任制，调动经营者和职工的积极性，提高企业的经济效益。

2001—2015 年，兵团建工集团期间有针对性地调整产业结构，因地制宜地开展多元化经营，从传统施工向投资、建设、运营的转变，及时调整发展重心和产业布局，稳妥推进海外项目和培育新型工业建材板块的发展。通过资源整合、内引外联产业结构进一步优化，经营水平和市场竞争力进一步提高，企业经济步入良性发展轨道。

第一节 经济发展

一、“八五”时期（1991—1995 年）

1992 年，农垦建安总公司以建筑业为主、其他行业为辅的经济格局，抓住兰新铁路复线建设的机遇，推行项目管理和施工现场标准化管理提高经济效益。1992 年，农垦建安总公司完成社会总产值 39266 万元，其中完成施工产值 38134 万元，附营产值 1132 万元。1995 年，农垦建安总公司完成总产值 59873 万元，其中完成施工产值 55642 万元，附营产值 4231 万元，4 年平均增速为 15.1%；完成建筑业增加值 15859 万元。

二、“九五”时期（1996—2000 年）

1996 年，兵团建安总公司调整产业结构，拓宽思路，促进经济协调发展。抓住乌鲁木齐市政建设的机遇，进入公路、铁路、水利、市政工程的施工行列。2000 年，兵团建安总公司完成国内生产总值 31799 万元，与上年同期 32405 万元相比增长 -1.9%，5 年平均增速为 -1.6%；完成社会总产值 129816 万元，与上年同期 94002 万元相比增长 38.1%，5 年平均增速为 20.6%；其中建筑业施工产值 120754 万元，与上年同期 94002 万元相比增长 28.5%，5 年平均增速为 20.8%；其他产值 9062 万元，5 年平均增速为 18.1%。实现利润总额 2407 万元，为年计划 1300 万元的 185.2%，为上年同期 2516 万元的 96%；上缴管理费 200 万元，为年计划 160 万元的 125%，为上年同期 140 万元的 143%；工程综合优良率 43%，比年计划 40% 增长 3 个百分点；上缴各项税金 837 万元。

三、“十五”时期（2001—2005 年）

2001 年，兵团建工集团加快经济结构的战略性调整，发挥在公路、铁路、大型水利、水电施工上的“四大板块”优势，扩大市场占有空间，为经济快速发展增添后劲。2005 年，兵团建工集团完成国内生产总值 77663 万元，与上年同期 76605 万元相比增长 1.4%；完成社会总产值 303469 万元，与上年同期 252305 万元相比增长 20.3%，5 年平均增速为 13.6%；其中建筑业完成 291666 万元，与上年同期 252305 万元相比增长 15.6%，5 年平均增速为 15.6%；工业完成 11803 万元，与上年同期 5058 万元相比增长 133.3%，5 年平均增速为 -11%。在手工程任务总量 526926 万元，与上年同期 454063 万元相比增长 16%，其中新承揽合同额 287660 万元，与上年同期 287587 万元相比基本持平。

四、"十一五"时期（2006—2010 年）

2006 年，兵团建工集团依托"四大板块"，开拓疆内、疆外、国际三大市场，经济持续保持快速发展，经济运行质量日趋提高。2010 年，兵团建工集团实现生产总值 21.8 亿元，与上年同期相比增长 21.4%，完成师计划 21.7 亿元的 100.5%，5 年平均增速为 24.9%；完成总产值 82.3 亿元，与上年同期相比增长 16.6%，完成师计划 81.38 亿元的 101.1%，5 年平均增速为 25.2%；其中建筑业完成 78.2 亿元，与上年同期相比增长 14.7%，5 年平均增速为 24.4%；工业完成 4.1 亿元，与上年同期相比增长 70.8%，5 年平均增速为 48.4%。在手工程任务总量 210.7 亿元，与上年同期相比增长 14.9%，5 年平均增速为 25.2%。其中，新承揽合同额为 105.41 亿元，与上年同期相比增长 22.6%，5 年平均增速为 14.6%。实现综合利润 1.36 亿元；国有资产保值增值率 115%；完成固定资产投资额 4.4 亿元。

五、"十二五"时期（2011—2015 年）

2011 年，兵团建工集团推动发展结构转型升级，加强经济结构调整，转变经济发展方式，打造生产经营型与资本经营型兼容的投资控股专业化管理公司，实现集团完成产值超百亿元的目标。2015 年，兵团建工集团实现生产总值 82.64 亿元，与上年同期相比增长 22%，完成师计划 80 亿元的 103.3%，5 年平均增速为 25.7%。累计完成总产值 310.81 亿元，与上年同期 270.45 亿元相比，绝对值增加 40.36 亿元，增幅为 14.9%，完成师计划 310 亿元的 100.3%，5 年平均增速为 24.3%。其中，建筑业完成 264.82 亿元，与上年同期相比增长 16.8%，5 年平均增速为 20.5%；工业完成 24 亿元，与上年同期相比增长 14.5%，5 年平均增速为 51.1%；三产服务业完成 21.99 亿元，与上年同期相比下降 3.2%，5 年平均增速为 27.1%；在手工程任务总量 542.94 亿元，与上年同期 521.25 亿元相比，绝对值增加 21.69 亿元，增长 4.2%，5 年平均增速为 14.8%。其中，新承揽合同额为 268.2 亿元，与上年同期相比增长 12%，5 年平均增速为 10.5%。完成社会固定资产投资 22.15 亿元，与上年同期 13.44 亿元相比，绝对值增加 8.71 亿元，增长 64.8%。实现利润 5.52 亿元，与上年同期相比略有增长。

第二节　经济体制改革

1993 年，农垦建安总公司围绕工一师制定的《工一师关于加快推行承包经营责任制的决定》，推行承包经营责任制，实行"包基数、保上缴、定系数、保成本、超收分成、欠收受罚"和"三包一挂"，即包上缴利费、包利润、保质量安全、工资与效益挂钩的分配办法。农垦建安总公司成立分公司、项目部，实行层层承包。总公司与下属生产单位签订承包合同，承包期间全面实行厂长（经理）负责制，使经济体制和领导体制改革相配套。

1997年12月，兵团建安总公司特种机械工程分公司与工一师签订为期3年资产经营责任书，期内资产经营责任形式是“核定资产、资产增值、超增分成”，实行“增值保上缴、以档定分配”的考核办法。兵团建安总公司按照兵团关于工交建企业改革要求，确定深化改革的基本思路，通过兼并、联合、租赁、买断、出售、民营等多种形式，盘活部分存量资产，解决所有制形式单一，结构不合理的问题。

1999年，兵团建安总公司特种机械工程分公司成功与兵团机械化施工公司实行资产重组，施工规模迅速扩大，施工机械设备大幅度增加。特种机械工程分公司拥有建设高等级公路、铁路施工的国内外先进设备沥青混凝土搅拌站、摊铺机等特大型和大中型设备328台（套），施工筑路专用设备先进完备。

2000年9月5日，兵团建筑安装工程总公司为优化企业资本结构，使企业成为适应现代市场经济要求的竞争主体，走向集团化、规模化和集约化发展之路，向建工师呈报关于特种机械工程分公司进行股份制改制的申请，成立企业改制各项领导小组。随后向建工师提交股份制改制的具体设想。9月12日，兵团建筑安装工程总公司向建工师，兵团企业改制管理委员会办公室呈报《关于筹备设立新疆北新路桥建设股份有限公司的请示》。9月14日，建工师做出《关于同意设立新疆北新路桥建设股份有限公司的批复》，同意兵团建筑安装工程总公司意见，要求组建公司筹备机构，按照《中华人民共和国公司法》和有关法律法规准备材料，报请兵团企业改制上市管理委员会办公室办理手续。兵团企业改制上市管理委员会办公室批复同意设立北新路桥建设股份有限公司，要求兵团建筑安装工程总公司认真组建公司筹备机构，按照《中华人民共和国公司法》和有关法律法规办理资产评估立项和名称预先核准筹建手续，规范进行公司筹备工作。

2000年12月8日，兵团建工集团成立。兵团建工集团初步建立国有资产为纽带，实行国有资产经营责任制的运行机制和集团管理体制，使企业走向集约化、规范化、效益化经营之路成为现实。

2009年11月11日，新疆北新路桥集团建设股份有限公司在深圳证券交易所上市
（北新路桥集团　供稿）

2001年7月，兵团建工一建严格按照产权清晰、责权明确、政企分开、管理科学的要求和《中华人民共和国公司法》规定，规范组织结构及其运作办法，组成股

东会，选举产生董事会、监事会，兵团建工一建有限责任公司成立。兵团国有资产管理局批复同意新疆北新路桥建设股份有限公司国有股份设置方案。8 月，自治区人民政府做出《关于同意设立新疆北新路桥建设股份有限公司的批复》，同意新疆生产建设兵团建设工程（集团）有限责任公司、新疆中基实业股份有限公司、新疆金石置业集团有限公司、新疆新通达机械工程有限公司、长安大学 5 家发起人以发起方式组建新疆北新路桥建设股份有限公司；新疆北新路桥建设股份有限公司完成在自治区工商局注册，成为兵团第一家拟上市的股份制建筑施工企业。

2002 年，兵团建工集团加快改革现行国有资产管理体系，以建立和完善出资人制度为核心，构建兵团、建工师、集团、国有资产运营的监管体系，确保国有资产出资人到位。6 月，兵团建工集团第八建筑安装工程有限责任公司正式成立。7 月，兵团建筑科学技术研究院有限责任公司正式成立。

2004 年 3 月 3 日，兵团建工集团加大改革力度，修订《兵团建工集团章程》《兵团建工集团党委会议议事规则》《兵团建工集团董事会议事规则》《兵团建工集团监事会议事规则》，建立和理顺母子公司体制下新的监督体系和工作机制。

第三节　产业结构调整

1992 年，农垦建安总公司是以建筑业为主，其他行业为辅的经济格局。1995 年，农垦建安总公司完成施工产值 55642 万元，附营产值 4231 万元，完成建筑业增加值 15859 万元。

2000 年，兵团建安总公司调整产业结构，拓宽思路，促进经济协调发展，进入公路、铁路、水利、市政工程施工行列。全年完成建筑业施工产值 120754 万元，其他产值 9062 万元。

2005 年，兵团建工集团在大力发展建筑业的同时，把经济发展战略目标逐步投入工业、三产相关产业经济发展方面。全年完成建筑业产值 291666 万元，完成工业及其他产值 11803 万元，其中三产实现销售收入 6000 万元。

2010 年，兵团建工集团在做强建筑主业的同时，大力发展建筑关联产业，延长产业链，努力提升集团综合实力。发展下游产业链，组建北新基础工程专业公司。打造关联产品，培育集团新的经济增长点。集团全子公司兵团四建水泥厂生产经营

2009 年 1 月 22 日，北新路桥集团与瑞典 volvo 道路学院联合举办高等级公路施工技术培训班　　（北新路桥集团　供稿）

实现生产、销售高，原料使用成本低的目标。新北商贸石油物资公司进行整合，推进商贸流通业的快速发展。全年完成建筑业产值 78.2 亿元，完成工业产值 4.1 亿元。

2013 年，兵团建工集团进一步优化产业结构。与上海现代设计院合作向上游产业链延伸，带动集团建筑设计与咨询业的发展。同时组建设计研究院，为兵团建工集团转型升级和资质升级提供智力保障。北新房地产公司房地产业经营规模持续扩大，经济效益不断提高。全年新开发房屋面积 30.56 万平方米，商品房销售面积 3.89 万平方米，完成销售收入 2.99 亿元。完成建筑业产值 188.47 亿元，完成工业产值 12.23 亿元。

2015 年，兵团建工集团初步形成建筑设计与咨询、建筑科研、房地产开发、商贸流通、非货币金融服务以及中介服务、物业管理等多行业多类别服务业格局。对鼎源租赁进行股份制改造并在三板市场挂牌，兵团建工集团出资 1000 万元入股建工师村镇银行；兵团水利水电集团充分利用现有土地资源，在友谊路社区打造沿街商铺，尚城小区餐饮、百货等三产服务业相继运营。2015 年，兵团建工集团完成工业总产值 24 亿元，三产实现销售收入 21.99 亿元。

2001—2015 年兵团建工集团主要指标完成情况表

表 8-3-1　　　　单位：万元

年份	总产值	建筑业	工业	其他收入	任务总量	生产总值	海外产值
2001	181942	163160	18782	—	—	—	—
2002	217127	196940	20187	—	161636	—	—
2003	243902	233011	10891	—	427637	78344	—
2004	257363	252305	5058	—	454063	76605	—
2005	303469	291666	11803	—	526926	77663	26206
2006	334659	326185	8474	—	858566	89841	32541
2007	501584	479015	22569	—	1208203	130703	82618
2008	600563	583491	17072	—	1570600	151275	141830
2009	706211	682134	24077	—	1834313	179606	178617
2010	823067	781929	41138	—	2107357	218397	209700
2011	1303799	1257792	46007	—	3125927	331444	240700
2012	1720776	1548163	88406	84207	3556268	405000	222500
2013	2149628	1884723	122309	142595	4641066	598009	307320
2014	2704520	2267769	209617	227134	5212459	677567	504479
2015	3108069	2648153	239988	219928	5429374	826415	530629

第九章　经营管理

兵团建工集团将经营管理作为企业发展的核心，建立健全财务、计划、统计、审计等经济管理制度。根据建工师经济发展总体要求制定兵团建工集团经济和社会发展计划，实施以“经营稽核为主线、以财务管理为保障”的总体经营方针为企业经济发展服务。依法对经营层及主要经营者进行审计，对投资项目监督管理，对公司所属单位项目进行审计，做好审查监督、严格审计执法，为企业经济发展奠定坚实基础。

第一节　财　务

一、工作机构

1992 年，农垦建安总公司根据工一师《关于农垦建安总公司机构设置人员编制的批复》，成立财务科，设置岗位 3 人。基层分公司设置会计、出纳岗位。

1999 年，兵团建安总公司印发《关于成立兵团建安总公司内部银行的通知》，内部银行隶属财务部，两块牌子一套班子。

2000 年 12 月，兵团建工集团成立，财务科编制不变。

2003 年 1 月，兵团建工集团财务科更名为财务部。

2006 年，兵团建工集团内部银行更名为结算中心，归属不变。

2015 年 5 月，兵团建工集团成立资产管理部，隶属财务部管理。财务部设置岗位 8 人。

二、财务制度

1993 年 7 月，农垦建安总公司依据《企业会计准则》《企业财务通则》《施工企业财务制度》，结合总公司特点及其管理要求，制定《农垦建安总公司财务管理制度（试行）》规范财务工作。

1997 年 4 月，兵团建安总公司根据财务法规和企业实际修订财务管理制度，规范现金、银行存款、应收账款、存货等所采用的会计政策、核算办法以及其他相关的管理规定。

2001 年 8 月，兵团建工集团对企业会计核算体制运作及财务管理进行调整。

2004 年 3 月，兵团建工集团制定《兵团建工集团财务总监工作暂行办法》，指导和规范财务工作。4 月，制定《兵团建工集团财务核算补充规定》，规范项目成本核算。

2010 年 9 月，兵团建工集团制定《兵团建工集团海外公司、总承包部资金使用管理办法》，加强海外公司、总承包部财务管理制度，提高资金的使用效率；制定《兵团建工集团机关资金审批办法》，简化兵团建工集团机关资金报销手续，提高办公效率；制定《兵团建工集团驻京办事处财务管理办法》，发挥驻京办事处服务功能，提高驻京办事处服务质量和工作效率。

2012 年 9 月，兵团建工集团编制《兵团建工集团财务管理制度会计核算办法》，用于加强和规范对兵团建工集团及所属全资、控股、非法人公司和直属项目部的财务管理。

2013 年，兵团建工集团印发《基本账户管理办法》《实物资产管理办法》《银行承兑汇票管理办法》《会计交接管理规定》《财务报表规范管理》《财务考评制度》等，进一步规范财务管理制度，并对货币资金管理、财务审批制度、税收与发票管理、会计档案管理等五个方面进行完善。

2015 年，兵团建工集团印发《兵团建工集团机关工作人员内地差旅费开支办法（修订稿）》通知，对工作人员费用报销等方面进一步规范和细化；印发《CBS 资金集中管理办法》，实现一个平台多家银行的转账支付结算功能。

三、财务管理

1992 年 8 月，农垦建安总公司财务管理实行收支两条线，所有基层单位不准在银行开户，一切收入统一交总公司财务部入账，一切支出通过总公司财务部门按制度办理，严禁收入不记账和任何形式的以收抵支，各基层单位必须完全按规定的会计科目记账，一切经济活动金额均通过账户进行处理。

2000 年 12 月，兵团建工集团作为母公司下设 11 家独立核算全资子公司。各企业完善财务制度，对外支票由企业财务部门加盖本企业财务专用章，对资金实行统一管理。

2003 年，兵团建工集团财务部门以现金流量为核心，按照企业价值最大化财务目标要求，对资金筹集、资产营运、成本控制、收益分配、重组清算等财务活动，实行全面预算管理。此后，兵团建工集团财务部建立产权清晰、权责明确、政企分开、管理科学的有效资本经营模式，采用资产授权经营，项目经营考核制度，强化财务预控、预警、监督、检查、核算、考核的管理机制。

2004 年，兵团建工集团完善预算外资金管理，实行收支两条线管理，实行按月、季、年汇总兵团建工集团和所属全资、控股、非法人公司和集团直属项目部会计报表，编制兵团建工集团的财务收支计划。兵团建工集团所属全资、控股、非法人公司财务部，负责公司财务管理事宜及资产、负债、所有者权益、收入、成本和经营成果的财务会计核算工作，按月、季、年向兵团建工集团上报各类会计报表，编制本公司的财务收支计划。所有会计核算都以当期发生的各项经济业务为对象，按权责发生制原则真实地记录和反映企业的各项生产经营活动，合理划分收益性支出与资本性支出的界限。

2005 年，兵团建工集团财务部执行两级管理、三级核算的财务管理体制，各权属公司在以资产为纽带，在明晰产权关系的前提下，组织财务会计核算，保证兵团建工集团经济运行稳定、正常，并准确披露财务状况、经营成果和现金流量。兵团建工集团通过法定程序加强对所属全资、控股、非法人公司资金的监控和管理，发挥兵团建工集团和所属全资、控股、非法人公司内部结算中心功能，对兵团建工集团内部各企业实行统一结算；搞好银行合作，通过银行统一授信的办法，实行由兵团建工集团统一向商业银行贷款，根据需要分配给所属全资、控股、非法人公司使用，贷款到期后再由兵团建工集团统一还款，以达到降低分散筹资成本、降低信贷资金风险，杜绝资金账外循环的现象。

2010 年，兵团建工集团财务管理工作按照“收支并举，内外并行、监督并重、统筹兼顾”原则，以财务监督收支执行情况为工作重点，组织财务人员组成检查组，对兵团建工集团所属企业财政资金进行检查。9 月，兵团建工集团成立专项治理“小金库”工作领导小组，指导协调“小金库”治理工作。

2014 年，兵团建工集团抽调企业财务骨干 9 人组建财务专项检查组，由兵团建工集团财务总监、总会计师带队，对集团所属 13 家企业进行 7 项财务专项检查。

2015 年，兵团建工集团财务部组织部门相关人员对集团范围内企业进行税务检查，主要针对营业税、印花税、个人所得税、企业所得税等税种。

四、现金管理

1992 年，农垦建安总公司组建初期设立财务部，财务部作为企业资金管理部门负责总公司的资金筹集、使用和管理。

1999 年，兵团建安总公司根据国务院有关规定，实行“财政专户储存、计划管理、财政审批、银行监督”的管理方式成立内部银行。从 4 个方面加强现金管理，分别是成立内部银行，财务采取统一管理，二级核算的办法；基层单位的银行账户全部转入总公司内部银行，实行统一管理；实行物资采购“双轨制”，钢材、水泥等大宗材料由总公司统一采购、定价供应，小型材料由单位自行采购；建立材料检验制度，材料逐月入库制和欠账材料预入库制度，杜绝成本不实和材料账外账现象；各单位资金专款专用，总公司内部银行坚持“谁的钱进谁的账、由谁支配”的原则，做到对开户单位存款保密，总公司内部银行为内部开户单位办理结算时，不延误、不积压、不挤占、不挪用。

2001 年，兵团建工集团修订财务收支审批制度。内部银行负责兵团建工集团银行信贷、保函、银票、信贷证明、银行查证授权书等业务，负责银行授信、信用等评定等相关业务，负责督促、清理应收账款业务。下属核算单位在结算中心开设内部账户。

2006 年，兵团建工集团为对应建工师财务管理体制，内部银行改名为结算中心，所履行的职责不变。

2012 年，为盘活用活资金，加强资金的内部调控作用，兵团建工集团建立资金管理平台。

2015 年，兵团建工集团为实现全资子公司及有权控制公司资金全面透明，合理调剂资金余缺，降低总体资金使用成本，对工行、农行、中行、建行、交行五大银行的账户进行统计归口，设立资金池专户，对资金实行实时归集，实时下拨。

五、成本管理

1992—1995 年，农垦建安总公司成本管理主抓人工、材料、机械消耗，重点是材料消耗。

1996—1999 年，兵团建安总公司制定《成本管理规定》，总公司对基层单位承包方式主要是单纯劳务分包的方式，施工成本、材料费用等管理依靠自身管理人员管理。整体项目的成本管理仍以总公司为主，各基层单位为辅，成本管理比较集中。

2000 年，兵团建工集团制定《成本核算规定》，在兵团建工集团范围内的成本核算实行兵团建工集团、集团所属企业、企业所属分公司或项目部的三级成本管理体制。兵团建工集团所属企业实行公司、分公司或项目部二级管理和成本核算体制。主要核算固定资产、周转材料、资本金、短期借款、长期借款、长期应付款、应付福利费、应缴税金、劳保基金、管理费、财务费、营业外收支等。汇总所属企业的会计报表，批复所属企业年度决算，按期收取所属生产单位上缴的应付福利费、固定资产折旧，预提大修费，承保利润，对公司利润总额按规定进行分配。

2004 年，兵团建工集团完善成本核算管理，规范核算程序和工作标准。所属企业对项目成本进行控制，重点做好已完结工程量的计量核定和分包工作量的审核工作，采取动态管理，使工程成本控制按既定的成本目标进行，逐步由过去的二级管理、二级核算向二级核算、三级管理过渡，各级成本核算单位根据上级成本核算单位下达的成本指标，结合施工生产过程的特点和经济责任制的要求，核算工程、产品、作业的实际成本，按时向上一级成本核算单位提供成本核算资料和信息。

2010 年，兵团建工集团各企业建立健全企业成本管理制度，划分成本费用支出和非成本费用支出的界限，划清资本性支出与收益性支出，营业支出与营业外支出的界限。先后建立材料限额领料制度、机械周转材料租赁使用制度，财产年度定期清查制度。在建筑工程施工中，加强工程的计划预算管理，注重成本控制，降低成本，成本核算由工程施工单位成本核算转交为项目成本核算。凡属于资本性支出通过固定资产、无形资产以及投资等科目进行核算；属于营业支出的成本费用在各成本费用账户归集进行核算；属于营业外支出的内容不列入成本费用，在营业外支出账户机械进行核算。

2015 年，兵团建工集团所属企业加强工程成本核算管理，提高项目事前、事中、事后全过程控制力度，贯彻执行兵团建工集团制定的项目经营管理大纲，完善本企业项目部经营稽核制度。

六、固定资产管理

2000 年，兵团建工集团实行“统一领导、归口管理、分类核算”的办法，制定管理责任制。兵团建工集团所属企业财务部门负责本单位固定资产的会计核算并会同使用单位做好固定资产的购置、使用、清理、报废、定期清查盘点、封存等工作。财务部门建立固定资产明细账进行原值、已提折旧明细核算。固定资产明细账按固定资产的类别和明细分类开设账页，并按保管、使用单位设置专栏，以各项固定资产的增产日期时序登记，每月结出余额来反映各单位的各类别固定资产增产变动和结存情况。固定资产卡片按固定资产每一独立的登记对象分别设置，并且定期监督组织和分析固定资产的使用情况。负责固定资产的年报，固定资产利润率及利用率的计算等。对固定资产做到账实、账证、账卡相符，确保国有资产不流失。

2010—2015 年，兵团建工集团所属企业把固定资产所有权归属于本企业，各部门、各单位和个人无权自行购置及处置。各企业的固定资产实行有偿占用，由财务部向占用公司固定资产的项目部、分公司收取固定资产占用费。固定资产的日常中小修理所支出的费用经批准可一次或分次列入有关费用成本，固定资产大修理由使用单位向公司设备管理中心申请，经设备管理中心审查，公司总经理审批后才能进行大修理，固定资产大修费由使用单位按照折旧费的 40% 计提，上缴公司统筹使用。

七、流动资金管理

1992 年，农垦建安总公司流动资金管理由总会计师负责，财务部为资金管理综合部门，对总公司流动资金进行集中统一管理。

1999年，兵团建安总公司成立内部银行，总公司下辖基层单位银行账户，全部转入总公司内部银行，实行统一管理，有偿使用。总公司对大宗材料采取统一订购，统一供应，开展清仓查库工作。改革工资制，压缩资金占用，使资金使用合理合规，保证企业流动资金正常运转。

2000年，兵团建工集团实行内部独立核算、归口管理。根据董事会授权，由总会计师直接负责，以财务部为兵团建工集团资金管理的综合部门，对兵团建工集团的流动资金进行集中、统一管理。兵团建工集团流动资产组成包括货币资金、应收票据、应收账款、预付账款、其他应收款、存货及其他流动资产组成。

2001—2015年，兵团建工集团成立清产核资项目小组，对所属各核算企业的“流动资产”和“非流动资产”进行彻底清产核算。每年都由兵团建工集团财务部牵头，抽调财务、审计、纪检等部门人员组成财务大检查小组对所属企业进行财务大检查。兵团建工集团财务部根据检查后存在不同性质、不同程度的问题，提出处理意见和纠正办法。购置、维修固定资产款项支出，根据董事会授权，由总经理和财务总监共同审批。项目投资款项支出，根据董事会决议批准的项目投资，由总经理和财务总监共同审批信息介绍费、佣金、非生产性的特殊开支数额在1万元以上由董事长、总经理、财务总监共同审批。

1996—2015年兵团建工集团流动资产、固定资产统计表

表9-1-1　　　　单位：万元

年份	流动资产	固定资产
1996	3196.85	2472.13
1997	14643.18	3992.1
1998	18272.1	14418.89
1999	25360.06	14308.91
2000	12921.57	51528.69
2001	142932.98	58487.39
2002	135333.57	34414.39
2003	196721.01	56677.99
2004	207146.14	53429.98
2005	214418.09	56458.64
2006	225450.23	53417.65
2007	227430.66	51253
2008	243635.49	55763.44
2009	347540.54	66101.72

续表 9-1-1

年份	流动资产	固定资产
2010	377308.93	87003.82
2011	876918.00	204707
2012	1024230.00	229771
2013	1194946.00	296723
2014	1795097.00	306624
2015	2217642.00	336200

1996—2015 年兵团建工集团完成利润及缴纳税金情况表

表 9-1-2　　单位：万元

年份	利润总额	企业所得税	营业税金及附加
1996	603.44	—	152
1997	837.86	—	75.12
1998	869.48	—	165.79
1999	2516.63	—	349.56
2000	2407	—	4128.33
2001	2034.45	—	3850.98
2002	6013.94	0.87	3980.63
2003	4644.37	107.93	7134.84
2004	3830.51	5.28	7937.43
2005	565.22	265.31	7728.51
2006	1890	316.43	7631.91
2007	151.6	824.09	10338.35
2008	260.94	868.01	11921.61
2009	–287.02	1688.82	15401.77
2010	–43.5	2122.86	22072.07
2011	19100	2501	33318.00
2012	22648	2072	45880
2013	37444	4423	58031

续表 9-1-2

年份	利润总额	企业所得税	营业税金及附加
2014	33842	4661	59978
2015	42077	2944	65014

八、财务人员管理

1996 年，兵团建安总公司成立会计委派工作领导小组，开始实行会计委派制。凡内部有财务管理任务的分公司、项目部，包括所有财务人员，均实行会计委派制度。

2000 年，兵团建工集团按照现代企业制度的要求，全面履行《中华人民共和国会计法》《企业会计准则》等财政法规和公司财务管理制度，兵团建工集团财务部主要从财务人员职业技能和职业道德抓起，每年对所属企业及项目部财务人员进行培训、考核。

2007 年，兵团建工集团利用冬休停工时间，加强财务人员的继续教育；委托单位财务部负责对初级专业资格的会计人员进行继续教育，参加兵团举办各类财务、电算化培训班。

2008 年 3 月，兵团建工集团按照建工师财务局统一部署，抽调各企业财务人员参加师党校举办的《企业会计准则》培训班。8 月 26 日，兵团建工集团第八次总裁办公会议研究决定 9 月起，为加强兵团建工集团对直属法人企业、非法人企业、直属项目部财务管理，有效控制和规避兵团建工集团的经营风险，集团直属法人、非法人企业的总会计师（财务负责人）、财务部经理（部长）、直属项目部财务负责人统一由兵团建工集团委派。对现有直属法人企业、非法人企业的总会计师（财务负责人）、财务部门经理（部长）和直属项目部财务负责人，由兵团建工集团人力资源部、财务部进行考察，履行组织程序，重新进行委派。

2010 年，兵团建工集团组织各企业财务人员学习财务制度及用友软件操作。全年培训财务人员近 600 人次。

2015 年 4 月 27 日，兵团建工一建举行“大干 180 天”劳动竞赛活动。图为公司领导与基层单位签订经济目标（巩合江　摄）

2012 年 9 月，兵团建工集团对所属财务人员管理、财务人员岗位职责，会计基础核算规则、主要会计政策、各项资产管理、会计核算、资金管理、会计委派、档案管理以及财务管理制度等进行明确与规范。对子公司、控股公司、非法人公司和集团直属项目部的总会计师（财务总监）或财务负责人实行委派，委派的总会计师或财务总监的人事档案、工资、福利待遇由兵团建工集团统一管理、考核。兵团建工集团所属全资、控股、非法人公司的财务人员，由所在企业统一管理和委派。同时，按照建工师财务局年计划安排，采取以会代训、参加培训班和网上学习等形式，对财务人员进行系统的业务培训，并组织人员参加兵团举办的“金融与资本市场”专题培训学习。

2014—2015 年，兵团建工集团定期组织专项检查组，对所属 13 家企业进行财务专项检查，对财务人员业务能力进行考核，根据考核结果对其岗位进行调整。

第二节　计　划

一、管理机构

1992 年，农垦建安总公司组建初期设承包经营管理部，负责计划管理工作。

1994 年，农垦建安总公司承包经营管理部改称经营部。

2001 年，兵团建工集团计划管理工作仍由经营部负责管理。

2008 年，兵团建工集团经营部改称经营稽核部。

2010 年，兵团建工集团经营稽核部改称经营管理部。其职能编制生产经营活动计划，指导下辖单位年度生产计划编制，检查监督计划执行水平，执行上级计划落实情况。

二、计划编制

1992—1995 年，农垦建安总公司年度计划由经营管理部门根据公司领导班子专题讨论后确定的各项生产计划、经营指标开始编制年（月）生产经营责任指标。经营指标经总公司领导班子核准后，在每年的年终总结大会与基层施工单位主要领导人签订下年度经营责任书，下发各个单位主要经济指标计划。

1996—2000 年，兵团建安总公司年度计划编制按照总公司各个部门所担负的工作，年底前制定下年度专业计划，综合平衡后呈交总公司领导班子讨论并在年底生产经营总结大会上通过。

2001—2009 年，兵团建工集团加强对计划编制工作的领导，各项经济指标的编制首先通过摸底调查，多次召开会议反复研究，提出草案。草案经过董事会讨论通过，高管层核准后下达年度计划指标。各项指标均在上年度完成指标的基础上递增 15% 左右。经营管理部负责编制年度生产计划的相关部门，年度生产计划下达的同时与生产经营各单位签订经济承包兑现责任书。随着市场经济发展，计划管理体系逐步健全，计划有年度计划、月度计划及 5 年计划。年度计划为指导目标，月度计划为实物目标，5 年计划为远景规划。

2010—2015 年，兵团建工集团计划工作分为年度经济发展计划和社会发展计划。

三、计划实施

（一）农垦建安总公司（1992—1995 年）

1992 年，农垦建安总公司围绕工一师制定《工一师关于加快推行承包经营责任制的决定》，推行承包经营责任制，实行“包基数、保上缴、定系数、保成本、超收分成、欠收受罚”和“三包一挂”，即包上缴利费、包利润、保质量安全、工资与效益挂钩的分配办法。成立分公司、项目部，实行层层承包。总公司与下属生产单位签订承包合同，承包期间全面实行厂长（经理）负责制，使经济体制和领导体制改革相配套。当年完成总产值 39266 万元，施工产值 38134 万元。

1993 年，农垦建安总公司承担兰新铁路复线施工任务。在此期间，总公司积累比较丰富的施工管理经验，具有同时组织管理大中型工程项目总承包的能力。全年完成总产值 40805 万元，建筑业增加值 1539 万元，施工产值 34831 万元。

1994 年，农垦建安总公司在做大做强铁路工程外，调整发展方向，发展公路、房建、水利、建材等产业，全年完成工一师下达的各项生产指标，完成总产值 47709 万元，建筑业增加值 6204 万元，施工产值 44975 万元。上缴利润 100 万元。

1995 年，农垦建安总公司实现计划经济向市场经济的根本转变，以基础设施施工为主，以大型工程施工为支柱，专业化分工与协作的目标。进一步完善改革承包方式，落实经营承包责任制，继续推行第三轮经营承包，推动生产发展，提高公司的经济效益。全年完成总产值 59873 万元。工程优良率达到 73%。总公司注册资金 7540 万元，生产占用固定资产 4173 万元。施工机械设备总台数 3654 台（件），总功率 95900 千瓦。机械完好率 92.5%，机械利用率 76%。

（二）兵团建安总公司（1996—2000 年）

1996年7月，兵团建安总公司按照《中共新疆兵团工一师委员会关于国民经济和社会发展“九五”计划和 2010 年远景目标意见》，在优化经济结构与产业结构、企业制度创新与增强竞争力，提高市场覆盖率与占有率、拓展新经济增长点与增加资金积累方面有较大的突破。在管理机制上建立总经理领导下的“三总师”负责制，强化质量、资金、物资、成本、技术、信息、劳动、人事、分配等方面的管理，保证公司生产经营运行正常有序。全年完成总产值 61272 万元，上缴利润 184 万元。

1997 年，兵团建安总公司建立完善总公司的经营管理机制，严格控制挂靠工程。在建安项目上实行项目经理个人负责的集体承包制，确定项目经理为第一承包人，实行全额承包、单独核算、定额上缴、节余全留的经营目标，生产经营得到提高。全年完成社会总产值 59000 万元，实现利润 5000 万元。上缴利润 160 万元，归还贷款 300 万元。

1998 年，兵团建安总公司进一步完善项目核算和项目的动态管理，施工生产经营上突出“两算对比”强制推行“核算流程”加大管理力度。以项目管理为中心，控制工程项目的制造成本为目标进行成本管理，对项目实行责任成本核算，并把责任成本作为工程项目部成本控制的依据。全年完成社会总产值 73911 万元，其中完成施工产值 65416 万元。

1999 年，兵团建安总公司围绕投标展开工作，全年资格预审申报 48 个项目，通过资格预审项目 37 个，年底中标 5 个项目。全年完成社会总产值 94002 万元，国民生产总值 32405 万元，实现利润总额 2516 万元，为年计划 1285 万元的 195.8%；上缴各项税金 281.5 万元，上缴管理费 140 万元。

2000 年，兵团建安总公司加大对重点企业、重点行业和重点工程的管理力度，围绕承揽工程施工任务重心展开工作，做大做强工民建。全年完成社会总产值 129816 万元，为上年同期 94002 万元的 38.1%；国民生产总值 31799 万元，为上年同期 32405 万元的 –1.9%；实现利润总额 2407 万元，为年计划 1300 万元的 185.2%，为上年同期 2516 万元的 96%；上缴管理费 200 万元，为年计划 160 万元的 125%，为上年同期 140 万元的 143%；上缴各项税金 837 万元。

（三）兵团建工集团（2001—2015年）

兵团建工集团是以建工师各企业为主体的国有独资企业，下设11家全资子公司和6户委托经营企业，具有各类工业、能源、交通、民用工程建设项目的一级工程承包资质的大型企业集团。兵团建工集团成立后，各成员单位的独立法人地位不变，仍实行自主经营、自负盈亏、独立核算、照章纳税，独立承担民事责任。

2001年，兵团建工集团承揽工程39项，工程任务总量46563万元。完成社会总产值181942万元，实现利润1120万元。其中，水利施工产值3000万元，公路施工产值13534万元，工民建施工产值16949万元，铁路工程施工结算产值844.3万元，工业产值18782万元。

2003年，兵团建工集团积极参与国际市场的投标运作，与中建集团、中水对外集团、中国路桥集团、上海外经贸集团联营。全年承接工程任务总量427637万元，完成社会总产值243902万元，完成师年计划257460万元的94.7%，为公司年计划265490万元的91.9%。实现利润14581万元，完成上缴建工师年计划利润1200万元的100%。

2004年，兵团建工集团立足疆内、疆外、海外三大市场，致力于做强房屋建筑、公路、铁路、水利水电、房地产开发五大板块。全年新接工程28.8亿元，任务总量45.4亿元。累计完成国内生产总值7.66亿元；累计完成社会总产值25.7亿元，完成建工集团年计划28.5亿元的90.2%。实现综合利润6150万元，实现净利润3934万元。

2005年，兵团建工集团实施“走出去”战略，国外市场拓展到7个国家，任务总量1.04亿美元。全年完成国内生产总值7.7亿元，完成社会总产值30.3亿元。

2008年，兵团建工集团依托四大板块、三大市场，实现经济发展的新突破。全年在手任务总量157.06亿元，与上年同期120.82亿元相比，绝对值增长36.24亿元，增长29.99%。累计实现生产总值15.13亿元，完成建工集团年计划的108.27%。累计完成产值60.05亿元，完成建工集团年计划55.6亿元的108%。实现利润总额1.02亿元，为年计划的125.9%。上缴建工师管理费1900万元，为年计划的100%。

2010年，兵团建工集团围绕打造“百亿元集团”和“长治久安”两大目标，克服全球复杂多变的经济局势的影响，经济总量大幅提升，融资能力不断增强，三大市场成效显著。全年实现生产总值21.8亿元，与上年同期相比增长21.4%。完成总产值82.3亿元，与上年同期相比增长16.6%。在手工程任务总量210.7亿元，与上年同期相比增长14.9%。国有资产保值增值率115%，完成固定资产投资额4.4亿元。

2013年，兵团建工集团继续实施海外“4+1”战略，国际化运营能力和竞争能力进一步提高。全年完成总产值215亿元，与上年同期相比增长24.9%，其中建筑业总产值188.5亿元。实现生产总值59.8亿元，与上年同期相比增长47.6%。完成社会固定资产投资13.42亿元，与上年同期相比增长168%。承揽工程合同总额464.1亿元，与上年同期相比增长30.5%。

2015年，兵团建工集团开展多元化经营，从传统施工向投资、建设、运营的转变，经济转型取得新突破。全年累计完成总产值310.81亿元，与上年同期270.45亿元相比，绝对值增加40.36亿元，增长14.9%。在手工程任务总量542.94亿元，与上年同期521.25亿元相比，绝对值增加

21.69 亿元，增长 4.2%。完成社会固定资产投资 22.15 亿元，与上年同期 13.44 亿元相比，绝对值增加 8.71 亿元，增长 64.8%。实现利润 4.8 亿元，与上年同期相比略有增长。

第三节　统　计

一、机构设置

1992 年，农垦总公司未设专职统计部门，统计工作由承包经营管理部兼管，设兼职人员负责统计工作。

1994 年，农垦建安总公司承包经营管理部改称经营部负责统计工作。

2001 年，兵团建工集团加强统计工作力度，在经营管理部设专职统计工作人员 2 人，形成生产信息统计网络。

2008 年，兵团建工集团经营部改称经营稽核部，保留统计人员 2 人负责统计工作。

2010 年，兵团建工集团经营稽核部改称经营管理部，设专职统计人员 2 人负责统计工作。

二、统计工作

1993 年，农垦建安总公司统计报表开始执行新的统计报表制度，由国家统计局、自治区统计局、兵团统计局编制下发，分月、季、年度三种汇总上报师、市统计部门。

1996 年，兵团建安总公司按照上级部门要求，完成各类统计资料的收集、整理、分析和上报工作，为企业的生产经营提供翔实的统计资料和数据。各个分公司、项目部统计员负责月生产统计报表的编制上报工作。

2000 年，兵团建工集团制定《统计管理规定》，经营管理部负责与生产经营有关的统计调查、统计分析，提供统计资料，对所属企业实行统计监督。统计工作按照兵团建工集团生产经营要求，进行各类统计数据的采集，编制各种统计报表并进行统计数据分析。及时准确地提出统计分析报告，为建工集团领导经营决策提供依据。完成对内、对外各种统计报表编制工作，对统计数据的真实性和准确性负责。定期或不定期组织统计工作检查和抽查，建立统计工作的考评制度，并对集团公司权属企业及托管企业的统计工作作出评价，促进统计工作质量的提高。

2004 年，兵团建工集团根据现代企业制度的要求，调整完善《统计管理规定》，主要调整统计工作管理和处罚措施。经营管理部根据企业管理的实际和领导的要求，设计一套综合反映企业效益情况的内部报表，建立健全统计信息网络，及时、准确、全面向建工集团总经理提供统计报表资料，完成各种统计调查、统计分析任务。指导各企业统计业务工作，培训指导各企业的统计人员。定期公布企业生产经营、质量目标和绩效考核的数据，开展统计分析核算，运用统计监督为领导指导工作提供依据。

2010—2015 年，兵团建工集团进一步加强统计工作实施《统计分级管理实施办法》，明确各个企业管理层的管理职责。发挥统计分析作用，经营管理部运用统计方法对建工集团经济运行状况进行细致、科学的分析，为领导、企业及社会提供优质、高效、便捷的统计服务。经营管理部主管负责人列席参加生产经营方面的有关会议，包括经济核算会议，经济活动分析、质量分析会议，生产经营计划会议，全面了解生产经营状况，掌握第一手资料，为企业领导提供各类数据报表。

三、经济普查

（一）第一次全国经济普查工作

2004年，兵团建工集团根据兵团统一部署和《关于开展建工师第一次全国经济普查的通知》文件精神，结合企业实际情况制定建工集团第一次全国经济普查实施方案。经济普查的标准时点为2004年12月31日，普查资料的调查年度为2004年，普查登记时间为2005年1—4月。

经济普查对象为兵团建工集团辖区内从事第二产业和第三产业的全部法人单位、产业活动单位和个体经营户。普查的主要内容包括单位基本情况、从业人员情况、财务状况、主要产品生产能力及产量，原材料、能源消耗情况，科技活动情况等。

经济普查工作分为五个阶段进行。即普查的准备阶段，清查摸底阶段，普查登记阶段，普查数据处理和数据质量评估和数据汇总上报阶段，普查数据开发应用、资料发布、普查工作总结和评比表彰阶段。第一次全国经济普查检查工作于2006年1月17日完成。

（二）第二次全国经济普查工作

2008年7月，兵团建工集团根据《国务院关于开展第二次全国经济普查的通知》精神和兵、师相关文件要求，制定兵团建工集团第二次全国经济普查实施方案，成立第二次全国经济普查领导小组，董事长担任组长。所属企业相应成立普查领导小组，组长均由企业主要领导担任。

普查工作分为五个阶段进行，即普查的准备阶段、清查摸底阶段、普查登记阶段、普查数据处理、数据质量评估和数据汇总上报阶段，普查数据开发应用、资料发布、普查工作总结和评比表彰阶段。第二次经济普查涵盖了第二产业和第三产业的所有行业是一项综合性普查。第二次全国经济普查检查工作于2009年8月完成。

（三）第三次全国经济普查工作

2013年9月，兵团建工集团根据《关于开展兵团第三次全国经济普查的通知》《关于开展建工师第三次全国经济普查的通知》文件精神，兵团建工集团成立第三次全国经济普查领导小组，总经济师担任小组组长，领导小组办公室设在集团经营管理部，具体负责第三次全国经济普查的日常工作。

经济普查工作分五个阶段进行，即组建机构、落实经费和人员、拟订工作计划、制定经济普查实施方案、宣传动员、部门协调、组织培训、单位清查、普查员的选调与培训、普查物质准备、数据处理准备工作、数据质量控制办法、基础工作整顿、单位清查、课题研究准备工作；编制单位和个体经营户底册，组织实地清查、个体经营户入户登记，资料核实与补漏，摸底表处理，建立单位和个体经营户名录，个体经营户汇总数据的评估，发放普查表等工作；普查范围质量抽查，检查普查单位的漏报情况，检查基层表主要指标的漏填、错填、漏录和错录情况；组织各级数据处理工作，进行数据录入、审核、质量抽查、数据质量评估及数据的汇总上报；普查数据的发布，对普查资料开发应用，编辑普查资料汇编，对先进集体和个人进行表彰，名录库开发应用等。

2013年10—11月，在兵团建工集团范围内开展单位和个体经营户核查工作，摸清建工集团系统内从事经济社会活动的全部法人单位、产业活动单位和个体经营户基本情况信息。第三次全国经济普查的普查标准时点是2013年12月31日，普查时期资料为2013年年度资料。2014年1—5月是普查登记及数据处理阶段，2014年底为资料开发应用阶段。第三次全国经济普查检查工作于2014年12月完成。

四、人口普查

2010年，兵团建工集团按照建工师《关于开展建工师第六次全国人口普查暨建工师人口统计调查工作的通知》，开展第六次全国人口普查暨建工师人口统计调查工作。兵团建工集团制定《第六次全国人口普查暨人口统计调查工作领导小组办公室组成人员和内设机构》，在人口统计调查的各个主要工作阶段，及时组织召开领导小组办公室会议，调查机构、人员、工作制度及时落实到位；完成人口统计调查查漏补缺和剔除重复记录工作；开展光录表的编码培训、编码工作。

2010年11月1日0时，兵团建工集团进行第六次全国人口普查。建工集团总人口36937人。总人口按性别分，男性23605人，占总人口的63.9%；女性13332人，占总人口的36.1%。按年龄分，0～14岁0.27万人，占总人口的7.3%；15～64岁2.97万人，占总人口的80.5%；65岁及以上0.45万人，占总人口的12.2%。按民族分，汉族35887人，占总人口的97.2%；少数民族人口1050人，占总人口的2.8%。

第四节　审　计

一、机构设置

1992—2003年，农垦建安总公司、兵团建安总公司、兵团建工集团均没有专设审计部门，财务内部监督依靠财务部定期、不定期检查。

2003年7月，兵团建工集团成立审计部，行政任职2人，专职审计人员1人。行政受建工集团领导，业务受师审计处指导，对兵团建工集团经营行为进行监督认定。

2007年6月，兵团建工集团规范审计执法行为，完善监督制约机制，对审计部进行调整，审计部由原来在岗3人增至5人。

2010年5月，兵团建工集团审计部更名为稽核审计部；9月，再次更名为审计督察部，其间职责范围没变。

2011年，兵团建工集团审计部人员进行调整，设岗位5人，专职审计人员3人，负责对企业国有资产，财务收支的真实、合法、效益进行审查和监督。

2014年12月，兵团建工集团审计部设岗位5人。其中，高级会计师职称2人，会计师职称2人，助理会计师职称1人。

二、审计管理办法

1999年，兵团建安总公司根据《审计署关于内部审计工作的规定》《中央企业内部审计管理暂行办法》要求，制定兵团建安总公司《审计管理规定》。

2001年，兵团建工集团董事会按照现代企业制度的要求，重新修订《审计管理规定》。

2003年7月，兵团建工集团审计部根据《审计署关于内部审计工作的规定》要求，制定兵团建工集团《审计管理规定》，对兵团建工集团所属企业财务开支、经济效益、经济活动、资产、负债及损益真实性情况进行审计。

三、审计结果

1992—2000年，农垦建安总公司、兵团建安总公司审计工作遵循“依法审计、服务大局、围绕中心、突出重点、求真务实”的工作方针，以财务收支审计和经济效益审计为主。

2003年，兵团建工集团完成审计项目1个，审计总金额254万元，查出违规金额15.19万元。

2005年，兵团建工集团完成审计项目14个，其中专项审计1个，经济效益审计12个，离任审计1个。审计总金额203850万元，提交审计报告14份，查出违规总金额1386.09万元。上缴罚款4.18万元。

2010年，兵团建工集团完成经济效益审计项目20个，审计总金额320378.96万元，提交审计报告20份，查出违规总金额400.01万元。

2013年，兵团建工集团完成经济效益审计项目15个，审计总金额952101万元，提交审计报告14份，查出违规总金额131.76万元。

2014年，兵团建工集团完成经济效益审计项目12个，审计总金额1407378万元，提交审计报告12份，查出违规总金额601.88万元。

2015年，兵团建工集团完成经济效益审计项目12个，审计总金额1642859.65万元，提交审计报告12份，查出违规总金额404.24万元。

2003—2015年兵团建工集团审计情况统计表

表9-4-1　　单位：万元

年份	审计金额	经济效益审计	财务收支审计	离任审计	专项审计	违规违纪审计
2003	254	—	—	—	254	15.19
2004	210412	181108	—	16515	12789	421.79
2005	203850	190022	—	6223	7605	1386.09
2006	262746	249016	—	5315	8415	1684.28
2007	254537	254537	—	—	—	2397.98
2008	210576	210576	—	—	—	1893.71
2009	292175	232443.23	37930.09	21802		2202.88
2010	320378.96	320378.96	—	—	—	400.01
2011	348238	348238	—	—	—	1199.34
2012	634419.28	535205.28	—	89142	10072	677.05

续表 9-4-1

年份	审计金额	经济效益审计	财务收支审计	离任审计	专项审计	违规违纪审计
2013	952101	952101	—	—	—	131.76
2014	1407378	1407378	—	—	—	601.88
2015	1642859.65	1642859.65	—	—	—	404.24

第五节 预（结）算

一、机构设置

1992 年，农垦建安总公司承包经营管理部负责对所属分公司、项目部工程预（结）算进行指导和审查。

1994 年，农垦建安总公司经营部成立后，工程预（结）算指导和审查工作由经营部管理。

2003 年，兵团建工集团投标管理部成立，负责工程项目的联系和投标。

2008 年，兵团建工集团成立经营稽核部，负责工程项目的联系和投标、工程预（结）算指导和审查工作。

2010 年，兵团建工集团将经营稽核部调整为经营管理部，负责预（结）算指导和审查工作由经营部管理。

二、预（结）算管理

1992—2000 年，农垦建安总公司至兵团建安总公司期间，经营部门负责工程预（结）算指导和审查工作。

2001—2007 年，兵团建工集团加强企业管理和成本管理，使预（结）算管理工作逐步走向制度化、规范化。

2008 年，兵团建工集团承建喀和铁路，经营稽核部制定《喀什至和田铁路建设资金管理及工程价款结算办法》，规范铁路建设工程价款结算行为，按要求汇总上报基建月报，负责审核上报建设项目建管费支出，指导竣工决算编报。组织、协调有关部门做好工程竣工决算的编制工作。

2013 年，兵团建工集团经营管理部负责直属项目兰新二线、喀和铁路、吐库二线对内、对外计价报表的审核。兵团建工集团承接农三师 5 个团场城镇建设项目，成立农三师保障性住房协调小组，制定相应的预（结）算管理办法，由经营管理部派专人负责工程项目的预（结）算管理工作。

2015 年，兵团建工集团修订预（结）算工作管理办法，提高企业管理水平，实现经济增长的目标。

第六节　合　同

一、机构设置

1992—2000 年，农垦建安总公司、兵团建安总公司期间，合同管理工作由承包经营管理部负责施工合同的管理工作。

2001—2015 年，兵团建工集团合同管理工作由经营管理部门专人负责管理，具体业务由法律事务部负责审核。

二、合同管理

1992—1996 年，农垦建安总公司合同管理是在总经济师负责下进行，工程合同主要内容是工程工期、工程质量、工程造价、安全生产措施等。

1997—2000 年，兵团建安总公司建立合同管理台账，督促合同履行。合同经营管理部门初审登记后，将文本送达各相关部门领导审核签字，随后主管合同管理工作的副总经理签字、总经济师签字，最后由总经理签字。经营管理部负责办理合同签订、盖章、登记手续。

2001—2009 年，兵团建工集团在工程建设中履行合同，维护企业的利益。合同在执行中如发生工程合同变更设计或者追加、减少工程造价，由经营管理部出面协助施工企业与甲方协商解决。在履行过程中如发生争议、纠纷，在保持连续施工不影响工程质量的条件下，经营管理部按合同约定的方式和程序进行调解，若调解较小由法律事务部出面进行裁决。对于合同履行和竣工结算均已完成的工程，由经营管理部负责将有关资料交档案室归档存放。

2010 年，兵团建工集团制定各项合同管理制度，合同管理实施细则及合同管理工作职责，降低经营风险，提高合同履约率。

2014 年，兵团建工集团签订工程建筑合同 30 份，合同总额 610726.12 万元。

2015 年，兵团建工集团在总经济师领导下，进一步修订完善合同管理制度、分包合同的审批和签订制度。对各企业以兵团建工集团资质与业主签订的施工合同进行评审。建立合同管理台账，督促合同的履行。合同经集团经营管理部初审登记后，将文本送达各相关部门领导审核签字后，再由兵团建工集团主管副总经理签字、总经济师签字，最后由总经理

2015 年 8 月 13 日，中国投资、北新国际、福建农林大学举行经济合作签约仪式。图为三方代表现场签约　　（第十一师史志办　供稿）

签字，办公室盖章。合同一经签订由承建工程的施工单位履行合同，并与兵团建工集团签订分包合同。全年签订建筑合同 15 份，合同总额 182603.58 万元。

第七节　市场开发

一、建筑市场

1992—1995 年，农垦建安总公司建筑市场以参与修建兰新铁路复线工程建设为主。

1996—1998 年，兵团建安总公司中标承建乌鲁木齐市西虹路高架桥、克拉玛依路高架桥、苏州路立交桥等市政工程建设，市场开发拓展至市政工程领域。

1999 年，兵团建安总公司先后承接吐乌大公路工程、艾桑沙漠公路工程和西安绕城高速公路工程施工。

2000 年 3 月，兵团建安总公司成立投标部，承担企业工程投标和市场开发工作任务。全年中标河南洛界高速公路 3 标，合同额 5456 万元；西安绕城公路路面 M3 标、新疆五家渠市政道路等 18 项公路建设，合同总额 1.71 亿元。

2001 年，兵团建工集团加强招投标管理工作。经营管理部负责工程建设施工招标投标管理工作，同时监督、检查所属企业有关施工招标投标活动。

2002 年，兵团建工集团进入江西公路、内蒙古公路市场、（四）川（西）藏公路工程建设市场，进一步扩大新疆高速公路市场。全年新承建工程项目 373 个，合同额 184147 万元。

2003 年，兵团建工集团首次进入中国西南建筑市场，并与中国路桥（集团）总公司达成合作意向，签订框架协议。

2004 年，兵团建工集团与中国路桥（集团）总公司开展资源联合、专业联合和技术合作，与中国路桥（集团）总公司合作承接吉尔吉斯斯坦公路工程。全年新承接工程 251 个，新承揽合同额 220882 万元。其中，承接疆内工程 244 个，合同额 178500 万元；承接疆外工程 5 个，合同额 14657 万元；承接国外工程 2 个，合同额 27725 万元。

2006 年，兵团建工集团进入北非公路市场，所属北新路桥公司承接阿尔及利亚东西高速公路，合同额约 20 亿元。兵团建工集团与中国路桥（集团）总公司合作，首次进入塔吉克斯坦市场，承建塔吉克斯坦—乌斯兹别克斯坦公路工程。全年新承接工程 284 个，合同额 530589 万元。其中，承接疆内工程 277 个，合同额 249442 万元；承接疆外工程 3 个，合同额 11707 万元；承接国外工程 4 个，合同额 269440 万元。

2007—2009 年，兵团建工集团与中国路桥工程有限责任公司签署战略合作框架协议，合作领域包括交通建设、基础设施建设、工业、民用建筑及相关投资领域等，主要施工市场为中亚、西亚及独联体地区交通基础设施及相关建设领域，合作形式为共同开展项目分包、联合投标，并组建项目联合体共同投资人力、物力对建设项目进行有效管理。

2010 年，兵团建工集团构建以承接疆内工程为主，承接疆外和国外支撑的三大市场布局。全年新承接工程 346 个，合同额 1054073 万元。其中，承接疆内工程 331 个，合同额 646043 万元；

承接疆外工程8个，合同额305781万元；承接国外工程7个，合同额102249万元。

2008年4月24日，兵团建工集团承建阿尔及利亚东西高速公路工程项目部驻地
（第十一师史志办 供稿）

2015年，兵团建工集团市场开发重点城市棚户区改造、民生工程、兵地城镇化建设、基础设施等政府性投资项目；参与疆内、疆外一批重点、重大、地标性项目；探索实践PPP和BT、BOT多种混合新、高端项目建设运行模式；研判国际形势制定国外经营策略。全年新承接工程631个，合同额2681963万元。其中，承接疆内工程520个，合同额1268164万元；承接疆外工程63个，合同额903882万元；承接国外工程48个，合同额509917万元。

二、承揽工程项目

2001—2015年兵团建工集团承揽工程项目统计表

表9-7-1

年份	新承揽项目数（个）	新承揽合同额（万元）	疆内工程		疆外工程		国外工程	
			项目数（个）	合同额（万元）	项目数（个）	合同额（万元）	项目数（个）	合同额（万元）
2001	198	95047	195	92395	3	2652	0	0
2002	373	184147	368	165466	5	18681	0	0
2003	285	190733	278	153896	7	36837	0	0
2004	251	220882	244	178500	5	14657	2	27725
2005	245	23567	239	162160	6	74407	0	0
2006	284	530589	277	249442	3	11707	4	269440
2007	279	638634	270	540438	7	80556	2	17640
2008	246	781324	234	312273	5	40949	7	428102
2009	321	860141	305	513631	11	144418	5	202092
2010	346	1054073	331	646043	8	305781	7	102249
2011	344	1802079	323	1341271	12	216968	9	243840

续表 9-7-1

年份	新承揽项目数（个）	新承揽合同额（万元）	疆内工程		疆外工程		国外工程	
			项目数（个）	合同额（万元）	项目数（个）	合同额（万元）	项目数（个）	合同额（万元）
2012	491	1744145	462	1184522	8	295114	21	264509
2013	616	2522276	579	1795952	13	375814	24	350510
2014	657	2395645	619	1293076	16	669643	22	432926
2015	631	2681963	520	1268164	63	903882	48	509917

2001—2015 年北新路桥公司承揽工程项目统计表

表 9-7-2

年份	新承揽项目数（个）	新承揽合同额（万元）	疆内工程		疆外工程		国外工程	
			项目数（个）	合同额（万元）	项目数（个）	合同额（万元）	项目数（个）	合同额（万元）
2001	30	21082	27	18431	3	2651	0	0
2002	26	64271	21	45591	5	18680	0	0
2003	28	67089	21	30253	7	36836	0	0
2004	16	77154	9	34772	5	14657	2	27725
2005	15	86734	9	12328	6	74406	0	0
2006	14	313209	7	32063	3	11706	4	269440
2007	10	117325	2	20199	6	79486	2	17640
2008	13	156207	5	26934	3	38609	5	90663
2009	18	279310	5	14681	10	129844	3	134785
2010	23	490920	8	82890	8	305781	7	102249
2011	22	372999	12	121683	6	163150	4	88166
2012	84	399651	69	149562	9	178719	6	71370
2013	123	582917	108	293879	12	260196	3	28842
2014	124	409706	106	210103	13	132117	2	67486
2015	128	700803	92	218410	23	371995	13	110398

2001—2015 年兵团水利水电集团承揽工程项目统计表

表 9-7-3

年份	新承揽项目数（个）	新承揽合同额（万元）	疆内工程		疆外工程	
			项目数（个）	合同额（万元）	项目数（个）	合同额（万元）
2001	30	12809	30	12809	0	0
2002	47	21986	47	21986	0	0
2003	56	25800	56	25800	0	0
2004	43	34838	43	34838	0	0
2005	33	25944	33	25944	0	0
2006	25	19238	25	19238	0	0
2007	34	29871	34	29871	0	0
2008	35	32541	35	32541	0	0
2009	41	47474	41	47474	0	0
2010	77	134918	77	134918	0	0
2011	59	180696	59	180696	0	0
2012	70	238851	70	238851	0	0
2013	69	270088	68	266020	1	4068
2014	97	335919	86	177094	11	158825
2015	129	389005	105	168831	24	220174

2001—2015 年兵团建工一建承揽工程项目统计表

表 9-7-4

年份	新承揽项目数（个）	新承揽合同额（万元）	疆内工程		疆外工程	
			项目数（个）	合同额（万元）	项目数（个）	合同额（万元）
2001	80	38162.82	80	38162.82	0	0
2002	184	51857.73	184	51857.73	0	0
2003	100	40824.97	100	40824.97	0	0
2004	98	55511.24	98	55511.24	0	0
2005	78	39474.71	78	39474.71	0	0
2006	88	44412.98	88	44412.98	0	0
2007	86	57755.05	86	57755.05	0	0

续表 9-7-4

年份	新承揽项目数（个）	新承揽合同额（万元）	疆内工程		疆外工程	
			项目数（个）	合同额（万元）	项目数（个）	合同额（万元）
2008	92	49912.24	92	49912.24	0	0
2009	112	63004.38	112	63004.38	0	0
2010	87	94328	87	94328	0	0
2011	72	185546.90	72	185546.90	0	0
2012	67	191787	67	191787	0	0
2013	96	261188	96	261188	0	0
2014	86	249692.80	86	249692.80	0	0
2015	91	260118	91	260118	0	0

2002—2015 年兵团四建承揽工程项目统计表

表 9-7-5

年份	新承揽项目数（个）	新承揽合同额（万元）	疆内工程		疆外工程	
			项目数（个）	合同额（万元）	项目数（个）	合同额（万元）
2002	50	20393	50	20393	0	0
2003	54	24680	54	24680	0	0
2004	47	24714	47	24714	0	0
2005	60	34437	60	34437	0	0
2006	79	46358	79	46358	0	0
2007	22	48580	22	48580	0	0
2008	26	21714	26	21714	0	0
2009	27	67116	27	67116	0	0
2010	24	66370.70	24	66370.70	0	0
2011	40	138616	39	119616	0	0
2012	55	180511	53	173178.80	0	0
2013	45	155136	40	152313	0	0
2014	51	230950	51	230949.50	0	0
2015	25	166179	25	166178.80	0	0

2001—2015 年兵团五建承揽工程项目统计表

表 9-7-6

年份	新承揽项目数（个）	新承揽合同额（万元）	疆内工程		疆外工程	
			项目数（个）	合同额（万元）	项目数（个）	合同额（万元）
2001	39	8305	39	8305	0	0
2002	51	13631	51	13631	0	0
2003	23	10954	23	10954	0	0
2004	27	10615	27	10615	0	0
2005	21	9080	21	9080	0	0
2006	33	55705	33	55705	0	0
2007	49	36731	49	36731	0	0
2008	30	107200	29	27200	0	0
2009	25	73008	24	58434	1	14574
2010	53	54733	53	54733	0	0
2011	45	235198	43	229289	2	5909
2012	76	150256	74	143614	2	6642
2013	54	240733	52	216733	2	24000
2014	31	174918	24	41718	7	133201
2015	21	273035	17	49035	4	224000

2001—2015 年兵团六建承揽工程项目统计表

表 9-7-7

年份	新承揽项目数（个）	新承揽合同额（万元）	疆内工程		疆外工程	
			项目数（个）	合同额（万元）	项目数（个）	合同额（万元）
2001	19	14687	19	14687	0	0
2002	15	12007	15	12007	0	0
2003	24	21384	24	21384	0	0
2004	20	18050	20	18050	0	0
2005	21	23649	21	23649	0	0

续表 9-7-7

年份	新承揽项目数（个）	新承揽合同额（万元）	疆内工程		疆外工程	
			项目数（个）	合同额（万元）	项目数（个）	合同额（万元）
2006	35	40810	35	40810	0	0
2007	48	57319	48	57319	0	0
2008	31	34094	30	33094	1	1000
2009	75	76800	75	76800	0	0
2010	61	58236	61	58236	0	0
2011	80	117210	79	110210	1	7000
2012	103	204246	101	193608	2	10638
2013	70	218754	68	197940	2	9406
2014	107	205291	105	195791	2	9500
2015	86	252260	84	234146	2	13700

2008—2015 年北新国际公司承揽工程项目统计表

表 9-7-8

年份	新承揽项目数（个）	新承揽合同额（万元）	国外工程合同额（万元）	国内工程合同额（万元）
2008	1	257439	257439	0
2009	2	67307	67307	0
2010	0	0	0	0
2011	5	155674	155674	0
2012	6	240181	240181	0
2013	13	132832	132832	0
2014	29	296042	296042	0
2015	17	264717	264717	0

2005—2015 年北新建筑公司承揽工程项目统计表

表 9-7-9

年份	新承揽项目数（个）	新承揽合同额（万元）	疆内工程		疆外工程	
			项目数（个）	合同额（万元）	项目数（个）	合同额（万元）
2005	17	17247	17	17247	0	0
2006	10	10855	10	10855	0	0
2007	30	33733	29	32663	1	1070
2008	18	17946	17	16606	1	1340
2009	21	25509	21	25509	0	0
2010	21	43845	21	43845	0	0
2011	21	258578	19	236669	2	21909
2012	30	206759	30	206759	0	0
2013	34	325521	33	309201	1	16320
2014	20	464251	18	228251	2	236000
2015	32	300273	21	226261	11	74012

2013—2015 年北新土木建设公司承揽工程项目统计表

表 9-7-10

年份	新承揽项目数（个）	新承揽合同额（万元）	疆内工程		疆外工程	
			项目数（个）	合同额（万元）	项目数（个）	合同额（万元）
2013	2	27857.49	2	27857.49	0	0
2014	5	48857.35	5	48857.35	0	0
2015	2	20426.72	2	20426.72	0	0

第十章　建筑工程

1992 年，农垦建安总公司成立，具有工程总承包一级资质。其主要任务是从事铁路、公路工程施工。兵团建安总公司先后参建乌鲁木齐、石河子、奎屯、克拉玛依、伊宁、库尔勒等城市房建、水利、电力、公路等工程建设。2001 年，兵团建工集团实施“走出去”战略，至 2015 年企业先后参与建设施工项目遍布国内 15 个省（区、市）和海外 12 个国家，形成铁路、公路、工业民用建筑、市政、水利五大板块，疆内、疆外、海外三大市场战略格局。

第一节　新疆内工程

一、工民建工程

（一）屯河水产大厦

1995 年，兵团一建承建屯河水产大厦，工程造价 3000 万元。该项目位于乌鲁木齐市长江路与奇台路的交叉处，工程占地面积 2394 平方米，标准层高 3.3 米，总高 110.75 米，建筑面积 28467 平方米。此项工程为框剪结构，地下 2 层，地上 28 层，局部 30 层。

工程于 1995 年 6 月 30 日开工，1999 年 11 月竣工，2001 年获“全国建筑业新技术应用银牌示范工程”称号。

（二）新疆电信公司巴州分公司电信综合楼

2001 年，兵团建工一建承建新疆电信公司巴州分公司电信综合楼，工程总造价 3289.5 万元。该项目位于库尔勒市人民路 1 号，建筑面积为 18542 平方米，地下车库建筑面积为 1362 平方米。主楼平面外形为六边形，建筑总高度为 73.20 米。

工程于 2001 年 9 月 20 日开工，2004 年 1 月 9 日竣工。2004 年，工程获建工师优质工程“建工杯”奖。

（三）新疆公路运输管理局高层住宅楼

2002 年，兵团建工一建承建新疆公路运输管理局高层住宅楼，工程造价为 2723.2 万元。该项目位于乌鲁木齐市扬子江路 23 号，建设用地面积 606 平方米，总建筑面积 10225.99 平方米，其中地上建筑面积 9642.33 平方米，阳台建筑面积 1113.1 平方米，地下建筑面积 583.66 平方米，建筑物结构类型为全剪力墙结构，地上 17 层，局部 18 层，地下 1 层，建筑总高度为 56.8 米，总户数为 60 户，建筑物总长 31.75 平方米，宽度为 19.30 米。

工程于 2002 年 12 月 25 日开工，2004 年 8 月 13 日竣工。2005 年，工程获建工师优质工程“建工杯”奖。

（四）新疆医科大学第一附属医院新病房楼

2004 年，兵团建工一建六分公司承建新疆医科大学第一附属医院新病房楼，工程造价为 10392.2 万元。该项目位于乌鲁木齐市鲤鱼山路 8 号新疆医科大学第一附属医院院内，项目建筑面积 84086.36 平方米，其中地上 76919.19 平方米，地下 7167.17 平方米。地上 17 层，裙楼 4 层。楼层布设地下室为库房、配电室，1 至 15 层为病房、手术室等，16 层为机房，17 层为水箱间。建筑总高度 68.9 米。

工程于 2004 年 4 月 16 日开工，2006 年 4 月 25 日竣工。2007 年，工程分别获乌鲁木齐市优质工程“亚心杯”奖，兵团优质工程“昆仑杯”奖，自治区优质工程“天山杯”奖。

（五）新疆公路规划设计院综合楼

2003 年，兵团建工一建二分公司承建新疆公路规划设计院综合楼，工程造价为 2588.1 万元。该项目位于乌鲁木齐市仓房沟路 12 号，建筑面积 19016.9 平方米。主要工程量为地下 2 层，地上 17 层，加上设备层共 19 层，结构类型为框架剪力墙结构，建筑总高度 80.55 米。

工程于 2003 年 5 月 9 开工，2007 年 9 月 13 日竣工。2008 年，工程获乌鲁木齐市优质工程“亚心杯”奖，兵团优质工程“昆仑杯”奖，自治区优质工程“天山杯”奖。

（六）兵团机关综合楼

2004 年，兵团建工一建承建兵团机关综合楼，合同总价 7098 万元，结算价 12736 万元。该项目位于乌鲁木齐市光明路 15 号兵团机关大院北院，整个办公区规划总用地面积 36040 平方米，总建筑面积为 66120 平方米，结构类型为框架剪力墙结构，地下 2 层，地上 19 层，建筑高度 82.45 米。建筑物平面外形呈“品”字形，且呈东西向布置，东西长 124.6 米，南北宽 44.7 米。

工程于 2004 年 12 月 26 日开工，2006 年 9 月 28 日竣工。2005 年，工程获“兵团安全文明施工现场”“自治区级建筑安全文明团现场”称号；2006 年分别获兵团优质工程“昆仑杯”奖、自治区优质工程“天山杯”奖。2007 年 12 月，工程获中国建筑工程“鲁班奖”。

（七）新疆医科大学学生临床教学实验楼工程

2005 年 3 月，兵团四建一分公司承建新疆医科大学学生临床教学实验楼工程，工程造价为 2250 万元。该项目位于乌鲁木齐市新医路 8 号，地上 8 层，地下 1 层，结构类型为框架剪力墙结构，建筑面积 14052 平方米。

工程于 2005 年 3 月开工，2005 年 11 月竣工。2006 年，工程获自治区优质工程“天山杯”奖。

（八）自治区残疾人康复教育中心综合楼

2006 年，兵团建工一建八分公司承建自治区残疾人康复教育中心综合楼，工程造价为 4660 万元。该项目位于乌鲁木齐市克拉玛依西路 7 号，总建筑面积 25021.72 平方米，占地面积 6722 平方米，地上建筑面积 21749.1 平方米，地下建筑面积 3272.62 平方米。结构类型为框架剪力墙结构，地下 1 层，地上 l9 层。

工程于 2006 年 3 月 22 日开工，2008 年 8 月 25 日竣工。2009 年，工程分别获兵团优质工程“昆仑杯”奖，自治区优质工程“天山杯”奖。

（九）石河子大学附属医院住院二部工程

2004 年，兵团六建东方公司承建石河子大学附属医院住院二部工程，工程总造价 6985 万元。该项目位于石河子市北二路 107 号，工程结构类型为钢筋混凝土框架剪力墙结构，主要工程量为楼层 20 层，总建筑面积 3.55 万平方米，楼高 81 米，总长 84.4 米，宽 30.8 米。

工程于 2004 年 3 月 25 日开工，2005 年 9 月 25 日竣工。该工程质量等级优良，2006 年 12 月工程获中国建筑工程“鲁班奖”。

（十）中国移动公司新疆乌鲁木齐北京路机房楼

2007 年，兵团建工一建已元公司承建中国移动公司新疆乌鲁木齐北京路机房楼，工程造价为 6257.1 万元。该项目位于乌鲁木齐市高新技术产业开发区北京路和苏州路交会处。建筑面积 21987 平方米，结构类型为框架剪力墙结构，建筑类别为一类，耐火等级一级，地下 1 层，层高为 5.8 米。地上 11 层，1 层层高为 5.1 米，2 至 11 层高为 4.8 米。

工程于 2007 年 5 月 20 日开工，2008 年 12 月 10 日竣工。2009 年，工程分别获乌鲁木齐市优质工程“亚心杯”奖、兵团优质工程“昆仑杯”奖、自治区优质工程“天山杯”奖。

（十一）乌鲁木齐市妇幼保健院妇产医院综合业务楼

2007 年，兵团建工一建七分公司承建乌鲁木齐市妇幼保健院妇产医院综合业务楼，工程造价为 4546 万元。该项目位于乌鲁木齐市解放南路 138 号，乌鲁木齐市妇幼保健院妇产医院院内。工程结构类型为钢筋混凝土框架剪力墙结构，工程总建筑面积为 29621.52 平方米，建筑总高度为 88.5 米。

工程于 2007 年 11 月 16 日开工，2010 年 10 月 29 日竣工。2011 年，工程分别获建工师优质工程“建工杯”奖，乌鲁木齐市优质工程“亚心杯”奖、自治区优质工程“天山杯”奖。

（十二）自治区教育厅教育业务信息楼

2007 年，兵团建工一建已元公司承建自治区教育厅教育业务信息楼，工程造价为 3921.1 万元。该项目位于乌鲁木齐市胜利路西侧，新疆教育厅院内。建筑面积为 14387.34 平方米（地下部分为 3556.11 平方米，地上部分为 10831.23 平方米），建筑高度 47.6 米。结构类型为框架剪力墙结构，地下 2 层，地上 11 层。

工程于 2007 年 9 月 7 日正式开工，2009 年 8 月 5 日竣工。2011 年，工程获乌鲁木齐市优质工程“亚心杯”奖，自治区优质工程“天山杯”奖。

（十三）新疆塔农大逸夫试验楼工程

2008 年，兵团六建承建新疆塔农大逸夫试验楼工程，合同造价 1679 万元。该项目位于塔里木农业大学校区，主要工程量为建筑面积 11912 平方米，高 21.2 米，该工程采用高强复合壁管现浇钢筋混凝土空心楼盖，加快施工进度，提高工程质量。

工程于 2008 年 5 月开工，2009 年 9 月完工。2008 年 10 月，工程被评为“兵团文明工地”。2010 年，工程荣获兵团优质工程“昆仑杯”奖。

（十四）新疆气象局业务楼

2010 年，兵团建工一建二分公司承建新疆气象局业务楼工程，工程造价 2233 万元。该项目位于乌鲁木齐市建国路46号，主要工程量为地下1层，地上12层，局部13层，建筑长64.9米，宽20.1米，高45.35米，总建筑面积13139.7平方米。

工程于2010年3月20日开工，2012年5月31日竣工。2013年，工程分别获乌鲁木齐市优质工程“亚心杯”奖，自治区优质工程“天山杯”奖。2014年，工程获“国家优质工程奖”。

（十五）中国移动新疆红光山通信生产基地工程

2010年，兵团建工一建第三工程公司承建中国移动新疆红光山通信生产基地工程，工程造价为19200万元。该项目位于乌鲁木齐市红光山路新疆国际会展中心南侧，建筑长153.4米，宽88米，建筑总高度92.55米，地下2层，地上20层，局部21层；建筑面积为82864平方米。

工程于2012年6月20日开工，2015年7月24日竣工。2017年，工程获“国家优质工程奖”。

（十六）莎车县市民综合服务中心工程

2011年，兵团建工一建二分公司参建莎车县市民综合服务中心，工程造价为6500万元。该项目位于莎车县城南新区，工程占地面积5.5万平方米，总建筑面积3万平方米，是由图文信息、市民服务、会议展览、培训公寓四大功能区复合而成的大型建筑综合体。

工程于2011年7月5日开工，2012年9月25日竣工。2013年，工程获中国建筑工程“鲁班奖”。

（十七）自治区老干部活动中心工程

2012年，兵团建工一建第五工程公司承建自治区老干部活动中心，工程造价7588万元。该项目位于乌鲁木齐市建国路165号，建筑面积为27675.85平方米。结构类型为框架剪力墙结构，地下2层，地上17层，抗震设防烈度为8度，建筑物长45.8米，宽26米，建筑总高度85.5米，基础采用筏板基础和独立柱基结构类型。

工程于2012年4月28日开工，2015年12月21日竣工。2013年，工程获“乌鲁木齐市AAA级文明工地”称号。

（十八）自治区工商局高层住宅楼

2005年，兵团建工一建一分公司承建自治区工商局高层住宅楼，工程造价为14998.8万元。该项目位于乌鲁木齐市五星路19号。地下1层，地上26层，局部28层，4层以下为框架剪力墙结构，5层以上为剪力墙结构。建筑总面积为24612.15平方米，其中地上为20949.4平方米，地下1358.92平方米，住宅16683.7平方米，其他5624.64平方米。

工程于2005年6月22日开工，2007年1月竣工。2007—2008年，工程分别获兵团优质工程“昆仑杯”奖、自治区优质工程“天山杯”奖。

（十九）神华集团新疆神华城6号住宅楼

2008年，兵团建工一建八分公司承建神华集团新疆神华城6号住宅楼，工程造价为2838.4万元。该项目位于乌鲁木齐市长春路，结构类型为框架剪力墙结构，建筑面积为20851.53平方米。工程地上25层，地下1层，总高度78.5米。

工程于2008年3月15日开工，2010年11月10日竣工。2011年，工程分别获得建工师优质工程“建工杯”奖、兵团优质工程“昆仑杯”奖。

（二十）乌鲁木齐市友谊路职工住宅楼

2009年，兵团八建承建乌鲁木齐市友谊路职工住宅楼5栋工程，工程造价为2478.5万元。该项目为6层砖混结构，建筑面积20068.7平方米，地上6层，地下1层。主要工程量为多孔砖5583.32立方米、模板54690.04平方米、钢筋379.054吨、混凝土3797.5立方米。

工程于2009年5月6日开工，2010年10月11日竣工。其中，1栋楼获兵团优质工程“昆仑杯”奖。

（二十一）新疆林科院职工集资建房2号、3号住宅楼

2011年，兵团建工一建振元公司承建新疆林科院职工集资建房2号、3号高层住宅楼及地下车库工程，工程造价为7680.4万元。该项目位于乌鲁木齐市安居南路191号。工程结构为全剪力墙结构，建筑长62.6米，宽14.4米，高56.25米，总建筑面积为30357.01平方米。

工程于2011年3月10日开工，2012年7月31日竣工。2013年，工程分别获兵团优质工程“昆仑杯”奖、自治区优质工程“天山杯”奖。

（二十二）自治区广播电影、电视局集资建房1号、2号、3号、4号住宅楼

2011年，兵团建工一建承建自治区广播电影、电视局集资建房1号、2号、3号、4号住宅楼工程，工程造价为11481万元。该项目位于乌鲁木齐市十七户路水上乐园南侧。主要工程量为1号楼地上16层，地下1层，2～16层为住宅，1层为商业用房，结构类型为全剪力墙结构，长78.6米，宽20.9米，高48.3米，建筑面积为62910.01平方米。

工程于2011年11月28日开工，2013年10月10日竣工。2013年，1号楼获“全国AAA级文明工地”称号。2014年，工程获自治区优质工程“天山杯”奖。

（二十三）乌鲁木齐农产品交易市场

2012年，兵团六建承建乌鲁木齐农产品交易市场，工程造价为3.5亿元。该项目主要工程为大小单体工程15个，其中水果交易中心高14米，钢结构，横跨56米，长420米。冻品交易中心，横跨90米，长130米。

工程于2012年5月1日开工，2016年7月竣工。2016年，工程获“全国AAA级文明工地”称号。

（二十四）乌鲁木齐市高新区北区工业园倒班宿舍二期工程

2013年，兵团四建华升公司承建乌鲁木齐市高新区北区工业园倒班宿舍二期工程，合同造价5360.82万元。该项目位于乌鲁木齐市高新北区工业园舒心西路。工程建筑面积15063.44平方米，地下1层，地上16层，总高度为59.5米。

工程于2013年5月24日开工，2014年12月25日竣工。2015年，工程获乌鲁木齐市优质工程“亚心杯”、自治区优质工程“天山杯”奖、兵团优质工程“昆仑杯”奖。

（二十五）北新集团大厦工程

2014年4月，兵团建工一建承建北新集团大厦工程，工程造价21236万元。该项目位于乌鲁木齐经济技术开发区维泰南路。工程建筑面积96010.1平方米，建筑物为地下4层、地上22层，结构类型为框架剪力墙结构。

工程于2014年4月15日开工，2016年8月30日竣工。工程质量等级为合格。2015年，获“乌鲁木齐房屋建筑优质结构工程”奖。2016年，工程获“全国AAA级安全文明标准化工地”称号。

二、公路工程

（一）吐乌大高等级公路第四合同段

1995 年，农垦建安总公司特种机械工程分公司参与修建新疆第一条高速公路吐鲁番至乌鲁木齐至大黄山高等级公路（简称吐乌大公路）。该高等级公路长 283.3 千米，平原区路基宽 26.6 米，山区宽 21.5 米。农垦建安总公司参与施工的第四合同段长 28 千米（双福）路面沥青混凝土摊铺施工，包括收费站 1 个，立交桥 2 座。

工程于 1995 年 3 月开工，1998 年 8 月竣工。完成产值 5000 万元。工程质量等级为优良。

（二）艾桑沙漠公路

1998 年，兵团建安总公司特种机械分公司承建艾协克南至桑塔木沙漠公路（简称艾桑公路），合同额 3051 万元。该项目全长 46.40 千米，其中三级主干公路 27.95 千米。巡井公路全长 18.55 千米。主要工程量为挖方 1.55 万立方米，填方 23.5 万立方米，路面垫层砂砾 6.5 万立方米，路面稳定土 32 万立方米，沥青混凝土面层 21 万平方米，热拌沥青 8.4 万平方米。

工程于 1998 年 6 月 5 日开工，1998 年 10 月 10 日竣工，工程质量等级为优良。

（三）国道 218 线铁若公路第二合同段

2001 年，北新路桥公司承接国道 218 线铁干里克至若羌公路（简称铁若公路）改建工程第二合同段，合同总价 4000 万元。工程全长 40.72 千米，路面行车道为 7 米。主要工程量为路基挖方 5.4 万立方米，填方 2.8 万立方米，17 厘米和 33 厘米天然级配砂沙基层共 42.9 万立方米，15 厘米水泥稳定砂砾基层 36.8 万平方米，沥青表面处理 32.5 万平方米。

工程于 2001 年 11 月 6 日开工，2002 年 10 月 30 日竣工，工程质量等级为优良。2005 年，工程获兵团优质工程“昆仑杯”奖。

（四）乌鲁木齐市周边公路改造工程 D 合同段

2002 年，北新路桥公司承接乌鲁木齐市周边公路改造工程 D 合同段，合同总价 6051.41 万元。工程长 16.275 千米。主要工程量清理现场 22.8 万平方米，路基挖方 49.282 立方米，路基填筑 46.85 万立方米，砂砾垫层 4.51 万立方米，回填砾石 5.95 万立方米，30 厘米天然级配砂砾底基层 30.45 万平方米，22 厘米水泥稳定砂砾基层 30.12 万平方米，透层 30.12 万平方米，3 厘米细粒式沥青混凝土上面层 29.12 万平方米，5 厘米中粒式沥青混凝土下面层 29.12 万平方米。

工程于 2002 年 9 月 20 日开工，2004 年 11 月 5 日完工，工程质量等级为优良。2006 年 3 月，工程获兵团优质工程“昆仑杯”奖。

（五）国道 314 线和库高速公路建设工程第五合同段

2002 年，北新路桥公司承接国道 314 线和硕至库尔勒高速公路（简称和库公路）建设工程第五合同段，合同总价 1.9 亿元。该项目全长 11.8 千米，主线路基宽度 28 米，路面宽度 23.5 米，双向四车道；土石方 180.69 万立方米，防护 3.08 万立方米，底基层 36.77 万立方米，基层 33.31 万立方米，粗粒式沥青混凝土 21.19 万立方米，中粒式沥青混凝土 29.25 万立方米，抗滑表面层 29.25 万平方米，表面处理 6957 平方米，水泥混凝土面层 0.8 万平方米。

工程于 2002 年 11 月 20 日开工，2005 年 9 月 20 日竣工，工程质量等级为合格。2006 年 12 月，工程获自治区优质工程“天山杯”奖；2007年2月，工程获兵团优质工程“昆仑杯”奖。

（六）国道217线布尔津至克拉玛依（白碱滩）段公路改建工程第三合同段

2003年，北新路桥公司承接国道217线布尔津至克拉玛依（白碱滩）段公路改建工程第三合同段，工程造价5029万元。该合同段含短链255.97米。长度总计为27.944千米。主要工程量路基挖土石方57.03万立方米，天然砂砾垫层391.7平方千米，水泥稳定基层336.4平方米，3厘米细粒式沥青混合料323.1平方米，4厘米中粒式沥青混合料324.9平方米。

工程于2003年10月30日开工，2005年9月30日完工。工程质量等级为合格。2009年1月获自治区优质工程“天山杯”奖。

（七）国道216线大黄山幸福路口至天池路口段一级公路改建工程项目土建工程第二合同段

2004年，北新路桥公司承接国道216线大黄山幸福路口至天池路口段一级公路改建工程项目土建工程第二合同段，工程造价1.735亿元。该项目位于自治区昌吉回族自治州阜康境内，主线全长29.42千米。主要工程为路基挖方409777立方米，路基填方170.45万立方米，共211.43万立方米；路面底基层49.67万平方米，水泥稳定砂砾基层47.38万平方米，沥青混凝土路面29.42万平方米。

工程于2004年5月16日开工，2006年5月31日完工，工程质量等级为合格。2006年，工程获兵团优质工程“昆仑杯”奖。

（八）叶城县省道534线（叶城县至依力克其乡）公路改建工程

2004年，兵团路桥总公司承接叶城县省道534线（叶城县至依力克其乡）公路改建工程，工程造价1087.17万元。主要工程量路基挖方86312.2立方米，路基填方利用土方6816立方米，借土填方130070立方米，路面工程天然砂砾垫层252963平方米，配砾石基层10厘米236438平方米，水泥稳定基层15厘米175平方米，透层油218050平方米，沥青表处3厘米厚218050平方米。

工程于2004年12月1日开工，2005年10月31日完工。2006年11月4日获公路工程交工验收证书，工程质量等级为优良。2007年，工程获建工师优质工程“建工杯”奖。

（九）农一师沙河镇至阿拉尔道路第三合同段

2009年，兵团路桥总公司承接农一师沙河镇至阿拉尔道路第三合同段工程建设，工程造价3408.50万元。主要工程量路基挖方288780立方米，路基填筑70厘米风积砂200712立方米，30厘米天然砂砾77603立方米，21厘米天然砂砾底基层53861立方米，20厘米水泥稳定砂砾基层173947.2平方米，透层173947.2平方米，1厘米沥青碎石封层168336平方米，4厘米中粒式沥青混凝土面层168336平方米。

工程于2009年7月15日开工，2010年8月30日完工，工程质量等级为合格。2011年，工程获“新疆市政金杯示范工程”奖。

（十）农八师省道312线至一三四团至一三五团公路第一合同段

2011年，兵团路桥总公司承接农八师省道312线至一三四团至一三五团公路第一合同段，工程造价2454.56万元。主要工程量路线长度15.317千米，路基挖土方40532立方米，路基填筑风积砂21550立方米，路基填筑土方41912立方米，改渠处理换填天然砂砾58立方米，防渗膜378

平方米，天然砂砾底基层196660平方米，水泥稳定基层171311平方米，透层173386平方米，封层171236平方米，中粒式沥青混凝土165726平方米，路肩培土260毫米天然砂砾5186平方米，钢筋混凝土圆管涵156.17米/8座，钢筋混凝土盖板涵82.34米/6座，交通标识26个，热熔型路面标线5778平方米，里程碑、公路界碑78个。

工程于2011年5月12日开工，2011年10月18日完工，工程质量等级为合格，2014年12月22日获公路工程交工验收证书，2013年获建工师优质工程“建工杯”奖。

（十一）奇台县半截沟镇至江布拉克景区公路改建工程第九合同段

2011年，兵团路桥总公司承接奇台县半截沟镇至江布拉克景区公路改建工程第九合同段，工程造价5295.14万元。主要工程量路基挖方17.96万立方米，路基换填8.65万立方米，路基填方19.01万立方米，底基层345238.81平方米，水泥稳定基层231511.21平方米，沥青混凝土288278.04平方米。浆砌预制板排水沟长25478.5米，中桥1座，盖板涵3道，管涵4道。波形护栏6367米，墙式护栏1394米。浆砌石挡土墙2677立方米。

工程于2012年4月12日开工，2013年10月15日竣工。2014年，工程获建工师优质工程“建工杯”奖、昌吉州优质工程“庭州杯”奖。

（十二）北屯市基础设施建设道路工程二标段

2011年，兵团路桥总公司承接北屯市基础设施建设道路工程二标段，工程造价5060.79万元。主要工程量为路基挖方116333立方米、路基换填105074立方米、底基层169850立方米、基层174530立方米、沥青混凝土134940平方米。

工程于2011年9月30日开工，2013年10月15日竣工。工程质量等级为合格。2014年，工程获建工师优质工程“建工杯”奖、乌鲁木齐市“新疆市政金杯示范工程”奖。

（十三）农八师一三五团至一三三团至一四一团至一四二团至一四四团公路第五合同段

2012年，兵团路桥总公司承接农八师一三五团至一三三团至一四一团至一四二团至一四四团公路第五合同段，工程造价5588.28万元。主要工程量为路基挖方177717.4立方米、路基填方209904立方米，天然砂沙底基层311779平方米，水泥稳定砂砾基层224250平方米，透层224250平方米，下封层224250平方米，5厘米中粒式沥青混凝土面层217016平方米，涵洞46座，中桥2座，平交道口16处。

工程于2012年6月12日开工，2013年8月20日竣工。工程质量等级为合格。2014年，工程获兵团优质工程“昆仑杯”奖。

（十四）农八师省道204线莫索湾镇至西营镇公路第一合同段

2013年6月17日，兵团路桥总公司承接农八师省道204线莫索湾镇至西营镇公路第一合同段，工程造价2786.24万元。主要工程量为路基挖方179340.3立方米、路基填方119869.69立方米，天然砂砾底基层177759.16平方米，水泥稳定砂砾基层138474.35平方米，透层142221.4平方米，下封层142221.4平方米，5厘米中粒式沥青混凝土面层135752.16平方米，涵洞19座。

工程于2013年8月30日开工，2014年6月30日竣工。工程质量等级为合格。2015年，工程获建工师优质工程“建工杯”奖。

三、铁路工程

（一）北疆铁路

北疆铁路又称兰新铁路西段，东起乌鲁木齐西站，经昌吉、石河子、奎屯，西至阿拉山口中苏边界。正线总长 460.35 千米。由工一师、铁道部第一工程局一处和第十五工程局六处等单位共同修建。兵团工一师成立北疆铁路指挥部负责铁路施工任务，主要工程量路基 298 千米，为铁路总长的 65.2%；土石方 932 万立方米，为总工程量的 68%；修建大中型桥梁 38 座，为总数的 77.9%；修建小桥和涵洞 960 座，为总数的 85%；修建车站 27 个，为总数的 83.9%。其中，包括昌吉、石河子、奎屯、精河、阿拉山口等大站，完成房屋建筑面积 17 万平方米。施工总产值 2 亿元。

工程于 1985 年 5 月 1 日开工，1990 年 8 月全线贯通。工程质量等级为合格。其中，阿拉山路火车站票房获"1993 年自治区优质工程银奖"。

（二）兰新铁路复线

兰新铁路复线西起乌鲁木齐，全长 1622 千米。其中，乌鲁木齐铁路局管辖内东起疏勒河，西至乌鲁木齐西站，长 987 千米，占全部复线工程的 60%，工程总概算 39 亿元。工一师承担百里风区、吐鲁番、三十里风区 254.9 千米线下工程。主要工程量路基、站场土石方 691.8 万立方米，其中石方 233.55 万立方米，建立大中小桥 18 座、各类涵洞 439 座、各型挡风墙 4055 米，改移挡风墙 683 米，浆砌片石护坡 5000 立方米，混凝土预制护坡 5587 立方米。农垦建安总公司参与施工。

工程于 1992 年 9 月 16 日开工，1994 年 9 月 16 日全线通车。工程质量等级为合格。

（三）南疆铁路西延工程

1996 年，工一师承建南疆铁路库尔勒至喀什段工程，工程总投资 62.2 亿元。工程长 975 千米，主要工程量为路基土石方 3560 万立方米、成型路基 860 千米、小桥 46 座、涵洞 2580 座 30598 横延米、房屋 39 万平方米。农垦建安总公司参与施工。

工程于 1996 年 9 月 6 日开工，1999 年 12 月 6 日竣工。工程质量等级为合格。

（四）兰新铁路提速防风工程

2003 年，兵团建工集团承接兰新铁路提速防风工程。主要工程量为路基填方土石方 30 万立方米，挖方 8.5 万立方米，附属工程对拉式挡风墙 884.42 米、土堤式挡风墙 300 米。

工程于 2003 年 7 月 8 日开工，2004 年 4 月 15 日竣工。工程质量等级为合格。

（五）精河至伊宁至霍尔果斯铁路第九标段

2005 年 7 月，兵团建工集团中标精河至伊宁至霍尔果斯铁路（简称精伊霍铁路）第九标段，合同造价 43421 万元。第九标段长 73.8 千米，为线下路基工程，主要工程包括大桥 3 座、中桥 9 座、小桥 71 座、涵洞 343 座，车站站场和路基土石方 753 万立方米。

工程于 2005 年 8 月开工，2009 年 12 月竣工。工程质量等级为合格。

（六）奎屯至北屯铁路 S3 标段工程

2007 年 8 月 26 日，兵团建工集团中标奎屯至北屯铁路（简称奎北铁路）S3 标段工程，合同总价 8.6 亿元。S3 标段长 139.45 千米，主要工程量为路基土石方 1084 立方米、隧道 1 条长 2.34 千米、特大桥 4 座、大中小桥及涵洞 374 座、车站 5 个房屋面积 15189 平方米。

工程于2007年8月28日开工，2009年12月29日竣工，工程质量等级为合格。其中，盐田特大桥获铁道部铁路优质工程一等奖、巴音1号特大桥获铁道部铁路优质工程二等奖。

（七）南疆铁路吐鲁番至库尔勒增建第二线S3标段工程

2007年9月26日，兵团建工集团中标南疆铁路吐鲁番至库尔勒增建第二线(简称吐库二线铁路)S3标段工程，合同造价6.06亿元。S3标段长98.41千米。其中，铁路双线特大桥为双线铁路曲线桥，全长1648.84米，大桥有50孔，每孔32米，双线圆端形实心桥墩设计(共49个桥墩)，双线T形桥台。

工程于2007年9月30日开工，2010年12月竣工。工程质量等级为合格。

（八）石河子经济技术开发区天业铁路专用线工程

2007年7月，兵团建工集团中标石河子经济技术开发区天业铁路专用线工程，合同总价4761万元。主要工程量为路堑开挖、路基填筑、铺轨，各厂区专用线路基、铺轨；铁路与水渠或道路相互跨越桥涵，改移道路及平交道口，工业站机务整备所站场土方及铺轨工程。

工程于2007年8月20日开工，2009年6月15日竣工。工程质量等级为合格。

（九）喀什至和田铁路S3标段工程

2008年7月，兵团建工集团中标喀什至和田铁路（简称喀和铁路）S3标段工程，合同造价6.01亿元。S3标段长169千米，主要工程量为土石方1100万立方米，特大桥1座，大中小桥89座，涵洞649座，房屋建筑面积15205平方米。

工程于2008年8月15日开工，2011年3月31日竣工。工程质量等级为合格。

（十）兰新铁路第二双线第九标段工程

2009年12月，兵团建工集团中标兰新铁路第二双线第九标段工程，合同造价18.8亿元。第九标段长40.48千米，主要工程量为路基土石方41.11万立方米，防护及排水工程1.68万立方米，隧道2座，特大桥1座，大桥1座，涵洞1座。

工程于2010年1月1日开工，2014年10月15日竣工。工程质量等级为合格。

1985—2015年兵团建工集团承建疆内铁路工程统计表

表10-1-1

铁路名称	建设里程（千米）	开工时间	竣工时间
北疆铁路	298	1985.5	1990.8
兰新铁路复线	254.9	1992.9	1994.9
南疆铁路西延工程	975	1996.9	1999.12
精伊霍铁路	73.8	2005.8	2009.12
奎北铁路	139.45	2007.8	2009.12
吐库二线铁路	98.41	2007.9	2010.12
喀和铁路	169	2008.8	2011.3

续表 10-1-1

铁路名称	建设里程（千米）	开工时间	竣工时间
兰新铁路第二双线	40.48	2010.1	2014.10
红淖三铁路	32.1	2013.3	在建
克塔铁路	54.5	2014.7	在建
图木舒克铁路	5.5	2015.7	在建

四、水利、电力工程

（一）和田乌鲁瓦提水利枢纽工程

兵团三建承建分部工程有导流洞、交通桥、泄洪洞、进水塔、溢洪道等。1994 年 7 月 1 日开工，1997 年 6 月 9 日竣工。

兵团八建承建导流洞、泄洪淘沙洞及配套工程，公司主要承担石方爆破、导流洞开挖、混凝土衬砌等工作。工程于 1994 年 7 月开工，1996 年 12 月竣工。2010 年，工程获中国土木工程“詹天佑奖”、中国水利工程优质“大禹奖”。

（二）木垒县博斯坦水库水毁修复工程

1997 年，兵团八建承建新疆木垒县博斯坦水库水毁修复工程，工程造价 700 万元。主要工程量为永久性建筑物大坝、溢洪道、放水涵洞。

工程于 1997 年 7 月 5 日开工，1999 年 8 月 22 日竣工。工程质量等级为优良。2004 年 6 月，工程获建工师优质工程“建工杯”奖。

（三）达坂城红坑子水库

2002 年，兵团八建承建乌鲁木齐市达坂城红坑子水库，工程造价 825 万元。最大坝高 15.5 米。主要工程量为主坝 1 座、副坝 2 座、引水明渠、消力池、放水涵洞 1 座以及闸门启闭设备等安装。

工程于 2002 年 11 月 4 日开工，2004 年 8 月 22 日竣工。工程质量等级为优良。2005 年 12 月，工程获建工师优质工程“建工杯”奖。

（四）农二师恰拉水库改扩建工程

2003 年，兵团八建中标农二师恰拉水库改扩建工程，工程造价 3304 万元。恰拉水库为平原灌注式水库。主要工程量为大坝碾压式均质土坝，坝顶宽 6 米，最大坝高 8.3 米，总长 7250 米，平均坝高 7.8 米。

工程于 2003 年 8 月 20 日开工，2005 年 3 月 20 日竣工。工程质量等级为优良。2006 年 10 月，工程获建工师优质工程“建工杯”奖。

（五）新疆喀腊塑克水利枢纽交通工程

2005 年 1 月，兵团建工集团承接新疆喀腊塑克水利枢纽交通工程，合同价 2163 万元。喀腊塑克水利枢纽工程是额尔齐斯河段规划的梯级工程。主要工程量为交通桥 160 米及混凝土进场道路工程。

工程于2005年1月开工，2009年6月竣工。工程质量等级为合格。

（六）南水北调中线京石段应急供水工程渠道项目

2006年，兵团建工集团承建南水北调中线京石段应急供水工程渠道项目，合同总价5372万元。主要工程量为渠道长3.4千米、公路桥2座、倒虹吸4座、土方开挖133万立方米。

工程于2006年3月开工，2007年9月竣工。工程质量等级为合格。

（七）农十二师红岩水库工程

2008年，兵团八建承建农十二师红岩水库工程，工程造价2074.15万元。坝体总长623米。主要工程量为库盘清理412972立方米、防渗墙4697立方米、灌浆8650米、护坡面板1204立方米、台帽609立方米、两布一膜铺设11224平方米、灌浆平洞68米。

工程于2008年3月15日开工，2009年10月26日竣工。工程质量等级为优良。2011年10月，工程获建工师优质工程“建工杯”奖。

（八）别迭里水电站工程洞后引水渠道土建及金属结安装工程

2009年，兵团建工集团承接别迭里水电站工程洞后引水渠道土建及金属结安装工程，合同造价9548.2万元。工程全长15.27千米，底宽4米，现浇混凝土板。主要工程量为砂砾石开挖868723立方米，清基开挖106811立方米，混凝土浇筑208776立方米。

工程于2009年4月25日开工，2011年5月15日竣工。工程质量等级为合格。2012年，工程获建工师优质工程“建工杯”奖。

（九）肯斯瓦特水利枢纽工程导流洞

2009年，兵团八建承建肯斯瓦特水利枢纽工程导流洞工程，工程造价6129.2万元。玛纳斯河中游的肯斯瓦特河段导流洞工程属于水库枢纽工程的一部分。主要工程量由进口闸井段、洞身段、出口明渠段、灌浆工程、支洞工程、金属结及启闭机安装六个部分组成。

工程于2009年9月3日开工，2010年10月15日竣工。工程质量等级为优良。2011年10月获建工师优质工程“建工杯”奖。

（十）新疆巴里坤西黑沟水库项目工程

2010年，兵团建工集团承接新疆巴里坤西黑沟水库项目工程，工程造价6052.5万元。主要工程量为面板坝长1628.8米，最大坝高32.67米，总填筑量166.9万立方米、混凝土2.1万立方米，库盘复合土工膜防渗面积44.62万平方米。

工程于2010年4月开工，2011年7月竣工。工程质量等级为合格。2012年，工程获建工师优质工程“建工杯”奖。

（十一）中哈霍尔果斯河友谊联合引水工程

2011年，兵团水利水电集团承接中哈霍尔果斯河友谊联合引水工程。工程位于中国与哈萨克斯坦共和国的界河——霍尔果斯河的出口。主要工程量土石方填筑234641.98立方米，土石方开挖76910.92立方米、混凝土22167.23立方米、钢筋922.45吨、铸铁板744.17吨、抛石19757.15立方米、清废7127.49立方米、干砌石911.41立方米。

工程于2011年4月27日开工，2012年10月27日竣工。工程质量等级为合格。2014年，工程获兵团优质工程“昆仑杯”奖。

（十二）沙湾县宁家河水库工程

2011年，兵团水利水电集团中标宁家河水库工程，工程总造价8500万元，工程为宁家河流域控制性水利枢纽工程。主要工程量大坝坝型为碾压式沥青混凝土心墙砂砾石坝，全长220米，坝顶宽6米，最大坝高62.66米。

工程于2011年5月28日开工，2013年11月30日竣工。工程质量等级为合格。2015年，工程获建工师优质工程“建工杯”奖。

（十三）喀什电厂一期2×50兆瓦工程

2001年，兵团五建承建喀什电厂一期2×50兆瓦工程，工程造价为1717万元。该项目位于新疆喀什，工程总量为2500平方米冷却塔、淋水构架、循环水泵房，工业水回收泵房。冷却塔全高75米。

工程于2001年2月15日开工，2001年11月24日一次性交验竣工，质量等级为优良。其中，1号冷却塔2002年获建工师优质工程“建工杯”奖。

（十四）拜城电厂三期扩建工程

2001年，兵团五建承建拜城电厂三期扩建工程，工程造价为200万元。该项目位于新疆拜城县铁力克镇，主要工程量为1000平方米冷却塔、淋水装置、200立方米蓄水池、污水处理站、深井泵房、厂区地下设施、附属设施。其中，3号冷却塔为双曲线自然通风水塔，塔高50米。

工程于2001年3月15日开工，2001年10月25日竣工，质量等级优良。其中，3号冷却塔分别获建工师优质工程“建工杯”、兵团优质工程“昆仑杯”奖。

（十五）石河子天富电厂新建工程

2002年，兵团五建承接石河子天富电厂新建工程。该项目位于石河子市北四路11小区，主要工程量为150米烟囱，1号、2号冷却塔，电除尘、灰水处理，引风机房附属设施。冷却塔为双曲线自然通风，高度为55米。

工程于2002年5月10日开工，2003年5月30日竣工，质量等级为优良。其中，1号冷却塔2003年获石河子优质工程“明珠杯”，建工师优质工程“建工杯”奖，150米烟囱分别获石河子优质工程“明珠杯”奖，建工师优质工程“建工杯”奖、兵团优质工程“昆仑杯”奖。

（十六）天富热电厂扩建工程土建施工

2012年，兵团五建承建石河子天富热电厂扩建工程土建施工（主厂房及辅助生产设施）工程，合同造价3亿元。

工程于2011年5月30日开工，2012年8月30日竣工。工程质量等级为合格。

（十七）新疆天业（集团）有限公司三期特种聚氯乙烯配套离子膜烧碱项目土建工程

2012年，兵团五建电力八分公司承建新疆天业（集团）有限公司三期特种聚氯乙烯配套离子膜烧碱项目土建工程，合同总价5383万元。该项目位于石河子北工业园区，工程建筑规模三期特种聚氯乙烯配套离子膜烧碱项目土建工程第二标段工程大部分生产车间为框架结构、钢筋混凝土，小部分以砖混结构为主。

工程于 2012 年 10 月 25 日开工，2013 年 9 月 1 日竣工。工程质量等级为合格。

五、市政工程

（一）乌鲁木齐市西虹路立交桥 503 标段

1995 年 2 月，农垦建安总公司承接乌鲁木齐市西虹路立交桥 503 标段施工，兵团八建、兵团路桥总公司、兵团四建、工一师新兴建筑公司联合建设。工程分主桥、引道、匝道桥、匝道。主要工程量桥跨线长 818.92 米，桥宽 31.5 米，桥梁总长 1617 米，总面积 2.86 万平方米，引桥宽 17.5 米，为互通式立交桥。

工程于 1995 年 4 月 1 日开工，1995 年 9 月 20 日竣工。工程质量等级为合格。

（二）乌鲁木齐市克拉玛依东路立交桥工程

1996 年，农垦建安总公司承建乌鲁木齐市克拉玛依东路立交桥（友好路立交桥）建设施工，合同总价为 1.3 亿元。兵团四建、兵团路桥总公司、兵团八建、特机公司联合建设。工程为现浇水泥混凝土桥，主要工程量桥跨线长 160 米，宽 22 米，桥梁总长 280 米，总面积 6160 平方米，属互通式立交桥。

工程于 1996 年 4 月 1 日开工，1996 年 9 月 20 日竣工。工程质量等级为合格。

（三）乌鲁木齐市苏州路立交桥工程

1997 年，兵团建安总公司承建乌鲁木齐市苏州路立交桥建设施工，合同总价为 2000 万元。兵团八建、兵团四建、特机公司联合建设。工程为现浇水泥混凝土桥，主要工程量为桥跨线长 90 米，宽 36 米，桥梁总长 1380 米，总面积 6.49 万平方米，属互通式立交桥。

工程于 1997 年 5 月 10 日开工，1997 年 9 月 20 日竣工。工程质量等级为优良。

（四）北屯市政工程

2002 年，兵团建工集团中标北屯市政工程，合同造价 2100 万元。该项目合同段由拥军路、文化路、军垦路、上山路及学校道路组成。主要工程量拥军路宽 36 米，行车道宽 16 米；文化路路面总宽 30 米，行车道为 18 米、人行道宽为 4 米；军垦路路面总宽为 16 米，行车道宽 16 米。主要工作量为挖方 4.9 万立方米，填方 7.6 万立方米，水泥稳定层 21 万平方米、透层油 17 万平方米，4 厘米中粒式沥青混凝土 5419 立方米，5 厘米中粒式沥青混凝土 1496 立方米，2 厘米细粒式沥青混凝土 2385 立方米。

工程于 2002 年 6 月 4 日开工，2002 年 10 月 25 日竣工。工程质量等级为合格。

（五）乌鲁木齐市外环路第十八标段

2002 年，北新路桥公司中标乌鲁木齐市外环路第十八标段，合同价 2914 万元。工程全长 3.2 千米，主要工程量为路基挖方 13.4 万立方米，填方 13.6 万立方米，灰土 1.26 万立方米；砂砾垫层 14.97 万平方米，水泥稳定砂砾基层 14.97 万平方米，沥青混凝土面层 30.22 万平方米，人行道 2.33 万平方米。

工程于 2002 年 6 月 25 日开工，2003 年 6 月 25 日竣工。工程质量评定为优良。2004 年 6 月，工程获建工师优质工程“建工杯”奖。

(六)乌鲁木齐蜘蛛山隧道项目立交段土建工程第三标段工程

2004年，北新路桥公司承接乌鲁木齐蜘蛛山隧道项目立交段土建工程第三标段工程，合同造价4988万元。工程地处乌鲁木齐市九家湾,为乌鲁木齐市外环路西延工程,技术等级为城市快速路。主要工程量为路堤填筑1.4万平方米，路基土石方开挖8.45万立方米，桥梁7座，人行通道2座，涵洞3座，排水管道2000米。

工程于2004年3月16日开工，2004年9月30日竣工。工程质量等级为优良，2006年，工程获兵团优质工程“昆仑杯”奖、“全国市政金杯示范工程”奖。

(七)乌鲁木齐城北主干道新建工程第九标段

2006年9月8日，兵团四建承建乌鲁木齐城北主干道新建工程第九标段，合同价7452万元。工程总长3182.53米。主要工程量为三跨连续箱梁跨吐乌大高速公路，两侧为每边各十一跨简支板梁，板梁22米跨先张法空心板梁，桥面宽度为正桥全宽35米，引桥全宽25.5米。正桥设人行道，引桥旁设人行梯道。

工程于2006年9月10日开工，2007年7月竣工。工程质量等级为合格。

(八)新疆巴楚县友谊北路道路和世纪大道工程

2007年，兵团路桥总公司承接新疆巴楚县友谊北路道路和世纪大道工程，总造价2472万元。工程为沥青混凝土道路，道路等级为城市主干道三级，主道路宽24米。工程结构是30厘米天然砂砾底基层、64厘米风积砂、20厘米水稳层。风积砂147700平方米、细粒式沥青混凝土142720平方米、中粒式沥青混凝土142720平方米、防水土工布166910平方米，总长5800米，总面积149146平方米。

工程于2007年3月20日开工,2007年9月30日竣工。工程质量等级为合格。2008年,工程获“自治区市政优质工程”奖、“全国市政金杯示范工程”奖。

(九)乌鲁木齐市外环路东北段高架道路工程二期第一标段

2009年5月，兵团四建承建乌鲁木齐市外环路东北段高架道路，合同价8562万元。高架桥道路等级为城市快速路，地面道路等级为城市主干路，全线长758.51米，主要工程量扩大基础56个，盖梁48榀，连续箱梁21榀，11厘米C40桥面铺装1.85万平方米，防撞墙、防撞栏各2324米，桥面沥青混凝土面层1.85万平方米。

2007年7月28日，兵团四建承建的乌鲁木齐市市政工程城北主干道第九标段竣工
(兵团四建 供稿)

工程于2009年5月15日开工，2010年12月

14 日竣工。工程质量等级为合格。2011 年，工程获兵团优质工程“昆仑杯”奖。

（十）乌鲁木齐燕北立交桥新建工程

2009 年，兵团八建承接乌鲁木齐燕北立交桥新建工程。合同造价 3520 万元。燕北立交桥长 115 米，桥宽 27.5 米，工程量为 115 米立交桥工程，2900 米路基路面工程，2360 米管道工程及配套路灯、交通安全设施工程。

工程于 2009 年 6 月 1 日开工，2009 年 12 月竣工。工程质量等级合格。2011 年，工程获兵团优质工程“昆仑杯”奖。

（十一）石河子市西一路高架桥建设工程

2010 年，兵团八建承接石河子市西一路高架桥建设工程。总造价 2.3 亿元。高架桥分别有环形支线一桥、环形支线二桥（全长 1020 米、共 50 跨）；北区高架桥（2 跨 20 米）；跨北疆铁路斜拉桥 1 座；主线高架桥 1 座；跨乌奎高速公路变截面连续梁 1 座；A、B、C、D 4 座互通式立交桥 1 座组成。全桥梁有 125 跨，桥梁实际施工总长度为 3246.545 米。

工程于 2010 年 9 月 10 日开工，2013 年 5 月 30 日竣工。工程质量等级为合格。2014 年，工程获兵团优质工程“昆仑杯”奖。

（十二）乌鲁木齐市骑马山片区卫星路南延道路新建工程

2010 年，兵团八建承建乌鲁木齐市骑马山片区卫星路南延道路新建工程，总造价 2038.2 万元。道路全长 1120 米，主要工程量为机动车道宽 24 米，人行道宽 6 米。全线在人行道上设置 60 厘米宽无障碍盲道。全线设 2 对 4 处港湾停靠站，站台长 20 米，进口长 30 米，出口段长 45 米，总长 95 米。

工程于 2009 年 8 月 20 日开工，2010 年 11 月 6 日竣工。工程质量等级为合格。

（十三）吐鲁番示范区道路建设一期工程

2011 年 3 月 14 日，兵团路桥总公司承建吐鲁番示范区道路建设一期工程，合同价 5599.85 万元。道路总长 10107.974 千米，包括主干道、人行道、绿化、街道照明等工程。主要工程量为挖方 226632.63 立方米，填方 56478.47 立方米，弃方 174316.78 立方米，路面 233334.57 平方米，人行道 96820.528 平方米，绿化 55380.44 平方米，各种涵洞 89 座。

工程于 2011 年 4 月开工，2012 年 8 月竣工。工程质量等级为合格。2013—2014 年，工程获“自治区市政金杯示范工程”奖、“全国市政金杯示范工程”奖。

（十四）新疆北屯市基础设施建设道路工程第二标段工程

2011 年 8 月 9 日，兵团交通建设公司承建新疆北屯市基础设施建设道路工程第二标段工程，合同价 5060.79 万元。道路全长 5.183 千米。主要工程量为挖方 116333 立方米，路基换填 105074 立方米，底基层 169850 立方米，基层 174530 立方米，沥青混凝土 134940 平方米。

工程于 2011 年 9 月 30 日开工，2013 年 10 月 15 日竣工。工程质量等级为合格。2014 年，工程获“自治区市政金杯示范工程”奖。

（十五）石河子化工新材料产业园纬二路道路工程第二标段建设项目

2011 年 6 月 1 日，兵团交通建设公司承建石河子化工新材料产业园纬二路道路工程第二标段建设项目，合同价 560.81 万元。工程全长 987 米，宽 16 米。主要工程量为城市道路次干道，等级为Ⅱ级，结构层总厚度 82 厘米，5 厘米中粒式沥青混凝土上面层、7 厘米粗粒式沥青混凝土下面层、玻璃纤维土工格栅、20 厘米水泥稳定砂砾基层、50 厘米天然砂砾底基层，工程施工面积 10160 平方米。

工程于 2011 年 6 月 1 日开工，2011 年 8 月 15 日竣工。工程质量等级为合格。2012 年，工程获"自治区市政金杯示范工程"奖。

（十六）第十师北屯市至福阿高速北屯连接线公路工程

2014 年 6 月 30 日，兵团交通建设公司承建第十师北屯市至福阿高速北屯连接线公路工程，合同价 2589.03 万元。工程全长 1.62 千米，道路宽度为机动车道 26.5 米，两侧人行道宽 6 米，总宽度 32.5 米，道路设计等级均为城市主干道二级，路面类型为沥青混凝土路面。主要工程量路基挖方 94655 立方米，路基换填 56211 立方米，底基层 54390 平方米，基层 50340 平方米，沥青混凝土 85200 平方米。

工程于 2014 年 7 月 1 日开工，2014 年 10 月 20 日竣工。工程质量评定合格。2015 年，工程获建工师优质工程"建工杯"奖。

第二节　其他省（区、市）工程

一、公路工程

（一）西安绕城高速公路（北段）项目工程

1998 年，兵团建安总公司特机公司承建西安绕城高速公路（北段）项目工程，合同价 2678 万元。全长 10.01 千米，匝道连接线 6.21 千米，其中路基土石方 51 万立方米，分离式立交桥 1 座，通道 4 座，涵洞 14 座，排水与防护工程 10477 立方米。该工程于 1999 年 2 月开工，2000 年 7 月竣工。

2000 年 3 月，项目部承建 M3 标段道路工程，工程价 5956 万元，全线长 9.75 千米，主要工程量底基层 34.8 万立方米，基层 36.8 万平方米，沥青混凝土路面 115 平方米。该工程于 2000 年 3 月开工，2000 年 10 月竣工。2004 年，工程获第四届中国土木工程"詹天佑奖"。

（二）河南洛界高速公路第三标段工程

2000 年，北新路桥公司承建河南洛阳至界首高速公路（简称洛界高速公路）第三标段施工任务，合同价 5456 万元。该项目位于河南省洛阳市境内，北起伊河大桥南段，南至龙门互通式立交桥终点，长 5.4 千米。主要工程量为路基土石方填方 78 万立方米，挖方 9 万立方米，特大桥 1 座，中小桥 2 座，通道 6 座，涵洞 11 座，排水与防护工程圬工量 11241 立方米。

工程于 2000 年 4 月开工，2002 年 12 月竣工。工程质量等级为优良，2003 年获兵团优质工程"昆仑杯"奖。

（三）赣定高速公路南康市龙岭至信丰公路新建工程

2002 年，北新路桥公司承建赣定高速公路南康市龙岭至信丰公路新建工程，合同造价 2475 万元。该项目位于南康市三益镇境内，全长 2.46 千米。路基土石方 94 万立方米，大桥 1 座长 157.2 米，中桥1座长65.04米，盖板通道2座，盖板涵4座，排水与防护工程圬工量2.5万立方米。

工程于2002年2月28日开工，2003年8月竣工。工程质量评定优良。2005年，工程获兵团优质工程“昆仑杯”奖。

（四）丹东至拉萨国道主干线老爷庙至呼和浩特高速公路呼和浩特—集宁段第七合同段工程

2010年12月，北新路桥公司承建的四川省乐山至宜宾高速公路工程项目路基土建工程第八合同段竣工　（北新路桥集团　供稿）

2002年，北新路桥公司承建丹东至拉萨国道主干线老爷庙至呼和浩特高速公路呼和浩特—集宁段第七合同段工程，合同价7564万元。该项目全程长7.2千米。主要工程量为路基挖土方75.45万立方米，路基挖石方200.51万立方米，路基填方72.2万立方米，小桥混凝土0.79万立方米，拱涵混凝土2.6万立方米，板涵混凝土0.82万立方米，路基防护砌石1.29万立方米，桥涵附属砌石1.11万立方米。

工程于2002年6月7日开工，2004年9月28日竣工。工程质量等级为合格。2006年3月，工程获兵团优质工程“昆仑杯”奖。

（五）渝湛国道干线高桥至遂溪高速公路第九合同段工程

2003年11月14日，北新路桥公司中标渝湛国道干线高桥至遂溪高速公路第九合同段工程，合同额7850万元。该项目位于广东省湛江市麻章区和遂溪市境内。主要工程量为路基土石挖方32.8万立方米，填方101.89万立方米，其中软基段800米；韩屋仔大桥1座，混凝土7028立方米；中桥3座，混凝土3929立方米；小桥2座，混凝土2307立方米；分离式立交桥2座，混凝土2572立方米；东坡岭互通式立交桥1座，混凝土12816立方米；涵洞、通道和圆管涵共19座。

工程于2004年4月开工，2005年5月竣工。工程质量评定为优良。2010年3月，工程获第九届中国土木工程“詹天佑奖”。

（六）丹东至拉萨国道主干线包头（哈德门）至磴口段高速公路路面工程第四十合同段

2003年7月29日，北新路桥公司中标丹东至拉萨国道主干线包头（哈德门）至磴口段高速公路路面工程第四十合同段，合同价7546万元。全长13千米，主要工程量为20厘米厚天然砂砾垫层38.68万平方米，20厘米厚4%水泥稳定级配碎石底基层30.61万平方米，36厘米厚5%水泥稳定级配碎石基层30.56万平方米，7厘米厚下面层28.29万平方米，5厘米厚中面层31.34万平方米，4厘米厚上面层31.34万平方米，透层29.99万平方米，黏层59.64万平方米，中央分隔带填土1.71万立方米，培路肩2.36万平方米，混凝土预制块加固土路肩2.83万米，混凝土预制块加固土路肩2.47万米，28厘米收费站水泥混凝土路面板2160平方米。

工程于2004年5月20日开工，2005年9月10日竣工。工程质量评定为合格。2006年，工程获兵团优质工程“昆仑杯”奖。

（七）阿荣旗至北海线陕西境内小河至安康高速公路南段路基桥隧工程第十九合同段

2005 年 10 月 15 日，北新路桥公司中标阿荣旗至北海线陕西境内小河至安康高速公路南段路基桥隧工程第十九合同段，合同价 16530 万元。全长 6.1 千米，主要工程量为路基挖方 146 万立方米，路基填方及路床换填 12 万立方米，防护及排水工程 8 万立方米，便民桥 4 座，通道桥 1 座，大桥 19 座 4795.09 米，中桥 13 座 983.22 米，隧道 1 座，立交桥 1 座。

工程于 2005 年 12 月 10 日开工，2007 年 12 月 10 日竣工。质量等级为合格。2011 年，工程获兵团优质工程“昆仑杯”奖。

（八）西部开发省际公路通道重庆绕城高速公路北段第八合同段

2005 年 12 月 21 日，北新路桥公司中标西部开发省际公路通道重庆绕城高速公路北段第八合同段，合同额 16255 万元。该项目全线长 5.13 千米，主要工程量为路基挖方 159 万立方米，填方 77.64 万立方米，中桥 82.62 米 /1 座，大桥 856.982 米 /3 座，互通 1 处，匝道桥 522.15 米 /3 座，水泥稳定碎石垫层 37 万平方米，水泥稳定碎石底基层 38 万平方米，涵洞 562.07 米 /10 道，重力式挡墙 6 座，抗滑桩 320 米，小型预制构件预制及安装 10021 立方米。

工程于 2006 年 4 月 26 日开工，2008 年 12 月 31 日竣工。工程质量等级为合格。2011 年，工程获重庆市“巴渝杯”优质工程奖、自治区优质工程“天山杯”奖。

（九）绥满国道主干线博克图至牙克石高速公路土建工程第十一合同段

2008 年 8 月 14 日，北新路桥公司中标绥满国道主干线博克图至牙克石高速公路土建工程第十一合同段，合同额 9850 万元。工程全长 7.02 千米，主要工程量为路基土石方填筑 187.05 万立方米，主线路基土石方开挖 17.43 万立方米，扎墩河水库 1 号大桥长 306 米，小桥 2 座，盖板涵 8 道，边坡覆土植草防护 14 千米。

工程于 2008 年 8 月开工，2012 年 10 月 8 日竣工。工程质量等级为合格。2014 年，工程获建工师优质工程“建工杯”奖。

（十）呼和浩特市国道 209 线和林格尔至清水河段一级公路项目第三标段工程

2009 年 12 月 30 日，北新路桥公司中标呼和浩特市国道 209 线和林格尔至清水河段一级公路项目第三标段工程，合同额 8757 万元。工程全线长 18.1 千米，主要工程量路基挖土 65.82 万立方米，填土 77.42 万立方米，大桥（单幅长度）424 米 /2 座，中桥 65.6 米 /1 座，1 米 ×13 米小桥 5 座，盖板涵 16 道，圆管涵 25 道，铸铁管涵 10 道，浆砌片石防护工程 7.3 万立方米。

工程于 2010 年 4 月 15 日开工，2013 年 12 月 21 日竣工。工程质量等级为合格。2014 年，工程获建工师优质工程“建工杯”奖。

（十一）湖南省炎陵至汝城高速公路第十七合同段

2009 年 12 月 8 日，北新路桥公司中标湖南省炎陵至汝城高速公路项目第十七合同段，合同价 20775 万元。该项目全长 5.21 千米，主要工程量为路基挖方 33.94 万立方米，其中挖土方 17.24 万立方米，挖石方 9.80 万立方米，挖除非适用材料（包括淤泥）6.9 万立方米，路基填方 52.3 万立方米，结构物台背回填 3.48 万立方米。大桥 823.87 米 2 座，中桥 46 米 1 座，小桥 44.5 米 2 座，天桥 63.45 米 1 座。钢筋混凝土盖板涵 201.6 米 7 道，钢筋混凝土盖板结构通道 91.25 米 3 座。

工程于 2009 年 12 月 1 日开工，2010 年 12 月竣工。工程质量等级评定为合格。2015 年，工程获兵团优质工程“昆仑杯”奖。

二、铁路工程

（一）青藏铁路第二十一标段

2002 年 2 月，兵团建工集团中标青藏铁路第二十一标段，合同造价 1.96 亿元（不含线下站后房建工程）。主要工程量为完成路基 42.35 千米，大桥 6 座、中桥 8 座、小桥 13 座，涵洞 94 座，浆砌片石 8 万立方米，混凝土 6.5 万立方米。

工程于 2003 年 4 月 1 日开工，2004 年 6 月 26 日竣工，工程质量等级为合格。2004 年，工程获铁道部“火车头”奖。

（二）大理至丽江铁路项目土建工程

2005 年 8 月，北新路桥公司中标大理至丽江铁路项目土建工程，合同价 7669.82 万元。合同段全线长 11.31 千米，技术标准为铁路等级一级。主要施工项目为路基、小桥、涵洞、浆砌片石、混凝土。

工程于 2004 年 12 月 16 日开工，2009 年 9 月 15 日竣工。工程质量等级为合格。

2009 年 9 月 28 日，北新路桥公司承建的大理至丽江铁路开通运营暨列车首发仪式会场（沈玉良 摄）

（三）太原至中卫至银川 ZQ-V 标段铁路工程

2006 年 8 月，兵团建工集团中标太原至中卫至银川（简称太中银铁路）ZQ-V 标段铁路工程，合同价 97713.92 万元。其中，兵团四建承建红寺堡一级泵站、麻黄沟特大桥空心墩工程，兵团五建承建青银高速特大桥连续箱梁工程，兵团六建承建沙疙瘩特大桥连续箱梁工程、辛家湾特大桥现浇箱梁工程、红寺堡中桥连续箱梁工程，兵团八建承建 1.55 千米隧道工程。

工程于 2006 年 8 月 25 日开工，2010 年 10 月竣工。工程质量等级为合格。2011 年，兵团六建承建的沙疙瘩特大桥获建工师优质工程“建工杯”奖。

（四）巴彦乌拉至新邱铁路工程

2009 年 5 月，兵团建工集团中标巴彦乌拉至新邱铁路工程，合同价 19428 万元。工程线路总长 32 千米，主要工程量为路基土石方开挖 59.22 万立方米，路基土石方填筑 214.854 万立方米，路基附属土石方 11.908 万立方米，大桥 4 座，中桥 4 座，盖板箱涵 103 道，站场工程建筑面积 1627 平方米。

工程于 2009 年 5 月 15 日开工，2014 年 11 月竣工。工程质量等级评定为合格。

第十一章　施工管理

兵团建工集团施工管理工作由总工程师直接领导，工程管理部统一管理，主要负责总公司的施工技术管理、工程质量监督、施工环境保护、新技术应用、安全生产等工作。所属企业及各项目部建立完整的质量安全体系，在施工现场实施标准化管理，开展创建“安全文明工地”活动，导入 CI 管理系统，使项目部施工现场达到“布局合理、功能完备、环境整洁、物流有序、设备完好、生产均衡”标准。通过标准化管理，确保工程质量、树立企业品牌、展示企业良好形象。

第一节　管理机制

一、机构设置

1992 年 8 月，农垦建安总公司成立工程管理部，主要负责直属项目部和分公司承建工程施工技术和质量检查工作。

1994 年，工程管理部改为施工技术部、工程监理部。工作重点是抓好兰新铁路复线工程建设过程中的现场管理、项目管理、成本控制、技术管理、施工环境保护、工程资料管理。

2000 年，施工技术部改称为质量技术安全部。

2008—2014 年，兵团建工集团撤销质量技术安全部，成立质量技术管理部、安全管理部，隶属总工程师办公室管理。

2015 年，兵团建工集团设质量安全管理部，负责工程质量管理、安全生产管理、科学技术的推广应用管理。总工办负责协调集团所属企业施工管理工作，督促所属企业建立完整的质量安全体系。同时定期编报各种质量快报。

二、技术管理

1993 年，农垦建安总公司总工程师负责施工技术管理工作。总工程师全面负责所属企业及直属项目部的施工技术管理、工程质量管理、安全生产管理、工程技术档案资料管理、新技术应用、试验管理等。制定适应企业发展的各项技术管理办法。按照“谁主管、谁负责”的质量工作原则，科学组织，保证施工过程符合技术规范要求。建立主任工程师例会制度，定期检查评比制度。

1997 年，兵团建安总公司施工技术部根据施工需要制定出各项施工技术管理制度。所属企业形成总工程师、职能科室、基层施工技术员的三级管理模式。

2000—2002 年，兵团建工集团总工办制定《施工组织设计制度》《施工方案技术措施制度》《工程技术档案制度》《技术交底制度》，技术管理工作日趋规范、严谨。质量技术安全部协助各企业及直属项目部做好开工前的技术准备工作和全过程的技术指导管理工作。一方面指导各企业对关键施工部位的主要操作人员进行培训，满足相应技术操作水平；另一方面通过不定期质量检查，及时纠正各种违章指挥、违章操作以及倾向性问题。指导各企业严格履行质量自检、互检、交接检的“三检”制度，及时进行工程隐检、预检，并督促有关人员做好分部分项工程质量评定，确保工程顺利进行。

2008 年，兵团建工集团质量技术管理部针对相关技术管理工作制定相应的管理制度。根据管理规定所属企业加强技术管理工作，建立健全各种施工管理制度及措施。主要分为八个部分，分别是：

技术准备工作。各项目部在承建每项工程项目时，首先应认真勘查施工现场，根据现场条件和工程特点编制组织设计。做好设计交底，参加业主组织的图纸会审，编制施工预算，技术交底，安全交底，以确保工期目标、质量目标。办好开工申请计划和开工许可证。对待特殊工程要进行技术培训，签订质检合同。其次是根据工期和质量目标编制施工进度、劳力、周转材料、机械设备、成品、半成品、主要材料等计划，定位测量放线，修建临时设施，调配劳力，组织材料，半成品、机械、设备、机具进场安装检验试运转。上述准备工作就绪后，由施工单位写出开工报告呈报施工管理部门盖章，经单位总工程师审批，报质监站批准方可开工。

图纸会审。项目部接到施工图纸后，组织施工人员熟悉设计要求，了解设计意图，审核工程量，做好会审记录。图纸会审由建设单位代表，设计人，施工单位主管领导、技术员、检查员、预算员及单位施工技术管理部门相关人员参加。重点工程项目进行图纸会审，施工单位总工程师和主要领导必须参加。图纸会审纪要经设计、建设单位、施工单位三方签字后各方遵照执行。

施工组织设计。在编制施工组织设计上，动用网络排列技术，工程项目经理和主任工程师，施工技术员贯彻统筹规划，科学组织施工，建立正常秩序。根据合同工期科学安排施工工序，规定技术标准，抓住关键部位，现场施工及时调整人力、物力、资源。在保证质量的前提下，加快施工进度，按期或提前完工交付使用。

施工技术交底。严格实施技术交底制度，施工人员对施工图纸、施工方案、操作方法、材料配合比、质量要求、安全措施等做到心中有数。施工技术人员做好记载施工资料日志工作。对开工、竣工时间、工程进度、技术处理、事故处理措施、技术要求、设计变更、隐蔽工程、验收情况、质量情况、气候情况、施工勘测资料、施工方法、机械化程度、使用的主要材料、施工组织、工地检查、试验结果等进行记载。

隐蔽工程检查。严格执行工序交接和验收制度，尤其是隐蔽工程的验收记录必须由甲方代表签字。上道工序施工的产品被下道工序埋设的工程为隐蔽工程。工程在埋设前必须按级别检查，验收签字后方可埋设。具体要求是:项目部施工技术员检查合格并填写隐蔽工程记录，交质检员复查、签字、上报上级部门负责人签字。无签字手续，任何人不得施工；若违章施工，必须扒开重建，造成的损失由指挥者负责。

材料试验检查。施工材料检查人员严格按照有关检查工作的规定履行职责，检验、试验、测试钢材、水泥、红砖、沥青、油毛毡、预制构件时，必须验证是否有出厂试验合格证和试验报告单。对砂石料、片石等材料验证时必须验证是否有合格试验报告。有需要代换的材料，必须由公司质检部门和甲方代表审定签字认可后，才能代换使用。

工程资料档案。工程交验完后及时填写施工技术总结报告，特别是新工艺、新技术、新材料使用的成功经验与不足之处和有待改进的方面。工程施工交验后一个月内,将工程档案资料整理成册，移交有关部门存档，办理工程移交手续和认证手续，及时准确地做好工程决算等资料。

文明施工现场管理。施工现场均按批准的总平面进行布置,任何人不得随意改动。各种标志牌、指示牌、警示牌需规范制作,悬挂位置正确、整齐、牢固、醒目。现场办公室场所清洁卫生,各类图表、质量保证体系、安全生产责任制，工程管理机构示意图等全部贴上墙。安全通道内禁止堆放材料，消防器材配备齐全、有效，并在存放处设有标志。当日工作当日完，做到工完料尽场地清，未用完的材料按指定位置堆集，机械设备保养、清洁。管好电源，配电箱拉闸上锁。

2012 年，兵团建工集团总工办在施工管理制度及措施八个方面的基础上，补充工程竣工后回访工作制度。工程竣工交付后，项目部负责制订保修期内的回访计划，填写竣工工程回访计划表，上报工程管理部统一审核。回访计划由施工项目部负责实施。回访中如果发现质量问题，由项目部提出处理措施，报总工程师批准后实施，限期完成，并请业主验证确认。保修结束后，由工程管理部负责对工程回访计划执行情况进行总结，如果发生保修事项，将保修效果的验证结论记录在工程回访保修记录中，保修期内的质量记录整理成册后存档，执行记录控制程序。

集团所属企业接到业主关于工程质量方面的投诉后，及时与工程管理部沟通，并报告总工程师，由总工程师根据投诉问题的性质严重程度，制定单位或者部门提出处置方法和实施措施。属公司方责任的，责成项目部负责无偿保修，直至业主满意。属业主方责任的，应向业主说明情况，分清责任，与业主协商处理。

2013—2015 年，兵团建工集团技术管理工作严格遵守 8 项技术管理制度及工程竣工回访制度，全面负责工程施工技术管理工作。

三、技术培训

1992—1995 年，农垦建安总公司技术培训主要包括两个层次的培训，分别是专业技术工人的培训和技术管理人员的培训。建筑施工企业利用冬季停工时间举办各类培训班。培训时间 10 ～ 12 天为一期，授课内容以单项专业技术培训为主。授课教师聘请理论知识和实际经验较高的新疆工学院，自治区建委及兵团职业培训中心讲师授课。

1996 年，兵团建筑安装总公司开始对职工开展技术培训，提高职工的专业技术素质。根据国家规定的职业工种目录要求，把预算员、试验员、施工员、质量员、会计员、安全员等专业的办证工作作为经常性培训内容，定期参加自治区、兵团、乌鲁木齐市培训机构组织的岗位培训，做到持证上岗。开展技术工人持证上岗及提高职业等级的等级培训，使企业技术工人上岗率始终保持在 100%。组织提高实战技能的内部培训，根据实际需要以及工作侧重点不同，组织相关内部培训，提升专业技术岗位工作人员实际操作能力。6—8 月，所属企业特种机械分公司先后选派优秀员工到北京市政公司学习沥青拌和机械操作，去日本学习沥青拌和设备管理，去四川浃江水工机械厂学习混凝土泵操作等，及时掌握机械设备操作的基本技能。

1998 年，兵团建安总公司把职工技能培训工作重点放在特种机械分公司，推动企业职工技能整体水平提高。先后举办 12 期 482 人次职工培训班。其中，设备保养培训 31 人，液压系统知识培训 45 人，沥青拌和专业设备知识培训 26 人，液压传动基础知识培训 26 人，物资管理知识培训 46 人，机械设备管理培训 46 人，工程预算培训 47 人，道路施工技术培训 39 人，财务知识培训 21 人，燃油基础知识培训 24 人，电工基础知识培训 31 人，全员职工综合知识培训 100 人。

1999—2000 年，兵团建安总公司开展专业技术岗位对口培训工作。先后开设会计电算化，水利水电工程造价，劳动监察、安全员、厂长经理安全证，项目经理，施工员、质检员、试验员、统计员、预算员、材料员、测量员、劳资定额员、机械管理员，公路工程管理，微机操作 7 个班次的培训工作。

2001—2007 年，兵团建工集团根据质量体系文件的要求，结合所属企业上报的培训需求计划，编制职工培训计划。职工技术培训正式被纳入企业计划管理之中，集团公司逐步建立健全职工培训管理制度。职工每年冬季的培训主要由各个企业组办，集团公司给予协调配合，委派集团公司专业人员给学员授课。2006 年 4 月，20 名技术管理人员赴上海建工集团挂职培训，学习时间为 5 个半月。

2010 年，兵团建工集团所属企业加大职工专业技能知识培训力度。兵团建工一建组织职工参加施工、质检、资料员、物资供应等各类培训 44 期 1366 人。兵团四建组织职工参加各种岗位技能培训 540 人。兵团五建对 1893 名职工进行施工专业技术培训。兵团六建组织“八大员”换证和特殊工种专业培训，全年举办 8 期培训班 732 人参加培训。兵团八建组织职工参加外部培训 98 人次，内部培训 628 人次。兵团路桥总公司组织职工参加外部培训 227 人，内部岗位培训 853 人。

2014 年 1 月 15 日，兵团建工集团举办清华大学建筑施工企业项目经理高级研修班正式开学，所属各企业选派副总经理、总工程师和大型项目的项目经理 122 人参加培训。研修班设 160 个学时，为期 20 天，清华大学等高校学者、教授、业内知名专家等人就特许经营项目（BT/BOT/PPP）融资，工程项目计划与控制及施工组织设计编制与方案优化，全面预算管理与成本控制、工程项目的总承包管理等 10 个专题进行授课。

2015 年，兵团建工集团组织 120 人参加清华大学建筑施工企业项目经理高级研修班，为期 16 天 160 个学时。全年累计参加培训 600 人次，其中 20 名企业领导参加上海建工集团组织为期 8 天的培训学习。

第二节　工程项目管理

1992—1995 年，农垦建安总公司设铁路项目部、公路项目部、水利工程项目部、工业和民用建筑工程项目部、设备安装项目部。实行以工程项目管理为核心的企业生产经营管理体制。项目部成为公司派往工地现场的专门组织机构，负责全面履行工程施工合同及招标文件所规定的权利和义务。在工程施工中，项目经理是企业法定代表人在项目上的委托代理人，在授权范围内代表总公司对业主负责，同时对企业负责，保证施工项目按规定目标全面完成。

1996—1999 年，兵团建安总公司出台工程项目施工管理办法，制定项目经理部管理实施细则，进一步完善施工项目管理。项目经理、主任工程师负责施工技术、经营管理。施工项目严格按照质量技术标准、合同工期或业主变更的交工日期，按照公司下达的经营责任目标优质高效地完成，以获得良好的社会效益和最大的经济收益。

2001 年，兵团建工集团下设 11 家全资子公司，在工程施工中全面推行项目管理。在工程项目施工过程中，明确细化工程项目负责人是工程项目质量管理第一责任人，负责工程施工过程中的质量管理工作,对工程质量负有直接责任。项目总工程师(主任工程师)负责项目具体的质量管理工作,是工程项目质量管理责任人,负责技术管理。施工管理人员对所负责的分项工程质量负有直接责任。直属项目部设立专门的工程质量管理机构，配齐专职质量检查人员，专职质量检查人员按照法律法规的要求取得相应资格，做到持证上岗。项目部全面完成集团公司下达的各项经济、技术质量和安全生产指标，按时并足额上缴各项费用。

2005 年,兵团建工集团加强工程项目施工管理力度,建立企业项目经理信用等级制度。制定《项目经理信用考核管理办法》，定期对所属企业项目经理实行施工现场管理、资金管理、信息管理和组织协调，合同管理考核，并将项目经理信用登记考核结果作为其薪酬分配、聘用、福利待遇等确定的依据。两次信用考核为优秀的项目经理，按照划分的项目等级标准作为高一级项目的项目经理拟聘人选。连续两年信用考核为优秀的一级项目经理作为晋升高级管理人员的后备人选。信用考核为被考核人 20% 比例的末位项目经理将予以降级（按照公司划分的项目等级标准作为低一级项目的项目经理聘用人选）或调离工作岗位。

2006 年，兵团建工集团逐步完善合作经营项目的管理。对合作经营单位采取委派项目经理、主任工程师、经营核算和会计人员。项目经理采取内部竞聘或指定委派的方式进行，项目经理部根据规模大小和施工难易程度一般控制在 2 ～ 5 人，管理费用一般由合作方负担，明确外派项目经理、财务会计制度监管责任和经济责任，对项目经理签订项目管理经济责任书，对合作单位一律采用先签订合同后实施的管理程序，以契约的方式明确双方经济责任，履约保函、税务和风险责任。特别是必须满足主合同规定的全部条款承诺和履行等内容，对工程项目的价款、上缴管理费、财务及资金、税金、工程进度、工程质量、工期、保修和缺陷期责任，工程试验单位费用，经营核算各项进行监管。保证工程的工期目标和工程质量和经营、财务核算任务的顺利开展。

2007 年，北新路桥公司推出工程项目管理新措施，具体做法是实施“三个集中”，增强集中掌控能力。即探索和推行实施资金集中，实施利润集中，实施会计核算集中；强化“三个落实”，即强化方案落实，预算落实，队伍落实；在日常工作中做到“四个不许”，即施工方案未经审定的项目一律不许开工，预算未经批准的项目一律不许拨款，未经要求培训的员工一律不许上岗，未签订合同劳务工队伍一律不许进场；推进“三个责任”，即推进责任收入管理，责任成本管理，责任利润管理，切实提高企业整体经营质量和项目创利水平。

2013 年，兵团建工集团重新修订《兵团建工集团工程质量监督管理办法》，明确各个企业项目部质量管理工作职责不得少于 7 个方面的内容，根据集团每年年初下达的年度质量目标，制定本单位质量创优工作目标及措施，努力实现本单位工程的创优目标。编制本单位工程质量检查计划，建立工程质量台账，如实填写质量事故报表，及时上报集团质量技术管理部。

2015 年，兵团建工集团所属企业直属项目部建立并实施工程项目施工质量管理制度，对工程项目施工质量管理策划、施工设计、施工准备、施工质量和服务予以控制。集团总工办对所属企业，直属项目部的施工质量管理进行定期和不定期的监督、指导、检查和考核。每年定期监督、指导、检查不少于 2 次。所属各企业、直属项目部按照兵团建工集团制定的《工程质量监督管理办法》实施工程项目管理策划，包括质量目标和要求，质量管理组织和职责，施工管理依据文件、人员、技术、施工机具等资源的需求和配置，场地、道路、水电、消防、临时设施规划，影响施工质量的分析及其控制措施，进度控制措施，施工质量检查，验收及其相关标准，突发事件的应急措施。

第三节 开展“安全文明工地”活动

1996 年，兵团建安总公司开展创建“安全文明工地”活动，工程管理部健全文明施工生产管理制度。项目部强化现场建设，施工道路全部硬化，设置门卫房、封闭大门。在施工现场挂设醒目的安全标语横幅，在办公区挂置各项规章制度、网络体系、总进度计划牌，在施工区挂置安全警示标牌。

1999 年，兵团建安总公司下辖分公司、项目部开展创建“样板工地”活动。其中，特种机械工程分公司承建的西安绕城高速公路项目部被建工师评为“样板工地”。

2003—2005 年，兵团建工集团质量技术安全部制定《文明施工现场管理规定》，所属企业对工程施工现场管理做出明确要求，工程项目部开展文明施工现场活动。兵团建工集团以“文明工地评分标准”为指导，全面推进“样板工地”创建工作。所属企业全面负责施工安全文明现场管理工作，开展“样板工地”活动，抓好施工现场标准化管理。坚持生产区规范化、办公区标准化，各施工现场大门口统一标识，现场区内设“六牌两图”，统一员工的安全帽、工作服、胸卡。项目部为施工人员印发具有专业性、针对性的安全操作规程，定期进行安全知识教育。

2010—2012 年，兵团建工集团所属企业继续开展安全文明工地建设。在创建安全文明标准化过程中，严格导入 CI 管理系统，严把安全关，制定《工地宣传工作规范》《文明工地创建标准和规范》，在各个施工项目部推行。兵团建工集团总工办根据《VI 视觉识别规范》，将文明施工规范内容刻录成光盘下发各企业项目部。

2013 年 4 月，兵团建工集团印发《深入开展创建文明工地活动实施方案》。成立创建文明工地活动督导组，施工现场管理达到文明工地规范化；工程质量目标明确、制度齐全、责任到人，工地健全质量保证体系。倡导文明施工、操作规范，建立完善长效管理机制，服务指导下属企业提升公司管理和文明创建水平。

2015 年，兵团建工集团采取综合施工现场管理，根据各企业施工计划，督促检查施工项目部的综合组织施工现场管理，以及各工种、劳动力配置，工程施工的生产、质量、安全、成本材料的管理，企业工程现场管理逐步形成文明施工现场标准化。

2007 年，兵团建工集团所属企业开展安全文明工地建设。图为施工现场标准化管理　（第十一师史志办　供稿）

2005—2015 年兵团建工集团承建工程获“安全文明工地”称号统计表

表 11-3-1

工程名称	开竣工时间	获奖时间（年）	获奖等级	监理单位
兰州军区乌鲁木齐总医技外科楼	2005.9—2007.7	2006	自治区建筑安全文明施工现场	新疆泽强监理公司
干旱区资源与环境科技综合研究平台工程	2009.3—2009.11	2009	兵团文明工地	新疆建院工程监理咨询公司
兵团医院内科病房楼	2010.6—2011.11	2010	兵团文明工地	新疆昆仑工程监理公司
兵团医院内科病房楼	2010.6—2011.11	2011	乌鲁木齐市安全生产文明工地	新疆昆仑工程监理公司
卡子湾兵团公务员住区 C 组团（1—8 号）	2012.7—2012.11	2011	兵团文明工地	新疆昆仑工程监理公司
新疆缔森君悦海棠 B 区住宅工程（7 栋）	2010.9—2011.12	2011	昌吉州建筑安全文明工地	新疆建筑科研工程监理公司
新疆缔森君悦海棠 A 区住宅工程（16 栋）	2010.7—2012.9	2011	昌吉州建筑安全文明工地	新疆建筑科研工程监理公司
青河综合治理安置工程 A 区	2012.5—2013.6	2012	自治区安全生产文明工地	新疆工程监理公司博乐分公司
五家渠市五金建材 D 座	2013.7—2014.6	2013	兵团建筑施工安全生产文明工地	新疆昆仑工程监理公司
五家渠市北新佳境住宅区 3 号、6 号楼	2013.1—2015.12	2013	兵团建筑施工安全生产文明工地	五家渠新宇工程监理有限公司
新疆华域龙湾 D 地块 D1 号楼	2013.1—2015.12	2014	乌鲁木齐市建筑施工安全生产文明工地	新疆昆仑工程监理公司
北新佳境小区 11—12 号住宅楼	2014.4—2014.11	2014	兵团建筑安全文明工地	新疆建科院工程监理公司
北新集团大厦项目	2014.4—2016.8	2015	自治区建筑安全文明施工现场	新疆昆仑工程监理公司
新疆经济报社大厦	2014.5—2016.10	2015	兵团建筑安全文明施工现场	兴教建设监理公司
职工集建房 70—71 号高层	2014.5—2015.11	2015	兵团建筑安全文明工地	新疆昆仑工程监理公司
华域龙湾 A 地 1—2 号楼	2014.5—2015.12	2015	兵团建筑安全文明工地	卓越监理公司哈密分公司
石河子二医院项目	2014.10—2016.11	2015	兵团建筑安全文明工地	石市天一服务工程监理公司

第四节　施工环境保护

1996 年，兵团建安总公司承担南疆铁路西延工程库尔勒至喀什段全长 975 千米铁路的土石方工程、涵洞工程和站后房建，部分桥梁工程。在铁路建设中南疆铁路工程指挥部与基层单位签订环境保护责任书，在施工现场悬挂环保横幅、张贴标语，在职工驻地利用广播宣传筑路工程环境保护工作的重要性。

1999年，兵团建安总公司特种机械工程分公司承建西安绕城高速公路北段工程。西安绕城高速公路工程穿过人口较密集的西安市郊区，项目部把环境保护措施与施工同设计、同组织、同实施。建立环境保护体系，采取防止噪声扰民、土壤污染、粉尘污染等措施。针对机械设备在运行过程中的跑冒滴漏问题和车辆修理、保养过程中废油管理问题专门制定强制性措施，杜绝油料污染土地。在路基施工中根据施工方案可以就近取土，但占用大量耕地，项目部考虑珍惜耕地的价值，取消就近取土的方案，向业主提出申请用灞河砂砾填筑路基的施工方案，得到业主的赞同，避免占用耕地。

2001年，兵团建工集团环境保护管理监督职能由工程质量管理部承担，把环境保护指标纳入项目管理考核内容中。工程施工环境保护的主要措施：在施工组织设计中采取的施工方案、技术方案必须符合有关环境保护的法律法规和当地政府环境保护要求。在工程施工中，环境污染集中在材料运输过程中产生的扬尘，混凝土生产时产生的噪声，施工中产生的建筑垃圾，沥青生产时产生的有毒气体。项目部严格按照施工组织设计的环境保护措施施工，对施工材料运输过程中产生的扬尘，主要采取洒水、遮盖措施；对混凝土生产时产生的噪声，主要采取建混凝土拌和站集中生产混凝土；对沥青生产时产生的有毒气体，建立沥青站集中生产沥青混凝土，生产区应尽量远离居住区。

2003年，兵团建工集团承接青藏铁路第二十一标段。在青藏铁路施工过程中，指挥部与当地环保部门取得联系，采取有效措施保护一草一木及野生藏羚羊。在藏羚羊每年迁徙的必经之路，改变路基设计方案为高架桥，给藏羚羊留下安全通道。为了减少施工对生态环境的影响，青藏铁路施工场地、便道、砂石料厂的选址都经过反复踏勘，尽量避免破坏植被。那曲河有很好的砂石资源，如果就地采挖可省去许多费用，但考虑到会对那曲河流域生态造成破坏，项目部在距离施工现场20千米的无植被区建立采石场。针对42千米的施工便道，施工人员把草皮一块一块铲开，平铺在路边，定期淋水养护，工程完成后再将草皮铺回原处恢复植被原貌。青藏高原地下水丰富，施工中挖掘机随时可以挖出水坑。为防止水污染，施工中采用旋转挖钻机进行钻孔，产生的废水全部经过沉淀和隔油处理后，用于喷洒路面除尘。生活污水也都经过处理后再排放。

2004年，兵团建工集团根据《职业健康安全管理体系》（GB/T 28001—2011）建立职业健康与环境管理体系，明确“预防为主、全面控制生产危险，强化监督遵守相关法律法规；以人为本实现健康安全施工；环保节能积极倡导清洁生产；科学管理实现绩效持续改进”的职业健康与环境管理体系方针，制定噪声排放达标、粉尘排放达标，固体废弃分类率80%环境管理目标和指标。

2009年，兵团建工集团承接星星峡至哈密公路建设，北新路桥公司在施工中革新原有织物覆盖重复洒水的设计要求，使用一次洒水养生复合土工膜覆盖的新型工艺，使蒸发水分在复合膜中循环利用。这种养护适合干旱缺水、温差、风沙大等恶劣环境，被业主作为技术样板，在全线推广。

2010年，北新路桥公司在江西德兴至南昌高速公路施工过程中，树立文明规范化施工理念，将路基清表杂物分类堆放，清表的淤积土、腐殖土用于绿化工程，既做到环保施工，又保证工程质量。

2015年，兵团建工集团根据环境管理体系要求，修订完善《兵团建工集团环境管理方案》，所属企业项目部在施工中对路堑边坡采取挡护或种草皮、喷草籽进行防护，对路堤边坡同样采取上述方法防护，以防止水土流失。车辆运输过程中采用密封罩布措施，控制粉尘污染。

第十二章　工程质量

兵团建工集团在企业发展过程中，重视工程质量监督管理工作。制定企业质量目标和管理实施办法，定期进行质量安全检查，开展创建标准化工地活动，全面提升企业质量管理水平。工程优良率均达到81%，合格率100%。

截至2015年，兵团建工集团承建工程先后获中国建筑工程“鲁班奖”4项，中国土木工程“詹天佑奖”4项，“全国市政金杯示范工程”4项，国家优质工程奖5项，中国水利工程“大禹奖”1项。其中承建的青藏铁路工程获“国家科学技术进步特等奖”。

第一节　质量管理

1993年，农垦建安公司成立工程监理管理部，建立质量管理责任制度，明确工作目标，完善检查检测手段，把工程质量管理纳入经营承包的首要地位。制定工程质量管理责任制，对施工单位进行规程、规范、工序、工艺、标准、计量、检验等方面的技术培训、技术指导和质量意识方面的教育。

1995—1999年，兵团建安总公司承建乌鲁木齐市西虹路立交桥、乌鲁木齐市克拉玛依东路立交桥、乌鲁木齐市苏州路立交桥建设。在施工过程中工程监理部实施有效监管，及时检查工程质量，消除各类质量隐患，重点抓工程质量管理。3座立交桥经乌鲁木齐市质量监督站检查被评定为优良工程。公司工程质量优良品率从1996年的25.3%提高到1999年的52.5%。

2003年，兵团建工一建承建的新疆体育中心综合训练馆获“自治区安全文明工地”称号　（方正堂　摄）

2001年，兵团建工集团加强质量检查工作，各项管理机构逐步健全，出台各项规章制度，工程质量管理步入规范化的轨道。各企业均建立工程质量行政领导负责制和质量保证体系，实行目标管理，企业在下达经营任务的同时下达施工质量目标年度计划，施工单位自觉接受上级质量部门监督，加强质量控制，设置质量管理区。主任工程师定期组织施工人员进行质量检查，开展各种形式的质量安全竞赛活动，全面开展质量管理工作。

2003 年，兵团建工集团获北京天一认证中心质量 / 环境 / 职业健康安全管理体系认证证书。工程技术部具体负责所属企业质量管理工作，确保质量管理体系的有效运行。根据施工工程质量情况，客观评价企业施工产品的整体质量水平，分析企业工程质量水平发展趋势，对企业不良质量发展状况进行分析，确定影响因素，识别质量改进的需求，向集团高管层提出质量改进的建议并组织实施质量管理决定。审核新开工项目施工组织设计，对所属企业施工项目工程质量事故进行调查分析，并提出整改建议和处罚措施。

2008—2010 年，兵团建工集团认真执行质量体系标准，将质量、职业健康安全和环境三个管理体系纳入标准程序，保证质量体系有效运行和不断改进。推行《兵团建工集团建筑工程争创优质工程活动实施办法》，兵团建工集团与各个企业签订质量责任书，确保施工全过程处于受控状态。集团公司质量管理部门组成检查小组到所有在建工程进行检查、指导，制止和预防不良行为和违规操作。

2013 年，兵团建工集团总工办根据国家、自治区、兵团有关建筑工程、铁路工程，水利水电工程、公路工程、市政工程等质量管理的标准、规范及其相关规定，重新修订《兵团建工集团工程质量监督管理办法》。严格落实安全质量工作目标责任制，加强现场检查力度和隐患排查治理，实现年初签订的质量安全责任目标。

2015 年，兵团建工集团总工办对所属企业、直属项目部所承建工程实施质量监督管理的职能部门，负责建立兵团建工集团质量管理与控制网络，对所属企业、直属项目部所承建工程的质量进行监督、检查与指导。全年所属企业完成竣工工程 206 项，一次交验合格率 100%，顾客满意率 98%。其中，兵团建工一建施工的新疆气象局业务楼工程、中国石油独山子石化分公司改扩建炼油及新建乙烯工程获国家优质工程奖。

第二节　优质工程

1993—2017 年，兵团建工集团承建工程先后获中国建筑工程“鲁班奖”4 项，中国土木工程“詹天佑奖”4 项，“全国市政金杯示范工程”4 项，国家优质工程奖 4 项，中国水利优质工程“大禹奖”1 项。其中，承建的青藏铁路工程获“国家科学技术进步特等奖”。

2000—2017 年兵团建工集团获国家级、行业级优质工程统计表

表 12-2-1

单位	工程名称	类别	规模	工程造价（万元）	开工时间	竣工时间	获奖时间	获奖名称
兵团建工集团	乌鲁瓦提水利枢纽工程	水利	3.33 亿立方米	159817	1995.1	2009.9	2010	中国水利优质工程“大禹奖”
	乌鲁瓦提水利枢纽工程	水利	3.33 亿立方米	159817	1995.1	2009.9	2011	中国土木工程“詹天佑奖”

续表 12-2-1

单位	工程名称	类别	规模	工程造价（万元）	开工时间	竣工时间	获奖时间	获奖名称
兵团建工集团	奎屯至北屯铁路盐田特大桥	铁路	137.20 千米	86000	2007.8	2009.12	2012	铁道部优质工程一等奖
	青藏铁路第二十标段	铁路	41.90 千米	36000	2003.5	2004.8	2008	国家科技进步奖
	兰新铁路第二双线 LXTJ9(新疆段)	铁路	40.48 千米	188000	2010.1	2014.10	2017	中国土木工程“詹天佑奖”
	兰新铁路第二双线 LXTJ9 标段芨芨槽子特大桥	铁路	40.48 千米	188000	2010.1	2014.10	2017	2015—2016 年度铁路优质工程一等奖
	兰新铁路第二双线 LXTJ9 标段鸿雁南路立交特大桥（新疆段）	铁路	—	—	2010.1	2014.10	2017	2015—2016 年度铁路优质工程二等奖
	西安绕城高速公路（北段）路面工程 M3 标段	公路	9.75 千米	5956	2000.4	2000.11	2004	中国土木工程“詹天佑奖”
北新路桥公司	乌鲁木齐市蜘蛛山隧道工程立交段 SC3 合同段（蜘蛛山互通式立交桥）	市政	2 千米	4988	2004.3	2004.9	2006	全国市政金杯示范工程奖
	巴楚县市政道路友谊北路、世纪大道	市政	5.80 千米	2472	2007.3	2007.9	2008	全国市政金杯示范工程奖
	渝湛国道主干线高桥至遂溪高速公路第九合同段	公路	4.90 千米	7850	2004.4	2005.5	2010	中国土木工程“詹天佑奖”
	吐鲁番示范区道路建设一期工程	市政	19.90 千米	6666	2012.8	2014.12	2014	全国市政金杯示范工程奖
	博乐市博河新区桥梁工程团结路桥新建工程项目	市政	0.70 千米	17740	2012.5	2013.7	2015	全国市政金杯示范工程奖
	巴基斯坦喀喇昆仑公路改扩建项目	公路	79.71 千米	39300	2008.7	2014.10	2016	2016—2017 年度第一批次国家优质工程奖
	金武高速公路延伸段金昌至阿拉善右旗（甘蒙界）公路建设项目	公路	20 千米	23898	2013.9	2015.9	2017	2017 年度优质工程“李春奖”
兵团建工一建	库尔勒铁路临管处综合楼	房建	29870 平方米	3000	1995.8	1998.11	2002	国家铁道部优质工程奖
	兵团机关综合楼	房建	66120 平方米	12736	2004.12	2006.9	2007	中国建筑工程“鲁班奖”
	莎车县市民综合服务中心	房建	55000 平方米	6500	2011.7	2012.9	2013	中国建筑工程“鲁班奖”

续表 12-2-1

单位	工程名称	类别	规模	工程造价（万元）	开工时间	竣工时间	获奖时间	获奖名称
兵团建工一建	新疆气象局业务楼	房建	13139.70 平方米	2233	2010.3	2012.5	2015	国家优质工程奖
	独山子国家石油储备基地工程	石油基地	场坪 22 万平方米	3000	2009.3	2011.6	2014	石油优质工程奖
	中国石油公司独山子石化分公司改扩建炼油及新建乙烯工程	石油基地	—	—	2006.4	2009.5	2015	国家优质工程奖
	中国移动新疆公司红光山通信生产基地综合楼	房建	82864 平方米	19200	2012.6	2015.7	2017	国家优质工程奖
兵团六建	石河子医科大学第一附属医院住院二部	房建	35500 平方米	6985	2004.3	2005.9	2006	中国建筑工程“鲁班奖”
北新国际公司	安哥拉社会住房项目 K.K. 一期项目	房建、市政	770000 平方米	400000	2008.12	2011.9	2013	2012—2013 年度中国建筑工程“鲁班奖”

2000—2015 年兵团建工集团获自治区优质工程“天山杯”统计表

表 12-2-2

单位	工程名称	类型	规模	工程造价（万元）	开工时间	竣工时间	获奖时间
北新路桥公司	国道 314 线和硕—库尔勒公路建设工程第五合同段	路基	11.80 千米	19000	2002.11	2005.9	2006
		路面					
	国道 217 线布尔津至克拉玛依（白碱滩）段公路改建项目土建工程	公路	27.94 千米	5029	2003.10	2005.9	2009
	兵团农十师克特公路额尔齐斯河大桥	桥梁	0.42 千米	1735	2005.10	2007.8	2010
兵团建工一建	新疆农业大学综合楼	框架 7 层	17328 平方米	2575	2000.9	2001.8	2002
	乌鲁木齐市环球会展中心	框架 3 层	8105.60 平方米	1242	2000.5	2002.11	2003
	乌鲁木齐市妇幼保健院综合业务楼	框架 12 层	15632.20 平方米	1886	2001.6	2002.11	2003
	乌鲁木齐市四十二中综合教学楼	框架 5 层	12314 平方米	1768	2001.10	2002.8	2003
	农业大学教职工住宅 14 号楼	砖混 6 层	3451.20 平方米		2003.4	2003.11	2004
	乌鲁木齐市红山体育馆	框架 3 层	15582.80 平方米	2000	2000.10	2002.11	2004
	克州文化体育局体育馆	框剪 2 层	11146.03 平方米	1488.19	2003.6	2004.8	2005

续表 12-2-2

单位	工程名称	类型	规模	工程造价（万元）	开工时间	竣工时间	获奖时间
兵团建工一建	兵团二中实验楼	框架 5 层	7823.94 平方米	860	2004.6	2005.4	2006
	新疆医科大学第一附属医院新病房楼	框剪 15 层	84086.36 平方米	10392	2004.4	2006.5	2007
	自治区工商局高层住宅楼	框剪 26 层	24612.15 平方米	14998.8	2005.6	2006.9	2008
	新疆公路规划设计院综合楼	框剪 17 层	19016.90 平方米	2588	2003.5	2007.9	2008
	中国移动公司新疆乌鲁木齐北京路机房楼	框剪 11 层	21987 平方米	6257	2007.5	2008.12	2009
	自治区残疾人康复教育中心综合楼	框剪 19 层	25021 平方米	4660	2006.3	2008.8	2009
	乌鲁木齐市广播电视技术中心	框架 5 层	18350.84 平方米	3433	2006.9	2009.6	2010
	中国移动通信集团新疆有限公司应急调度中心综合楼	框剪 6 层	9344.60 平方米	2413.33	2009.4	2009.12	2010
	乌鲁木齐妇幼保健院妇产医院综合业务楼	框剪 21 层	29621.52 平方米	4546	2007.11	2010.10	2011
	自治区教育信息业务楼	框架 11 层	14387.34 平方米	1050	2007.9	2009.8	2011
	新疆工商干部学校教学综合楼	框架 3 层	7740.46 平方米	1928.59	2011.4	2011.8	2012
	乌鲁木齐市第八中学教学楼、阶梯教室加层	框架 5 层	7472.34 平方米	1272.31	2010.5	2010.12	2012
	新疆气象局业务楼	框架 12 层	13139.70 平方米	2233	2010.3	2012.5	2013
	新疆林科院职工集资建房 2 号、3 号楼	全剪 18 层	12353.41 平方米	7684	2011.3	2012.7	2013
	自治区广播电影电视局集资建房 1—4 号	剪力墙 16 层	62910.01 平方米	11481	2011.11	2013.10	2014
	自治区气象局职工集资 1—2 号住宅楼	剪力墙 18 层	35193.24 平方米	8172.24	2012.9	2014.11	2015
	图木舒克市职工文化活动中心建设工程	框剪 16 层	42796.44 平方米	12532.77	2012.11	2014.1	2015
兵团四建	新疆医科大学综合教学楼一期工程	框架	5867.48 平方米	870.04	2002.5	2002.11	2003
	新疆医科大学临床教学实验楼	框架	14052 平方米	2250	2005.3	2005.11	2006
	乌鲁木齐市高新区北区工业园倒班宿舍二期	框剪	13854.21 平方米	5360.82	2013.5	2014.11	2015
兵团六建	石河子医学院一附院门诊楼	框架 7 层	7940.46 平方米	1336	2002.3	2002.12	2003
	石河子大学医学院第一附属医院住院二部	框架 19 层	30550 平方米	4895	2004.3	2005.12	2007
	中国人寿保险公司石河子分公司	框架 6 层	5160 平方米	738.20	2005.8	2006.12	2008

续表 12-2-2

单位	工程名称	类型	规模	工程造价（万元）	开工时间	竣工时间	获奖时间
兵团六建	石河子大学南区学生公寓楼二期工程	砖混 6 层	11269 平方米	894.98	2007.9	2008.5	2010
	石河子大学公共教学楼（第一标段）	框架 5 层	34126 平方米	2893	2007.9	2009.8	2010
	石河子大学图书馆扩建工程	框架 5 层	12979.80 平方米	1340.31	2009.8	2011.4	2012

2000—2015 年兵团建工集团获兵团优质工程“昆仑杯”统计表

表 12-2-3

单位	工程名称	类型	规模	工程造价（万元）	开工时间	竣工时间	获奖时间
北新路桥公司	西安绕城高速公路（北段）路基工程 E 段	路基	10.1 千米	2678	1999.2	2000.7	2002
	河南洛界高速公路洛阳段路基工程第三标段	路基	5.40 千米	5456	2000.4	2002.12	2003
	国道 218 线铁干里克若羌公路改建工程第二合同段	路基 路面	40.72 千米	4000	2001.11	2002.10	2005
	南康市龙岭至信丰公路新建工程	路基 路面	2.46 千米	2745	2002.2	2003.8	2005
	丹东拉萨国道主干线老爷庙至呼和浩特高速公路第七合同段	路基	7.20 千米	7564	2002.6	2004.9	2006
	乌鲁木齐市周边公路改造工程 D 合同段	路基 路面	16.28 千米	6051.40	2002.9	2004.11	2006
	乌鲁木齐市蜘蛛山隧道工程立交段 SC3 合同段（蜘蛛山互通式立交桥）	桥梁 工程	1.96 千米	4988.98	2004.3	2004.9	2006
	国道 314 线和硕至库尔勒公路建设工程第五合同段	路基 路面	11.80 千米	19000	2002.11	2005.9	2007
	渝湛国道主干线高桥至遂溪高速公路第九合同段	路基 路面	4.90 千米	7850	2004.4	2005.5	2007
	国道 216 大黄山幸福路口至天池路口一级公路改建工程项目第二合同段	路基 路面	29.34 千米	17350	2004.5	2006.5	2007
	内蒙古哈登高速公路第四十合同段	路面	13 千米	10074	2003.8	2005.11	2007
	陕西境丹凤至陕豫界高速公路路基桥隧工程第二十一合同段	路基	6.40 千米	23518	2006.1	2007.4	2010

续表 12-2-3

单位	工程名称	类型	规模	工程造价（万元）	开工时间	竣工时间	获奖时间
北新路桥公司	重庆环城公路北段第八合同段	路基	5.13 千米	16255	2006.4	2008.12	2011
		路面					
	陕西境内小河至安康高速公路第十九合同段	路基	6.10 千米	16530	2005.12	2007.12	2011
		桥梁					
兵团水利水电集团	红雁池第二电厂贮灰坝	碾压堆石坝	坝高 51.10 米 坝顶长 176.80 米	4800	1998.10	2000.10	2002
	兵团八建 6 号住宅楼	砖混	518 平方米	230	2000.3	2000.11	2000
	兵团八建 19 号住宅楼	砖混	2842 平方米	211	2000.4	2000.11	2002
	兵团八建 21 号住宅楼	砖混	2699 平方米	217	2001.4	2001.10	2002
	红山小区 3 号住宅楼	砖混	5980.86 平方米	391	2000.9	2001.8	2002
	达坂城红坑子水库	面板坝	300 万立方米	825	2002.10	2004.10	2007
	农四师六十四团 9 号水库除险加固工程	水利	570 万立方米	544	2005.10	2006.6	2009
	乌鲁木齐市河西污水处理厂工程	水利	18122.15	3908	2008.6	2009.11	2010
	乌鲁木齐燕北立交桥新建工程	市政	长 115 米，宽 27.50 米	3520	2009.6	2009.12	2010
	国电阿克苏库玛拉克河吐木秀克水电站主体建筑安装工程	水利	容量 48 兆瓦	6700	2008.2	2009.12	2010
	铁厂沟水库工程	水利	高 29.78 米、长 21.08 米，坝顶宽 5 米	2085.69	2008.3	2009.12	2010
	农十二师红岩水库除险加固工程	水利	中型	2074	2008.3	2009.10	2011
	天业铁路	铁路	12.90	5061	2007.8	2009.6	2011
	骑马山市政工程	市政	长 1120 米	2133	2009.8	2010.11	2011
	农十二师红岩水库除险加固工程	水利	中型	2074	2008.3	2009.10	2012
	肯斯瓦特导流洞工程	水利	长 909.72 米	6129	2009.9	2010.10	2012
	新疆恰甫其海综合利用水利枢纽二期工程南岸总干渠渠道及渠系建筑物	水利	9.93 千米	4638	2004.10	2007.10	2012
	哈德布特水电站工程	水利	容量 200 兆瓦	3118.85	2010.8	2013.6	2013
	伊犁河南岸干渠 5 号退水渠	水利	6.61 千米	2427	2007.3	2009.9	2013
	石河子西一路南北高架桥立交桥项目（施工）工程	桥梁	3.25 千米	15880	2010.8	2013.5	2014

续表 12-2-3

单位	工程名称	类型	规模	工程造价（万元）	开工时间	竣工时间	获奖时间
兵团水利水电集团	中哈霍尔果斯河友谊联合引水枢纽工程	水利	大型	1768.12	2011.4	2012.10	2014
	第五师沙山子—塔格特公路工程（沙塔公路）第三合同段	公路	23 千米	9207.35	2010.6	2012.8	2014
兵团一建	兵团一中教学楼	框架 5 层	5747.68 平方米	667.14	1999.9	2000.8	2001
	新疆农业大学图书馆	框架 6 层	11570.87 平方米	1276	1996.12	2000.1	2001
	新疆农业大学综合楼	框架 7 层	17328.20 平方米	2575	2000.9	2001.8	2002
	乌鲁木齐市环球会展中心	框架 3 层	8106.50 平方米	1242	2000.5	2002.11	2003
	乌鲁木齐市妇幼保健院综合业务楼	框架 12 层	15632.20 平方米	1886	2001.6	2002.11	2003
	乌鲁木齐市四十二中综合教学楼	框架 5 层	12314 平方米	1768	2001.10	2002.8	2003
	新疆农业大学教职工住宅 14 号楼	砖混 6 层	3451.20 平方米	—	2003.4	2003.11	2004
	乌鲁木齐市红山体育馆	框架 3 层	15582.80 平方米	2000	2000.10	2002.11	2004

2000—2015 年兵团建工集团获市级、地州级“优质工程”统计表

表 12-2-4

单位	工程名称	类型	规模	工程造价（万元）	开工时间	竣工时间	获奖时间	获奖名称
北新路桥公司	西部开发省际通道重庆绕城高速公路北段第 N8 合同段	高速公路	5.13 千米	16255	2006.4	2008.12	2011.7	重庆市优质工程“巴渝杯”
兵团建工一建	阿克苏地区移动通信机房楼	框架 8 层	5670.28 平方米	2088	2000.3	2000.12	2002	阿克苏市优质工程“托峰杯”
	塔里木农业大学图书馆	框架剪力 4 层	8477 平方米	1500	2002.5	2003.7	2004	农一师优质工程“塔河杯”
	新疆电信公司哈密电信生产楼	框架剪力 8 层	9545.20 平方米	1151.49	2003.3	2004.11	2005	哈密市优质工程“绿洲杯”
	图木舒克市职工文化活动中心	框架剪力 16 层	42796.40 平方米	12532.77	2012.11	2014.11	2014	喀什市优质工程“前海杯”
兵团四建	乌鲁木齐高新区北区工业园倒班宿舍二期	框架剪力	13854.21 平方米	5360.82	2013.5	2014.11	2015	乌鲁木齐市优质结构工程奖
兵团六建	石河子医学院一附院门诊楼	框架 7 层	7940.46 平方米	1336	2002.3	2002.12	2003	石河子市优质工程“明珠杯”
	石河子大学文科楼	框架 5 层	10250 平方米	—	2001.10	2002.11	2003	石河子市优质工程“明珠杯”
	石河子大学医学院第一附属医院住院二部楼	框架剪力 19 层	35500 平方米	6985	2004.3	2005.9	2006	石河子优质工程“明珠杯”
	中国人寿保险公司石河子分公司办公楼	框架剪力 5 层	5160 平方米	738.20	2005.8	2006.12	2007	石河子市优质工程“明珠杯”

续表 12-2-4

单位	工程名称	类型	规模	工程造价（万元）	开工时间	竣工时间	获奖时间	获奖名称
兵团六建	石河子大学南区学生食堂	框架 2 层	4956.24 平方米	754.59	2006.4	2006.9	2007	石河子优质工程“明珠杯”
	石河子大学研究生公寓楼	框架剪力 6 层	16725 平方米	1527	2006.10	2007.8	2008	石河子优质工程“明珠杯”
	石河子 39 号小区香格里拉庄园 26 号住宅楼	砖混 6 层	5233 平方米	301.48	2006.9	2007.10	2008	石河子优质工程“明珠杯”
	石河子大学南区学生公寓楼二期工程	砖混 6 层	11269 平方米	894.98	2007.9	2008.8	2009	石河子市优质工程“明珠杯”
	石河子大学护校实验培训楼	框架 6 层	6480 平方米	—	2007.7	2008.12	2009	石河子优质工程“明珠杯”
	石河子北工业园区东七路道路	市政公路	1.62 千米	—	2008.5	2008.8	2009	石河子市优质工程“明珠杯”
	石河子大学公共教学楼一标段	砖混 6 层	11269 平方米	894.98	2007.9	2008.8	2010	石河子优质工程“明珠杯”
	石河子大学图书馆扩建工程	框架 5 层	12979.80 平方米	1340.31	2009.8	2011.4	2012	石河子优质工程“明珠杯”
	富蕴县工商行政管理局办公楼	框架 5 层	2360.40 平方米	413.80	2012.5	2012.9	2013	阿勒泰优质工程“金山奖”
	石河子大学医学院第一附属医院 A 座	剪力墙 18+1 层	17476 平方米	3422.16	2011.7	2013.10	2014	石河子优质工程“明珠杯”
	石河子大学医学院第一附属医院 B 座	剪力墙 18+1 层	10693 平方米	2105.10	2011.7	2013.10	2014	石河子优质工程“明珠杯”
	石河子大学医学院第一附属医院 C 座	砖混 5 层	3842 平方米	346.92	2011.7	2013.10	2014	石河子市优质工程“明珠杯”
	石河子 16 小区 C 区地块 1 号住宅楼	砖混 6 层	4583 平方米	748.16	2013.6	2014.8	2015	石河子市优质工程“明珠杯”
	石河子 16 小区 C 区地块 2 号住宅楼	砖混 6 层	3356 平方米	547.82	2013.6	2014.8	2015	石河子市优质工程“明珠杯”
北新建筑公司	新疆华域龙湾 D 地块 D1 号楼	剪力墙结构地下 3 层，地上 31 层	34897.26 平方米	5387.69	2013.7	2015.8	2015	乌鲁木齐市优质结构工程奖
	石河子北工业园区东九路	市政	29304 平方米	659.49	2009.4	2009.6	2010	石河子市优质工程“明珠杯”
	木垒县鸣沙山至胡杨林公里改建工程	公路	—	3715.36	2010.11	2011.10	2012	昌吉州优质工程奖“庭州杯”
	奇台县半截沟镇至江布拉克景区公路改建工程第九合同段	公路	288278.04 平方米	5295.14	2011.10	2012.10	2014	昌吉州优质工程奖“庭州杯”

2004—2015年兵团建工集团获“新疆市政金杯示范工程”统计表

表12-2-5

单位	工程名称	类型	规模	工程造价（万元）	开工时间	竣工时间	获奖时间
北新路桥公司	乌鲁木齐市蜘蛛山隧道工程立交段SC3合同段（蜘蛛山互通式立交桥）	桥梁	1.96千米	4988	2004.3	2004.9	2005
	乌鲁木齐市燕北立交新建工程	市政	桥长115米，桥梁宽27.50米	3520	2009.6	2009.12	2011
兵团水利水电集团	乌鲁木齐市河西污水处理厂	市政	18122.15平方米	3908	2008.6	2009.11	2011
兵团建工一建	图木舒克市人民广场一期建设工程	市政	100956平方米		2014.2	2014.12	2015
兵团路桥总公司	巴楚县城市政道路5号路工程	市政	4.32千米	556.21	2007.3	2007.10	2010
	农一师沙河镇至阿拉尔道路第三合同段	公路面层	16.83千米	3252	2009.7	2010.8	2011
	巴楚县红海路道路工程公路	公路面层	81.6千米	1128.50	2010.2	2010.7	2011
	石河子新材料产业园道路工程建设项目（纬二路二标）	公路	952.82米	560.80	2011.6	2011.8	2012
	农十师省道318至北屯过境段公路A标段（团结路）	市政基层	9.81千米	3062.07	2011.6	2011.9	2013
	吐鲁番示范区道路建设一期工程	市政	19.90千米	6666	2012.8	2014.12	2014
	北屯市基础设施建设道路工程二标段（拥军路、布伦托海路）	市政面层	13.49千米	5060.79	2011.9	2013.10	2014
	第十师北屯市至福阿高速北屯连接线公路第三标段	公路面层	8.52千米	2589.03	2014.7	2014.10	2015

2000—2015年兵团建工集团荣获建工师优质工程“建工杯”统计表

表12-2-6

单位	工程名称	类型	规模	工程造价（万元）	开工时间	竣工时间	获奖时间
北新路桥公司	西安绕城高速公路（北段）路基工程E段	路基	10.1千米	2678	1999.2	2000.7	2001
	河南洛界高速公路洛阳段路基工程第三标段	路基	5.40千米	5456	2000.4	2002.12	2003

续表 12-2-6

单位	工程名称	类型	规模	工程造价（万元）	开工时间	竣工时间	获奖时间
北新路桥公司	国道218线铁干里克若羌公路改建工程第二合同	路基路面	40.72千米	4000	2001.11	2002.10	2004
	南康市龙岭至信丰公路新建工程	路基路面	2.46千米	2745	2002.2	2003.8	2004
	乌鲁木齐市外环A1.18标段	路基路面	3.23千米	2914.32	2002.6	2003.6	2004
	乌鲁木齐市周边公路改造工程D合同段	路基路面	16.28千米	6051.40	2002.9	2004.11	2005
	丹东拉萨国道主干线老爷庙至呼和浩特高速公路第七合同段	路基	7.20千米	7564	2002.6	2004.9	2005
	乌鲁木齐市蜘蛛山隧道工程立交段SC3合同段（蜘蛛山互通式立交桥）	桥梁工程	2千米	4988	2004.3	2004.9	2005
	内蒙古哈磴高速公路40合同段	路面	13千米	10074	2003.8	2005.11	2006
	渝湛国道主干线高桥至遂溪高速公路第九合同段	路基路面	4.90千米	7850	2003.12	2005.12	2006
	国道314线和硕至库尔勒公路建设工程第五合同段	路基路面	11.80千米	19000	2002.11	2005.9	2006
	国道216大黄山幸福路口至天池路口一级公路改建工程项目第二合同段	路基路面	29.34千米	17350	2004.5	2006.5	2006
	国道217线布尔津至克拉玛依（白碱滩）段公路改建项目土建工程	公路工程	27.94千米	5029	2003.10	2005.9	2007
	兵团农十师克特公路额尔齐斯河大桥	桥梁	0.42千米	1735.22	2005.1	2007.8	2008
	连霍国道主干线红山口至鄯善高速公路第十合同段	路基	10.69千米	3663.64	2005.8	2009.1	2009
	内蒙古阿荣至北海省级通道直线赤至撒力巴段高速公路第六合同段	路面	8千米	5065.74	2005.3	2007.12	2008
	省际通道重庆绕城公路北N段第八合同段	路基桥梁	5.13千米	16255	2006.4	2008.12	2010
	陕西境丹凤至陕豫界高速公路路基、桥隧工程第二十一合同段	路基	6.40千米	23518	2006.1	2007.4	2010
	陕西境内小河至安康高速公路第十九合同段	路基桥梁	6.10千米	16530	2005.12	2007.10	2011
	绥满国道主干线博克图至牙克石高速公路土建工程第十一合同段	路基	7.02千米	9850	2008.8	2012.10	2014
	国道209线和林格尔—清水河段	公路	18.10千米	8757	2010.4	2014.1	2014

续表 12-2-6

单位	工程名称	类型	规模	工程造价（万元）	开工时间	竣工时间	获奖时间
兵团水利水电集团	博斯塘水库修复工程	面板坝	—	870	1997.7	2001.11	2004
	达坂城红坑子水库	面板坝	—	825	2002.10	2004.10	2005
	加音塔拉水库除险加固工程	沥青混凝土	—	1255.40	2002.9	2003.10	2005
	农五师八十九团塔乌公路	沥青混凝土路面	17.49 千米	729	2004.8	2005.11	2006
	农二师恰拉水库	碾压坝	—	986	2003.8	2005.3	2006
	农五师县际托铁公路	沥青混凝土路面	20.56 千米	673.50	2004.6	2004.11	2006
	精河 213 线大河沿子至托然村公路工程	沥青混凝土路面	15.28 千米	748	2004.5	2004.10	2007
	乌鲁木齐市太原路	沥青混凝土路面	2.40 千米	1462	2006.4	2006.10	2007
	乌鲁木齐市喀什东路	沥青混凝土路面	820 米	1092	2007.7	2007.9	2008
	石河子青红公路	沥青混凝土路面	8.695 千米	753	2005.11	2006.10	2008
	红山水库	放水洞	—	815	2005.7	2006.10	2008
	农五师八十二团农村公路	砂石路面	23.38 千米	729	2006.5	2006.9	2009
	独山子第四水源地隧道工程	输水隧洞	2.14 千米	2239	2007.6	2008.8	2009
	农四师六十四团 8 号除险加固工程	水利	—	619.49	2008.10	2009.10	2010
	新建石河子经济技术开发区天业铁路专用线	铁路	12.90 千米	5061	2007.8	2009.6	2010
	乌鲁木齐燕北立交桥新建工程	市政	桥长 115 米，梁宽 27.50 米	3520	2009.6.1	2009.12	2010
	国电阿克苏库玛拉克河吐木秀克水电站主体建筑安装工程	水利	48 兆瓦	6700	2008.2	2009.12	2010
	铁厂沟水库工程	水利	坝高 29.78 米，坝顶宽 5 米	2085.69	2008.3	2009.12	2010
	农十二师红岩水库除险加固工程	水利	坝体总长 623 米	2074.15	2008.3	2009.10	2011
	克拉玛依黄羊泉水库除险加固工程	水利	坝长 1173 米，总长 681.39 米	1769	2009.9	2010.11	2011
	恰甫其海综合利用水利枢纽二期工程南岸总干渠渠道	水利	9.93 千米	4638	2004.10	2007.10	2011
	新疆下坂地水利枢纽对外交通公路新建工程	水利	21.80 千米	2880.60	2006.4	2009.5	2011
	新疆玛纳斯河肯斯瓦特水利枢纽工程导流洞工程	水利	—	6129	2009.9	2010.10	2011

续表 12-2-6

单位	工程名称	类型	规模	工程造价（万元）	开工时间	竣工时间	获奖时间
兵团水利水电集团	阿克苏国电大小石峡交通工程	水利	13.65 千米	3151	2009.9	2011.8	2012
	新疆托什干河别迭里水电站洞后引水渠道土建及金属结构安装工程	水利	15.27 千米	9548.20	2009.4	2011.5	2012
	乌恰县库孜洪河开普太希水利枢纽工程	水利	—	—	2008.8	2011.11	2012
	伊犁河南岸 5 号退水渠	水利	—	2427	2006.8	2009.9	2012
	哈德布特水电站工程	水利	200 兆瓦	3118.85	2010.8	2013.6	2013
	农十三师柳树泉农场沙枣泉汇流工程	水利	430 千米	6542.49	2011.7	2012.12	2013
	农八师炮台镇至红光镇公路工程第二合同段	公路	20.20 千米	1547	2010.9	2011.1	2013
	兵团八建集资建房南区百合小区 40 号公共租赁房	房建	6430.17 平方米	1351.43	2012.5	2012.11	2013
	石河子西一路南北高架桥立交桥项目（施工）工程	桥梁	3.24 千米	15880	2010.8	2013.5	2014
	中哈霍尔果斯河友谊联合引水枢纽工程	水利	—	1768.12	2011.4	2012.1	2014
	五师沙山子至塔格特公路工程（沙塔公路）第三合同段	公路	23 千米	9207.35	2010.6	2012.8	2014
	农十师海川镇至北屯市公路项目工程 F 标段	公路	4.02 千米	3005.21	2011.8	2013.9	2014
	新疆塔城地区沙湾县宁家河水库工程	水利	—	8564.40	2011.8	2013.11	2015
	农十三师国道 312 线至黄田农场至红山农场园艺场公路工程	公路	12.45 千米	3095.24	2013.9	2014.8	2015
	颐和花园二期三段住宅楼建设工程	房建	4637.91 平方米	1984.61	2013.4	2014.10	2015
	农十二师兵团乌鲁木齐工业园区道路及管线基础设施（榆泉北路）工程	市政	2.26 千米	4958.73	2013.5	2013.1	2015
	新疆塔城地区沙湾县宁家河水库工程	水利	—	8564.40	2011.5	2013.11	2015
兵团建工一建	兵团一中教学楼	框架 5 层	5747.68 平方米	667.14	1999.9	2000.8	2001
	新疆农业大学图书馆	框架 6 层	11570.87 平方米	1276	1996.12	2000.1	2001
	新疆工学院学生公寓楼	砖混 6 层	10574.90 平方米	1048.52	2000.4	2000.9	2001
	乌鲁木齐市电信局大西门营业楼	框架 6 层	3883.90 平方米	486	1999.8	2000.6	2001

续表 12-2-6

单位	工程名称	类型	规模	工程造价（万元）	开工时间	竣工时间	获奖时间
兵团建工一建	乌鲁木齐市儿童医院门诊楼	框架 6 层	9193.80 平方米	796.60	1999.8	2000.11	2001
	新疆农业大学综合楼	框架 7 层	17328.20 平方米	2575	2000.9	2001.1	2002
	乌鲁木齐市环球会展中心	框架 3 层	8106.50 平方米	1242.11	2000.5	2001.4	2002
	乌鲁木齐市第十九中学教学楼	框架 5 层	10984 平方米	1946	200012	2001.12	2002
	新疆机电公司汽车展厅	钢架 1 层	16000 平方米	1204.83	2002.9	2003	2002
	库尔勒地区综合楼	框架 5 层	5894 平方米	—	—	2000.12	2002
	新医大一附院进修公寓楼	框架 11 层	102229.40 平方米	2000	2000.7	2001.11	2002
	塔里木农业大学综合实验楼	框架 5 层	10106.50 平方米	1438	2000.11	2001.9	2002
	乌鲁木齐市第十四中学教学楼	框架 4 层	3024 平方米	103	2000.10	2001.9	2002
	新疆机电工业学校住宅楼	砖混 6 层	3191.80 平方米	348.60	2001.10	2001.11	2002
	乌鲁木齐市妇幼保健院综合业务楼	框架 12 层	15632.20 平方米	1886	2001.6	2002.11	2003
	乌鲁木齐市四十二中综合教学楼	框架 5 层	12314 平方米	1768	2001.10	2002.8	2003
	新疆极电设备有限公司奥迪 A6 展馆	框架 1 层	3180.15 平方米	348.60	2001.10	2002.7	2003
	乌鲁木齐市红山体育馆	框架 3 层	15582.08 平方米	2000	2000.10	2002.11	2003
	乌鲁木齐市第三中学实验楼	框架 5 层	6184.55 平方米	893.41	2001.11	2002.11	2003
	乌鲁木齐市第九中学综合实验楼	框架 5 层	6288 平方米	425	2001.12	2002.8	2003
	新疆大学研究生公寓楼	框架 5 层	12231.31 平方米	—	2002.5	2003.12	2004
	农业大学教职工住宅 14 号楼	砖混 6 层	3451.20 平方米	—	2002.5	2003.11	2004
	新疆机电设备有限公司汽车展厅	钢架 1 层	16000 平方米	1204.83	2002.9	2003.6	2004
	兵团医药有限公司甘草片厂房	框架 6 层	10272.91 平方米	732.96	2002.5	2003.10	2004
	巴州电信公司综合楼	框架剪力 13 层	20026 平方米	3288.59	2001.9	2002.12	2004
	乌鲁木齐市第四人民医院综合业务楼	框架 6 层	11087.85 平方米	1666	2002.8	2003.10	2004
	乌鲁木齐市四十八中学教学楼	框架剪力 13 层	5111.70 平方米	442.01	2002.10	2003.8	2004
	兵团二中综合教学楼	框架 5 层	10547.10 平方米	1328.67	2002.10	2003.10	2005
	自治区气象局遥感中心办公楼	框架 6 层	6052 平方米	639	2003.7	2004.12	2005

续表 12-2-6

单位	工程名称	类型	规模	工程造价（万元）	开工时间	竣工时间	获奖时间
兵团建工一建	塔里木农业大学生物教学实验楼	框架 4 层	5975.80 平方米	672.20	2004.2	2004.10	2005
	电信公司哈密电信生产楼	框架剪力 8 层	9545.20 平方米	1151.49	2003.3	2004.11	2005
	克州文化体育局体育馆	框架剪力 2 层	11146.03 平方米	1488.19	2003.6	2004.8	2005
	区交通厅公路管理局高层住宅楼	框架剪力 17 层	10225.90 平方米	1428.90	2002.12	2004.8	2005
	兵团二中实验楼	框架 5 层	7823.94 平方米	860	2004.6	2005.4	2006
	水磨沟区政府办公楼	框架 9 层	21162.58 平方米	2712.60	2003.2	2005.10	2006
	阿拉山口中小学教学楼	框架 4 层	7300 平方米	1100	2004.1	2005.11	2006
	兵团机关综合楼	框架剪力 19 层	66120 平方米	12736	2004.12	2006.9	2007
	新疆医科大学第一附属医院新病房楼	框架剪力 15 层	84086.36 平方米	10392	2004.4	2006.5	2007
	自治区工商局高层住宅	框架剪力 26 层	34612.15 平方米	14998.8	2005.9	2006.9	2007
	塔里木大学基础实验楼	框架剪力 4 层	12240 平方米	1438	2005.6	2006.8	2007
	工运干校教学综合楼	框架 5 层	7257 平方米	747.88	2005.9	2006.9	2007
	新疆公路规划设计院综合楼	框架剪力 17 层	19016.90 平方米	2588	2003.5	2007.9	2008
	乌鲁木齐市气象局住宅楼	砖混 6 层	5037 平方米	—	2006.5	2007.6	2008
	中国移动公司新疆乌鲁木齐北京路机房楼	框架剪力 11 层	21987 平方米	6257	2007.5	2008.12	2009
	自治区残疾人康复教育中心综合楼	框架剪力 19 层	25021.72 平方米	4660	2005.12	2008.8	2009
	克拉玛依职业技术学院电化教学楼	框架剪力 5 层	12111.65 平方米	1447	2007.10	2008.1	2009
	乌鲁木齐八一中学教学楼	框架 5 层	7065.58 平方米	898	2008.4	2009.6	2010
	新疆医科大学第一附属医院职工高层住宅楼	剪力墙 16 层	23345.57 平方米	3519	2008.12	2010.6	2010
	乌鲁木齐市广播电视技术中心	框架 5 层	18350.84 平方米	3433	2006.9	2009.6	2010
	中国移动通信集团新疆有限公司应急调度中心综合楼	框架剪力 6 层	9344.60 平方米	2413.33	2009.3	2009.12	2010
	乌鲁木齐市高级中学综合教学楼	框架 5 层	8243.30 平方米	1426.90	2009.11	2010.8	2011
	神华集团新疆神华城 6 号住宅楼	框架剪力 25 层	20851.51 平方米	2838.36	2008.3	2010.11	2011

续表 12-2-6

单位	工程名称	类型	规模	工程造价（万元）	开工时间	竣工时间	获奖时间
兵团建工一建	乌鲁木齐市妇幼保健院妇产医院综合业务楼	框架剪力21层	29621.52平方米	4546	2007.9	2010.10	2011
	乌鲁木齐市技工学校实训楼	框架5层	16100平方米	3505.89	2009.5	2010.9	2011
	自治区教育信息业务楼	框架11层	14387.34平方米	1050	2007.9	2009.8	2011
	德坤公司职工集资高层住宅2号楼	框架19层	13046.48平方米	1719	2009.9	2010.11	2011
	新疆工商干部学校教学综合楼	框架3层	7740.46平方米	1928.59	2011.4	2011.8	2012
	新天润国际社区二期高层住宅20号楼	全剪11层	10671.41平方米	1344.90	2010.5	2011.11	2012
	乌鲁木齐市第八中学教学楼、阶梯教室加层	框架5层	7472.34平方米	1272.31	2010.5	2010.12	2012
	新疆气象局业务楼	框架12层	13139.70平方米	2233	2010.3	2012.5	2013
	乌鲁木齐市教研考试信息业务楼	框架剪力11层	9840.37平方米	2691.66	2011.9	2012.12	2013
	新疆林科院职工集资建房2号、3号楼	全剪18层	12353.41平方米	7684	2011.3	2012.7	2013
	新疆林科院职工集资建房车库	框架地下2层	4566平方米	1346.30	2010.10	2012.12	2013
	兵团高级技工学校实训教学厂房	框架2层	6329平方米	882	2009.3	2012.6	2013
	兵团机关卡子湾住宅小区C6号住宅楼	剪力墙18层	8738.63平方米	1268.20	2011.7	2012.10	2013
	兵团机关卡子湾住宅小区C7号住宅楼	剪力墙18层	8738.63平方米	1268.20	2011.7	2012.10	2013
	兵团机关卡子湾住宅小区C8号住宅楼	剪力墙18层	10903.51平方米	1582.40	2011.7	2012.10	2013
	兵团机关卡子湾住宅小区C5号住宅楼	剪力墙18层	13079.87平方米	1913	2011.7	2012.10	2013
	自治区广播电影电视局集资建房1号楼	剪力墙16层	15052.57平方米	3561.90	2011.7	2013.12	2014
	自治区广电局集资建房2号楼	剪力墙16层	14359.50平方米	2625.70	2011.7	2013.12	2014
	自治区广播电影电视局集资建房3号楼	剪力墙16层	14359.50平方米	2626.60	2011.7	2013.12	2014
	自治区广播电影电视局集资建房4号楼	剪力墙16层	14252.14平方米	2666.80	2011.7	2013.12	2014
	兵团农十二师五一农场怡馨园商品住宅6号楼	剪力墙12层	8271.45平方米	1229.60	2011.9	2013.6	2014

续表 12-2-6

单位	工程名称	类型	规模	工程造价（万元）	开工时间	竣工时间	获奖时间
兵团建工一建	新疆德坤建材有限公司棚户区改造工程 24 号楼	框架剪力 12 层	12539.04 平方米	2519.40	2011.7	2013.11	2014
	自治区气象局职工集资 1 号、2 号住宅楼	剪力墙 18 层	35193.24 平方米	8172.24	2012.9	2014.11	2015
	兵团政法干警训练基地综合楼	框架 6 层	10125.60 平方米	1912.67	2013.6	2014.4	2015
	乌鲁木齐气象卫星地面站职工集资住宅楼	框架剪力 23 层	22256.33 平方米	5362.16	2012.9.	2014.11	2015
	图木舒克市职工文化活动中心建设工程	框架剪力 16 层	42796.44 平方米	12532.77	2012.11	2014.1	2015
	中国人民银行乌鲁木齐中心支行综合业务楼	框架剪力 9 层	9305.09 平方米	3949	2010.5	2014.6	2015
	新疆农业大学职工集资建房南昌路 1 号住宅楼	框架剪力 18 层	9206.41 平方米	2208.45	2013.4	2014.12	2015
	新疆农业大学职工集资建房南昌路 2 号住宅楼	框架剪力 18 层	8703.30 平方米	2072.25	2013.4	2014.12	2015
	新疆农业大学职工集资建房南昌路 3 号住宅楼	框架剪力 18 层	8663.67 平方米	2122.32	2013.4	2014.12	2015
	新疆农业大学职工集资建房南昌路 4 号住宅楼	框架剪力 28 层	24453.64 平方米	5366.35	2013.4	2014.12	2015
	新疆农业大学职工集资建房南昌路住宅楼地下车库	框架地下 2 层	17764.48 平方米	—	2013.4	2014.12	2015
兵团四建	新疆医科大学综合教学楼一期工程	框架	5867.48 平方米	870.04	2002.5	2002.11	2003
	新疆医科大留学生公寓楼	框架	13297.44 平方米	1513.36	2004.5	2004.9	2004
	兵团西山监狱干警备勤楼	砖混	4886 平方米	—	2005.4	2005.11	2006
	乌鲁木齐市七道湾路道路综合改造工程	市政工程	1.722 千米	1073.60	2004.8	2006.11	2006
	兵团林木种苗质检中心综合楼	框架	5800.28 平方米	—	2006.3	2006.11	2007
	新疆华博士甘草植物提取加工车间	框架	4279.64 平方米	—	2007.5	2007.12	2008
	新疆云洋电器工业公司 11 号住宅楼	砖混	7848.44 平方米	1039.90	2008.6	2008.12	2008
	兵团建工程集团公司 16 号职工住宅楼	砖混	3734.19 平方米	382	2008.11	2009.8	2010
	兵团建工师三中教学楼	框架	4384.15 平方米	541.20	2008.9	2009.8	2010
	兵团建设工程集团 16 号职工住宅楼	砖混	3734.19 平方米	2108.54	2009.6	2009.12	2010

续表 12-2-6

单位	工程名称	类型	规模	工程造价（万元）	开工时间	竣工时间	获奖时间
兵团四建	乌鲁木齐市高新区甘泉堡工业园规划路第三标段	市政工程	1.72 千米	786.71	2009.3	2009.10	2010
	新疆交通职业技术学院学生公寓 12 号楼	框架	5751.88 平方米	786.71	2009.3	2009.10	2010
	乌鲁木齐市外环路胜利路匝道工程	市政工程	1.37 千米	—	2009.3	2009.11	2010
	新疆海龙公司化纤生产项目办公楼、计量检验中心	框架	6622.55 平方米	—	2009.4	2009.12	2010
	北新佳境小区 4 号住宅楼	框架	7083.97 平方米	820	2008.7	2010.1	2011
	豪姆兰德住宅小区 6 号楼	框架	11780.80 平方米	1535.69	2008.7	2009.10	2011
	乌鲁木齐市外环路东北段道路工程二期第一标段	市政工程	1.26 千米	8065.53	2010.4	2011.5	2011
	新建铁路奎北线—站台客运雨棚	轻钢结构	6375 平方米	—	2010.4	2010.10	2011
	新建铁路奎北线北屯火车站站房	框架	3680.70 平方米	—	2010.5	2010.12	2011
	新建铁路奎北线盐田特大桥	铁路桥梁	70 孔 32 米	—	2008	2009.12	2011
	兵团建工师机关住宅小区 3 号住宅楼	框架	12901.04 平方米	2340	2010.4	2011.9	2012
	兵团建工师机关住宅小区 4 号住宅楼	框架剪力	12483.74 平方米	1800	2010.4	2011.9	2012
	新疆招商梅花物流生产基地奇台项目一期工程 3 号平房仓	砖混钢结构	5974.24 平方米	7991.60	2011.6	2011.12	2012
	新疆招商梅花物流生产基地奇台项目一期工程 5 号平房仓	砖混钢结构	8937.73 平方米	—	2011.6	2011.12	2012
	新疆招商梅花物流生产基地奇台项目一期工程 6 号平房仓	砖混钢结构	8937.73 平方米	—	2011.6	2011.12	2012
	豪姆兰德住宅小区办公楼	框架	5392.73 平方米	2057.31	2010.4	2011.7	2012
	新疆社会主义学院综合楼	框架	7665.55 平方米	—	2010.4	2010.12	2012
	兵团公安局北京路住宅小区 1—5 号楼	砖混	15682.90 平方米	3251.55	2011.8	2012.10	2013
	兵团公安局北京路住宅小区地下车库	剪力墙	3005.10 平方米	—	2011.8	2012.10	2013
	阿勒泰市第三中学教学楼	框架	6613 平方米	—	2011.8	2012.11	2013
	新疆医科大学二附院职工集资建房 1 号楼	剪力墙	22104 平方米	3529.80	2011.6	2012.11	2013
	新疆医科大学二附院职工集资建房 2 楼	剪力墙	19643 平方米	3400	2011.6	2012.11	2013
	昆仑小区 2 号楼	剪力墙	24723.49 平方米	7308.52	2010.5	2012.7	2013
	昆仑小区 4 号楼	剪力墙	7529.38 平方米	—	2011.6	2012.7	2013

续表 12-2-6

单位	工程名称	类型	规模	工程造价（万元）	开工时间	竣工时间	获奖时间
兵团四建	昆仑小区 5 号楼	剪力墙	3574.36 平方米	—	2010.5	2012.7	2013
	昆仑小区地下车库	剪力墙	12423 平方米	—	2010.5	2012.8	2013
	乌鲁木齐市河滩路人民路立交桥结点改造工程	市政工程	—	1348.10	2012.5	2012.10	2013
	第十二师五一农场怡馨园小区地下车库	框架剪力	13427 平方米	—	2011.9	2013.6	2014
	乌鲁木齐市高新区北区工业园倒班宿舍二期	框架剪力	13854.21 平方米	5360.82	2013.5	2014.11	2015
	天山区黑甲山棚户区一期改造工程（二标段）3 号楼	框架剪力	18763.98 平方米	2863.78	2013.5	2014.11	2015
	第十二师五一农场连队整合保障性住房 SP4-19 小区 34 号楼	剪力墙	8993.12 平方米	10136.75	2012.9	2014.8	2015
	第十二师五一农场连队整合保障性住房 SP4-19 小区 35 号楼	剪力墙	10921.80 平方米	—	2012.9	2014.8	2015
	第十二师五一农场连队整合保障性住房 SP4-19 小区 36 号楼	剪力墙	10921.80 平方米	—	2012.9	2014.8	2015
兵团六建	石河子医学院一附院门诊楼	框架	7940.46 平方米	1336	2002.3	2002.12	2003
	石河子大学 3 号博士住宅楼	砖混	4754.01 平方米	317	2001.6	2002.7	2003
	克拉玛依市八一南村 2001-B 型 26 幢楼	砖混	4500 平方米	272	2001.1	2002.9	2003
	农五师驻乌办事处综合楼	框架剪力	9660 平方米	1320	2002.4	2003.1	2004
	乌鲁木齐市公安指挥中心	框架	12000 平方米	2000	2002.3	2003.6	2004
	兵团六建 16 小区 49 号住宅楼	砖混	5286 平方米	279.92	2002.6	2003.8	2004
	石河子大学医学院第一附属医院住院二部	框架剪力	30550 平方米	4895	2004.3	2005.12	2006
	兵团建工师宏光中学逸夫综合教学楼	砖混	3950 平方米	300	2005.5	2005.8	2006
	塔里木大学综合教学楼	框架	22263 平方米	3460	2004.12	2005.11	2006
	西尼尔收费站	砖混	2000 平方米	753	2004.4	2005.6	2006
	中国人寿保险公司石河子分公司办公楼	框架剪力	5160 平方米	738.20	2005.8	2006.12	2007
	石河子大学南区学生食堂	框架	4956.24 平方米	754.59	2006.4	2006.9	2007
	自治区公安厅刑侦总队物证鉴定中心刑侦技术楼	框架	5059.47 平方米	520.90	2007.5	2007.1	2008
	疏勒县步行街	公路	8.90 千米	487	2007.4	2007.7	2008
	石河子 39 号小区香格里拉庄园 26 号住宅楼	砖混	5233 平方米	301.48	2006.9	2007.1	2009

续表 12-2-6

单位	工程名称	类型	规模	工程造价（万元）	开工时间	竣工时间	获奖时间
兵团六建	石河子大学南区学生公寓楼二期工程	砖混	11269 平方米	894.98	2007.9	2008.8	2009
	塔里木大学风雨操场	框排架	6190 平方米	635	2007.5	2008.9	2009
	乌石化振兴路改造	公路	1.34 千米	551	2008.8	2008.10	2009
	石河子大学公共教学楼（第一标段）	框架	34126 平方米	2893	2007.9	2009.8	2010
	塔里木大学民族食堂	框架	6156 平方米	1133	2009.4	2009.12	2010
	塔里木大学逸夫实验楼	框架	11912 平方米	1679	2008.5	2009.9	2010
	太中银铁路沙疙瘩特大桥	桥梁	720.75 米	1803	2006.11	2010.6	2011
	石河子大学图书馆扩建工程	框架	12979.80 平方米	1340.31	2009.8	2011.4	2012
	天辰化工有限公司二期 40 万吨 / 年燥床旋风干分离器	安装	220 吨	578	2009.1	2010.8	2012
	天辰化工有限公司二期 40 万吨 / 年燥床旋风干分离器	安装	220 吨	578	2009.1	2010.8	2012
	天辰化工有限公司二期 40 万吨项园区管网土建及安装	安装	12 吨	477.94	2010.2	2010.7	2012
	石河子大学图书馆扩建工程	框架	12979.80 平方米	1340.91	2009.5	2011.4	2012
	富蕴县和谐小区 2—3 号楼商铺建设项目	框架	12018.88 平方米	1440	2011.4	2011.11	2012
	农五师师直单位职工住房项目 20 号住宅楼	框架	11390.30 平方米	1419	2010.4	2011.9	2013
	富蕴县工商行政管理局办公楼	框架	2360.40 平方米	413.80	2012.5	2012.9	2013
	疏勒县实验中学一期综合教学楼、教学楼	框架	12364.19 平方米	1666.60	2012.4	2012.9	2013
	叶城县维吾尔医医院建设项目	框架	16000 平方米	5097	2011.3	2012.8	2013
	兰新铁路双线 312 国道特大桥	桥梁	338.40 米	3304	2010.5	2013.1	2014
	石河子大学医学院第一附属医院 A 座	剪力墙	17476 平方米	3422.16	2011.7	2013.1	2014
	石河子大学医学院第一附属医院 B 座	剪力墙	10693 平方米	2105.10	2011.7	2013.1	2014
	石河子大学医学院第一附属医院 C 座	砖混	3842 平方米	346.92	2011.7	2013.1	2014
	哈密潞新大厦住宅小区集资楼	框架剪力	21295.80 平方米	3256.89	2011.4	2012.1	2014
	石河子 16 小区 C 区地块 1 号住宅楼	砖混	4583 平方米	748.16	2013.6	2014.8	2015
	石河子 16 小区 C 区地块 2 号住宅楼	砖混	3356 平方米	547.82	2013.6	2014.8	2015

续表 12-2-6

单位	工程名称	类型	规模	工程造价（万元）	开工时间	竣工时间	获奖时间
北新建筑公司	新疆军区装备部公寓楼	砖混	—	—	2010.5	2010.11.22	2011
	干旱区资源与环境科技综合研究平台工程	框架	9358.19 平方米	1268	2009.3	2009.11	2011
	武警兵团指挥部七支队迁建工程	框架	10938.22 平方米	1513.70	2009.8	2010.6	2012
	兵团机关卡子湾住宅小区 C5 号楼	框架剪力	13079.87 平方米	—	2012.7	2012.11	2013
	兵团机关卡子湾住宅小区 C6 号楼	框架剪力	8738.63 平方米	—	2012.7	2012.11	2013
	兵团机关卡子湾住宅小区 C7 号楼	框架剪力	8738.63 平方米	—	2012.7	2012.11	2013
	兵团机关卡子湾住宅小区 C8 号楼	框架剪力	10903.51 平方米	—	2012.7	2012.11	2013
	新疆缔森—君悦海棠 A-8 住宅楼	砖混	5499.18 平方米	—	2010.7	2012.9	2013
	新疆缔森—君悦海棠 A-9 住宅楼	砖混	5499.18 平方米	—	2010.7	2012.9	2013
	新疆缔森—君悦海棠 A-11 住宅楼	砖混	5499.18 平方米	—	2010.7	2012.9	2013
	兵团医院内科病房楼	砖混	24411.98 平方米	5012.86	2010.6	2013.12	2015
	博乐市中央名筑住宅小区（三期）建设项目三标段 25 号楼	地下 1 层、地上 18 层	10064 平方米	1459.28	2013.4	2014.7	2015
	兵团机关卡子湾住宅小区 D2 号住宅楼	地下 1 层、地上 18 层	10977.39 平方米	2744.35	2012.3	2013.9	2015
	兵团机关卡子湾住宅小区 D11 号住宅楼	地下 1 层、地上 18 层	13184.57 平方米	2755.02	2012.3	2013.9	2015
	兵团机关卡子湾住宅小区 D13 号住宅楼	地下 1 层、地上 18 层	11020.06 平方米	2754.87	2012.3	2013.9	2015
	体能训练配套用房	地下 1 层，地上 1 层	11019.46 平方米	1098.81	2012.11	2014.8	2015
	鲁达国际商住小区 1 号楼	框架剪力地下 2 层地上 26 层	19900 平方米	—	2013.3	2014.9	2015
	鲁达国际商住小区 2 号楼	框架剪力地下 2 层地上 21 层	26500 平方米	—	2013.3	2014.9	2015

续表 12-2-6

单位	工程名称	类型	规模	工程造价（万元）	开工时间	竣工时间	获奖时间
兵团路桥总公司	叶城县省道 534 线公路改建工程	路面	25.54 千米	1087.17	2004.12	2005.1	2007
	叶城县省道 550 线农村公路改建工程	路基	22.10 千米	925.78	2003.6	2003.11	2007
	巴楚县市政道路改建工程（文化路、团结路、光明路）	路基路面	0.39 千米	1206.89	2006.5	2006.9	2007
	巴楚县城市道路友谊北路世纪大道工程	路面	5.80 千米	2427	2007.3	2007.9	2007
	农十师省道 318 线至北屯过境段公路 A 标段（团结路）	路面	98128 平方米	3062.07	2011.6	2011.9	2013
	农八师省道 312 线一三四团至一三五团公路第一合同段	公路工程	165726 平方米	2454.56	2011.5	2011.10	2013
	北屯市基础设施建设道路工程二标段（拥军路、布伦托海路）	路面	134940 平方米	5060.79	2011.9	2013.10	2014
	奇台县半截沟镇至江布拉克景区公路改建工程第九合同段	公路工程	288278 平方米	5295.14	2011.10	2012.10	2014
	第八师一三五团至一三三团至一四一团至一四二团至一四四团公路第五合同段	公路工程	217016 平方米	5588.28	2012.6	2013.8	2014
	吐鲁番地区重要农村公路建设项目第四合同段	公路工程	243134 平方米	7373.64	2012.5	2013.10	2014
	第八师省道 204 线莫索湾镇至西营镇公路第一合同段	路面	135752 平方米	2786.24	2013.8	2014.6	2015
	第十师北屯市至福阿高速北屯连接线公路	路面	85200 平方米	2589.03	2014.7	2014.10	2015

1995—1998 年，特种机械工程分公司参与修建新疆第一条高速公路吐鲁番至乌鲁木齐至大黄山高等级公路第四合同段

（北新路桥集团　供稿）

第十三章　建筑科技

兵团建工集团所属企业重视科技工作，在生产经营中加大新技术研发投入和科技创新力度，开展工法编写和“QC”活动，不断提高建筑产品的科技含量，增强核心竞争能力。积极参加国家、自治区、兵团建筑施工科研开发工作，先后承担国家级、兵团级课题30多项，申请专利30余项，其中多个项目获兵团科技奖励。兵团建工集团实现科研、检测、生产、施工、技贸一体化综合性科研开发结构良性运转。

第一节　科技管理

一、设立机构

2001—2004年，兵团建工集团技术中心结合企业实际情况，重点研发有市场潜力的建筑新技术。

2004年，兵团建科院划归兵团建工集团管理。兵团建科院主要进行建筑科研开发、新技术推广、建筑工程检测等工作。

2006—2010年，兵团建工集团科技工作领导小组负责制定集团“十一五”科技发展规划。

2011年3月8日，兵团建工集团技术中心更名为新疆兵团建设工程技术研发有限责任公司。

二、“四新”技术推广

兵团建工集团科技工作领导小组负责科技技术培训及“四新”（新产品、新技术、新材料、新工艺）技术的应用与推广，信息传递和沟通，负责科技经费的审批。兵团建工集团设专项科技奖励基金，对积极应用“四新”技术，技术革新及工艺改造的施工企业，由科技工作领导小组对其工艺科学性、先进性、合理性进行检查，由经营管理部对其成本及增效情况进行考核，最终确认科技成果，按奖罚办法进行奖励，对不积极参与，支持科技工作的企业按奖罚办法罚款。重点进行8个方面的研究，分别是高强、高性能、多功能混凝土的开发研究，混凝土外加剂新产品的开发及在混凝土应用中的研究，各种新型钢筋在建筑工程中的应用研究，各种新型模具、脚手架在建筑工程中的应用研究，新型钢结构在建筑工程中应用研究，绿色建筑应用技术的研究，建筑防水新技术的研究，基坑支护及基础处理新技术的研究等。

2006—2010年，兵团建工一建、兵团六建率先推广应用新技术，把建筑业新技术推广应用到施工生产各个环节有深基坑支护技术，高强、高性能混凝土技术，高效钢筋和预应力混凝土技术，粗直钢筋连接技术，新型模板和脚手架技术，建筑节能和新型墙体应用技术，新型建筑防水和塑料管技术，钢结构技术，计算机管理等。新技术的大力推广应用，对保证工程质量、提高工期、降低成本和保护环境发挥着极为重要的作用。兵团五建在大型冷却塔施工中采用电动提模技术、折臂吊曲梯爬模技术、直梯平桥翻模技术，在烟囱施工中采用微机监控液压滑模技术，直梯顶升电动平台倒模技术等。配套使用搅拌车和混凝土输送泵车，自升折臂塔式起重机、曲线附着式电梯和钢索式液压提升装置及先进混凝土自动搅拌系统。其中，多功能施工升降机和井架组合施工法，使烟囱施工工期缩短 2 个月，功效提高 15%。兵团建工一建运用外墙外保暖新技术、屋面防水新技术、粗钢筋直螺纹连接新技术、高强度螺栓连接新技术、地辐射采暖新技术、硬质塑料排水新技术、商品混凝土施工新技术、泵送混凝土新技术。兵团六建运用防水混凝土新技术、商品混凝土施工水工建筑物新技术、新型防渗材料施工输水渠技术、高压避孔板作为施工伸缩缝新技术。北新路桥公司运用现代化施工机械进行路基、路面施工，路面摊铺利用计算机控制技术，路基压实采用先进压路机自动控制压实度。

2011 年，兵团建工集团加大“四新”技术投入和科技创新力度，运用新工艺，提升施工技术水平和科技含量。北新路桥公司申报的《乳化沥青冷再生技术研究在沥青路面中的应用研究》《兵团建筑业承包模式战略性转变研究》获兵团科学技术进步三等奖。

2012—2015 年，兵团建工集团加大新技术研发投入和科技创新力度，不断提高建筑产品的科技含量，增强核心竞争能力，兵团五建研制出水泥含量低、混凝土强度高的配合比。混凝土水泥含量每立方米降低 30 千克，降低混凝土工程成本。

第二节　科研开发应用

一、科研课题

2002 年，兵团建工集团所属北新四方土木工程试验研究所先后完成《绿色环保、高性能混凝土的应用》《混凝土裂缝的成因分析及防治》《沥青路面工程中破碎石的可替代性研究和推广》《土壤固化剂 SFGH》《乳化沥青 SFRH》等课题研究。

2004—2008 年，兵团建科院先后完成高强高性能混凝土的应用研究，完成《NBS 乳液水泥砂浆》《HB-2000 型混凝土养护室自控装置》《自密实混凝土的研究与开发》《聚合物改性干粉水泥抗裂砂浆》的开发应用。完成《聚丙烯纤维混凝土的研制开发与推广应用》《管口支模器》《开普封层技术新疆地区农村公路中的应用及推广技术研究》《纳米改性多功能涂料的研发》《可储式沥青路面冷补（铺）沥青混合料开发及养护技术研究》等课题。北新四方土木工程试验研究所有限公司完成《乳化沥青冷再生》技术研究课题。

2010 年，兵团建科院陆续完成《兵团建设工程质量检测中心试验检测创新基地建设》《砾碎石混凝土在高速铁路工程的应用技术研究》《聚合物水泥防水涂料》《混凝土减缩剂》《自密实、喷射混凝土的研发》课题项目。

2014 年，兵团建科院与兰州交通大学合作的科研课题《大风高温环境下铁路连续梁桥施工若干关键问题研究》通过成果鉴定。兵团建工集团结合施工的中瑞大厦，对超长混凝土无缝施工技术、大体积混凝土施工关键技术、超高层混凝土泵送、直抛式高流动性钢管混凝土 4 项关键技术与材料进行试验研究。兵团建工集团技术中心完成《新疆民族风格建筑浮雕技术研究与应用》的结题工作。

二、科研项目申报

2005—2010 年，兵团建工集团申报兵团科技型中小企业技术创新基金项目分别为《改进型热拌沥青砾石在新疆地区的适应性研究》《乳化沥青冷再生技术研究》《基于路面非均匀性特征的沥青路面施工质量控制技术研究》。

2011 年，兵团建工集团申报中央补助地方科技基础条件专项资金项目《新疆兵团建筑工程试验检测科研仪器设备购置》，财政部下拨专项资金 90 万元。兵团建科院立足兰新铁路二线、肯斯瓦特水电站实际需要，研发《防腐型聚羧酸减水剂应用技术研究》《大风干燥环境下高强能砼抗裂技术研究》《大粒径卵石筑坝试验方法研究》3 项课题均按计划实施。

2013 年 10 月，兵团建科院申报兵团中小企业科技创新项目《极端条件下高性能混凝土性能研究与应用》，并通过兵团科技局审核。

2015 年，兵团建科院申报两项课题，获得科技拨款 60 万元，《直抛式高流动性钢管混凝土的施工技术研究》为兵团师域发展创新计划项目，《轻质实心复合墙板接缝开裂问题的研究与应用》为兵团科技攻关项目。

三、专利

2008 年，兵团建科院获得实用新型专利 5 项，分别是连线动力飞行器、水面移动取能器、水龙头发电机装置、管口支模器、粉刷辊。

2009—2010 年，北新路桥公司获得发明专利 2 项，实用新型专利 10 项；获得实用新型专利 8 项，分别是“乳化沥青添加装置”“墩顶桥梁体系转换悬臂支撑装置”“压路机沥青路面切缝装置”“车载超声测试仪”“多孔混凝土透水性能测试仪”“分离式混凝土抗渗试模”“环形通道”“混凝土稠度测试仪”。

2014 年，兵团建工集团获得实用新型专利 7 项，分别是兵团建科院申报的“一种高效节能换气装置”“一种节能升压节水淋浴装置”“一种利用自然光改善室内照明的装置”，兵团水利水电集团申报的“止水铜片加工装置”“止水铜片压型机”“用于土方开挖中的立杆加固装置”“U 型渠成型装置”。

2015 年，兵团建工集团获得发明专利 4 项（兵团水利水电集团 2 项、北新路桥公司 2 项）、实用新型专利 12 项。获得实用新型专利 9 项，分别是北新路桥公司申报的“一种山区公路隧道施工变形

2007 年 4 月，兵团路桥总公司在道路施工中采用先进的试验检测设备
（兵团路桥总公司　供稿）

特性远程监控系统”，兵团水利水电集团申报的“一种用于隧洞的封堵装置”“一种用于堆石坝的滑模砼分料机”“用于水利施工的组合式打孔装置”，兵团五建申报的“一种建筑施工用水准线测量尺”“一种多用途平板变形塑料建筑模板”“一种钢筋绑扎钩”“一种手持简易抓挖装置”“一种保险挂钩”。

第三节　工法编制

一、负责部门

兵团建工集团高度重视工法编制工作，把此项工作作为企业开发应用新技能的一项重要内容。2000年12月，兵团建工集团所属企业成立企业工法编写领导小组，开始企业工法编写工作。各企业工法领导小组由总工程师担任组长，副总经理担任副组长。工程管理部具体负责实施工工法的编写工作，主要内容包括简介、工法特点、原理、适用范围、施工工艺、施工要点、质量标准及要求、工艺流程、安全措施、机具设备、社会、效益分析、工程实例等。

2004年，兵团建工集团技术中心负责制定工法开发目标，对各个企业进行工法项目评审立项和技术指导工作，总工办负责工法管理工作。各企业工法业务归企业工程管理部，直接领导为项目经理和主任工程师。工程技术部和项目部由专人负责工法相关资料和收集工作。兵团建工集团技术中心负责制定《工法管理规定》《科技创新工作管理规定》，将工法编写、管理、应用纳入各个企业管理范畴。

二、工法成果

2005年，兵团路桥总公司获得3项兵团级工法，分别是《风积沙路基水沉施工工法》《灌注桩施工工法》《空心板梁与箱梁预制气囊内膜施工工法》。

2008年，北新路桥公司获得1项自治区级工法，为《抱箍法施工盖梁工法》。抱箍法施工盖梁工法适用范围山区施工，场地狭小，墩柱较高，交通环境较差的高墩柱盖梁施工，具有施工期短、速度快、经济效益显著、质量安全有保证的特点，成品外观质量较好，达到外美内实的效果。

2009年，北新路桥公司编制《乳化沥青冷再生厂拌施工工法》。该工法的核心是利用施工单位原有的稳定土混合料拌和设备增加乳化沥青添加装置而构成乳化沥青冷再生和设备，运用压力雾化技术解决乳化沥青不均匀添加问题。兵团路桥总公司编制的《公路工程坚硬地质防护栏立柱施工工法》获得兵团级工法。兵团建工集团编制的《竖向密集穿孔超厚楼板施工工法》获国家级工法。

2010年，北新路桥公司编制的《山区桥梁桩基冲孔遇倾斜岩层纠偏施工工法》《采用悬臂支撑体系进行梁体体系转换的施工工法》《刚性接头地下连续墙施工工法》获国家公路工程工法。兵团四建编制的《干混砌筑砂浆施工工法》《干混抹灰砂浆施工工法》《铁路客运专线（双线）后张法预应力混凝土预制简支箱梁施工工法》获自治区级工法。

2011年，兵团建工集团编制工法26项，其中获国家级工法2项、自治区级工法6项、兵团级工法6项。

2012年，兵团路桥总公司编制的《公路隧道仰拱全幅施工工法》获自治区级工法。

2011 年 7 月 22 日，兵团四建生产的兰新铁路第二双线首梁架设成功 （赵泉友 摄）

2014 年，兵团水利水电集团编制的《套铣接头地下连续墙施工工法》，北新路桥公司编制的《沥青路面摊铺碾压免直切施工工法》《采用预应力反张拉加载预压的施工工法》，获得国家级工法。兵团建工集团编制的《预制节段梁悬臂拼装施工工法》、兵团水利水电集团编制的《全回转全套管清除障碍物的施工工法》《套铣接头地下连续墙施工工法》，获得上海市市级工法。兵团路桥总公司编制的《沥青面层摊铺简易平衡梁施工工法》《山区公路悬出路台施工工法》《预制箱梁预应力智能张拉系统运用施工工法》获得建工师工法。

2015 年，兵团水利水电集团编制的《进水塔滑模施工工法》获得国家级工法；兵团建工集团所属企业获得自治区工法 26 项，分别是北新路桥公司编制的《薄壁空心墩与横隔板同步施工工法》《帽檐斜切式隧道门施工工法》《平曲线、竖曲线、渐变截面钢箱梁施工工法》《预制梁板自动喷淋养护施工工法》《大截面箱涵顶进施工工法》《深水承台钢板桩围堰施工工法》《水中钢结构平台施工工法》《系杆拱桥吊杆“无支架法”施工工法》《箱梁预制整体液压模板施工工法》《液压移动式挂篮施工工法》；兵团四建编制的《室外高密度聚乙烯缠绕管（HDPE）“热收缩带”安装施工工法》《预拌砂浆机喷抹灰施工工法》《定型楼梯模板的制作与安装施工工法》《圆筒结构内外通用式 1.2 毫米厚简易钢制大模板施工工法》；兵团水利水电集团编制的《高强桁架拉升翻模施工工法》《PCCP 管道安装施工工法》《小型隧洞钢模台车衬砌施工工法》；兵团建工一建编制的《建筑施工承插型键槽式钢管承重支架施工工法》《渗透液型 DPS 施工工法》；北新国际公司编制的《钢筋混凝土密肋三角梁与预制空心砖复合楼板施工工法》《盒子结构——钢筋混凝土剪力墙工程隧道模板施工工法》；兵团六建编制的《滑动支座楼梯施工工法》；北新建筑公司编制的《铁皮覆面胶合板组合模板施工工法》《高层钢结构节点连接施工工法》《导轨式电动附着升降脚手架施工工法》；兵团交通建设公司编制的《山区公路悬出路台施工工法》。兵团建工集团获得企业级工法 42 项。

第四节 “QC”质量控制小组

一、成立“QC”小组

2006 年，兵团建工集团开展企业全员参加全面质量管理活动，总工办帮助企业“QC”工作领导小组一起选题、分析、引导“QC”工作领导小组开展活动。各企业相继成立“QC”工作领导小组，组长由总经理担任，总工程师担任副组长，成员为企业工程技术部门负责人，各分公司经理，主任工程师。

二、开展"QC"活动

2006年，北新路桥公司"QC"小组在西康高速公路小河至安康段第十九合同段中完成《混凝土外观质量通病控制》，获兵团"QC"成果三等奖，安康项目部编写的《提高混凝土外观质量工艺的探讨》获兵团科技成果活动三等奖。

2007年，北新路桥公司重庆外环高速公路第八合同段"QC"小组选修的课题《大体积混凝土的质量通病》获兵团"QC"成果三等奖。由重庆绕城高速公路项目部编写的《大体积混凝土质量通病控制新工艺探讨》和由安康高速公路项目部编写的《砌石工程质量控制探讨》活动成果获建工师第一届"QC"活动优质奖。

2009年，北新路桥公司"QC"小组开展研究课题13项，其中北新路桥公司巴基斯坦灾后重建项目部"QC"小组研究课题《提高公路施工放样测量工作效率》、云南大理至丽江铁路项目部"QC"小组研究课题《降低滑坡段长锚索施工返工率》获兵团第二十一届"QC"小组优秀成果三等奖。兵团建工一建"QC"小组研究的课题《提高建筑外窗软连接的一次验收合格率》获兵团第二十一届"QC"小组优秀成果一等奖。

2014年，兵团建工集团及所属各企业申报"QC"成果27项。其中，获自治区优秀质量管理小组2个、获兵团"QC"成果一等奖1项、二等奖1项、三等奖2项，优秀"QC"小组3个。

2015年，兵团建工集团及所属各企业申报"QC"成果26项，分别是兵团建工一建质检"QC"小组获"全国优秀质量管理小组"称号；兵团六建"QC"小组活动成果获兵团二等奖和优秀奖；兵团建工一建质检"QC"小组获兵团优秀"QC"小组成果一等奖；兵团六建广筑公司质量控制"QC"小组、北新路桥公司桥梁隧道事业部卓越"QC"小组获兵团优秀"QC"小组成果二等奖；兵团水利水电集团钢结构有限公司质检"QC"小组、北新建筑公司三分公司探索者"QC"小组、新疆鑫慧红雁预拌砂浆有限公司"QC"小组获兵团优秀"QC"小组成果三等奖；兵团六建驭风"QC"小组、兵团水利水电集团库尉输水隧洞工程质量"QC"小组、北新路桥公司罗霍洲大桥长江突击队"QC"小组、北新土木公司克塔铁路TJB标"QC"小组、北新建筑公司一分公司奋进"QC"小组获兵团优秀"QC"小组成果优秀奖。

2012年10月25日，兵团建科院采用地质雷达检测施工路基质量。图为检测人员在现场操作　（第十一师史志办　供稿）

第十四章　建材工业

兵团建工集团所属企业工业发展时期不同，工业产品也有差异。针对建筑行业特点，兵团建工集团重点加强对水泥、商品混凝土、建材材料等产品的生产，促进企业产能得到充分发展。加大对建材工业的投入力度，通过资源整合、并购重组、股份合作等方式，优化市场资源，实现优势互补，扩大建材工业市场规模，使建材工业成为兵团建工集团新的经济增长点。

第一节　工业概况

一、管理机构

1992—1995 年，农垦建安总公司以建筑施工为主，没有工业生产。

2001—2009 年，兵团建工集团经营管理部负责监管各企业工业生产计划的执行情况以及汇总各企业年终工业产值的上报任务。所属企业设置专门机构，负责管理本单位工业企业的生产计划、生产调度、生产安全工作。

2010—2015 年，兵团建工集团加强指导工业企业生产，不断完善应对措施，建立工业经济情况报表制度，完成工业固定资产投资报表及经济指标年报。同时，对工业项目实施跟踪服务，强化项目建设管理领导，特别是对前期研究、规划、设计、施工、验收、运营各个环节进行监督指导。所属企业设副职领导分管单位工业生产，督促检查工业完成生产指标、技术革新、安全生产、产品销售等情况。

二、工业规模

1996—2000 年，农垦建安总公司针对建筑市场商品混凝土大量需求成立拌和站，使商品混凝土生产企业产销两旺，拉动总公司工业经济增长，商品混凝土生产值占工业产值的 39%。

2000 年，特种机械工程分公司改造和扩容商品混凝土拌和站，达到年产 30 万立方米混凝土。当年工业生产实现利润 30.94 万元，完成工业总产值 2031 万元。

2001—2003 年，兵团建工集团主要完成工业成品商品混凝土、红砖、水泥，累计完成产值 49860 万元。

2004—2009 年，兵团建工集团累计完成工业产值 89053 万元。

2010 年，兵团建工集团加强组织指导工业企业生产，协调解决工业企业在采购、生产销售等环节中遇到的问题，重点加强对水泥、商品混凝土等重点产品生产的服务工作。2010—2013 年，完成工业产值 297860 万元。

2014 年，兵团建工集团及各企业加大对建材工业的投入，通过资源整合，并购重组，股份制合作等方式，优化市场资源配置，实现优势互补，扩大建材工业市场规模。全年实现工业总产值 209617 万元，占兵团建工集团总收入的 7.6%。

2015 年，兵团建工集团成立新疆北新建材工业集团有限公司。全年兵团建工集团所属独立法人工业企业 14 家，其中规模以上工业企业 7 家，实现工业总产值 239988 万元。

第二节　工业企业简介

一、新疆雁池新型建材有限公司

2007 年，兵团四建水泥厂与新光建材有限公司合作成立新疆雁池新型建材有限公司，双方共同投资 2250 万元，建设一条具有国内先进水平的 3.2 米 ×13 米带预破碎、圈流高细粉磨生产线。当年生产水泥 7 万吨，产值 5000 万元。

2011 年，新疆雁池新型建材有限公司坚持科技创新拓市场，强化管理增效益，全年生产预拌砂浆 1.41 万吨、水泥 32.61 万吨、粉煤灰 3.23 万吨、矿粉 6.47 万吨，实现产值 1.7 亿元。

2013 年，新疆雁池新型建材有限公司生产水泥 42.4 万吨、矿粉 1.4 万吨、粉煤灰 3.1 万吨、商用混凝土 61.1 万立方米、预拌干混凝土砂浆 1.5 万吨、砂石料 35 万立方米，实现产品销售收入 3.88 亿元。

2015 年，新疆雁池新型建材有限公司完成工业产值 58091 万元。公司生产水泥 103.46 万吨、矿粉 3600 吨、商品混凝土 72.46 万立方米、干混预拌砂浆 3.74 万吨、砂石料 40.43 万立方米，实现利润 1687.92 万元。

二、兵团八建泰丰建材厂

1999 年，兵团八建建材厂和水工机械厂合并，更名为新疆兵团八建安装工程公司建材总厂，原水工厂、钢窗厂、防撬门厂分别作为建材厂下属分厂，生产钢门窗、钢串片、预制板、塑钢门窗、过水热以及各项目需要的各种模具。投资 30 万元，新增塑钢门窗、防撬门生产线。当年建材总厂完成钢门窗 2.59 万平方米，塑钢门窗 7276 平方米，完成各类活塞 9.40 万只，完成工业产值 1110.9 万元。2001 年，建材总厂改称兵团八建泰丰建材厂。

三、重庆兴投建材有限公司

2010 年 5 月，由新疆北新路桥集团股份有限公司和重庆创发路桥建设有限公司共同出资成立重庆兴投建材有限公司，主要进行碎石的加工及销售、商品混凝土的生产及销售。2011 年，生产碎石 53.5 万吨。2012 年，生产碎石 69.71 万吨，销售产值 1721 万元。2013 年，生产混凝土 3.91 万立方米、碎石 72.73 万吨，工业总产值 3464.6 万元。2014 年，生产混凝土 69.28 万立方米，工业总产值 22135 万元。

2015 年 6 月，重庆兴投建材公司剥离北新路桥集团。当年公司生产混凝土 50 万立方米、沥青混合料 13.7 万吨、砂石料 23 万立方米，实现工业总产值 2 亿元。

四、新疆北新建材工业控股有限公司

2011 年 7 月，新疆北新投资建设有限公司收购原华丽联合公司 100% 股权，更名为新疆北新永固钢结构工程有限公司。主要进行轻钢、重钢、箱型钢构件、桁架、塔架、桥跨、C 型与 Z 型钢、彩钢压型板、彩钢夹芯板等各类节能钢建筑材料的生产和安装，年生产能力可达 2 万吨。其产品具有工艺先进、强度高、稳定性能好、施工方便、易拆装等优点，广泛用于国道、高速公路、高架桥，水利工程、兰新二线高铁等工程。10 月，新疆天山玻璃有限责任公司成立，主要进行钢化玻璃、中空玻璃、夹胶玻璃、防弹玻璃等玻璃制品的加工及销售；塑钢、铝合金、铝木复合门窗产品的加工、销售及安装。产品广泛应用于大型写字楼、高档别墅及各类公用和民用建筑设施。11 月，新疆北新德宏建材有限公司分机构柳树沟碎石厂在乌鲁木齐市达坂城区工商行政管理局注册。

2012 年 11 月，北新路桥集团股份有限公司成立建材事业部，主要负责北新路桥建材工业板块的发展。建材事业部有 5 家法人单位，分别是北新永固钢结构工程有限公司、新疆天山玻璃有限责任公司、新疆北新新型建材有限公司、新疆北新德宏建材有限公司、重庆兴投建材有限公司。

2014 年，新疆北新永固钢结构工程有限公司加工钢结构、模板 1.84 万吨，工业总产值 12930 万元；天山玻璃生产玻璃和塑钢门窗 16.69 万平方米，工业总产值 4543.2 万元；德宏生产碎石 16.05 万吨，工业总产值 1036.4 万元；重庆兴投生产混凝土 69.28 万立方米，工业总产值 22135 万元；新型建材生产复合板、硅酸钙板、涂装板 46.50 万平方米，实现工业总产值 3112 万元。

2015 年 8 月，兵团建工集团调整建材工业产业结构，延伸产业链，成立新疆北新建材工业控股有限公司，北新路桥集团股份有限公司建材事业部所属 5 家法人单位资产进行置换，划归新疆北新建材工业控股有限公司管理，兵团建工集团工业纳入专业化统一集中管理，建材事业部撤销。

2015 年，北新建材工业集团下属兵团工业设备安装公司、新疆北新永固钢结构工程有限公司、新疆天山玻璃有限责任公司、新疆北新新型建材有限公司 4 家独立法人企业归属北新建材集团公司。注册资本金 3.8 亿元，主要业务范围有钢结构设计、制作、安装、施工，建筑材料及产品生产、销售、研发及应用技术、配套产品的设计与施工，工业安装，建材产品、机电产品、化工原材料及产品、钢材等贸易，门窗、水泥、商品混凝土、住宅产业化（住宅设计、安装），货物和技术进出口贸易等。全年完成工业产值 34331.89 万元。

新疆雁池新型建材有限公司、新疆鑫慧红雁预拌砂浆有限公司厂区　　（兵团四建　供稿）

第十五章　海外建设

2002 年 4 月，兵团建工集团承建巴基斯坦马拉坎德水电站工程，迈出挺进海外的第一步。2003 年，兵团建工集团取得援外国外工程资格。截至 2015 年，兵团建工集团先后在安哥拉、阿尔及利亚、委内瑞拉、塞拉利昂等 18 个国家承建项目，累计承担国外工程 34 项，工程合同总额达 15 亿美元，完成从依托国内知名企业，谋求双赢，到直接参加国外工程投标，独立承接工程任务的转变。“走出去”是兵团建工集团转变发展方式的关键抉择，是兵团建工集团实现自身跨越发展，带动其他产业共同兴盛之路。

第一节　管理机构

2001 年 2 月，为方便企业开拓国际市场，兵团建工集团经自治区工商局注册批准第二名称为新疆北新建设工程（集团）有限责任公司。4 月，公司以第二名称办理中华人民共和国对外经济业务合作经营许可证。

2003 年 2 月，经兵团商务局批准兵团建工集团在巴基斯坦伊斯兰堡成立办事处，负责与国内沟通，服务马拉坎德水电站项目。3 月，兵团建工集团成立海外部，负责国际工程市场开发、项目承揽、投标和客户关系管理、项目实施及管理工作。

2006 年 4 月 14 日，兵团建工集团总裁办公会议决定成立新疆北新建设工程（集团）有限责任公司海外公司（独立非法人实体），独立运行后自负盈亏，开拓国外市场。设经理 1 人、副经理 3 人，设财务部、物资供应部、商务合约部、人力资源部、综合部。合并原海外部及兵团建工一建二分公司海外部人员，负责在建国外项目管理、市场开发、项目国内物资、人员、财务后勤保障工作。9 月，兵团建工集团在阿尔及利亚设立项目经理部。

2008 年 4 月 1 日，兵团建工集团召开关于实施安哥拉社会住房项目第一次会议。会议决定为进一步实施好安哥拉社会住房项目，兵团建工集团组建直属安哥拉社会住房项目经理部。下设计划合同计量稽核部、综合办公室、人力资源部、工程质量技术部、试验中心、财务部、国内后勤保障部、物资设备部。

2008 年 11 月 26 日，经阿尔及利亚人民民主共和国商业部批准，新疆北新建设工程集团在阿尔及利亚阿尔及尔省成立阿尔及利亚分公司。公司法律形式为外国公司分公司，经营范围承揽各种不同领域建筑工程，水利、大型公共工程企业，公共卫生、地区工程企业，企业设计与施工建筑。

2009 年 5 月，经商务部批准兵团建工集团在安哥拉罗安达市注册成立安哥拉分公司。

2011 年 11 月，兵团建工集团安哥拉项目与海外公司合并，改称新疆北新国际建设有限责任公司（简称北新国际公司）。

2013 年 12 月 10 日，经商务部批准兵团建工集团在巴拿马首都巴拿马城设立巴拿马办事处。

2014 年 1 月 29 日，经商务部批准兵团建工集团在尼日利亚首都阿布贾设立尼日利亚办事处。2015 年，尼日利亚分公司成立。

2014 年 1 月 6 日，经商务部批准兵团建工集团在委内瑞拉首都加拉加斯设立委内瑞拉分公司。

2014 年 12 月 24 日，经兵团商务局批准兵团建工集团在喀麦隆首都雅温得设立喀麦隆分公司。

2015 年 5 月 4 日，经兵团商务局批准兵团建工集团在厄瓜多尔首都基多设立厄瓜多尔分公司。

2014 年 11 月，经兵团商务局批准、兵团发展改革委备案，在安哥拉卡代代市注册成立兵团建工集团安哥拉公司。

2015 年 5 月，兵团建工集团将海外部工作职能从北新国际公司分离出来，重新成立海外工作部。

第二节　海外工程建设

一、水利水电工程

（一）巴基斯坦马拉坎德水电站

2002 年 9 月，兵团建工集团承建中国水利水电对外公司巴基斯坦马拉坎德水电站项目，合同价 3948 万美元，折合人民币 3.15 亿元。马拉坎德水电项目装机容量为 81 兆瓦，主要工程量包括 5 条马蹄形断面形式隧道、电站厂房、引水明渠、尾水渠、退水渠、沉沙池、压力前池、4 个高架渠、3 座水闸、5 座桥等。工程于 2003 年 1 月 9 日开工，2010 年 10 月 22 日竣工。质量等级为合格。

（二）蒙古国都日根水电站

2004 年 6 月，兵团建工集团与上海外经集团合作承建蒙古国都日根水电站项目，合同价 1200 万美元，折合人民币 9919 万元，兵团八建承担施工任务。都日根水电站设计水头 15 米，总装机容量为 3×4000 千瓦，坝长 231 米，最大高度 24 米。主要工程量为电站主副厂房、泄洪闸、鱼道、土坝、引水渠及尾水渠、交通桥等。工程于 2004 年 9 月 24 日开工，2008 年 10 月 28 日竣工。质量等级为合格。

（三）布隆迪基孔杰和卢衣龙扎水电站维修项目

2006 年 2 月，兵团建工集团承建援助布隆迪基孔杰和卢衣龙扎水电站维修项目，项目合同价 203 万美元，折合人民币 1640 万元。建业公司承担施工项目任务。工程维修的主要内容为更换新型式的水轮发电机组及其附属设备、自动控制系统、主变压器和其他电气设备；维持原挡水坝、引水渠以及前池的水工建筑物不变，恢复改建使单机容量提高到 500 千瓦，总装机容量提高到 1500 千瓦和 1000 千瓦。工程于 2006 年 2 月 20 日开工，2007 年 10 月竣工移交。

二、公路、桥梁工程

（一）巴基斯坦喀喇昆仑公路桥梁修复项目

2003 年 5 月，兵团建工集团承建由上海建工集团中标的巴基斯坦喀喇昆仑公路 5 座桥梁修复工程项目，合同价435万美元，折合人民币3600万元。兵团路桥总公司承担建设巴基斯坦喀喇昆仑公路5座桥梁修复工程施工任务。主要工程量为大桥1座、中桥2座，岩堆防御工程1处，桥梁基桩防护工程1处，钢筋混凝土拱涵1座。2003年7月15日开工，2006年6月15日竣工。工程质量等级为合格。

（二）中吉乌公路吉境内段修复项目一期工程

2004年，中国路桥（集团）总公司承接中华人民共和国援建吉尔吉斯斯坦中吉乌公路吉境内段修复项目一期工程。兵团建工集团北新路桥公司负责工程施工。合同段一期修复工程全长19千米，主要工程量为修复2座旧桥及排水工程、路面工程、路基工程、桥涵工程、排水工程、防护工程及交通工程等。2004年7月18日开工，2005年9月20日主体工程完工。2005年10月25日，经中国商务部会同吉国交通质量部门检查验收评定为优良工程。

（三）阿尔及利亚东西高速公路项目W1、W2标段

2006年9月，兵团建工集团承建中信国华公司中标阿尔及利亚东西高速公路项目W1、W2标段，合同价2.5亿美元，折合人民币20亿元。北新路桥公司、兵团路桥总公司承建该项工程任务。W1标段全长32.48千米，主要工程量为路基填筑、路基碎石填筑、垫层填筑、沥青混凝土、桥梁15座、涵洞46道、管涵12道。W2标段全长28千米，主要工程量包括路基土方填筑、路基碎石填筑、垫层填筑、沥青混凝土，桥梁19座，涵洞28道，混凝土总量3.9万立方米。工程于2006年9月18日开工，2009年10月14日竣工。工程质量评定合格。

（四）塔吉克斯坦至乌兹别克斯坦公路修复改造项目明洞B1、B2标段工程

2007年3月，北新路桥公司承建中国路桥公司中标塔吉克斯坦至乌兹别克斯坦公路修复改造项目明洞B1、B2标段工程。合同价1.06亿元。该项目主要施工路基、路面、排水及结构物施工。主要工程量为路基填方、路基挖方、土方、石方、沥青混凝土上面层、沥青混凝土下面层；新建涵洞65座、旧桥修复4座。2007年4月12日开工，2010年8月10日完工。2010年11月5日，业主下发项目交工并投入生产证书函件。

（五）巴基斯坦喀喇昆仑公路改扩建项目B合同段工程

2008年4月，兵团建工集团承接中国路桥公司中标的巴基斯坦喀喇昆仑公路改扩建项目（雷科特—红其拉甫段）B合同段工程，合同价5866万美元，折合人民币3.93亿元。兵团路桥总公司承建B合同段位于巴基斯坦境内，长79.71千米，主要工程量为土石方、爆破石方、沥青混凝土、水泥混凝土、片石混凝土、浆砌石；中桥17座（修

2007年1月，北新路桥公司承建巴基斯坦公路建设工程。图为路面摊铺现场
（北新路桥集团　供稿）

复利用 14 座），小桥 6 座（修复利用 2 座），明洞 5 座，渡槽 3 座。2008 年 7 月 1 日开工，合同工期 48 个月。工程实际于 2014 年 10 月 20 日竣工，缺陷责任期 12 个月。工程质量等级为合格。

（六）吉尔吉斯斯坦比什凯克至吐尔尕特道路修复工程

2010 年 3 月，北新路桥公司承接中国路桥公司中标的吉尔吉斯斯坦比什凯克至吐尔尕特道路修复项目，合同价 949.69 万美元。路线全长 38.8 千米，主要工程量为沥青混凝土路面、级配碎石基层、天然砂砾底基层。修复工程包括路面工程、路基工程、桥涵工程、排水工程、防护工程等。工程于 2010 年 8 月 15 日开工，2012 年 8 月 15 日交工。工程质量等级为合格。

（七）吉尔吉斯斯坦奥什至伊斯法纳道路升级改造项目

2010 年 4 月，北新路桥公司中标吉尔吉斯斯坦奥什至伊斯法纳道路升级改造项目一期——布尔甘地—巴特肯工程项目。合同价 2540 万美元。工程线路全长 60 千米，主要工程量为路基工程、路基挖方、路基填方、老路基整平压实、路基找平层、路基防护及排水 60 千米、桥涵工程。工程于 2010 年 9 月 1 日开工，2012 年 11 月 30 日业主下发工程移交证明。

（八）尼日尔 FAS 道路项目

2012 年 9 月，兵团建工集团承建中交一公局海外公司中标的尼日尔 FAS 道路项目，合同价 2044 万美元。道路长 125 千米。工程于 2013 年 7 月开工，2016 年 5 月竣工。工程质量等级为合格。

三、房建工程

（一）阿联酋棕榈岛别墅项目

2004 年 7 月，兵团建工集团承建中国建筑工程总公司中标的阿联酋棕榈岛别墅项目中 O 枝和 A 枝的 100 套别墅，合同价 250 万美元，折合人民币 2010 万元，兵团建工一建担任项目施工任务。阿联酋的棕榈岛别墅项目位于阿联酋迪拜市，主要工程量包括 100 套别墅的土建、装修、室内机电安装、预留预埋以及相关工作。工程于 2004 年 8 月 25 日开工，2006 年 1 月竣工。工程质量等级为合格。

（二）阿尔及利亚住宅工程项目

2004 年 9 月，兵团建工集团与中国建筑工程总公司合作，分包承建阿尔及利亚震后重建 1000 套住宅工程，合同价 1761 万美元，折合人民币 1.39 亿元，兵团建工一建参加工程施工。主要工程量包括建筑面积 7.14 万平方米，条形钢筋混凝土基础；内墙采用当地预制的混凝土空心砖、外墙采用红土空心砖；内墙及顶棚采用石膏或者砂浆抹灰后刷白；外墙采用水泥砂浆抹灰后滚刷涂料；地面采用铺设水磨石预制块。工程于 2004 年 9 月 21 日开工，2007 年 8 月竣工。

（三）塞拉利昂博城体育馆项目

2006 年 12 月，兵团建工集团承接援建塞拉利昂博城体育馆项目，第一期合同价 503 万美元，2008 年 5 月补充合同价 208 万美元，2009 年 12 月补充合同价 52 万美元，合计 763 万美元，折合人民币 5876 万元，兵团六建承担施工任务。塞拉利昂博城体育馆建筑面积 4132 平方米，工程量为场地平整、足球场、田径场铺设、四座灯塔、镀锌钢结构大屏幕、水泵房、门卫售票室、停车场、围墙及施工供水供电工程等附属设施。工程于 2008 年 12 月 15 日开工，2014 年 1 月通过商务部验收。

（四）安哥拉社会住房 K.K. 一期项目

2008 年 4 月，兵团建工集团承建安哥拉社会住房 K.K. 一期项目，合同价 5.4 亿美元，折合人民币40亿元。兵团建工一建、兵团四建、兵团五建、兵团六建参与施工。项目建筑面积77万平方米，包括170栋住宅、6所幼儿园、2所小学、2所中学、6座水泵房等基础设施以及6个地块内的社区市政工程。2008年12月1日开工，2011年9月30日竣工。其中，5号地块获中国建设工程（境外工程）“鲁班奖”。

2011年9月，兵团建工集团承建的安哥拉社会住房项目凯兰巴·凯亚西一期工程竣工（王文波 摄）

（五）安哥拉南方经典住宅项目

2009年6月，兵团建工集团在安哥拉独立承建南方经典住宅项目，工程为多层框架结构，建筑面积1.87万平方米，合同价2388万美元，折合人民币1.65亿元，由兵团建工集团安哥拉项目部实施。工程于2009年9月开工，2010年12月竣工。工程质量等级为合格。

（六）阿尔及利亚苏丹尼亚镇住宅工程项目

2009年2月，兵团建工集团承接阿尔及利亚苏丹尼亚镇344套住宅工程，合同价1509万美元，折合人民币1.03亿元，兵团建工一建承担施工任务。阿尔及利亚苏丹尼亚镇344套住宅工程位于及尔省苏达尼亚镇，建设规模为344套住房（6栋小高层住宅）及部分商铺，建筑面积4.5万平方米。2009年11月开工，2011年3月竣工。工程质量等级为合格。

（七）委内瑞拉蒂乌娜社会住房项目

2011年12月22日，兵团建工集团与中信国华国际工程承包有限责任公司签订委内瑞拉蒂乌娜社会住房项目A、E、F、G区块施工承包合同，项目合同总价3.07亿美元，北新国际公司承建。主要工程量为41栋住宅包括房屋土建、给排水、电气、电话和ISDN、有线电视、通风、消防系统、电梯及燃气工程；完成4个区块内配套市政工程和区块周围配套市政道路工程；在总包商指定位置建造公共建筑工程，包括幼儿园、小学、中学、医疗和社区活动中心，建筑面积40万平方米。工程于2012年3月23日开工，2014年9月25日竣工。工程质量等级为合格。

（八）安哥拉赞沽项目

2012年10月，兵团建工集团与中信建设公司合作承建安哥拉10万套赞沽项目，合同价3.12亿美元。安哥拉赞沽项目共有14个地块，工程总建筑面积约48.76万平方米，包括1381栋住宅，4297户（H1户型745栋，H2户型386栋，H3户型55栋，H4户型195栋），以及14个地块社区市政工程。工程于2012年2月20日开工，2015年12月竣工。工程质量等级为合格。

（九）安哥拉大区住宅工程项目

2012年，兵团建工集团承建安哥拉大区5000套项目工程，合同总价2722.97万美元。安哥拉大区5000套项目工程总建筑面积11.39万平方米。工程于2012年4月开工，2015年6月竣工。

工程质量等级为合格。

（十）阿尔及利亚保障房项目

2013年6月，兵团建工集团承建阿尔及利亚保障房2个工程项目，兵团建工一建承担施工任务。埃利赞省的1450套国家保障房项目分布在乌埃德杰玛、哈玛德纳、玛祖纳等6个地点，建筑面积14万平方米，合同价4024万美元。工程于2013年6月开工，2018年12月全部竣工。工程质量等级为合格。

（十一）委内瑞拉社会住房卡尼亚地块住宅项目

2014年7月，北新国际公司承建委内瑞拉社会住房项目卡尼亚地块1500套住宅项目，建筑面积12.09万平方米，合同价9070万美元。工程量包括房屋土建工程及室内给排水、电气、燃气等住宅内所有工程，该地块内的市政道路停车场、市政供水、市政排雨水、排污、市政供电及照明、景观绿化等市政配套及室外工程，幼儿园、小学、中学、卫生所等配套公建及公建附属工程。工程于2014年10月开工建设，2016年竣工。工程质量等级为合格。

四、其他工程

（一）巴基斯坦卡拉奇真纳国际机场滑行道及附属工程重建、滑行道助航灯光信号系统工程

2006年12月，北新路桥公司承建巴基斯坦卡拉奇真纳国际机场滑行道及附属工程重建、滑行道助航灯光信号系统工程。合同价5.64亿卢比，折合人民币7231万元。滑行道重建工程包括拆除滑行道混凝土面板、土方开挖、砂砾垫层、混凝土层基、滑行道混凝土面板、滑行道助航系统。2007年2月开工，2010年12月完工。工程质量等级为合格。

（二）巴基斯坦木尔坦国际机场起降区改扩建工程

2008年7月，北新路桥公司承接巴基斯坦木尔坦国际机场起降区改扩建工程。工程总造价17.42亿卢比，折合人民币1.71亿元。主要工程量为跑道、滑行道、连接道、行车道、停机坪、电力供应、灯光导航系统及其他附属工程。工程于2008年10月15日开工，2010年7月10日业主下发工程移交函。工程质量等级为合格。

（三）巴基斯坦伊斯兰堡贝布托国际机场工程项目

2010年12月，兵团建工集团承接巴基斯坦伊斯兰堡贝布托国际机场工程项目。工程范围包括空中交通控制塔综合控制塔，火灾、飞机事故营救中心和雷达室3部分，合同价14.7亿卢比。空中交通控制塔工程包括土建、电气、中央空调、给排水、消防工程及外围道路及附属设施。飞机事故营救中心工程包括土建、电气、中央空调、给排水、消防工程及外围道路及附属设施。RRB雷达和电波广播中心工程包括土建、电气、中央空调、给排水，消防工程及外围道路及附属设施。工程于2011年1月4日开工，2018年5月，业主颁发交工证书。工程质量等级为合格。

第三节　海外农业生产

一、威热农业开发项目

2011年5月8日，兵团建工集团以第二名称新疆北新建设工程集团名义与中信建设组成联合体，

与安哥拉渔业和农村发展部签订安哥拉农业开发协议。项目周期为5年（2011年5月至2016年5月），包括前3年建设和运营期，以及不少于3年的农业技术培训期。

2011年5月14日，农业开发项目开始进场实施。威热农业开发项目位于安哥拉威热省东南部的桑扎蓬勃地区，项目采用"EPC+运营服务"模式实施。安哥拉农业部作为业主，中信建设和新疆北新联合体作为实施主体负责项目的规划设计、基础设施建设、机械设备采购、农业技术推广及生产运营服务等工作，工程量包含综合办公楼、管理人员宿舍、食堂、单体公寓、双拼公寓、瞭望塔、医务室、警卫室，建筑总面积2713平方米。

2013年10月，兵团建工集团与中信建设签订安哥拉威热农业建设协议。2014年9月，兵团建工集团与中信建设签署威热农业开发项目稻米加工厂及其配套设施合同。实施范围包括威热开发项目稻米加工厂建设、灌溉区、威热营地建设、威热项目种植运营服务及土地开垦、威热农业机械设备维修等工作，项目累计土地开荒1223.86公顷，种植玉米、水稻、大豆、牧草3060公顷，完成粮食加工6208吨。

2017年4月24日，威热农业开发项目竣工并移交业主。2017年6月，该项目完成竣工结算，最终结算价2571.46万美元。（实际2017年6月竣工）。

二、卡代代农场

2008年8月，兵团建工集团承接安哥拉K.K.一期社会住房建设工程。为解决项目部员工生活保障，决定开发安哥拉卡代代农场，获得30年经营期土地1333.33公顷。卡代代农场距离罗安达市50千米，规划总占地面积600公顷。卡代代农场是兵团建工集团在海外投资建设的第一个农业项目，由兵团建工集团所属北新国际公司利用安哥拉工程项目收入投资金1618.89万美元。农场在满足安哥拉工程项目内部需求的前提下，对外销售农场生产的农副产品，可独立运营。

农场建设立足于综合开发利用，除种植业之外还利用安哥拉淡水资源丰富、雨季气温高、日照时间长等特点，加快果林业、养殖业和渔业资源的开发。农场建设有鱼塘19.33公顷，主要养殖草鱼、鲢鱼、鲤鱼、罗非鱼。种植瓜果有火龙果、菠萝、莲雾、木瓜、柠檬、橘子、葡萄、香蕉等品种13.33公顷。

截至2015年8月，农场开发可种植面积473.2公顷，年产大米800吨、玉米2500吨、蔬菜900吨，同时建设各种圈舍（牛圈、羊圈、鸭舍、鸡舍），形成集农业（蔬菜、玉米、水稻、园林、果木、蘑菇）、养殖业、粮食加工为一体的现代农业产业结构。农场拥有服务农业生产全套的机械设备，满足农场生产及员工生活的各种需求，能独立运营，对外销售农场生产的农副产品。

三、马兰热农场

2010年11月，安哥拉渔业和农村发展农业部与中信建设有限责任公司签订马兰热农业开发项目合同。2011年8月12日，在兵团农业"走出去"项目协调促进机制领导小组支持下，兵团建工集团代表兵团与中信建设合作，签订《安哥拉马兰热农业开发项目合作合同》，开发安哥拉马兰热农场项目。在全兵团范围内选派兵团农业专家赴国外执行任务，推进兵团大农业走出去步伐。8月28日，马兰热农场进行临时营地建设、开荒、试种、引种试验等工作。

2012年3月22日，中信建设与兵团建工集团签订《安哥拉马兰热农业开发项目分包实施附录》。

建设期 60 个月（2011 年 8 月至 2016 年 8 月），包括建设、运营、技术培训及配套服务。农场建设相应的基础设施有水利工程、道路工程、电力工程、营地工程、人饮工程、水土保持工程等。农场主营区有 19 个单体工程（办公楼、科技楼、食堂、宿舍、道路、广场、绿化、给排水系统等），粮食仓储加工、4 个作业营区、农机服务站、农资库、田间道、生产道等。粮食作物以玉米、大豆、食用豆类为主，配套玉米粉加工厂、大豆油脂厂及饲料加工厂。

2016 年 10 月 22 日，马兰热农业开发项目全面交付。完成土地开荒 5650 公顷，累计完成玉米种植 11285.57 公顷，食用豆类种植 80.38 公顷，大豆种植 527.91 公顷。实施范围包括勘察设计、临建搭设、开荒工程、道路工程、水利工程、通信工程、电力工程、人饮工程、营区建设工程、加工仓储工程、运营开办、种植及加工开荒造田、玉米大豆种植、仓储加工、农机维修维护、安籍人员培训及农业科技服务等工作。项目最终结算金额 6468.97 万美元。10 月 25 日，工程完成全面撤场。

四、天昶农场

2011 年 10 月，兵团建工集团在安哥拉投资开发建设天昶农场。农场位于安哥拉罗安达省卡代代市宽扎湖旁，规划总占地面积 2333.33 公顷。天昶农场由一农场、二农场、三农场组成，分为加工板块（稻米加工、饲料厂、屠宰场），养殖板块（鸭、鹅养殖）和渔业板块（以罗非鱼为主）。天昶农场大米加工厂占地面积 5000 平方米，集稻谷烘干、储藏，大米加工和成品米储藏为一体的大米加工生产线。由 500 平方米的稻谷露天晒晾场地、2000 平方米的原粮库房以及 2500 平方米加工车间和成品米存放库房组成。可完成日烘干湿稻谷 30 吨、日生产加工大米 13 吨。大米加工生产线可一次性完成稻谷除尘、除杂草、去石、脱壳和碾白以及白米分级、抛光和色选称重装袋成为商品米工作。

截至 2015 年 8 月，天昶农场拥有 1446.67 公顷水稻种植基地、7 万只家禽养殖基地和 66.67 公顷鱼塘（鸭鹅池）基地，年产 4000 吨大米生产基地，年产 2920 吨饲料生产基地和日屠宰量 1000 只的半自动化屠宰线。天昶农场一农场完成容纳 80 人的中国工人营地和容纳当地工人 300 人的标准营地建设；二农场完成可容纳 30 人的中国工人营地和容纳当地工人 300 人的标准营地建设；三农场完成可容纳中国工人 20 人营地建设。

2014 年，兵团建工集团在安哥拉开展农业生产，获得良好经济效益。图为卡代代农场机械化收割水稻 （兵团建工集团海外工作部 供稿）

第十六章　机械设备

兵团建工集团以建筑施工为主业，随着企业生产规模不断扩大和机械设备的逐年增加，所属企业进一步加强施工机械设备管理，重视机械设备基础管理工作。制定和完善《机械设备管理办法》，对机械设备固定资产管理、机械设备经济管理、机械设备的使用管理、机械设备维修管理、机械设备统计管理、机械设备安全生产管理等做了明确规定，提高机械设备完好率和出勤率。各企业充分发挥现代化机械设备效能，提高企业经济效益。

第一节　设备管理

一、管理机构

1992年，农垦建安总公司未设机械设备管理机构，公司总经理办公室负责督促检查各个施工单位对机械设备的管理工作。

1995年，农垦建安总公司成立混凝土搅拌站，机械设备管理由混凝土搅拌站管理。

2000年，兵团建安总公司所属企业机械设备由企业自行管理。企业均设专职部门负责管理各种机械设备。

2001年，兵团建工集团董事会决定所有特大型机械设备由改制后的北新路桥公司直接管理，其他企业的机械设备由本企业自行管理。各企业根据经营规模及产业的多元化发展，有计划地投资购置施工生产所需设备。各企业均建立租赁公司（站），业务受公司工交科和租赁公司（站）双重管理。

2003—2015年，兵团建工集团经营管理部主要负责审定企业设备管理规章制度、管理办法，协调各企业施工生产与设备维修的关系，防止拼设备和重大设备事故的发生。

二、管理工作

1992—1995年，农垦建安总公司机械设备由分公司和项目部管理和维修，总公司只负责登记备案。

1996—2000年，兵团建安总公司开展“红旗设备竞赛活动”，总公司每年组织2次大检查，制定“红旗设备五项标准”作为开展设备竞赛活动的具体标准。施工单位根据机械设备维修保养的难易程度，统一确定相应的评分标准，根据定额出勤台班的完成情况，结合平时抽检的使用和保养情况，评出红旗设备先进集体和红旗操作手。

2000—2002年，随着企业生产规模不断扩大和机械设备的逐年增加，兵团建工集团出台《设备管理规定》。企业先后成立机械设备租赁公司，所有机械设备由各企业租赁公司负责管理、维修、调配，提高机械设备的利用率、完好率。各个分公司，项目部相应设置专门的设备管理机构和专职设备管理人员，负责本单位施工生产所需的机械设备的日常管理。各单位设备实行统一编号，建立机械设备技术档案和机械设备的各类台账。2001年6月，兵团建工集团特种机械工程分公司获“全国施工企业设备管理优秀单位”称号。

2003年，兵团建工集团所属企业健全各项机械设备管理制度，对机械设备的购置、改造、调拨、封存和维修，红旗设备竞赛，施工机械操作证，机械设备年购置台班或产量定额、耐用年限、折旧率、报废及建账、立卡、清点、报表等都有明确的规定。兵团建工集团机械设备品种与数量70%集中在北新路桥公司。北新路桥公司制定《机械设备管理规定》，对机械设备实行定人、定机、定岗位责任制的“三定”管理制度。

2006年，北新路桥公司新增机械设备31台（套），新增设备资产600万元。北新路桥公司着重抓好机械设备基础管理工作，采用购买、租赁、分包相结合的办法合理调配设备，提高设备利用率。加强设备维修保养，变冬修为常年维修，以确保机械设备完好率和出勤率。兵团六建完善《公司机械设备管理办法》，加强安全生产责任制，严格操作规程，健全企业机械设备台账、建卡和技术档案，增强服务意识。

2008年，北新路桥公司为国外项目外租设备27台（套），外租设备成为国外项目施工生产中的重要力量。年末，公司有机械728台（套），总功率84991千瓦，动力装备率62.03千瓦/人，技术装备率32.08万元/人，设备原值4.40亿元，净值2.72亿元。兵团建工一建成立设备管理办公室，各分公司、项目部设立机械设备管理小组和设备管理员岗位，接受设备管理办公室的监督、检查。机械设备的主要经济技术考核指标列入经理（厂长）任期责任目标。设备办公室在生产周期每月对设备评比一次，实行一票否决，同时保存各种设备技术档案资料和技术资料。各单位负责对机械设备进行建档、建卡，做到卡和物相符。兵团八建新购机械设备91台（套），总金额536.9万元，拥有生产设备862台（套），设备总功率37531千瓦。做好设备进入施工现场的检查工作，按照规程对特种设备进行技术鉴定，设备完好率和使用率得到同步提高。

2010年，兵团建工集团经营管理部制定机械必须持证操作和对违章操作者实行罚款的制度。规定挖掘机、推土机、发电机、混凝土搅拌机、塔吊、向阳吊、机床、木工机械、钢筋加工机械和汽车其他专业操作的机械等都必须持证操作。操作证必须每年审验一次，未经审验或者审验不合格的不能继续操作。对未取得操作证擅自操作机械者实行经济制裁、罚款，对领导违章指挥或强迫操作人员违章作业者给予经济制裁。对机械安全失灵不维修，继续使用者也给予经济制裁，机械设备不按时保养、润滑，造成磨损机件者进行罚款，对乘坐起重机吊钩或龙门架吊盘升降人员，操作者和乘坐者均进行经济罚款。

三、机械设备购置

1992年，农垦建安总公司承接兰新铁路复线工程。为提高施工质量和效率，指挥部和各参建企业自筹资金500万元，由工一师向铁道支行贷款500万元，先后购置一批推土机、装载机、挖掘机、自卸车等设备。

1995 年，农垦建安总公司投资 500 万元，购置 HZ850 混凝土拌和站 1 座，HZD25 混凝土拌和站 1 座，A-00855 装载机 1 台、东风自卸车 1 辆、拖式混凝土输送泵 1 台、混凝土搅拌输送车 4 辆。

1996 年，兵团建安总公司组建特种机械工程分公司，投入 1176.4 万元购买筑路机械、摊铺机、沥青混凝土站、压路机等机械设备 46 台（套）。

1997 年，兵团建安总公司扩大经营规模，加强机械设备的配置。全年，特种机械工程分公司投入 2423.91 万元，购买德国、日本生产的特大型设备，包括摊铺机、沥青拌和楼等 45 台（套）。

1999 年，特种机械工程分公司兼并原兵团机械施工公司，实行资产重组，接收兵团机械施工公司机械设备 197 台（套），新购买设备 63 台（套）。

2000 年，兵团建工集团投入 1300 万元，特种机械工程分公司自筹资金 2500 万元，新增设备 47 台（套），购置沥青混凝土搅拌站和摊铺机、混凝土泵车、混凝土搅拌车、压路机、平地机等大型机械设备。兵团四建购置沥青抽提仪 1 台、新标准胶砂搅拌机 1 台、新标准振实台 1 台。

2001 年，北新路桥公司拥有特大型机械设备、测试仪器 547 台（套），净值 8799.3 万元。机械设备总功率 22376.7 千瓦，动力装备率 34.59 千瓦 / 人，技术装备率 19.02 万元 / 人。

2002 年，北新路桥公司投资 3170 万元，新购沥青混凝土搅拌机、沥青摊铺机、压路机等 47 台（套）。拥有设备 453 台（套），总功率 29055.8 千瓦，净值 8272 万元，动力装备率 15.28 千瓦 / 人，技术装备率 4.35 万元 / 人。

2004 年，北新路桥公司与戴纳派克压实摊铺设备有限公司签订合作协议。北新路桥公司购置摊铺机 3 台，CC422 型压路机 5 台，总价值 1500 万元。

2005—2010 年，北新路桥公司先后投资 32391 万元，购置大中型机械设备，包括压路机、混凝土搅拌机、沥青混凝土搅拌设备、沥青混凝土摊铺机、斯堪尼亚自卸车、大吨位翻斗车、沃尔沃土石方设备、戴纳派克路面设备、中联重科施工设备、架桥机、滑膜摊铺机、挖掘机、碎石设备、门式起重机、平地机、推土机、稳定土拌和站、汽车起重机、铣刨机等 557 台（套）。

2010 年，兵团建工集团董事会批复北新路桥公司请示，投入 2 亿元增购门式起重机、架桥机、自卸车、挖掘机、压路机、破碎设备、平地机、装载机、推土机、稳定土拌和机、汽车起重机、混凝土搅拌站、沥青搅拌站、摊铺机、铣刨机等各类设备 249 台（套）。机械设备总功率 110025 千瓦，净值 3.2 亿元，动力装备率 36.7 千瓦 / 人，技术装备率 10.7 万元 / 人。

2007 年 6 月 15 日，北新路桥集团对承建的陕西西潼高速公路摊铺机进行路面施工（北新路桥集团　供稿）

2014 年，兵团建工集团总

承包部拥有起重机 1 台（套），总功率 180.5 千瓦，净值 496.81 万元，动力装备率 1.20 千瓦 / 人，技术装备率 3.23 万元 / 人。

2015 年，兵团建工集团总承包部拥有起重机 1 台（套），总功率 180.5 千瓦，净值 502.69 万元，动力装备率 1.22 千瓦 / 人，技术装备率 2.58 万元 / 人。

2015 年兵团建工集团所属企业机械设备统计表

表 16-1-1

单位	机械设备台（套）	总功利率（千瓦）	净值（万元）
北新路桥公司	632	78499	20131.91
兵团水利水电集团	867	41557	8817.75
兵团建工一建	1564	52388.5	4413.3
兵团四建	55	3562	405.5
兵团五建	240	6000	927.7
兵团六建	18	1297.96	202.35
兵团交通建设公司	150	17447.2	3113.35
北新建材工业集团	665	9122.1	2201

第二节　管理制度

一、机械设备采购

2000—2015 年，兵团建工集团机械设备采购主要为招标采购和市场询价、比价采购两种模式。

采购招标程序。企业首先编制标书报兵团建工集团招标领导小组审批，审批通过后发布招标信息或采取邀请招标的方式向符合招标条件、资信良好、具备承担招标项目能力的设备生产厂家或者代理商发送设备招标邀请书，发售标书，开标与评标。由主管机械设备管理部门制定设备评标标准，并邀请相关部门人员参加，经招标领导小组审定后，在评标时具体执行，评标小组成员依照评标标准对投标书进行评分，汇总后提出意见报公司招标领导小组及公司领导审批，选定中标单位，发出中标，签订采购合同。

市场询价、比价采购程序。兵团建工集团经营管理部是主管集团公司所属企业机械设备管理部门，协助购置机械设备的施工单位对拟购置机械设备的相关信息进行市场调查了解，综合考虑设备性能、单价、付款方式、售后服务等因素。购置机械设备的施工单位写出调查报告，拟定设备品牌型号及供货商报兵团建工集团经营管理部，由经营管理部门审核后递呈兵团建工集团董事会及招标领导小组，经董事会及招标领导小组审批通过后，购置机械设备的施工单位方可签订采购合同。

2000 年，兵团建工集团对设备购置做出规定，各企业单位分公司（项目部）需要购置机械设备时，写书面报告并填写机械设备购置审批表交兵团建工集团经营管理部、财务部及分管机械设备的副总裁审批，报兵团建工集团总裁批准后，由各企业工交科采购5万元以上设备，由物资供应科采购5万元以下设备，对50万元以上设备采取公开招标的形式进行采购。

2008年，兵团建工集团参与各企业机械设备租赁和运输招标20次，总价310.36万元，节约21.4万元。

2010年，兵团建工集团加强设备采购管理，规范采购行为，降低采购成本，决定机械设备购置必须严格按照组织程序公开招标。所属单位自行购置设备须接受公司施工管理部对设备选型、价格、性能、生产厂家等方面的指导和审定，设备的最终报价和产品型号必须经兵团建工集团经营管理部审核。各企业单位成立大型设备和大宗材料采购招标委员会，委员会主任由兵团建工集团总裁担任，成员由副总裁和机械设备管理部、财务部、纪检部主要负责人组成。设备采购按批示执行，严禁各办事处、疆内工程承包部、各项目部不经审批购置或采取先购后报方式购置机械设备。

2015年，兵团建工集团对《机械设备管理办法》做出修订，明确机械设备购置办法。坚持质量优先、价格最低、服务最好的方针，各企业逐步形成设备整体配套与技术性能的最优配置，使企业机械设备向专业化、高精尖方向发展。

二、机械设备租赁

2001年，根据市场规律和企业生产经营需要，兵团建工集团下辖企业开始实行机械设备向施工单位租赁，变无偿使用为有偿使用。多余或者闲置的机械设备对外租赁，各企业经营管理部根据市场行情测定内外租赁价格，收取租赁费用。

2003年，兵团建工集团各企业机械设备使用不再无偿使用。施工单位根据工程进度向租赁公司提交租用机械设备计划，租赁公司根据计划提供完好的机械设备，确保机械设备在进入施工现场15天内不发生影响生产故障。双方签订合同后，租赁公司如不能按时供给施工方完好的机械设备，赔偿因延误工期而造成施工单位的经济损失。机械设备如发生影响生产故障，由租赁公司维修或者调换。各施工单位使用完毕后，及时将机械设备归还租赁公司，往返运费由施工单位承担。机械设备进入施工现场，由施工单位负责供应油料，保证安全。如果继续使用，合同期已满的应提前续签合同；各施工单位不得将机械设备自行转租或者借给其他单位及个人使用，如有违规，租赁公司立即收回，并加倍收取租赁费。各施工单位在交回机械设备后，应立即办理交回手续，双方当面验收，在交回的单据上签字。

2004年，北新路桥公司编制《机械设备管理办法》。租赁价格均包含人工工资。土石方施工机械机手配置为2人、摊铺机3人、双钢轮和胶轮压路机1人、洒水车1人、沥青洒布车1人。沥青拌和站、水稳拌和站、混凝土搅拌车等设备由双方协商根据施工生产需要合理配置操作人员。50千瓦以下发电机组不含人员工资，50千瓦以上的发电机组含1名操作人员工资，且使用方必须按规定搭建发电机机房，费用由使用单位承担。稳定土厂拌设备指导价仅为成品料加工费和机组人员工资，不含其他费用。此租赁价包含副油（防冻液、润滑油、润滑脂等）消耗费用，不包含主油（燃油）消耗费用。沥青拌和设备指导价含发电机组及拌和设备正常工作所需的机组人员费用。沥青拌和站施工现场如无高压电源，需用发电机组，出租方须提供发电机组，发电机组运费、主油由使用单位承担，如出租方不能按承租方需要提供发电机组，沥青混合料价格每吨料下调 1 元。

2005 年，兵团建工集团经营管理部向董事会提交机械设备租赁有偿使用方案，董事会审议通过。兵团建工集团对内部租赁指导价进行调整，实现与市场租赁价格接轨，提高内部设备的使用率。

2006 年，兵团建工集团优化设备管理，将原机施公司、土石方公司、运输公司、设备租赁公司进行重组，成立机械设备租赁公司。通过提高设备折旧变现速度方式，带动设备更新，设备使用率明显提高。

2010—2015 年，兵团建工集团所属企业借鉴北新路桥公司机械设备管理办法，均建立本企业机械设备使用管理大纲，实行设备集中管理。

三、机械设备报废

1995—2000 年，兵团建安总公司制定《机械设备管理规定》，明确机械设备报废条件和申报程序。

2001 年，兵团建工集团董事会议决定，所属企业机械设备报废由本企业自行管理，同时参照《机械设备管理规定》执行。

2010 年，兵团建工集团重新修订《机械设备管理规定》，对固定资产报废做出更加完善说明。

（一）设备报废必须由使用单位写报废审批报告，由各个企业技术小组鉴定，企业领导审批，方可报废；各企业决定报废的设备，企业下属分公司，项目部不得擅自处理、变卖。

（二）设备报废条件必须是设备达到规定的使用年限，且折旧已提足的；主要结构和部件损坏严重无法修复的或修复费用过大而不经济的；因事故及意外灾害造成严重破坏，无法修复的因设备陈旧、技术性能低、耗能过大、无继续利用改造价值的；因自然灾害和不可抗拒的情况造成的机械设备丢失；国家明令淘汰的。

（三）需报废的机械设备，由各企业设备维修技术鉴定小组对其进行技术鉴定，再由单位物资、财务人员会签，符合报废条件的填写企业报废申请表，报本企业工交科（经营管理部）初审，通过后上报集团公司经营管理部审核，经集团公司分管领导会签，报请集团公司总经理批准后方可办理报废手续；未经批准报废的机械设备不得处置；已批准报废的起重、运输机械和压力容器等严禁继续使用和转让。

（四）报废设备转让收入规定达到规定折旧年限的报废设备，处理收入上缴公司财务部；尚未达到规定折旧年限的报废设备，处理收入冲抵设备净值，上缴公司财务部。不够冲抵设备净值的部分记入保管单位成本。

2009 年 4 月 10 日，兵团建工集团承建的阿尔及利亚东西高速公路机械摊铺路面现场　（北新路桥集团　供稿）

第十七章 安全生产

兵团建工集团始终贯彻落实“安全第一、预防为主、综合治理”的方针，制定安全生产管理制度，层层签订安全生产责任书，发挥制度和机制效能，全面推进隐患排查治理体系建设，深化专项治理行动。同时，组织安全教育培训和开展各项安全活动，指导、督促、检查企业安全生产工作，实行安全目标管理。建立安全管理网络体系，将安全生产管理工作落实到生产经营活动的全过程，形成安全为了生产、生产必须安全的局面。

第一节 安全管理体系

一、安全管理机构

1992 年，农垦建安总公司施工安全检查工作由工程管理部负责，工程管理部设专职施工安全员 1 人。

1996 年 3 月，兵团建安总公司设质量安全部，由企业总工程师直接管理。质量安全部负责企业建筑业、工业、机械设备的安全生产工作。

1999 年 2 月，兵团建安总公司成立安全生产管理委员会（简称安委会），副总经理朱柏园任主任，副总经理周彬、总工程师马少勤任副主任，成员由公司各部室负责人及下属分公司总经理组成，下设安全生产管理办公室。

2003 年 4 月，兵团建工集团调整安全生产委员会。安委会主任由总经理马超刚担任，刘小农、傅一鸣任副主任，成员由相关职能部室负责人组成，下设安全生产办公室，安委会由 15 人组成。

2004 年 3 月，兵团建工集团调整安全生产委员会，副总裁兼总工程师马超刚任安委会主任，下设安全生产办公室。调整后的安委会由 14 人组成。

2008 年 4 月，兵团建工集团对安全生产委员会再次调整。董事长、党委书记王江生任安委会第一主任，总裁任安委会主任，副总裁、总工程师马超刚任安委会常务副主任，副总裁沈玉良、任辉明、吕超海任安委会副主任。安委会委员由集团各部室负责人及集团下属企业总经理组成，下设安全生产办公室。调整后的安委会由 22 人组成。

2014 年 1 月，兵团建工集团对安全生产委员会组织机构成员进行调整，由党委书记、总经理共同担任安委会主任，总工程师任常务副主任，党委副书记及副总经理 4 人担任副主任，成员由各部室负责人及下属单位负责人担任。调整后的安委会由 33 人组成。

2015 年 2 月，兵团建工集团调整安委会成员，主任由党委书记、董事长及副总经理共同担任，总工程师担任常务副主任，副主任由集团公司纪委书记担任，成员由各部室负责人及下属单位负责人担任。调整后的安委会由 35 人组成。

二、安全管理规定

1993 年，农垦建安总公司先后制定《安全生产管理办法》《职业健康与安全管理办法》《安全生产责任事故追究办法》《安全生产事故信息报告和处置办法》等规章制度。

1995 年，农垦建安总公司组建特种机械工程分公司，根据大批施工机械设备安全管理工作需要，相继出台《施工安全技术规定》《驾驶证安全学习卡及保险车辆索赔管理办法》《机械设备安全技术规程》。

1996 年，兵团建安总公司修订完善《兵团建安总公司安全生产管理办法》《兵团建安总公司安全生产目标责任书》《机械设备安全管理制度》《安全生产奖罚实施细则》《兵团建安总公司安全生产文明工地条件》。

2003—2004 年，兵团建工集团制定《国外项目安全生产监督管理办法》《国外承包项目安全生产管理办法》《职业病防治管理制度》《兵团建工集团安全生产监督管理办法》。

2010 年，兵团建工集团重新修订《安全生产管理制度》《安全教育培训制度》《安全生产宣传教育行动实施方案》《“安全生产月”活动实施细则》《关于大干“150”天安全生产管理目标责任书》《作业场所职业危害申请管理办法》《施工现场安全质量标准化实施手册》《施工现场消防管理制度》《安全例会制度》《施工现场安全用电管理制度》。所属企业先后建立安全生产原始记录台账，安全技术措施计划制度，定期报表制度，安全事故报告制度，安全检查记录，安全事故调查、分析、处理记录，安全奖罚记录等。

2011 年，兵团建工集团修订《兵团建工集团安全生产监督管理办法》。所属企业根据集团安全委员会的部署，建立健全安全生产规章制度，特别是对本企业施工现场使用的脚手架、配电箱、开关箱、龙门架、塔吊及各类施工机具制定详细的安全操作、维修、管理防范措施。

2013 年，兵团建工集团对《安全生产监督管理办法》第五章第四十二条作补充和修改。规定各级安全检查中发现有“三违”行为必须立即制止，对查处的安全事故隐患应签发隐患整改通知单，按照“五定”（定人、定时间、定措施、定标准、定责任）的原则进行处置。

2014 年，兵团建工集团修订安全生产目标责任制、消防安全责任书，制定《兵团建工集团工作场所职业卫生监督执法年活动实施方案》。

三、安全教育

1993 年，农垦建安总公司建立安全员例会学习制度，规定每月第二周和第四周下午，由总公司工程管理部专职安全负责人组织各个施工单位安全员进行集中学习。

1994—1996 年，农垦建安总公司每年利用冬季休息时间，举办安全教育培训班，聘请建工师劳动局专业人员为学员授课。

1997 年，兵团建安总公司在各个施工现场，利用午休时间为职工播放安全教育录像片，制作安全生产宣传板报，对职工进行安全生产教育。

1998—2000 年，兵团建安总公司投入资金 326 万元，用于安全生产。

2002—2007 年，兵团建工集团全面实行企业三级安全教育，即公司、项目部、班组安全教育，同时要求新进公司的工人必须进行安全学习，特种作业人员必须持证上岗。兵团建工集团以“安全生产月”活动为契机，组织开展各项安全生产教育活动，各企业在建施工项目部悬挂横幅、张贴标语、制作宣传板报。建工集团利用冬休时间举办安全生产管理人员培训班，进行安全生产法律、法规和安全基础知识的学习。

2008 年，兵团建工集团与所属企业签订技术安全责任书、安全承诺书，实行安全生产考核指标风险抵押金制度，做到机构健全、措施到位、责任到人、奖罚兑现。所属企业根据建工集团总部署，围绕“安全生产月”，结合全国“安全隐患治理年”开展“隐患治理”“安全百日专项整治”“危险源分类控制”等安全生产警示教育活动。

2009 年，兵团建工集团完善《企业安全生产（消防）管理细则》，与企业第一安全责任人签订安全生产责任书，各企业又与本单位施工分公司、项目部负责人签订安全生产责任书，对安全（消防）指标进行量化分解，形成安全生产人人有责，分级管理分层管理，预防事故发生。各企业成立安全（消防）小组，施工人数超过 50 人的施工项目配备 1 名专职安全员，1000 万元以上大型工程配备 2 名专职安全员，在施工现场进行安全监督检查，实行安全工作汇报制度，每月召开安全生产工作例会。

2010 年，兵团建工一建编制《安全生产（消防）管理实施细则》《安全生产管理制度》《安全事故应急救援预案》《交通事故应急预案》《海外公司施工项目应急预案》等管理文件。兵团四建投入安全生产经费 412 万元，编辑生产安全事故案例片 2 部。兵团五建进行消防、物体打击、高处坠落、触电、机械伤害、交通安全等突发事件的应急救援演练。兵团六建举办安全生产培训班 3 期。兵团水利水电集团投入 3 万元更换各施工项目部重点部位消防设施。兵团交通建设公司对 300 余名职工进行法律法规、安全管理知识、事故案例等内容的学习。

2013 年，兵团建工集团安全生产委员会邀请乌鲁木齐市政安防火宣传中心的教官为各企业职工讲授消防知识 30 次，所属企业在施工现场开展多场消防演练，应急演练活动。兵团建工一建在“安全生产月”活动期间开展消防演练 8 次、触电急救演练 1 次、高坠演练 2 次，项目管理人员现场操作伤员包扎、心肺复苏抢救等技能。

2015 年，兵团建工集团安全生产委员会结合各企业不同施工的环境、不同施工的季节、不同的工程项目，制定安全生产活动方案。全年所属企业施工项目开展应急演练 73 场，参与演练及观摩 3046 人次，参与安全生产活动覆盖率 100%。

2008 年 7 月 1 日，兵团建工一建项目部举行新工人入场三级安全教育大会（兵团建工一建　供稿）

第二节　安全生产检查

一、安全检查的类型

安全生产检查主要有日常性检查、专业性检查、季节性检查、节假日前后的检查、定期和不定期检查等多种形式。检查对象为复工项目、新开工项目、连续施工项目、办公场所、仓库、机械设备、临时用电、职工食堂。检查的主要内容为“六查”（查思想、查管理、查各项制度落实、查隐患、查整改、查事故处理）等。检查结果做记录，对安全隐患的整改按照“五定”原则（定人、定时、定责任、定标准、定措施）实施，并对整改检查结果做出“合格”或“不合格”结论。

日常性检查：各项目部由项目经理每个星期组织 1 次，公路施工项目及房建项目主要对施工现场的临电、基坑支护、脚手架、高空作业、起重机具、“三宝”（安全帽、安全带、安全网）的使用、“四口”（楼梯口、电梯井口、预留洞口、通道口）及“五临边”（尚未安装栏杆的阳台周边、无外架防护的层面周边、框架工程楼层周边、上下跑道及斜道的两侧边、卸料平台的侧边）防护等情况的检查。玻璃厂、钢结构厂、碎石厂等主要针对防火、防爆设备的安全防护性能、有危险性的新工艺等进行检查，对办公区、生活区临电、火灾预防等进行检查，班组每天进行检查。

专业性检查：根据施工项目的行业特点有针对性地进行检查，如临时用电、电焊、气焊、起重设备、钢筋加工设备、木材加工设备、运输车辆、卷扬机操作、龙门架保险措施、塔吊施工电梯、高处作业保险带等。

季节性检查：检查是否编制施工方案及方案的针对性和可操作性，是否根据不同地区、不同条件、不同特点编写，项目部是否按方案实行、效果如何。冬季施工防寒、防滑及预防火灾措施、制度、人员落实情况；夏季高温季节以及雨季防中暑、雷电、触电、防基坑及脚手架坍塌措施是否有效，各项应急救援措施是否完善等。

节假日前后的检查：由于节假日期间易产生麻痹思想，是安全事故高发阶段。各基层分公司、项目部制订详细的监督计划，做好节假日期间的安全生产工作，实行领导带班和值班制度。

定期和不定期检查：主要指工程或设备开工和停工前，检修中及工程或设备竣工的安全检查。企业按照各自工程特点，制定或完善不定期监督检查制度，并有效实施。

2015 年 6 月 27 日，兵团建工集团召开应急演练技能比武现场会（张新斌　摄）

二、开展安全检查

1992—2000年，在农垦建安总公司、兵团建安总公司期间，所辖施工项目部由最初的5家发展到9家分公司。农垦总公司安全工作与其他工作同检查、同考核。

2001年，兵团建工集团安全生产检查工作包括复工检查，新开工检查，连续施工项目、办公场所、仓库、机械设备、临时用电、职工食堂检查等。检查内容有查思想、查管理、查各项制度落实、查隐患、查整改、查事故处理等。检查结果有记录。对安全隐患整改，按照定人、定措施、定时间、定整改验收人的原则实施，并对整改检查结果做出“合格”或“不合格”结论。

2004年，兵团建工集团所属企业建立健全安全生产检查制度，并对检查方式、方法、时间、内容、组织的管理要求、职能权限，以及对检查中发现的隐患整改、处置和复查的工作程序及要求做出具体规定。各企业安全生产管理部门，依据现行适用的法律法规和行为标准，制定本企业每年相应的检查计划和实施方案，对企业自查计划及检查结果及时反馈集团安全管理部门存档。

2007年，兵团建工集团安全生产委员会组成检查组对所属企业在建工程项目进行安全质量标准化工作大检查。各个企业安全生产部门按照《建筑施工安全检查标准》要求进行检查和管理，对本企业在建工程项目部进行安全检查，下发安全整改通知书，召开专题会议研究安全生产工作，找差距、抓整改，制定切实可行的安全管理办法。

2010年，兵团建工集团安全管理部门对各个企业施工工程在施工过程中进行全面抽查，每年不少于2次。以安全生产检查项目为重点检查，专职监督部门按照企业类别、大型工程、重点工程、特殊工程的施工特点，实时进行监督检查。各级安全检查中发现有“三违”行为必须制止，对查处的安全事故隐患及时签发隐患整改通知单。各企业、项目部接受和配合各级主管部门的安全检查，如发现有弄虚作假的、抵触检查的企业或项目部，兵团建工集团对所属企业严肃处理并追究相关责任人的责任。

2013年，兵团建工集团印发《关于开展隐患排查整治专项活动的通知》《关于开展安全百日督察专项行动的通知》，对安全生产工作进行部署并提出要求。兵团建工集团采用网络、电话联系和传真资料以及重点抽查等形式，进行跟踪督促和检查，加强对现场的动态管理，各企业安全管理部门每月上报相关的安全材料。企业安全生产管理部每季度进行综合检查，检查覆盖率不低于75%，根据对各个企业的项目部检查情况进行季度评比，作为年度考核的依据。在进行专项整治期间，兵团建工集团对查出的隐患企业逐项进行跟踪整治，使隐患整改率达到100%。

2015年，兵团建工集团安全管理部门对各企业在建施工的工程进行2次全面抽检。上半年，兵团建工集团总工办抽调各企业安全质量负责人组成2个检查组，分别对新疆内南北疆2个地区在建施工项目安全生产进行专项大检查，检查内容有临时用电、危大工程、消防工程、特种设备、职业健康安全、高风险作业等。下半年，兵团建工集团组织检查组与建工师安全生产委员会对集团公司所属企业在建工程进行重点检查，按照企业类别、大型工程、重点工程、特殊工程的施工特点，实时进行监督检查。对不合格项目提出整改意见，并进行跟踪检查，确保整改效果落到实处。

第三节　安全事故

2000年8月16日，兵团八建施工的荣昌房产6号楼工地，抹灰工魏某全在地下室抹灰时，不慎将照明用的碘钨灯碰倒在地面的铁皮上，造成整间房间带电，致使魏某全本人触电死亡。事故的主要原因有：一是违章使用非安全电压；二是漏电保护器失灵；三是地下室照明用碘钨灯不符合要求；四是项目电工无证上岗、抹灰工在抹灰操作时，无技术作业交底。

2002年8月5日，兵团五建承建的哈密电厂冷却塔梁柱吊装现场。当第一根梁起吊就位时，宋某祥抱着柱子从第一根梁往第二根梁跨越时未挂安全带（本人备有安全带），在第二根梁上转身时右手抓着钢丝绳，左手去抓扶柱子，但没有抓扶上，身体失衡从高处反仰坠落死亡。事故原因及责任：一是李某武私自让吊装作业人员提前上班，擅自吹哨进行指挥吊装作业，属于违章指挥行为；二是项目部未能认真及时核对，将不合格人员清退出场，应负有管理、教育等方面的责任；三是宋某祥虽受过安全教育，但自我防范意识、施工安全意识淡薄，虽戴安全帽、身背安全带，但没能及时挂好安全带是造成这起事故的主要原因，属于违章操作行为。

2011年7月，在兵团四建负责施工的阿勒泰市人民医院基础设施（综合病房楼）工程中，施工人员杜某祥在8层电梯井收电焊机焊把线时，因电梯井防护设施不规范，由8层电梯井口坠落至地下室底死亡。事故直接原因：施工人员安全意识差，安全防护不到位，导致高处坠落死亡。

2013年9月10日，兵团五建承建的兵团第二师绿园工业区金川电厂项目工程。烟囱钢内筒砌筑施工班组在距筒内壁地面40米钢平台上作业时，4根平台钢梁滑落，导致作业平台倾斜，7人坠落死亡。事故发生后，兵团、建工师、建工集团高度重视，立即组成事故调查、处理、善后工作小组。事故原因：主要是施工班组落实安全责任制的力度不够，民工安全意识淡薄，项目部监督管理不到位。

2015年9月17日，北新国际公司开展消防安全活动。图为消防员讲解安全知识
（黄志祥　摄）

第十八章　人力资源与社会保障

兵团建工集团按照《中华人民共和国劳动法》，对职工实行全员劳动合同制管理。本着“双方选择、逐级聘任、专业对口、用其所长”的原则，建立能上能下的竞争机制。所属企业成立劳务公司与劳务工签订合同，确保劳务工作规范化、制度化。按照兵团企业职工基本养老保险统一办法，为职工足额缴纳养老保险、医疗保险、工伤保险、失业保险、生育保险、大额医疗和住房公积金。同时，因地制宜开展各种职工技能培训，稳定职工队伍，为企业健康发展提供人力资源保障。

第一节　人事管理

一、机构设置

1993—2002年，农垦建安总公司、兵团建安总公司期间，机关劳动人事工作由总经济师直接管理，具体业务由经营管理部兼管，办公室设专职干事负责劳动工资和人事管理工作。

2003年，兵团建工集团成立人力资源部，负责劳动工资和人事管理工作。

2014年12月，兵团建工集团人力资源部与组织部合并，成立组织人事部。

二、自有职工

1996年，兵团建安总公司改革用工制度，推行全员合同制。按照《中华人民共和国劳动法》规定，对职工实行全员劳动合同制管理，与职工签订不同期限的劳动合同，以法律形式明确企业、职工双方责、权、利关系，建立起企业自主用工、双向选择、平等竞争、合同管理、市场配置的用工制度。

2001年，兵团建工集团人事制度改革，本着“双方选择、逐级聘任、专业对口、用其所长”的原则，建立能上能下、易岗易薪的竞争机制。

2003年，兵团建工集团及所属企业按照《新疆生产建设兵团劳动合同管理办法（试行）》与劳动者签订劳动合同，建立劳动合同管理台账及时办理劳动合同的续订、变更、解除、终止手续。

三、劳务工

1993年，农垦建安总公司承接工程任务后，根据生产的需要招收季节性劳务工，生产过程中基本上只取人工费，按计件工程量计发工资；或者有组织地把部分分项工程包给班组，包死工费和材料费等费用，签订任务责任书，工程完工后经验收合格后结算工资费用。

1996年，兵团建安总公司彻底改革用工制度，计划外用工逐年增加。招用方法为具体施工单位上报计划，工一师劳动局职业介绍服务中心审核同意，自治区建设厅建筑业管理处审批指标。招用的农民工以整体施工的队伍为主，劳动报酬以实行工费包干为主，工费承包单价视工程具体情况而定，工资按合同约定的方法进行结算和支付。

2001 年，兵团建工集团对劳务工管理实行劳务市场调配制。所属企业单位相继成立劳务公司（站），与其他各省市劳务公司密切合作，长期派遣劳务工为企业施工生产服务，同时集团总部人力资源部协同各企业建立劳动培训、考核、奖罚制度，实行劳动争议仲裁，实施劳动保险，保护外用劳务工的合法权益。

2003 年，兵团建工集团大量招聘使用劳务工，注重发挥劳务工民主管理企业职能，为企业发展做出突出贡献的劳务工可转为企业正式职工，享受正式职工待遇，表现突出的劳务工参加企业各类评比表彰。同时为劳务工办理意外伤害保险、工伤保险、医疗保险，对从事高空作业操作工统一进行体检。

2004 年，兵团建工集团对所属企业劳务用工做出具体规定，各企业逐步建立健全劳务工管理制度。疆内、疆外工程项目主要选择具有劳务分包资格的劳务分包公司合作，与劳务分包公司签订劳务分包协议，由劳务公司提供劳务人员。项目部根据施工需要聘用临时工，按照建工师劳动和社会保障局的年度农民工工伤保险缴费规定，对于聘任的临时工根据确定的基数、比例和年缴费额按时缴纳劳务工工伤保险。

2008 年，兵团建工集团国外用工主要集中在安哥拉、委内瑞拉、巴拿马、厄瓜多尔、阿尔及利亚、尼日尔、尼日利亚、喀麦隆、科威特、乌干达等国家。海外工程项目部主要选择经商务部批准的具有外派劳务资格的劳务公司合作，与劳务公司签订劳务派遣协议的方式，由劳务公司负责提供劳务人员。

2010 年，兵团建工集团加大海外劳务工管理工作。安哥拉项目部有安哥拉籍员工 1611 人，为保证劳务工队伍稳定，项目经理部建立经理、劳务专员、班组长、楼长负责人为一体的劳务管理体系，与基层单位签订责任书，从优秀工人中选拔合格班组长，确保工程进度、质量、安全文明施工有效进行。

2015 年，兵团建工集团公司印发《“情系职工（农民工），维权帮扶”工作实施方案》，参与涉及劳务工切身利益的政策制定和协调劳动关系三方会议等形成制度化的衔接。建立劳务工服务站，制定劳务工维权服务站工作职责。

第二节　职工培训

2000—2003 年，兵团建工集团把职工培训的重点放在基层管理人员，主要利用每年的冬季时间，采取“走出去、请进来”，自培等多种形式，培养各类管理人才。培训内容主要包括企业管理、建筑施工、安全生产、质量监督、财务管理、物资管理、法律知识等对口专业。

2004 年，兵团建工集团职工培训的主要形式包括专业技术工人培训、技术管理人员培训。根据国家规定的职业工种目录硬性要求，把预算员、试验员、施工员、质检员、会计员、安全员等专业人员培训作为经常性培训，定期参加自治区、兵团、乌鲁木齐市培训机构组织的岗位培训，即外部培训，做到持证上岗。开展技术工人持证上岗及提高职业等级培训，使企业技术工人上岗率始终保持在 100%。

2006年4月，兵团建工集团委派20名管理人员，赴上海建工集团挂职培训。上海对口支援新疆兵团人才培训规划规定，上海建工集团每年为兵团建工集团挂职培训20名专业人才，时间5个半月，学习届满由上海市人事厅同意办理结业证书。

2015年，兵团建工集团组织120人参加清华大学建筑施工企业项目经理高级研修班为期16天、160个学时的培训学习，其中取证学员40人，累计参培600多人次。选派各企业领导人员20人到上海建工集团进行为期8天的培训学习。

第三节　社会保险

1993年，农垦建安总公司根据《关于企业职工养老保险制度改革的决定》，为正式职工实行缴纳养老金，标准为年工资的3%由个人承担。参与工一师退休费用统筹，按照师规定的缴纳退休费用比例，总公司除负担本单位退休费用外，还需要向师上缴统筹金、养老金和失业金。

1996年，工一师养老保险制度进行重大改革，实施离退休人员基本养老保险内部统筹，将合同制职工与固定工缴费合为一体，实行统一缴纳、调剂、使用制度。总公司根据师保险局要求，为职工建立养老保险个人账户，离退休人员基本养老保险也由差额改为全额统筹。

1997年，兵团建安总公司职工个人承担缴纳养老金改为4%。养老保险业务由劳动人事部门统筹主管，收缴养老保险金主要用于职工退休后的生活保障。

1999年，兵团建安总公司在职工养老保险、失业保险基础上，增加职工工伤和生育保险险种，扩大保险工作覆盖率。

2001年，兵团建工集团按照《社会保险费征缴暂行条例》《新疆生产建设兵团企业职工基本养老保险统一办法》的规定，建立并足额缴纳养老保险、医疗保险、工伤保险、失业保险、生育保险，大额医疗和住房公积金。全年为职工196人缴纳社会保险总金额189.32万元。

2010年，兵团建工集团为职工215人足额缴纳养老保险、医疗保险、工伤保险、失业保险、生育保险，大额医疗和住房公积金271.87万元。

2015年，兵团建工集团缴纳社保基数有较大增长，全年缴纳社保费用358.76万元，较2014年增加106.59万元，增长42.27%。

2008年12月4日，兵团四建退休人员领取“生活补助金”

（兵团四建　供稿）

2001—2015 年兵团建工集团职工社会保险费缴纳统计表

表 18-3-1　　单位：万元

年份	缴费人数（人）	缴纳社会保险金总额	征缴统筹费	个人养老金	工伤保险金	生育保险金	企业失业保险金	个人失业保险金	企业医疗保险金	个人医疗保险金	企业大额医疗金	个人大额医疗金
2001	196	189.32	153.36	20.20	3.66	2.51	6.27	3.32	—	—	—	—
2002	201	117.09	59.81	15.02	2.96	1.48	4.93	2.47	23.81	5.29	0.66	0.66
2003	126	224.55	156	38.24	2.19	1.10	3.67	1.83	16.43	3.65	0.72	0.72
2004	134	142.75	72.42	21.33	3.66	1.82	6.08	3.05	27.42	6.09	0.44	0.44
2005	146	141.01	64.21	23.21	3.99	2	6.66	3.06	29.97	6.66	0.76	0.49
2006	166	168.25	54	38.07	5.71	2.86	9.52	4.76	42.85	9.52	0.48	0.48
2007	147	156.95	46.48	37.73	3.22	2.48	9.43	4.72	42.44	9.43	0.51	0.51
2008	160	175.45	44.40	45.22	2.83	2.83	11.30	5.65	50.87	11.30	0.52	0.52
2009	173	215.48	70.60	52.29	3.27	3.27	6.54	6.54	58.83	13.07	0.54	0.54
2010	215	271.87	86.10	66.52	4.16	4.16	8.32	8.32	74.84	16.63	1.42	1.42
2011	113	220.78	98.31	43.95	2.75	2.75	5.49	5.49	49.44	10.99	0.80	0.80
2012	106	245.11	109.97	46.53	2.91	2.91	11.63	5.82	52.35	11.63	0.68	0.68
2013	83	212.61	98.40	39.36	2.46	2.46	9.84	4.92	44.28	9.84	0.52	0.52
2014	80	252.17	116.69	46.79	2.92	2.92	11.70	5.85	52.64	11.70	0.48	0.48
2015	80	358.76	168.71	67.48	4.22	4.22	14.40	5.96	75.92	16.87	0.48	0.48

第十九章　人民团体

兵团建工集团所属企业工会积极参与企业的民主管理、民主监督工作，维护群众的合法权益，充分调动职工生产积极性。通过开展建功立业劳动竞赛活动，为一线职工送清凉活动，金秋送温暖活动，重大节日慰问活动，增强企业的凝聚力和向心力。截至2015年，企业职工加入工会率100%，劳务工加入工会率90%。

兵团建工集团所属企业共青团组织结合施工生产，开展“青年突击队”“青年文明号”“青年安全生产示范岗”“青工技能比武”等品牌活动。广大青年在施工一线勇于承担急、难、险、重、新任务，发挥基层团组织生力军和突击队作用，为企业发展贡献力量。

第一节　工会

一、设置机构

1992年8月，农垦建安总公司成立，职工总人数为714人，工会工作由总经理办公室管理。

1997年8月，农垦建安总公司召开第一届工会会员大会，大会选举首届工会委员会委员晏立功、文军华、侯建军、程维生、郭宏坤、陈刚，选举张俊文为工会主席。

1998年4月，兵团建安总公司与建工师机关合并，工会工作由建工师机关工会负责管理。10月，兵团建安总公司从建工师机关中分离出来，工会业务归属总经理办公室管理。

2001年12月，兵团建工集团工会工作由党委副书记主抓，总经理办公室负责工会具体日常工作，未设置工会组织机构。

2004年3月，建工师总工会批复同意兵团建工集团党委上报《关于成立兵团建设工程（集团）有限责任公司工会委员会的请示》，同意赵文艺、徐以丰、张星月、吴顺明、李明、何喜梅、朱建忠7人组成兵团建工集团工会委员会，赵文艺任工会主席，徐以丰任工会副主席、工会办公室主任。

2006年，兵团建工集团工会委员会成员随工作变动，人员一直没有调整、补充。工会工作由群工部直接完成。

2012年2月，兵团建工集团党委会议研究决定，张辉为兵团建工集团代工会副主席。3月，兵团建工集团董事会决定王志民为代工会主席。

1997—2015 年兵团建工集团工会主席任职一览表

表 19-1-1

姓名	职务	性别	民族	籍贯	学历	任职时间①
张俊文	工会主席	男	汉	山东	中专	1997.8—1998.4
赵文艺	工会主席	女	汉	山东	本科	2004.3—2011.12
王志民	工会代主席	男	汉	河北	本科	2012.3—
徐以丰	工会副主席	男	汉	浙江	本科	2003.10—2004.3
张　辉	工会代副主席	女	汉	河北	本科	2012.2—

① 任职时间表一栏，个别领导任职时间超过 2015 年，在此不做记录。

二、基层工会组织

2000 年 12 月，兵团建工集团成立之初，所属企业工会工作仍隶属建工师总工会管理。

2003 年 3 月，兵团建工集团设立群众工作部，具体负责所属企业工会组织领导工作。各企业工会组织在兵团建工集团群众工作部和建工师总工会双重领导下开展各项工作。

2004 年 1 月，兵团建工集团根据兵团、师相关“政企分开”文件精神，理顺师各部门、兵团建工集团与企业之间的关系，工会工作逐渐步入正轨。

2001—2015 年，兵团建工集团所属企业工会组织健全，工会委员会成员均由企业全体职工大会民主选举产生，企业下辖分公司、项目部都建立工会组织。

2001—2015 年兵团建工集团所属企业工会主席任职一览表

表 19-1-2

单位	姓名	性别	职务	任职时间②
北新路桥集团	陈令兰	女	工会主席	2001.1—2001.7
	何喜梅	女	工会主席	2001.7—2006.3
	王春生	男	工会主席	2006.3—2006.6
	张　辉	女	工会主席	2006.6—2012.2
	倪志江	男	工会主席	2012.2—
兵团建工一建	吴顺民	男	工会主席	2001.1—2013.7
	马　建	男	工会主席	2013.8—2015.7
	邓　亮	男	工会副主席	2015.8—
兵团四建	樊临新	男	工会主席	2001.1—2001.4
	李　明	男	工会主席	2001.3—2006.3
	梁俊山	男	工会主席（挂职）	2006.3—2009.3

续表 19-1-2

单位	姓名	性别	职务	任职时间[②]
兵团四建	卢兴武	男	工会主席	2011.7—
兵团水利水电集团	张星月	女	工会主席	2001.1—2003.4
	朱建忠	男	工会主席	2003.4—2006.5
	王太康	男	工会主席	2006.8—2011.8
	高　杰[①]	女	工会主席	2011.8—
北新国际公司	韩　鸣	男	工会主席	2013.12—
北新建材工业公司	戴文革	男	工会主席	2015.4—
兵团建科院	杨　帆	男	工会主席	2010.3—
北新房产公司	毕永来	男	工会主席	2001.1—2012.2
	庞国强	男	工会主席	2012.2—
新北商贸公司	何喜梅	女	工会主席	2006.5—
北新土木公司	文军华	男	工会主席	2013.11—2014.1
	庞淑梅	女	工会主席	2014.1—
兵团交通建设公司	李巨明	男	工会主席	2001.1—2011.5
	周新建	男	工会主席	2011.5—2014.5
	王新豫	男	工会主席	2014.5—
兵团五建	王　星	男	工会主席	2001.1—2006.2
	徐雅芬	女	代工会主席	2006.3—2009.4
	徐雅芬	女	工会主席	2009.4—2011.10
	戴文虎	男	工会主席	2012.2—2015.4
	潘春燕	女	工会副主席	2015.8—
兵团六建	徐雅芬	女	工会主席	2001.1—2006.3
	宁建国	男	工会主席	2006.3—2010.12
	蔚建军	男	工会主席	2010.12—2011.7
	王太康	男	工会主席	2011.7—

① 高杰　2018 年 4 月，因违纪受留党察看一年、免去工会主席职务处理。

② 任职时间表一栏，个别领导任职时间超过 2015 年，在此不做记录。

三、开展工作

（一）组织建设

1997 年 8 月，兵团建筑安装工程总公司第一届工会会员大会选举产生第一届工会委员会成员。

2000 年，兵团建安总公司有基层工会组织 10 个，发展会员 1026 人。

2001 年，兵团建工集团工会工作在发展中尝试健全工会各项规章制度，并且在历年的实施中不断完善和修订工会工作岗位责任制和工会工作目标制。企业各级工会组织坚持每年召开工会代表大会及例会制度。兵团建工集团党群工作部始终按照建工师总工会年度计划部署，分期分批举办形式多样的学习班，培训基层工会干部，提高基层工会干部的素质，进一步做好工会工作，履行职责做好年度各企业“创优争先”的考核审定工作。每年在兵团建工集团经济运行分析总结大会上，表彰各企业涌现出的先进集体和先进个人。

2004 年，兵团建工集团工会组织机构健全，各级工会组织开展建功立业劳动竞赛、酷暑送清凉、金秋送温暖、农民工入工会和重大节日慰问活动，增强了集团和企业的凝聚力和向心力，各企业农民工开始加入工会组织。是年，兵团建工集团有基层工会组织 16 个，登记和发展会员 21830 人，职工入会率 100%。

2006 年，兵团建工集团工会组织机构及人员变动大，工会工作主要由党群工作部实施完成。兵团建工集团有基层工会组织 13 个，工会会员 25025 人，入会率 100%。

2010 年，兵团建工集团党群工作部出台《关于新形势下加强和改进企业工会工作的意见》《关于加强基层党建带工建的意见》《关于进一步加强职工代表大会制度建设的意见》《关于进一步推进企务公开、加强民主管理工作的意见》等文件。集团所属企业工会先后完成法人资格注册登记工作。年末，兵团建工集团 15 家基层单位全部建立基层工会，组建率 100%；自有职工 9306 人，入会率 100%。

2015 年，兵团建工集团所属基层工会委员会有 13 个，工会小组 185 个，专兼职工会干部 232 人，会员 11116 人，职工入会率 100%，农民工会员 2 万余人，入会率 90%。

（二）民主管理

1997 年 9 月 15 日，兵团建安总公司工会委员会批复同意特种机械工程分公司成立第一届工会委员会。10 月，特种机械工程分公司建立职工代表大会制度，建立和完善民主管理、民主监督机制，维护企业职工的合法权利，提高企业职工群众参政、议政、当家做主的积极性。在特种机械工程分公司第一届职工代表大会上，职工代表积极参政议政，在审议总经理、工会主席、总会计师所作的 3 个报告的同时，对制定关系到企业和职工切身利益的规章制度建言献策，并对领导班子成员和科级干部按照德、能、勤、绩、廉 5 个方面进行民主评议。

1998—2000 年，兵团建安总公司开展民主监督，民主管理工作，各分公司、直属项目部按照总公司要求组建民主管理小组，建立劳动争议调解委员会。

2003 年，兵团建工集团群众工作部全面负责所属企业职工民主管理和民主监督。积极推行职工代表大会制度，民主评议企业领导干部制度。

2005—2006 年，兵团建工集团所属企业工会充分发挥职工的民主政治权利。企业工会先后建立关于公司发展方向、改革方案、职工培训、工资分配、奖金发放、休息休假、福利保险等方面的制度；设立公开栏对企业的发展目标、年度规划、合同履行、工资奖金分配、月份考核、晋职晋级、干部任免、民主评议等情况进行全面公开；鼓励和引导职工参与民主选举、民主管理，充分发挥职工的民主决策、民主监督的权利，使职工的知情权、参与权、管理权和监督权得到有效的保障。

2009—2010年，兵团建工集团工会按照建工师总工会年度工作计划，定期督促检查所属企业在企务公开，民主管理工作中是否按照要求规定程序公开企业工作制度规定的内容，以此保证职工的知情权、参与权和监督权。在巡视各项目劳动竞赛实施中，兵团建工集团工会深入生产一线督促检查项目部的企务公开工作，检查各个项目部“四项”费用，劳务工工资发放等内容公示的情况。

2010年，兵团建工集团所属企业工会组织按照兵团建工集团统一部署充分利用公开栏、网络平台、会议文件、公示公告等多种形式对企业重大事项和职工关心的热点问题进行公开，部分企业项目部通过公示栏的形式，对劳务工工资发放，奖金分配、非经营开支等内容进行公开，受到职工好评。这一时期的兵团路桥总公司采用“菜单”公开栏的形式，设置“点题栏”“答题栏”等栏目，创新企务公开工作形式，取得良好效果。

2012年，兵团建工集团所属企业单位按照《中华人民共和国工会法》的要求，及时召开职代会，讨论、审议单位行政领导的工作报告，财务工作报告。各个企业工会参与主要行政领导的述职评议，并及时公布评议结果。

2014年，兵团建工集团所属企业工会发挥职能作用，定期召开职代会。建立职代会提案公开制度和决策参与制度。通过职代会审议通过《总经理工作报告》《工会工作报告》，确定年度方针、目标和中长期发展规划。在广泛听取职工代表意见后，审议通过公司改革、改组，结构调整等重大决策事项，保证公司重大决策事项和规章制度的顺利实施。

2015年，兵团建工集团加大维护职工（农民工）劳动经济权益力度。各级工会主动联合相关部门制定农民工工资支付机制，并在各企业（含分公司、项目部）挂牌“职工（农民工）维权服务站”195块，在集团所有项目部公示子公司工会主席、工会办电话号码。各企业工会每季度将清理农民工欠薪情况上报集团工会。对职工（农民工）的来信来访，建立热线接待制度和工会主席接待日制度。全年，工会对本单位发生的农民工经济纠纷、欠薪等信访案件介入率达95%。

（三）劳动竞赛

1992年9月，农垦建安总公司在承建的兰新铁路复线工程中，开展“大干150天”劳动竞赛。年底，完成路基62千米，完成产值3281.5万元。

1995年，农垦建安总公司承建乌鲁木齐市西虹路立交桥工程任务，为按期完成竣工合同，总公司组建混凝土搅拌站开展劳动竞赛，为西虹路立交桥工地生产和输送1.5万立方米混凝土，保障工程的混凝土供应。

1996—2000年，兵团建安总公司基层工会根据施工作业特点，开展以“双增双节”、扭亏为盈为主要内容的劳动竞赛活动。

2003年6月，兵团建工集团青藏铁路工程建设指挥部开展“雪域高原党旗红，我为党旗添光彩”为主题的劳动竞赛活动，按时完成劳动竞赛下达的各项生产指标。

2008年，兵团建工集团开展以“当好主力军、建功十一五、和谐奔小康”为主题的社会主义劳动竞赛活动，把竞赛活动同安全生产检查、样板工地评比、“安康杯”竞赛活动、“兵”字号工程结合起来，做到各项活动有组织、有计划、有安排、有检查、有评比。6—10月，在“大干150天”劳动竞赛中，兵团建工集团累计完成建筑业产值40.23亿元，完成“大干150天”劳动竞赛产值计划40.32亿元的99.8%，完成年计划55.6亿元的72.4%。承揽工程任务34.59亿元，完成“大干150天”劳动竞赛产值计划44.7亿元的77.4%。

2010年，兵团建工集团工会举办首届“建工杯”职工技能比赛，8家单位19名选手参加2个大项5个小项比赛，西源公司员工舒新川获第一名。西源公司在“大干180天”劳动竞赛中，所属中永兴分公司承建的中国科学院新疆生态地理环境研究院干旱资源与环境科技综合研究平台工程被评为“兵团文明工地”。

2013年，兵团建工集团围绕年度产值目标，以“大干180天”劳动竞赛活动为切入点，深入开展安全文明工地创建、导师带徒、青年志愿者服务等劳动竞赛活动。北新路桥公司开展以“增效益，保安全、促质量”为主题的“大干180天”劳动竞赛活动，完成产值46.02亿元，为兵团建工集团下达竞赛计划42.4亿元的108.5%，占全年计划的86.8%。兵团水利水电兵团建工集团以“比生产安全、比工程进度、比工程质量、比技术创新、比文明施工、创精品工程”为考核内容的“大干180天”劳动竞赛活动，完成施工产值15.55亿元，占年施工产值指标的49.02%，承接工程8.44亿元，占年承揽工程计划35亿元的24.11%。

2014—2015年，兵团建工集团围绕生产经营，开展各类竞赛活动，配合安全部门做好安全工作现场会的筹备工作。成立“大干180天”劳动竞赛领导小组，对劳动竞赛工作进行统一部署，制定“增效益、保安全、促质量”为主题的劳动竞赛实施方案，建立健全奖罚激励机制，每月通报劳动竞赛情况，对优胜单位进行奖励。

（四）文体活动

1997年，兵团建安总公司工会在职工中有计划、有组织开展各种形式的报告会、演讲会、联欢会、座谈会、歌咏比赛等活动，组织职工参加师总工会举办的乒乓球、象棋、扑克牌等文体活动比赛。

2001—2004年，兵团建工集团工会所属各企业工会每年在五一劳动节、国庆节，组织开展职工运动会，比赛内容设田径、球类、趣味等体育项目，分为青年、中年、老年男女组，参加运动会的人数超过职工人数的25%。

2015年9月25日，兵团水利水电集团社区举办职工篮球比赛（马　溪　摄）

2005 年起，兵团建工集团所属企业兴起户外文体活动，定期组织职工郊外徒步活动。

2007 年，兵团建工集团开始在乌鲁木齐市片区、大黄山等项目部为农民工放映电影。全年到基层单位的工地放映电影 15 场，观众达 6000 人次。

2008 年，兵团建工集团工会完善图书室、活动室、健身房、乒乓球室等活动场所建设，购进多种健身器材、订购多种图书和杂志，建立宣传文化走廊，文化建设氛围日趋浓厚。

2009 年 8 月 31 日，建工师举办首届职工群众广场文化艺术节，兵团建工集团各企业积极参与。兵团四建选送的舞蹈《咱们工人有力量》获师首届职工文化广场会演第一名，在兵团庆祝新中国成立 60 周年调演中被兵团宣传部评为三等奖。

2013 年，兵团建工集团工会按照建工师总工会要求，组织各企业参加“圆中国之梦，展建工师风采”第五届职工群众广场文化艺术节活动，党群工作部深入基层指导并审查选送参赛节目的内容和形式。同时选送企业参赛的书法、绘画、摄影作品。兵团四建投资 40 多万元，建成建工师第一家企业文史馆。

2015 年，兵团建工集团工会举办首次文艺骨干培训班，各企业参加培训 140 人；协助完成职工各类技能提升培训 5500 人次。同时各级工会创建 42 个基层“职工书屋”，广泛开展为项目部送书、送影视活动。

（五）扶贫帮困

1994—1997 年，农垦建安总公司、兵团建安总公司落实全国总工会《关于在全国实施“送温暖工程”的通知》精神，总公司经理办公室制定“送温暖工程”方案，有组织有计划地开展活动。以“送温暖工程”为载体，组织服务队深入施工生产一线，为职工免费理发、洗衣服、洗被单。节假日为施工一线职工送去慰问物品。

2002 年，兵团建工集团根据《关于开展对建工师特殊困难群体实施扶贫帮困活动的意见》，部署各企业设立扶贫基金，开始实施每年对特困家庭、贫困家庭进行扶贫帮困。兵团建工集团领导班子、部室负责人开展“一帮一结对子”活动，领导班子成员每人与特困户结成对子，部室负责人与贫困户结成对子，以人包户的形式帮助特困、贫困群体解决实际问题。

2009 年 4 月 20 日，建业公司社区管理站为困难群体发放粮油
（第十一师史志办　供稿）

2005 年，兵团建工集团成立扶贫帮困领导小组，对扶贫帮困基金设立专用账户，做到严格审批、专款专用。建立扶贫帮困专项基金，扶贫帮困动态基金累计达 14.8 万元。

2005—2015 年，兵团建工集团所属企业累计帮扶困难职工 581 人次，金额 85.5 万元；开展金秋助学活动，资助困难职工子女 37 人，发放各类助学资金 6.51 万元。

（六）劳务工加入工会组织

2001 年，兵团建工集团将劳务工管理工作正式纳入企业管理之中。

2004 年，兵团建工集团工会倡导推行“四个一样”的做法，即政治上一样待遇，行为上一样管理，政策上一样享受，生活上一样关怀，形成同入会、同培养、同帮扶、同管理的“四同管理模式”，并将劳务队和农民工列入先进集体和先进个人表彰之中。

2006 年，建工师党委出台《关于劳务工加入工会组织的意见》，把劳务工纳入规范化管理。5 月，兵团五建成立推行劳务工加入工会试点，800 余名劳务工加入工会组织。9 月，兵团工会在兵团五建召开劳务工入会现场会议。是年，兵团建工集团 4700 多名劳务工加入工会。

2007 年，兵团建工集团所属 10 家企业 7000 多名农民工加入企业工会组织，入会巩固率 100%。

2010 年，兵团建工集团对农民工入会程序进行规范，各企业工会都开始组织农民工入会活动。全年，兵团建工集团吸纳农民工加入工会会员 9406 人。

2011 年，兵团建工集团对农民工入会工作实行三步走：第一步，广泛宣传，营造氛围，要求各企业工会组织深入各施工项目点向农民工广泛宣传《中华人民共和国工会法》《中华人民共和国劳动法》等法律法规，向农民工讲清楚工会性质、作用，会员的权利与义务等。第二步，要求各企业工会进行摸底登记，申请上报。在广泛宣传的基础上对本企业的农民工数量、籍贯、姓名、性别、政治面貌、学历等基本信息进行摸底，掌握情况，然后进行入会登记，填写集体工会会员登记表。第三步，企业工会审批，造册入会。各企业单位、项目部填写好集体工会会员登记表上报，并向本企业工会写出申请报告，公司工会审批批复。是年，47132 名农民工加入工会组织，入会率 92%。

2014 年，兵团建工集团工会规范会员会籍管理，建立健全会员档案，吸纳 68865 名农民工入会，入会率 95%。

2015 年，兵团建工集团建立工会主席深入农民工宿舍走访制度，及时了解他们的家庭、生活、工作情况，发现问题及时处理，真正做到职工（农民工）有困难找工会、有诉求找工会。全年，农民工会员有 2 万余人，入会率 90%。

四、女工工作

1992 年 8 月，农垦建安总公司有女职工 72 人，占职工总人数的 10.08%。女工工作由总经理办公室负责，对女职工的经期、孕期、产期、哺乳期的四期保护做出明确规定，对生产一线的女职工工作安排做到调轻不调重、调干不调湿，按照适合女职工操作的工种调配工作。

1997 年，兵团建安总公司工会委员会将女工工作纳入工会管理，成立女工委员会，配有专兼职女工干事。女工工作根据女职工特殊劳动保护法律法规，结合总公司实际情况，主要开展《中华人民共和国妇女权益保护法》学习宣传教育工作。组织女职工召开“三八”妇女节座谈会，参加工一师妇联举办的知识竞赛、演讲比赛、手工编制等各种竞赛活动。

2001 年，兵团建工集团女工工作主要是加强女职工思想教育和组织建设，组织女职工参加生产竞赛和各项社会活动。全年，开展评选“三八红旗手”“巾帼英雄”等系列活动；加强女职工“四有”教育，督促和协助相关工作部门开展女工疾病普查与防治工作，发挥女职工在企业两个文明建设中的作用。

2004 年，兵团建工集团工会结合兵团建工集团职业健康体系的认证工作，制定《女职工劳动保护规定》，为生产一线女职工特殊保护工作提供制度保证。所属企业定期安排女职工进行妇科检查，保证妇女健康。

2005 年，兵团建工集团及所属企业开展《中华人民共和国妇女权益保障法》《中华人民共和国劳动合同法》《中华人民共和国婚姻法》《中华人民共和国未成年人保护法》《中华人民共和国人口与计划生育法》等法律、法规学习。按照建工师妇联工作要求，开展“我为节能减排做贡献”活动。

2010 年，兵团建工集团所属企业建立“和谐小康家庭”创建活动领导小组，在女职工中开展“创建和谐小康家庭”活动。

2013 年，兵团建工集团鼓励女职工学习身边的先进人物，做生产发展、经济建设的主力军；做民主政治、社会管理的主人翁；做精神文明建设、美化家庭、绿化环境、亮化社区的带头人。

2015 年，兵团建工集团推动《女职工劳动保护特别规定》等法律法规纳入女职工专项集体合同，加强女职工合法权益和特殊利益的督导检查工作。对困难女工、留守家庭的救助已形成较好的工作体系。开展以单亲特困帮扶、心理关怀为重点的女职工“关爱行动”，继续深化“和谐小康家庭”“巾帼文明示范岗”“最美家庭”等创建活动。

第二节　共青团

一、组织机构

1992 年，农垦建安总公司未设置团委工作机构，总公司 35 岁及以下青年占职工总人数不到 20%，共青团工作由总公司办公室主任兼管。

1997 年 3 月，兵团建安总公司所属特种机械工程分公司组建团总支，下辖 5 个基层团支部，有团员 79 人。

2000 年 12 月，兵团建工集团青年工作由总经理办公室 1 名青年干事专职负责共青团业务工作。

2003 年 3 月，兵团建工集团群众工作部成立，共青团工作由群众工作部副部长兼管。

2013 年 4 月，兵团建工集团成立共青团委员会，建工师团委任命张新斌担任兵团建工集团团委书记，负责兵团建工集团所属企业共青团工作。兵团建工集团共青团委员会由各企业团委书记组成。

二、基层组织建设

2000—2012 年，兵团建工集团所属各企业团委在建工师、企业党委领导下，在师团委指导下，制订工作计划，带领青年职工开展各类活动。

2013 年 4 月，共青团兵团建工集团委员会成立后，基层分公司、项目部团员人数达到 3 人以上的均成立团支部，安哥拉和委内瑞拉也成立驻外团工委。全年，兵团建工集团有基层团委 10 个、团总支 22 个、团支部 144 个、团员 1567 人。

2015 年，兵团建工集团下辖企业有团委 11 个、团总支 22 个、团支部 192 个，有团员 2397 人，基层团组织做到全覆盖，80% 的兼职团支部书记（副书记）人员岗位津贴得到落实。

三、开展共青团工作

（一）思想教育及开展活动

1994 年，农垦建安总公司 35 岁及以下青年不足 100 人，均分布在各个基层单位。各基层单位没有建立共青团组织，共青团工作在临时党委的带领下，参加农垦建安总公司承建的公路、铁路建设。临时党委推荐优秀青年应征入伍，发挥青年在施工生产中突击队作用，使青年成为总公司各行各业的生力军。

1995 年，农垦建安总公司临时党委组织青年团员听取工一师团委组织的“学习孔繁森、奉献在企业”演讲报告会，开展学习工一师四团优秀团员蒋文华见义勇为先进事迹及英模报告会。

1998 年，兵团建安总公司各基层团支部工作在工一师团委的带领下，参加总公司精神文明建设。以香港回归为契机，在团员青年中开展演讲、歌咏比赛和知识竞赛等活动。兵团建安总公司临时党委举办各基层团干部学习中共十五大精神座谈会，参观乌鲁木齐市举办的“红岩魂”展览和“香港的历史发展”大型图片展，送基层优秀团干部参加建工师党校干部培训班学习。

2004 年，兵团建工集团所属企业团委在建工师团委和兵团建工集团党群工作部领导下，开展“党在我心中”系列活动，对青年团员进行传统教育。同时做好“推优”工作，68 名优秀团员青年加入中国共产党。

2005 年，兵团建工集团各企业团委（团总支）开展“增强共青团员意识主题教育”活动，学习共青团发展历史知识，开展以“做新时期屯垦成边事业合格建设者和接班人”为主题的团员标准讨论，增强团员爱岗敬业意识。

2007 年，兵团建工集团各级团组织，通过举办讨论会、出宣传板报、上专题团课、开展团支部系列活动等。兵团建工集团团委组织青年志愿者到乌鲁木齐市儿童村开展送温暖活动。兵团路桥总公司青年志愿者服务队长年坚持为敬老院服务。

2011—2012 年，兵团建工集团组织所属企业团委书记、优秀团员及新团员在乌鲁木齐烈士陵园开展“缅怀革命先烈、重温入团誓词、弘扬兵团精神”活动。各企业团委在“五四”青年节前夕，组织青年团员到八路军办事处接受党史教育，到石河子军垦博物馆接受兵团精神教育，选送优秀团员参加师党校举办的党史学习班学习。采用多种形式的活动，对青年进行信仰教育。组织各企业团员青年代表，参加建工师团委在石河子肯斯瓦特水利枢纽项目举办的“五四红旗团支部及青年突击队授旗仪式”。

2013 年，兵团建工集团团委举办“喜迎建党 92 周年，庆祝共青团十七大胜利召开”主题板报展；组织各单位团委书记参加学习共青团十七大精神电视电话会议。兵团建工集团团委根据建工师党委组织部和建工师团委联合印发《关于加强新形势下基层党建带团建工作的意见》，配合建工师民政局、团委在建工师八大社区开展“青年文明社区”创建工作。兵团建工集团团委在所属企业开展“六创一献”（创新、创效、创建青年安全生产示范岗、创建青年突击队、创建青年文明号、创建共青团员示范岗和献计献策）工作。

2014 年，兵团建工集团巴基斯坦项目部和北新国际公司安哥拉、委内瑞拉项目部成立驻外团工委 3 个。兵团建工集团团委继续开展“三抓一稳”活动（抓娱乐性活动，帮助缓解压力；抓生活小事需求服务，使小服务产生大作用；抓思想性工作，引导青年职工理解企业，理解岗位，珍惜工作，最终稳定青年队伍）。稳步实施“六创一献”工作。

2015 年，兵团建工集团团委组织开展“奋斗的青春更美丽”分享会 3 次，开展不同主题内容的志愿服务活动。创建青年志愿者服务队 61 个，全年参加公益活动 1963 人次。建成 274 人的年轻干部人才库和 1159 人的青年人才资源信息库，推优举荐人才 52 人，推优入党 34 人，推优深造 34 人，推荐上报共青团助考证 613 人。北新国际安哥拉项目部 1 人获兵团“五四青年奖章”，1 人获全国优秀共青团干部称号，5 人获师“五四青年奖章”。

（二）创建“青年文明号”活动

1997 年，兵团建安总公司按照师团委的部署，围绕“创建青年文明号、争当青年岗位能手”目标，制定《“青年文明号”考核办法》《青年岗位能手考核办法》等，组织所辖分公司项目部团（总支）支部开展争当青年岗位能手，争创“青年文明号”活动。特种机械工程分公司团总支在实施活动中，被共青团中央授予 1997 年度“全国青年文明号”称号。

1998—2000 年，兵团建安总公司共青团工作以“创建青年文明号、争当青年岗位能手”为主题，开展职业道德和争做“四有”新人教育活动；开展读一本好书，做一件好事的活动；开展手拉手跨世纪活动。兵团建安总公司所辖基层将“双争”与开展“五四”青年团支部活动结合起来，将开展“双争”活动的情况作为“五四”青年团支部的一项考核指标，推进“双争”活动的开展。兵团建安总公司特种机械工程分公司承建的西安绕城高速公路（北段）E 标段，全体团员在争创“青年文明号”活动中严格控制工程质量，受到陕西省高管局表彰；1998 年被自治区团委命名为“西部重点工程百支青年突击队”；1999 年被评为“兵团青年文明号”。

2001 年，兵团建工集团组织所辖分公司及直属项目部团支部继续开展“青年突击队”“青年文明号”等创建活动。兵团建工集团北新路桥公司团总支被共青团中央授予“全国青年文明号”称号。

2002—2004 年，兵团建工集团承建青藏铁路第二十一标段，各个项目部党支部开展“以党建带团建、以团建促党建”活动。指挥部党工委开展“青年文明号”“青年突击队”“共青团责任岗”等创建活动，使青年团员在施工生产中从思想道德、专业技术全方位得到锻炼。

2008 年，兵团建工集团有团员青年 1041 人，共青团组织突出实践特色，“青年突击队”“青年文明号”通过承担急、难、险、重任务发挥作用。兵团建工一建团委围绕企业跨越式发展的大局和企业中心工作，重点开展“青年岗位能手”“青年突击队”“青年安全示范岗”等活动。促进企业经济发展。是年，兵团四建租赁公司塔机班被授予 2008 年度“全国青年文明号”称号；北新路桥公司团委获“兵团五四红旗团委”“兵团青年文明号”称号；北新路桥公司巴基斯坦真纳国际机场滑行道重建项目团员张富强、杨星际获“兵团青年岗位能手”称号；兵团建工集团阿尔及利亚项目工程负责人景春霞获“兵团优秀共青团员”称号；北新路桥公司重庆项目部团支部书记陈长林获“兵团优秀共青团干部”称号。

2010—2012 年，兵团建工集团党群工作部按照建工师团委总体部署，开展创建“青年文明号”节约示范活动、奉献型“青年文明号”活动，“青年文明号”创新创效活动。北新路桥公司团委被共青团中央授予“全国五四红旗团支部”称号。

2013 年，创建青年突击队 49 支，创建青年安全生产示范岗 29 个，创建青年志愿者服务队 49 支。创建共青团员示范岗 40 个、创建青年文明号 4 个。

2015 年，兵团建工集团团委成立阿尔及利亚分公司海外团工委，实施“青”字号品牌创建工程，建立青年创新创效活动运行机制，开展创新创效项目竞赛、创新增效助转型成果 25 项。在 15 个优秀青年集体、青年岗位和青年工程中创建“青年文明号”，建设 21 个青年安全生产示范岗。组建 34 个突击队，承担急难险重生产任务。

（三）开展“导师带徒”活动

2007—2008 年，兵团建工集团根据建工师团委印发的《关于实施青工技能振兴计划的意见》通知，实施青工技能振兴计划工作，确定北新路桥公司、兵团路桥总公司 2 家试点单位。在实施过程中，针对行业特点和青工实际，重点开展“导师带徒”活动。指导企业出台具体活动方案和考核办法，签订导师带徒合同书。各企业团委结合施工生产工作，在分公司、项目部成立“互助小组”，以老带新，手把手教、手把手带，在青工成才的同时给企业带来效益。全年，兵团建工集团“导师带徒”结对 192 对。

2011 年，兵团建工集团在兵团四建试点建立“导师带徒”活动。2012 年，兵团五建团委在项目部开展“岗位能手导师带徒”等活动，团员青年在企业发展中发挥重要作用。

2013 年，兵团建工集团青年 300 人参加师团委组织的创新、创效活动，签订导师带徒合同 500 份。

2014 年，兵团建工集团所属企业签订师徒合同 524 份，培养能吃苦、肯干事的青年技术力量。

2015 年，兵团建工集团及各企业团委在青年职工、劳务工青年中开展 24 场不同形式的青工技能比武竞赛，457 人参与比武竞赛，培养推荐一批青年岗位能手，建立导师带徒制度。全年导师带徒结对 583 对，向建工师团委推荐 13 对名师高徒，帮助青年成才。

2015 年 5 月 8 日，北新国际公司团支部开展推进“兵”字号工程建设主题活动

（曾婉妮　摄）

第二十章 人民武装

兵团建工集团历届党委始终坚持党管武装的原则，围绕企业经济建设和社会稳定，团结带领所属企业武装机构完成上级赋予的维稳、应对突发事件等任务。同时增强民兵国防观念，强化爱国拥军意识，军事训练和维稳战备水平不断提高，人民武装工作稳步推进。

2001—2015 年，兵团建工集团针对建筑施工企业流动性大、工程项目施工周期短的特点，积极开展“兵”字号工程建设活动，把军事化管理模式引入企业管理、规范运作之中，融入企业文化之中，增强企业的凝聚力和竞争力，发挥民兵队伍在经济建设的中坚作用。

第一节 民兵工作

一、设置机构

2004 年 1 月 15 日，兵团党委下发《关于建工师体制改革有关问题的指导意见》，建工师实行政企分离、撤团建企，建立新的领导体制和运行机制，建工师所属企业划归兵团建工集团管理。7 月 30 日，兵团建工集团成立武装工作委员会（简称武委会），具体负责民兵武装工作。

2005—2011 年，兵团建工集团所属企业兵团建工一建、兵团四建、兵团五建、兵团六建、兵团八建、兵团路桥总公司、北新路桥公司均以本级党委书记为主任，以有关职能部门主要领导为成员，成立武装工作委员会。企业设立武装部，配备专武干部，保证基层武装工作的全面落实。

2012 年 4 月，兵团建工集团党群工作部负责武装工作日常事务。继续保留兵团建工一建、兵团四建、兵团五建、兵团六建、兵团水利水电集团、兵团路桥总公司、北新路桥集团 7 个武装部。兵团建工一建、兵团六建在编职工 1500 人以上设立 2 名专职武装干部，其他在编职工 1500 人以下的 5 个企业武装部设 1 名专职武装干部，具体负责武装工作日常事务。

2013—2015 年，兵团建工集团所属企业北新路桥集团、兵团水利水电集团、兵团建工一建、兵团四建、兵团五建、兵团六建、兵团交通建设 7 家单位，在兵团建工集团武委会指导下，继续开展民兵武装工作。其他企业未设立武装工作机构，民兵武装工作由所在单位党群（综治）部门兼管。

二、组建民兵

2000 年，兵团建安总公司在特种机械工程分公司成立民兵应急分队、民兵治安小分队，建立民兵信息网，着重对民兵进行基本知识、基本任务和新形势教育。按照民兵工作条例规定，民兵分为基干民兵和普通民兵。各个企业根据建工师人武部编组任务和要求，分别组建民兵连、民兵排、民兵班。在编组数量上，从各单位实际出发确定编组人员，确保编组工作顺利完成。

2004—2006 年，兵团建工集团武委会将政治可靠、素质高的青年职工吸收到民兵组织中。对所属 7 个设武装部的企业民兵组织进行全面调整，调整组织布局，加强基干民兵力量。民兵连建设落实到位，各企业在建项目部完善民兵整组花名册、民兵政审登记表、民兵信息员登记表。

2008—2009 年，兵团建工集团武委会打破以往民兵编组受户口、工作时间等限制，将政治立场坚定、身体健康、符合民兵年龄规定的外来劳务人员编入民兵队伍，增加民兵编组单位，完成民兵整组工作。

2012—2015 年，兵团建工集团所属企业北新路桥集团、兵团水利水电集团、兵团建工一建、兵团四建等单位主要负责编组师重点连，民兵编组总数不变，其他人员仍由 7 个单位负责编组。兵团建工集团机关和北新建筑公司、北新土木公司共同负责建工师重点营的编组工作。

三、军事训练

1999 年，特种机械工程分公司武装部按照建工师人武部下达的训练任务，组织民兵应急分队进行为期 20 天的军事训练。

2001 年，兵团建工集团武委会坚持民兵训练与执行任务相结合，所属企业武装部根据本单位施工特点，按照“需要什么就训练什么”的要求，本着训战一致、突出重点、分类施训、注重质量的原则，创新训练模式。坚持民兵训练与工作岗位相结合，所属企业在完成建工师人武部组织的集中训练外，还结合各民兵连工作岗位进行专业训练。为应对突发事件和完成一些急难险重任务，各企业先后组建民兵应急分队，每年进行为期一个月的上岗前业务训练，提高民兵的应急反应能力和协同作战能力。

2004 年 12 月，兵团建工集团所属单位民兵参加建工师组织的冬季民兵军事训练，时间为 15 天。训练集中在兵团军事部民兵训练基地，由师人武部统一组织实施。训练方法主要采取自己组织基础训练，划片定点联训的办法，把相近的单位就近联片集中组织联合训练。采用以大单位为小单位代训等方式，对一些专业技术性较强的专业技术分队训练，采取由建工师人武部集中组织，请兵团军事部专业武装干事上课，进行集中培训。

2006—2009 年，兵团建工集团武委会对北新路桥公司新招聘的职工进行军事训练。落实民兵应急分队轮流担任战备值班分队的战备值班制度，重点抓好各企业干部的军事理论。

2015 年 9 月 1 日，兵团建工一建承建的北新大厦项目部对职工进行集中训练
（巩合江　摄）

2010 年，兵团建工集团及所属企业武装部组织民兵参加兵团军事部统一组织的民兵轮训备勤工作，参加乌鲁木齐

网格化执勤巡逻。重点加强专业技术分队的训练。12 月，兵团建工集团选派北新建筑公司职工参加集中军事训练。

2011 年 1 月，兵团建工集团武委会组织民兵在建工师技校进行为期 15 天的集中训练。3 月，所属企业主要领导进行为期 3 天的队列军事训练活动，突出军事常识、队列训练等内容。

2013 年，兵团建工集团武委会选派各企业专武干部参加建工师举办的基干民兵军事训练班。按照建工师人武部下达的民兵军事训练任务，在指定的训练基地统一进行施训。

2015 年，兵团建工集团民兵参加建工师组织的冬季训练和轮训备勤工作。北新路桥集团、北新国际公司对新招录的 200 多名大学生员工进行军事训练。兵团四建 140 多名中层以上管理人员进行军事训练。兵团建工集团专武干部通过兵团军事部组织的考核。

四、政治教育

1992—2000 年，农垦总公司民兵政治教育工作围绕国防法规、国防知识、民兵性质和任务、民兵光荣传统、《中华人民共和国兵役法》，以及形势战备等内容开展教育，主要采取集中教育、日常教育和随机教育等形式进行。

2000—2009 年，兵团建工集团及所属企业对民兵进行国防建设教育，重点加强维稳戍边、树立经济建设为中心思想教育。

2004—2009 年，兵团建工集团武委会根据工作任务安排全年民兵政治教育工作。民兵政治教育的主要内容包括《中华人民共和国国防法》《中华人民共和国兵役法》《中华人民共和国民兵工作条例》，以及时事政治、民族团结、维护稳定等方面。在企业年度各类培训中，安排民兵政治教育，将民兵政治学习与工作实际相结合。每年民兵军事训练中，通过采取开训动员大会、教官和民兵代表谈心等方式，完成对民兵的性质任务、光荣传统、国防观念、党对军队的绝对领导、爱国主义精神和国防教育法 6 个专题的政治教育任务。

2013—2015 年，兵团建工集团武委会在民兵政治教育活动中，注重抓民兵思想政治教育，将中共十八大会议精神贯穿于民兵工作全过程，夯实民兵队伍的思想根基，强化维稳戍边职责使命。利用民兵整组、民兵训练、维稳执勤开展学习、宣传、教育。引导民兵正确把握和处理经济与国防、整体与局部、屯垦与戍边的关系。

2015 年 9 月 1 日，兵团建工集团所属项目部对民兵进行国防教育。图为兵团建工一建民兵参加学习
（兵团建工一建　供图）

第二节　征兵与双拥工作

一、征兵工作

1992—1997 年，按照《中华人民共和国征兵条例》，兵团建安总公司适龄入伍青年在户籍所在地申请报名，进行体检、政审。随着市场经济的发展，用工制度改革步伐加大，大中专院校扩大招生，社会就业渠道不断扩大，给征兵工作带来一定困难。各企业武装部加大对《中华人民共和国兵役法》的宣传力度，积极兑现义务兵优待金，实行在职职工带工资当兵，建立义务兵奖励基金等优抚政策，确保征兵任务完成。

1998 年，建工师人武部向兵团建工集团所属企业武装部下达征兵指标，各企业武装部具体实施。首先建立组织机构，成立兵役登记办公室，由公司领导负责。兵役登记办公室设在武装部办公室，各分公司抽出 1 名领导负总责，政工、保卫、医疗人员组成兵役工作领导小组，负责该企业的兵役登记工作。将《关于认真做好年度兵役登记工作的通知》下发企业各项目、分公司进行宣传教育，摸底登记。利用广播、电视、黑板报、标语等形式，对职工群众和适龄青年进行爱国主义、革命英雄主义和光荣传统教育，讲解本年度兵员征集的具体事项。适龄青年带上户口簿和身份证到各企业武装部报名，进行登记和目测并对目测合格的人员进行身高、体重、视力等方面的初步审查。报名者填写政审表，由本人所在单位及学校、驻地派出所进行初审，对初审合格人员由建工师人武部负责组织联审。经政审合格人员集中由建工师人武部组织到指定的医院进行体格检查。经政审和体检合格的青年，由建工师征兵领导小组召开定兵会议，进行集体研究确定具体名单。

2000—2003 年，兵团建工集团所属企业武装机构负责落实具体征兵任务，登记范围为干部、职工的子女等人。

2002—2015 年，兵团建工集团所属企业征兵工作出现“五多”（适龄青年中独生子女多、外来劳务工多、外出上学打工经商多、人户分离多、上学期间转校的多）现象，企业武装部采取“四个结合”（把征兵工作与宣传教育结合，与全民国防教育结合，与屯垦戍边优良传统教育结合，与开展“双拥”活动、落实优抚安置政策结合）方法，在政审中做到“六个清楚”（户别户籍清楚、基本经历清楚、社会关系清楚、家庭状况清楚、现实表现清楚、入伍动机清楚），确保征兵工作质量，完成征兵任务。

二、双拥工作

1993—1996 年，兵团建安总公司把“双拥”工作列入精神文明建设重要内容。在“八一”建军节，兵团建工集团与驻军开展军民共建活动。春节期间，开展军地相互走访慰问活动，及时安置复转军人就业岗位。

1998 年，兵团一建印发《义务兵家属优抚安置规定》，每年为每名义务兵家属发放不少于 2000 元的优抚金。

2002 年，兵团路桥总公司根据《建工师义务兵家属优待办法和安置意见》，提高义务兵优待金发放标准，每名义务兵每年发放优待金不低于 2000 元，公司承担义务兵服役期间养老保险金等各种费用的发放，义务兵服役期间享受单位在职人员同年、同工种的工资及转正定级、调资和晋级待遇。

2007 年 3 月，兵团建工集团党委印发《关于做好义务兵家属优待金统筹工作的通知》，所属各企业开展各类拥军优属活动。兵团八建按时足额上缴 4000 元统筹金，定期召开义务兵家长座谈会，并对其家庭进行慰问，给义务兵家属发放优待金 2000 元，为军烈属购买价值 4500 元慰问品；春节前，为复员、转业军人发放共 6.4 万元生活补助金。兵团四建党委为优抚对象发放优抚金共 4.56 万元，在“八一”建军节前夕，慰问老八路、伤残军人、军烈属，发放慰问金每人 1600 元。

2010—2015 年，兵团建工集团所属企业优抚金发放按建工师文件要求，在执行兵团优待金的基础上提高优抚待遇，鼓励更多适龄青年报名参军。

第三节 “兵”字号工程

一、实施方案

2001 年 3 月，建工师人武部出台《建工师各团（公司）组织民兵创“兵”字号工程民兵工作实施方案》，规定创“兵”字号工程的民兵组织机构提出具体实施办法，并在连部建设、着装规定、内务建设、作风纪律、政治环境、政治教育以及训练制度、评比制度等方面进行具体规定。落实师党委提出打“兵”字号旗、着“兵”字号衣、创“兵”字号工程的要求，使“兵”字号工程实现制度化、规范化。

2006 年，建工师印发《建工师组织民兵开展创建“兵”字号工程活动的实施意见》，规范创建“兵”字号工程。

2010—2015 年，兵团建工集团结合兵团维稳戍边职责使命，把军事化管理融入现代企业管理之中。创新民兵编组形式，丰富活动内容，严格建设标准，完善“兵”字号工程管理办法，将“兵”字号工程融入生产经营之中，坚持武装建在项目上，民兵跟着工地走，戴安全帽能生产，着迷彩服能战斗，发挥兵团的特殊作用。

二、创建“兵”字号工程活动

兵团建工集团所属企业根据民兵整组任务和项目部所承担工程任务规模及人员组成情况，开展创建“兵”字号工程活动，各企业基本上每年创建两个“兵”字号工程。项目部成立民兵连，结合实际工作设排、班，人员不足者成立民兵分队（突击队），设若干班。民兵连（分队）编连长（分队长）、政治指导员、副连长（副分队长）、排长、班长等，分别由项目经理，党支部书记以及项目中层干部担任，实行一套班子两块牌子。民兵连（分队）成立临时党支部、团支部。

民兵连部与施工项目部合署办公，连部门口悬挂民兵连牌和民兵连旗帜，连部内有连长、政治指导员职责和人员编成情况（参照普通民兵连职责），连部会议室有民兵参加生产施工、教育训练、内务卫生、遵章守纪等内容的评比栏。内务建设标准方面，民兵按班组相对统一住宿，宿舍门口标示班、排；宿舍内务及物品摆放有序、整洁干净，施工场地设简易机械、车辆、工具停（摆）放场，做到机械车辆停放整齐，安全可靠。参加施工的民兵统一着民兵服装，佩戴建工师民兵臂章，有特殊着装要求的施工项目按规定的服装，统一着装，整齐划一。作风纪律方面，按照军事化管理要求，民兵参加聚会时集合列队，做到队伍整齐，口号嘹亮；平时举止端正，谈吐文明，精神振作，姿态良好；爱护公共设施，爱护各类机械设备，廉洁奉公，不谋私利；遵守群众纪律，保护群众利益，遵守社会公德，讲究文明礼貌。建立并逐渐完善战备制度，民兵连有收拢、抢险救灾、支前和反恐维稳等应付突发事件的行动预案，结合企业情况开展应急演练，落实各项保障措施，建立民兵值班制度，确保施工营地、施工现场安全稳定。

1998 年 5 月，兵团建安总公司特种机械工程分公司承建西安绕城高速公路项目部，实施疆外军事化施工工程管理，在项目部成立民兵连并将项目部成员按照工作岗位进行部队编制。西安绕城高速公路工程获第四届中国土木工程“詹天佑奖”。

2000 年 2 月，兵团建筑安装工程总公司特种机械工程分公司成立民兵连，实行严格的准军事化管理，民兵主要分布在陕西西安绕城高速公路和河南洛阳高速公路项目部，以班、排、连成建制制定各项管理制度。特种机械工程分公司人民武装部被兵团军事部评为兵团级“先进武装部”，民兵三连（西安第二项目部）被评为兵团级“先进民兵连”。

2005—2009 年，兵团建工集团所属企业制定《施工项目部“兵”字号工程活动实施方案》，全面开展“兵”字号工程建设。建立完善各项规章制度，实行军事化管理，为项目部“兵”字号工程授旗，投资购置服装、维稳器材等。太中银铁路项目、石河子大学公寓楼项目开展“兵”字号工程创建活动。喀和铁路、奎北铁路等国家重点建设项目工地开展“兵”字号工程创建活动，创产值 4.5 亿元。

2011 年，兵团建工集团有 1345 个项目部，分布在北京、福建、四川等 17 个省、区、市建筑市场。在安哥拉、巴基斯坦、吉尔吉斯斯坦等 18 个国家承建 82 项海外工程。所有施工项目中均建立民兵组织，在开展经济建设的同时，维护辖区社会稳定。

2015 年，兵团建工集团重点抓 10 个疆外典型示范项目（含国外项目 1 个）创建“兵”字号工程。重点抓 8 个疆内典型示范项目创建“兵”字号工程，对 18 个典型示范项目给予经费、物资支持，其中 5 个项目部受到师人武部表彰奖励。

2015 年 7 月 31 日，北新路桥集团在乌鲁木齐市地铁一号线项目部召开“兵”字号工程现场会
（北新路桥集团　供稿）

第二十一章 社会治安综合治理

兵团建工集团社会治安综合治理工作按照“属地管理”和“谁主管、谁负责”的原则，层层签订综合治理责任书，以开展“平安创建”活动为载体，以基层治理基础工作为重点，以矛盾纠纷排查化解和重点项目排查为抓手，落实社会治安防范措施。通过完善社会治安防范体系，加强联防队伍建设，把综合治理各项工作落到实处，确保企业一方平安。

第一节 综合治理管理

一、工作机构

1992 年，农垦建安总公司社会治安综合管理工作由总经理办公室负责。

1993 年 3 月，农垦建安总公司成立社会治安综合治理领导小组，总经理办负责日常业务工作，社会治安综合治理工作全面开展。所属企业、分公司、项目部成立由党支部书记负责的综合治理领导小组负责日常工作事务，自上而下形成群防群治网络。

1996 年 4 月，兵团建安总公司调整社会治安综合治理领导小组成员。

2000 年 9 月，兵团建安总公司再次调整社会治安综合治理领导小组成员，党委副书记韩鸣任组长，领导小组下设办公室，办公室设在综合办公室。同时成立治保会，治保会领导班子成员由社会治安综合治理领导小组成员兼任。

2001 年，兵团建工集团社会治安综合治理工作纳入集团办公室管理。

2003 年，兵团建工集团社会治安综合管理工作归属党群工作部管理。

2004 年，兵团建工集团调整社会治安综合治理委员会，成立综合治理办公室。

2008 年，兵团建工集团社会治安综合治理工作纳入党群工作部管理。

2009 年，兵团建工集团成立处置突发事件应急领导小组，党委书记任组长，分管综合治理工作副总经理、工会主席任副组长，党群工作部具体负责开展工作。

2012 年，兵团建工集团调整社会管理综合治理委员会成员，下设办公室负责具体工作。

2013 年，兵团建工集团成立维稳工作领导小组，党委书记、董事长雷毅任组长，党委副书记、纪委书记王志民任副组长。办公室设在党群工作部。

二、群防群治工作

2000 年，兵团建安总公司对《社会治安综合治理管理规定》进行修订，包括领导体制、治安防范工作、法制宣传教育工作、考核办法、奖罚办法等。社会治安综合治理工作实行二级管理，党政领导为第一责任人，分管综合治理工作的领导为第二责任人，基层单位分公司、项目部及主管部门党政领导为直接责任人；各级党政领导负责逐级签订责任书，并负责考核奖惩兑现；各单位根据实际情况落实治安防范责任制和消防安全责任制，全年防火防盗检查不少于六次；加强职工法制宣传教育和公德教育，开展综合治理宣传月、禁毒宣传月、消防宣传周、交通安全宣传月等活动。总公司所属各单位形成由信息员、楼栋长、巡逻队等组成的群防群治队伍，增强辖区预防和控制能力。

2000 年 5 月，特种机械工程分公司退休人员自发组织“夕阳红”义务巡逻队，在职工住宅区巡逻，开展社会治安群防群治、看家护院工作，被乌鲁木齐市水磨沟区公安局评为基层治安防范模范单位。

2013 年 8 月，兵团建工集团成立矛盾纠纷排查调处领导小组。调动各方力量，全面开展排查工作，调处率达到 95% 以上。

2015 年，在元旦、春节等节假日和重大活动期间，兵团建工集团所属企业实行领导带班制度，职工和专职警卫共同值班。北新路桥集团、水利水电集团、兵团建工一建、兵团四建均成立民兵治安队，组织离退休人员和居民组成义务巡逻队在小区进行巡逻共同维护小区治安。

三、平安建设

1998—2000 年，兵团建安总公司所属企业在职工居住小区开展平安创建活动。

2001 年，兵团建工集团针对企业从事生产性质不同，开展不同平安创建活动，最大限度地减少可预防案件的发生，保障企业生产经营活动正常开展。

2006 年 9 月 25 日，兵团建工集团根据《建工师深入开展平安建设活动的实施意见》，企业单位均成立平安建设领导小组，具体部署工作，配合派出所、街道办事处抓好创建安全文明小区工作，做到人防、物防、技防齐抓共管，确保单位和职工财产安全。

2008 年 3 月是第十八个社会治安综合治理宣传月。兵团建工集团印发《关于认真搞好综合治理宣传月活动的通知》，开展以“创建平安建工师”为主题的综合治理宣传活动。各企业制订宣传教育计划、明确具体措施、采取板报、横幅、橱窗、专栏等宣传形式，在企业所属居民生活区、施工现场等进行社会治安综合治理宣传。

2009—2010 年，兵团建工集团继续开展“平安单位”创建活动，建立“纵向到底、横向到边、层层有人抓、事事有人管”的群防群治网络，将综合治理工作与生产发展、业务

2015 年 6 月 18 日，兵团五建举办“安康杯”知识竞赛

（第十一师史志办　供稿）

工作同安排、同考核、同奖罚。

2011—2015年，兵团建工集团所属企业与基层单位签订社会管理综合治理目标责任书，实行目标管理。各单位“平安单位”创建工作步入正轨，覆盖率达到100%，“平安单位”“平安科室”“平安家庭”创建率达90%以上。

四、流动人口管理

2000—2005年，兵团建工集团扩大建筑施工规模，需要招聘大量劳务工。综治办为加强外来流动人口管理工作，落实“三证一保”（有效身份证明、流动人口婚育证明、农村贫困劳动力就业优惠证、房屋出租或外出务工保证书）制度；对单位内部外来人口统一登记造册，对“三无”人员（无身份证、无合法有效证明、无固定经济收入）进行清理。

2008年7月30日，北新路桥公司社区组织“夕阳红”义务巡逻队，对小区进行群防群治　（第十一师史志办　供稿）

2010—2015年，兵团建工集团所属各企业配合辖区派出所和办事处对片区流动人口和出租房屋进行清查，规范出租房屋管理。利用春季开工机会，项目部在施工现场邀请当地民警和综治办人员对务工人员进行法制教育，重点宣传《中华人民共和国治安管理处罚法》《流动人口管理办法》等相关内容。

五、国外项目治安管理

2004—2015年，兵团建工集团承建国外建筑工程从少到多，每年派出各类施工人员近1300人。兵团建工集团加强对境外员工在外事纪律、民风民俗、爱国爱企等方面的教育，开展对当地日常用语、生活习俗和道德规范的学习，查找存在的安全隐患和违规行为，及时进行整改和处理，提高员工安全意识、防范意识和应变能力。兵团建工集团各基层单位与境外项目部、项目部与员工层层签订责任书，把工作内容细化到终端，层层压实责任。针对北新路桥集团、兵团建工一建、北新国际公司海外项目施工特点，提出“一手抓生产经营、一手抓治安管理、两手都要抓两手都要硬”的指导方针，各境外项目（机构）均成立治安管理工作领导小组，由项目部党支部书记、经理任组长，做到“哪里有项目，哪里就建立治安管理组织，施工队伍开到哪里，治安管理工作就做到哪里”。在施工中各单位积极与当地政府和业主沟通，加强与当地政府和中国领事馆的联系，确保项目部员工安全和正常施工秩序。

第二节　信访工作

一、工作机构

1993 年，农垦建安总公司临时党委设纪律委员 1 人，兼职负责信访工作。

2002 年 3 月，兵团建工集团成立信访工作领导小组。信访小组成员由 16 人组成，党委代副书记程维生任组长，副总经理周彬任副组长。

2003 年，兵团建工集团所属企业均成立信访领导小组，企业党委书记任组长，总经理任副组长，下设办公室，配备专职、兼职干部，建立群众来信、来访登记、转办、处理、回复、归档、回访、统计、信息反馈等工作机制。

2005 年 7 月 21 日，兵团建工集团党委制定《兵团建工集团办理群众来信规则》和《兵团建工集团接待群众来访工作规则》。

2013 年 8 月，兵团建工集团调整信访工作领导小组，董事长、党委副书记雷毅任组长，党委书记王志民任副组长。信访领导小组下设办公室，工会副主席（代）、党群工作部部长张辉任办公室主任。

二、开展信访工作

2002 年 3 月，兵团建工集团信访工作领导小组加强信访工作网络建设，实行群众来信来访登记制，做到信访工作有人抓，信访问题有人办。坚持“三级联动、属地管理、动态监督”的纠风工作格局和纠建并举的原则，实施创建行风建设示范窗口程序和制度。

2009 年，兵团建工集团先后召开信访工作会议 4 次，召开房屋拆迁协调会 14 次，“五七”家属工问题专题会 2 次。兵团建工集团对重点信访案件，按照“五包”责任制严格落实，对重难点案件实行主要领导包案。全年，兵团建工集团本部处理集体访 16 批 147 人次；个体访 45 批 106 人次。兵团建工集团领导督办信访件 25 件，初信、初访一次办结率 96% 以上，重访率 3%。

2013 年，兵团建工集团接到群众来信来访 9 件（含建工师纪委转办件 6 件），已初核 5 件，初核了结 5 件。

2014 年，兵团建工集团及各企业收到信访举报 37 件，初核了结 10 件，为企业挽回经济损失 26.21 万元。

2015 年，兵团建工集团及各企业收到信访举报 20 件，初核违纪线索 16 件，初核了结 7 件，为企业挽回经济损失 78.96 万元。

2013 年 5 月 9 日，兵团六建工作人员在石河子驻地向居民宣传职工权益保障等法律知识　（杨召海　摄）

第二十二章　法律事务

1992—2000 年，农垦建安总公司、兵团建安总公司期间采取聘请法律顾问的方式，为企业提供法律服务、开展法治宣传活动，协助上级司法机关进行民事调解和指导各个基层单位人民调解工作。

2006—2015 年，兵团建工集团设立法律事务部，规范所属企业法律事务管理工作，督促检查企业依法经营管理，维护企业合法权益，防范企业法律风险。同时开展法治宣传教育、法律服务等工作，维护企业合法权益，促进经济健康发展。

第一节　法律事务管理

一、设置法律事务部

1997 年 2 月，兵团建安总公司成立“三五”普法领导小组，临时党委副书记屈衍庆任组长。

2000 年 9 月，兵团建安总公司成立人民调解委员会，临时党委副书记韩鸣任组长。

2006 年 3 月，兵团建工集团成立法律事务部，设专职工作人员 2 人，均系建工师下派挂职干部。

2006 年 3 月，兵团建工集团设立法律事务部，配备专兼职法律事务工作人员，建立健全法律事务管理工作制度，加强诉讼、仲裁案件的统计上报，维护职工合法权益。

2008 年 1 月，兵团建工集团法律事务部设专职人员 1 人，负责总部法律事务工作。

2010 年，兵团建工集团法律事务部并入经营管理部，作为经营管理部的二级部室，设立专职法律工作人员 1 人，处理集团公司日常法律工作。

2012 年 5 月，兵团建工集团单独设立法律事务部，设专职工作人员 2 人。法律事务部负责兵团建工集团法律事务管理、法律宣传教育、法律服务等方面的工作。

二、法律风险防控

2001 年，兵团建工集团法律事务部规范和加强所属企业法律事务管理工作。督促检查各企业从事法律事务工作人员在促进企业依法经营管理，维护企业合法权益，防范企业法律风险等方面的工作。兵团建工集团法律事务部协助个别企业建立司法所，完善相关制度，落实人员到位。

2006—2007 年，兵团建工集团法律事务部完善法律事务工作管理办法、合同管理办法等法律事务工作基本管理制度，并根据集团公司及工程项目实际情况起草合同文本。在审核各类合同时，及时有效地从法律角度针对性地对合同条款提出建议和意见，减少兵团建工集团不必要的案件纠纷和经济损失，确保项目经营合法运行，直接或间接降低兵团建工集团及所属企业项目经营费用。根据法律事务工作讲究时效的特点，对重点案件、重要事项、重大项目以及特事特办的事项，加快办理，并采取相应措施，确保不延误，以保证各类案件的顺利进行。参加项目合作谈判、起草合作协议及合同条款；参加兵团建工集团经营管理工作专项检查，对所属各企业法律及合同管理制度建立情况、合同评审及合同起草、签订过程中存在的问题进行检查，从法律角度对相关工作提出意见和建议。

2010—2015 年，兵团建工集团法律事务部出台《兵团建工集团法律风险防控措施》，明确管理职责，优化权力配置，强化过程监督和考核，提高兵团建工集团运行质量和效率。同时开展对外投资情况摸底工作，在全面掌握情况基础上对发现的问题及时纠正，并逐步健全和完善对外投资管理程序和管理制度。

三、处理纠纷案件

2006 年，兵团建工集团法律事务部主动参与企业生产经营及社会活动，为处理重大经济、社会事务，特别是事关社会稳定和群众利益的热点、难点问题提供法律服务，最大限度减少和避免企业和职工群众经济损失。

2008 年，兵团建工集团法律事务部办理代理各类诉讼及仲裁案件 8 件，参加庭审 11 次，挽回经济损失 5 万元。

2010 年，兵团建工集团法律事务部共处理各类诉讼及法律文书 63 件。其中，转下属企业 46 件，协助聘任律师办理 4 件，自办 13 件。为兵团建工集团挽回经济损失、节约律师代理费 30 万元。

2012 年，兵团建工集团法律事务部共处理各类诉讼及法律文书 67 件。其中，转下属企业 49 件，协助所属企业办理 16 件，自办 2 件。为兵团建工集团及所属企业挽回经济损失 10 万元。

2014 年，兵团建工集团法律事务部共处理各类诉讼及法律文书 59 件。其中，转下属企业 51 件，协助所属企业办理案件 6 件，法律事务部自办 2 件。为兵团建工集团及所属企业挽回经济损失近百万元，节约代理费 10 万元。

2015 年 3 月 16 日，兵团建工一建举办 2015 年职工素质教育暨内部培训
（兵团建工一建　供稿）

2015 年，兵团建工集团法律事务部共处理各类诉讼及法律文书 125 件。其中，转下属企业 104 件，协助所属企业办理案件 17 件，法律事务部自办 4 件。为兵团建工集团及所属企业挽回经济损失 1300 万余元，节约代理费 98 万元。

2008—2015 年兵团建工集团法律事务部处理诉讼及法律文书（件）统计表

表 22-1-1

年份	处理各类诉讼及法律文书（件）				挽回经济损失与节约代理费（万元）		
	合计	转下属企业	协助所属企业办理案件	法律事务部自办	合计	挽回经济损失	节约代理费
2008	8	—	—	—	5	5	0
2009	56	44	4	8	20	10	10
2010	63	46	4	13	30	30	0
2011	72	51	19	2	10	10	0
2012	67	49	16	2	10	10	0
2013	57	38	16	3	220	200	20
2014	59	51	6	2	109	99	10
2015	125	104	17	4	1398	1300	98

四、合同审核

2000—2005 年，兵团建工集团所属企业法律事务部办理诉讼（仲裁）案件，起草合同文本及合同评审、对重要事项开展法律风险评估。

2006 年，兵团建工集团法律事务部审核企业合同，参与重大合同的谈判和起草等工作；参与集团公司生产经营管理工作，如遇重大项目根据领导安排参加项目合作谈判、起草合作协议及合同条款；参加集团公司经营管理工作专项检查，对所属各企业法律事务工作现状、机构设置及人员配备情况、法律服务及合同管理制度建立情况、合同评审及合同起草、签订过程中存在的问题进行检查，从法律角度对相关工作提出意见和建议；参与协助公司有关部门制定各类合同条款，协助签订各类经营合同及其他合同，并进行各类合同审核。

2008 年，兵团建工集团法律事务部共审核会签各类合同 24 份，合同标的总额 86369.3 万元。

2010 年，兵团建工集团法律事务部共审核会签各类合同 62 份，合同标的总额 214535 万元。

2012 年，兵团建工集团法律事务部共审核会签各类合同 106 份，合同标的总额 396828 万元。

2013 年，兵团建工集团法律事务部共审核会签各类合同 100 份，合同标的总额 1005403 万元。

2015 年，兵团建工集团法律事务部主动参与涉及职工切身利益的政策制定和协调劳动关系三方会议。全年审核会签各类合同 71 份，合同标的总额 396585 万元。

2008—2015 年兵团建工集团法律事务部审核会签各类合同统计表

表 22-1-2

年份	审核会签各类合同（份）	合同标的总额（万元）
2008	24	86369.3
2009	71	296995
2010	62	214535
2011	84	451443
2012	106	396828
2013	100	1005403
2014	90	614086
2015	71	396585

第二节　普法宣传教育

一、“三五”普法教育（1996—2000 年）

1996 年，兵团建筑安装工程总公司临时党委召开普法工作专题会议，制定“三五”普法规划，专门研究部署普法依法治理工作。结合总公司实际情况，要求各个基层单位开展系列法治宣传教育活动，充分利用板报、录像、试卷、宣传手册等形式进行法律宣传教育，重点学习《中华人民共和国宪法》《中华人民共和国劳动法》《中华人民共和国经济合同法》《中华人民共和国保守国家秘密法》等法律法规，增强干部职工法律意识、法治观念，提高干部职工依法行政、依法办事的能力和遇事找法、用法水平。公司普法办公室成立组织机构，加强组织建设和队伍建设，健全各项规章制度，做好各个季度的统计工作、排查工作，按期完成上级部门下达的各项工作。2000 年，农垦建安总公司通过兵、师两级普法机构对“三五”普法工作的检查验收。

二、“四五”普法教育（2001—2005 年）

2001 年，兵团建工集团临时党委结合企业情况制定“四五”普法规划。“四五”普法宣传教育对象是各级领导干部和企业经营管理人员。宣传内容是学习邓小平关于社会主义民主和法制建设理论；宪法和国家基本法律，学习宣传与公民工作、生活密切相关的基本法律知识以及有关社会稳定的法律知识；社会主义市场经济，特别是整顿市场经济秩序相关的法律法规。

2003 年 11 月，第一期“四五”普法考试结束，兵团建工集团及所属企业 1161 人通过考试。

三、“五五”普法教育（2006—2010 年）

2006 年，兵团建工集团及所属企业相继成立、调整普法领导小组，印发“五五”普法规划和年度计划，将“五五”普法工作列入年度目标考核内容，层层签订责任书，从人、财、物各方面为“五五”普法工作提供保障。集团党委坚持举办法制讲座，举办相关法律法规知识讲座和“五五”普法板报比赛，开展网络普法和普法下基层活动。法律事务部工作人员注重加强专业法学习，将学法和执法相统一，做到公正司法、依法行政。

2008 年，兵团建工集团有针对性地对各企业管理人员进行法治教育，施工项目部利用广播、板报、宣传栏、集中学习等形式，开展法治宣传教育，增强施工人员法制观念。同时注重国外工程项目法律宣传教育，加强员工国际工程施工涉及的外事法律法规学习，开展员工遵纪守法教育。

2009 年，兵团建工集团依法治理工作以“法律六进”（法律进机关、进乡村、进社区、进学校、进企业、进单位）为主要形式，重点宣传《中华人民共和国劳动法》《中华人民共和国合同法》《中华人民共和国安全生产法》《中华人民共和国公司法》等法律法规。根据具体情况，各企业均聘请建工师司法局专干人员，党校讲师为企业分公司及项目部主管领导进行授课。兵团四建、兵团八建司法所组织开展墙报竞赛，并在小区张贴标语，深入宣传法律法规，引导职工依法管理社会事务、依法表达利益诉求、依法维护合法权益。

2010 年，兵团建工集团法律事务部根据工程施工点多、线长、面广的特点，利用网络覆盖面广、实效性强的优势，大力宣传法律法规，使职工受教育覆盖率达到 95%。在“法律六进”活动中，兵团建工集团配合建工师司法局，为外来务工人员举办“维护农民工合法权益”“法律护你行”知识讲座，开展送法进工地、进项目、进驻地等活动，为维护外用工合法权益提供法律保障。同年，建工集团通过兵团司法局“五五”普法检查验收，所属北新路桥公司获兵团“五五”普法先进单位称号。

四、“六五”普法教育（2011—2015 年）

2011 年，兵团建工集团调整充实普法领导机构，制定“六五”普法规划，各企业调整、健全普法依法治理领导机构。10 月，兵团建工集团组织所属企业选派代表参加建工师司法局和综合治理办公室联合举办的“平安创建”和“六五”普法知识竞赛活动。

2012 年，兵团建工集团根据《建工师法治宣传教育“九个一工程”活动实施方案》，采取多种形式开展法治宣传教育活动，举办《中华人民共和国物权法》等专题法律培训讲座 2 次，组织集团所属企业参加建工师纪委、妇联、劳动和社会保障局联合举办的法律知识竞赛活动。

2013 年，兵团建工集团法律事务部组织所属企业职工学习《兵团法律知识读本》，加强社会主义市场经济、投资融资、财税金融、质量监督、合同管理等与企业经营管理相关的法律法规宣传教育。各企业组织人员参加建工师司法局举办的“六五”普法培训班，参加建工师司法局举办的全国法制宣传日活动，参加兵团公职人员法律知识考试。

2014 年 9 月，兵团建工集团组织各企业领导干部参加建工师司法局举办的关于法律知识培训的电视电话会议。10 月，组织企业法律事务专干人员参加建工师举办的第四期《律师如何更好地为政府提供法律顾问服务》的法律知识视频培训班学习。组织各企业选派专职干部参加兵团国有企业法律事务工作人员培训学习，系统学习《企业合同法律风险防范》《公司法修改与公司章程制定》等课程。

2015 年，兵团建工集团以“参与禁毒斗争、构建和谐社会”为主题，开展创建无毒单位、无毒社区、无毒家庭活动。同年，通过兵团司法局“六五”普法工作检查验收。

第二十三章　人　物

兵团建工集团在不断发展的过程中，涌现出一批真抓实干、改革创新的管理人员，一批攻坚克难、敢于担当的施工技术人才，一批默默无闻、长年坚守岗位的一线职工。正是他们的无私奉献、爱岗敬业，才创造了兵团建工集团辉煌成就。本章通过人物传、简介、表格等形式，记述为企业发展作出突出贡献的先进人物事迹，努力营造健康向上、团结和谐的精神家园，同时激励新时代的建工人为企业持续发展注入新的动力。

第一节　人物传

李肖民（1941.9—2011.10）男，祖籍江西南昌市，中专学历，1959 年 9 月参加工作，1978 年 5 月加入中国共产党。

1959 年 9 月至 1974 年 8 月，李肖民在兵团工二师、工三师先后任工二师十三团施工股技术员、工二师施工科施工员及工三师生产科技术员；1974 年 9 月至 1978 年 7 月，任喀喇昆仑公路筑路指挥部三组技术员；1978 年 9 月至 1987 年 8 月，在自治区铁工局施工处先后任技术员、工程师、处长；1987 年 9 月至 1994 年 1 月，任工一师党委常委、副师长；1992 年 9 月至 1999 年 3 月，任农垦建安总公司、兵团建安总公司临时党委书记；1992 年 8 月至 2001 年 8 月，任农垦建安总公司、兵团建安总公司、兵团建工集团总经理、临时党委书记、副董事长；1994 年 2 月至 2001 年 8 月，任工一师党委副书记、师长；2001 年 8 月至 2002 年 1 月，任建工师正师级调研员；2002 年 2 月，批准退休。2011 年 10 月 18 日，李肖民因病逝世，享年 70 岁。

李信华（1942.9—2013.4）男，汉族，祖籍浙江省鄞县，大专学历，1958 年 12 月参加工作，1987 年 1 月加入中国共产党。

1958 年 12 月，李信华在福建省福州市冶金工业厅、卫生厅联合举办的卫生干校培训班学习；1959 年 4 月至 1961 年 9 月，在福建省三明钢铁厂职工医院工作；1961 年 10 月至 1962 年 8 月，在福建省三明市雪峰农场任工区考勤员及六队队长；1962 年 9 月至 1964 年 4 月，由福建省雪峰农场钢铁厂批准退职回沪待业。1964 年 5 月，从上海支边进疆在农一师十团二连工作；1965 年 5 月至 1966 年 10 月，先后在农一师十团基建一队、十一连、良种场工作；1971 年 12 月至 1979 年 3 月，在南疆铁路工程指挥部一支队四连、自治区铁路工程局一团四连工作；1979 年 4 月至 1984 年 4 月，在自治区铁路工程局一团施工科任预算员，在工一师一团施工科（计划科）任主办科员；1984 年 5 月至 1992 年 8 月，在工一师机关综合计划处、北疆铁路指挥部计划处任科员、副处长、处长；

1993 年 9 月至 2000 年 6 月，在农垦建安总公司、兵团建安总公司任副总经济师；2000 年 7 月，在工一师新疆兵团建筑安装总公司退休。2013 年 4 月 16 日，李信华因病逝世，享年 71 岁。

马凤山 （1938.2—2013.12）男，汉族，祖籍山东临清县，大专学历，1957 年 9 月参加工作，1983 年 12 月加入中国共产党。

1954 年 7 月至 1957 年 9 月，马凤山在天津市建设工程学校学习；1957 年 9 月至 1972 年 1 月，在兵团工程处四团三工段、糖厂、施工股、一大队任实习施工员、施工员、施工组长，在四团三营、一营任技术员；1972 年 2 月至 1975 年 8 月，在基层单位劳动；1975 年 9 月至 1976 年 8 月，在四团二营任施工组长、十七连任施工员；1979 年 7 月至 1982 年 8 月，在工一师六团木工厂任工程师、副厂长；1982 年 9 月至 1984 年 7 月，在重庆建筑工程学院学习；1984 年 8 月至 1986 年 5 月，在工一师六团任副团长；1986 年 6 月至 1990 年 1 月，在工一师计划处任副处长；1990 年 2 月至 1993 年 8 月，在工一师计划处任处长；1993 年 9 月至 1996 年 4 月，在农垦建安总公司、兵团建安总公司任副总经理兼总经济师；1996 年 5 月，在兵团建安总公司退休。2013 年 12 月 5 日，马凤山因病逝世，享年 75 岁。

朱柏园 （1946.7—2014.8）男，汉族，祖籍上海市，大专学历，1965 年 7 月 7 日参加工作，1992 年 6 月加入中国共产党。

1965 年 7 月至 1971 年 7 月，朱柏园在农一师十八场工作；1971 年 8 月至 1980 年 1 月，在自治区铁路工程局一团工作；1980 年 2 月至 1991 年 12 月，在工一师一团任科员、副科长、科长、副总经济师；1992 年，在工一师一团任总经济师、副团长；1993 年 1 月至 1996 年 3 月，在兵团建安总公司晋江分公司任经理；1996 年 4 月至 1998 年 4 月，在南疆铁路工程指挥部任副总指挥；1998 年 5 月至 12 月，在艾桑油气田工程公路指挥部任常务副指挥；1998 年 9 月至 2003 年 3 月，在兵团建工集团任总经济师；2000 年 3 月至 2003 年 3 月，在兵团建工集团任副总经理；2003 年 4 月，在兵团建工集团退休。2014 年 8 月 13 日，朱柏园因病逝世，享年 68 岁。

第二节　兵团建工集团党委书记、纪委书记、董事长简介

傅援朝　男，汉族，祖籍河南省封丘县，1950 年 10 月出生，1969 年 1 月参加工作，1973 年 6 月加入中国共产党，本科学历，经济师职称。曾任农七师一二七团团委副书记、塔城地区农林局副局长、奎屯农垦局奎屯河流域管理处党委常委、政治处主任、农七师建安公司党委书记、1990 年 11 月，任工一师副师长。1994 年 2 月至 2002 年，任工一师（建工师）党委书记、政委。1999 年 3 月至 2002 年 2 月，任兵团建安总公司、兵团建工集团临时党委书记、董事长。2002 年 2 月，调兵团机关工作。

岳有堂　男，汉族，1957 年 2 月出生，祖籍河南省方城县，1981 年 3 月入党，1974 年 3 月参加工作，研究生学历，二级高级法官、高级政工师职称。曾任兵团石河子市团委组织干事、宣传干事、直属机关团委副书记，石河子市团委副书记、团委书记。石河子市党委办公室主任，农六师副政委兼政法委书记，自治区高级人民法院兵团分院党组书记、副院长。2002 年 2 月至 2006 年 1 月，

任建工师党委书记、政委。2002 年 2 月至 2004 年 2 月，任兵团建工集团董事长、党委书记。2006 年 1 月，调离。

王江生 男，汉族，1957 年 10 月出生，祖籍甘肃省秦安县，1975 年 10 月参加工作，1976 年 8 月加入中国共产党，大学学历，高级工程师。曾任兵团勘测设计院二分院设计室副主任、主任、规划处处长，兵团勘测设计院副院长、党委副书记、院长，建工师党委副书记、师长。2001 年 8 月任建工师党委副书记、师长、兵团建工集团总经理；2004 年 2 月任建工集团党委书记、董事长、总经理；2006 年 5 月至 2009 年 1 月，任建工师党委副书记，兵团建工集团党委书记、董事长、总经理。2009 年 2 月调离。

雷 毅 男，汉族，1957 年 8 月出生，祖籍河南省商水县，1975 年 11 月参加工作，1984 年 1 月入党，工商管理硕士学位，正高级工程师职称。1981 年 5 月至 2001 年 8 月，任工一师二团质检科质检员、二连施工技术员、副连长、连长兼二分公司技术科科长，二分公司副主任兼主任工程师、施工科科长，二分公司经理、副团长兼总工程师、党委副书记、团长。2001 年 9 月至 2003 年 2 月，任建工师党委常委、副师长；2003 年 2 月至 2015 年 12 月，任建工师党委常委、党委副书记，兵团建工集团党委委员、党委副书记、党委书记，副董事长、副总经理、董事长。

赵文艺 女，汉族，1956 年 12 月出生，祖籍山东省蒙阴县，1975 年 9 月参加工作，1979 年 12 月入党，中央党校大学学历，政工师职称。1975 年 9 月至 1976 年 7 月，在工一师二二三团二连接受再教育。1978 年 12 月至 1984 年 1 月，在兵团六建木工厂学校任教师。1984 年 1 月至 1984 年 3 月，在兵团六建五工区学校任党支部副书记。1984 年 3 月至 2003 年 2 月，曾任兵团工一师团委干事，工一师团委书记，工一师昆贸大厦党委书记，工一师昆贸大厦商业处党委书记，建工师工会党组书记、副主席，建工师师直党工委书记，建工师党委常委、副政委。2003 年 2 月至 2012 年 1 月，任兵团建工集团党委副书记、纪委书记、监事会主席、工会代主席、工会主席。2001 年 8 月至 2015 年 12 月，任建工师党委常委。

王志民 男，汉族，1959 年 3 月出生，祖籍河北省深县，1976 年 7 月参加工作，1989 年 10 月加入中国共产党，大学学历，高级工程师、高级政工师职称。王志民曾任石河子建筑安装工程公司副经理、党委书记，石河子天筑建设集团有限公司总经理，石河子市城市建设投资有限责任公司副总经理，兵团五建党委书记等职务。2007 年 2 月至 2012 年 2 月，任北新路桥公司党委书记、副董事长。2012 年 2 月至 2015 年 12 月，任兵团建工集团党委委员、党委副书记、纪委书记、工会主席、监事会主席。

张景峰 男，汉族，1966 年 2 月出生，祖籍江苏省丰县，1985 年 7 月参加工作，1996 年 8 月入党，中央党校大学学历，高级政工师职称。1985 年 7 月至 1988 年 9 月，任石河子二建技术员、工程项目负责人。1988 年 9 月至 1990 年 8 月在上海第二工业大学管理系大专脱产学习。1990 年 8 月至 1994 年 6 月，历任工一师运输公司碱厂厂长助理、工一师运输公司油材料、劳资科科员。1994 年 6 月至 2014 年 11 月，先后任工一师劳资处干事、工一师组织处干事、工一师党委组织处、人事处主任科员，建工师党委组织部副部长、人事局副局长，建工师党委组织部部长、人事局局长，机构编制委员会办公室主任，建工师党委委员。2014 年 12 月，任兵团建工集团党委委员、纪委书记。

第三节　先进人物事迹

一、自治区劳动模范

雷胜富　男，汉族，1956 年 7 月出生，1982 年 3 月参加工作，中共党员，工一师七团项目部经理。

1991 年，雷胜富担任工一师七团 101 项目经理，承担兵团机关一号高层住宅楼工程建设。在施工中项目部积极推广新工艺，应用新科技。项目部采用先进弧焊和对焊新技术，使工效提高 3 倍，节约钢筋 30% 以上。1993 年，雷胜富负责项目部最早采用三代钢框胶合板大规模施工技术，外装修时采用手扳葫芦小型升降式外弧挂架。这也是七团第一次在高层建筑中采用大模板施工新工艺，创下六天施工一层楼的速度。项目部通过先进工艺的使用，确保项目部节约钢材 300 吨、租赁费 20 万元。1993—1994 年，101 项目部上缴利润 600 万元，人均工资 6436 元。同时，七团被工一师评为先进单位和双文明单位。

1995 年，雷胜富获“自治区劳动模范”称号。

雷毅　男，汉族，1957 年 8 月出生，1975 年 8 月参加工作，中共党员，工一师二团团长。

1992 年，雷毅担任工一师二团团长。上任初期，面对二团亏损 245 万元、企业管理薄弱等困难，雷毅与全体干部职工一起狠抓经营管理，实行奖罚制度，积极承揽工程。与此同时，解决 267 名下岗职工的再就业问题，清理并发放离退休职工工资 869 万元，安排 885 户职工迁入乌鲁木齐市区，从而稳定了职工队伍。经过 4 年努力，1996 年二团扭亏为盈，社会总产值过亿元，利润达到 300 多万元。1999 年，二团完成社会总产值 15205 万元，工程优良率 70.6%。企业获得国家水利建设系统先进单位、自治区建设系统精神文明先进单位等称号。

2000 年，雷毅获“自治区劳动模范”称号。

李朝发　男，汉族，1966 年 9 月出生，兵团五建工人。

李朝发从事的主要工作是机械修理，他肯钻研、勤思考、求上进，工地上的机械修理样样精通。1991 年，他开始学习驾驶铲车。1994 年，玛纳斯河水暴涨，30 多名民工被河水困在中央，项目部领导决定用铲车救人，李朝发冒着生命危险驾驶铲车冲进洪水中救出民工。2000 年上半年，李朝发开铲车完成产值 5 万元，实现利润 1.61 万元。同时，他利用休息时间修理各种机械，半年为企业节约修理费 0.58 万元。

2000 年，李朝发获“自治区劳动模范”称号。

林增荣　男，汉族，1965 年 8 月出生，兵团建工集团项目部职工。

2003 年 3 月，林增荣参加兵团建工集团承建的青藏铁路建设。作为一名厨师，他主要负责指挥部 30 人就餐工作。青藏高原环境恶劣，确保职工身体健康非常重要，为了让工作人员营养平衡体力跟得上，林增荣根据职工伙食标准，做到每餐四菜一汤。定期为工作人员揪片子、包包子，改善职工伙食。在施工大忙季节一线施工人员不能准时下班，林增荣就坚守食堂，无论多晚只要施工人员回到驻地，他马上做饭。由于不适应环境，在高原施工的施工人员会经常生病，他专门为生病的职工做可口的饭菜并送到床前，帮助职工尽快恢复健康。

2004 年 6 月，林增荣被西藏自治区总工会授予“青藏铁路建设劳动模范”称号。

庞国强　男，汉族，1961 年 4 月出生，1980 年 9 月参加工作，中共党员，兵团建工集团青藏铁路建设第二项目部经理。

庞国强先后任工一师二团市政公司经理、特机公司副总经理、北新路桥副总经理、兵团建工集团喀和铁路 S3 标工程指挥部书记兼副指挥长等职务。2002 年 2 月，兵团建工集团中标青藏铁路第二十一标段。标段全长 41.95 千米，平均海拔在 4800 米，大部分路段为长年冻土带，施工条件极为艰苦，技术难度很大。2003 年 2 月，兵团建工集团青藏铁路第二项目部主要负责那曲河大桥的施工任务。在施工中，庞国强带领项目部全体施工人员克服高原冻土、极寒缺氧等困难，经过 9 天 9 夜的施工，那曲河一号大桥承台 4 根钻孔灌注桩完成浇注任务。

2004 年 10 月，庞国强被西藏自治区总工会授予“青藏铁路建设劳动模范”称号。

任辉明　男，汉族，1963 年 10 月出生，1982 年 7 月参加工作，中共党员，兵团建工集团副总裁。

任辉明从事铁路施工多年，先后参加了北疆铁路、兰新复线、南疆铁路西延线等重大铁路工程项目建设。2002 年 2 月，兵团建工集团中标青藏铁路第二十一标段。标段全长 41.95 千米，其中主要施工项目有路基及其附工程、桥梁工程、涵洞工程等。任辉明担任兵团建工集团青藏铁路指挥部总指挥。在 2 年的施工期，指挥部创造了良好的经济效益，共完成施工产值 2.6 亿元，职均年收入 7 万元。同时帮助当地 600 名藏族民工参加生产劳动，增加牧民收入，促进当地的经济发展。

2005 年，任辉明获“青藏铁路建设先进个人”“自治区劳动模范”称号。

王鹏　男，汉族，1982 年 6 月出生，2000 年 4 月参加工作，中共党员。北新路桥公司拌和站站长。

2000 年 4 月至 2004 年，王鹏先后参加先后参建北新路桥公司承建的西安绕城高速、洛界高速公路等工程建设，从一名沥青站实习操作手成长为拌和站站长。2004 年 6 月，北新路桥公司承建内蒙古哈登高速公路项目，在进行路面摊铺时沥青站电子衡突然失灵，无法正常生产沥青混合料，工程处于停工状态。王鹏立即赶到现场，对线路进行排查，很快使机器恢复正常，为项目部挽回损失 3 万元。拌和站全体工作人员连续奋战 4 个月，生产沥青混凝土 11 万吨，确保了工程顺利竣工。

2005 年，王鹏获“自治区劳动模范”称号。

王志文　男，汉族，1963 年 5 月出生，兵团八建第二筑路项目部作业队队长。

王志文在担任作业队长的 8 年中，带领施工人员转战天山南北，修公路、架桥梁，承建的工程质量合格率 100%。作为队长，在施工中，他狠抓项目的工程质量、速度和安全，严格控制成本。从砂石料的选址、拉运原料的运费，他都精打细算，做好计划管理。2004 年，他带领的作业队先后完成精河怪石沟旅游公路、一四二团公路、八十二团公路的施工任务，完成施工产值 2 321.5 万元，主营业务利润 176.9 万元。

2005 年，王志文获“自治区劳动模范”称号。

樊菊花　女，汉族，1969 年 6 月出生，1988 年 5 月参加工作，中共党员，兵团一建设备管理站大型设备分站施工升降机操作工。

2004 年，樊菊花开始学习塔吊和施工升降技术。面对从未接触过的工作，她克服各种困难、努力学习操作技术，很快掌握升降机技术要领并独当一面。作业之前，她常常爬到塔吊顶端检查保养耸立空中数十米高的设备。施工作业中，她按规范操作设备，保质保量完成吊装任务，确保工程进度。在施工升降机岗位，她一干就是15年，先后运送钢筋、模板、钢管、砂料、扣件等施工材料累计46吨，参加施工的工程总建筑面积20多万平方米，其中有多项重点工程获国家、自治区优质工程奖。1998年，她所在的班组被兵团评为“三八红旗”班组。

2010年，樊菊花获“自治区劳动模范”称号。

王建青 男，汉族，1969年出生，兵团六建劳务经理。

1997年，王建青从四川来到新疆从事建筑施工。凭着吃苦耐劳，技术专业很快得到施工单位的认可。通过努力，他也从一名技术工成长为400人的劳务队负责人。2014年至2015年，王建青带领施工队参加兵团六建承建的塔里木大学图书综合信息楼工程建设，工程建筑面积3.8万平方米，6层框架剪力结构，高度为31.8米。在工程施工过程中，为保质保量完成任务，他严格按工序规范施工，科学制定工程质量管理办法和各项保证措施，从预防和工序控制入手，加强工序、工艺和特殊环节管理。同时，王建青和现场管理人员坚持跟班作业，确保每一道工序按照规范进行作业，确保合格率100%。2015年，塔里木大学图书综合信息楼工程获兵团优质工程“昆仑杯”奖。

2015年，王建青获“自治区劳动模范”称号。

二、兵团劳动模范

王俊丽 女，汉族，1968年11月出生，兵团一建设备管理站模板维修工。

王俊丽从事模板维修工作多年。作为一名维修工，她始终坚持质量第一的理念，认真维修模板，达到技术要求，杜绝不合格模板出现。设备管理站针对周转材料工作情况，开展模板维修质量评比活动。作为班长，王俊丽严格要求同班人员维修标准，针对维修不达标的模板，她耐心给大家讲解技术要领，使全班人员树立质量第一的意识。

2004年，王俊丽获“兵团劳动模范”称号。

王江华 男，汉族，1974年出生，兵团四建租赁公司专业塔吊工。

塔吊工作是特种作业的一种具有很大的危险性，要求操作者敬业负责、专业技术水平高。王江华努力学习专业知识，虚心请教，提高业务技能。同时，他坚持严格按照塔吊作业程序作业，从未发生过一起安全责任事故。作为塔吊班长，王江华以身作则，处处起模范带头作用。常年和施工机械打交道，他对待施工机械就像对待自己的眼睛一样。2003年，当施工到15层楼时，王江华听到施工升降机有轻微异响，他马上提出停机检查。随后，他对升降机240个螺栓逐一紧固，发现有3颗螺丝松动并立即进行处理，经过近一个小时的检查维护，机械恢复了正常运转。

2004年，王江华获“兵团劳动模范”称号。

万现成 男，汉族，1967年9月出生，兵团五建一分公司工人。

万现长期从事电工工作，他热爱本职工作，刻苦钻研业务。同时，他积极参加业务技能培训，虚心向老职工学习，不断总结实践经验，努力提高自身业务素质。在苇湖梁电厂施工期间，他负责500米施工用电线路的铺设和维护以及冷却塔周围80多个照明用灯泡的安装和检查。万现成在工地随时随地检查用电情况，发现安全隐患及时通知项目负责人，并进行处理。2003年，公司承建兰新铁路百里风区施工段，他负责项目部安全用电工作，随时检查线路，确保工程顺利完工。

2004 年 10 月，万现成获“兵团劳动模范”称号。

张蓉　女，汉族，1973 年 10 月出生，1994 年参加工作，北新路桥公司项目部主任工程师。

1994—2006 年，张蓉先后在施工一线担任项目施工技术员、桥梁施工技术负责人、主任工程师等职务。2006 年，张蓉担任北新路桥承建的塔吉克斯坦塔乌项目部主任工程师。三年中，她克服语言障碍，主动与业主沟通落实施工计划。经常深入施工现场指导技术工作，监督规范各项目部施工过程控制，落实企业工程项目精细化施工技术和质量管理要求。张蓉负责的施工项目工程质量合格率为 100%，优良率为 90%，其中有 5 项工程分别获得兵团优质工程奖和建工师优质工程奖。

2009 年，张蓉获“兵团劳动模范”称号。

张开容　男，汉族，1963 年出生，兵团六建劳务公司项目负责人。

张开容先后负责兵团六建承建的糖厂生产楼工程、银力大厦工程、天富饭店工程、石河子大学文科楼工程、石河子政府大楼工程、石河子大学住院二部工程等建筑工程施工。在施工中，张开容负责的施工队采用标准钢管螺旋杆顶柱 10 厘米乘 10 厘米方木条和柱脚木胶合板支撑梁、板、柱，节约材料 1/3，节约劳动力 50%，并增加安全系数，使项目部取得良好的经济效益。张开容在施工管理中采取分组作业，组上包干，并从安全、质量、速度方面层层落实，确保工程质量。

2009 年，张开容获“兵团劳动模范”称号。

蔡新平　男，汉族，1963 年 10 月出生，1980 年 7 月参加工作，中共党员，兵团水利水电集团党委书记。

1980—1993 年，蔡新平先后参与铁路、公路、水利、市政等工程项目建设。1994 年 7 月，蔡新平负责兵团八建乌鲁瓦提水利枢纽项目工作，主要承担工程导流泄洪排沙洞施工任务。在工程施工中，项目部严格按施工规范施工，重视工程质量，确保工程安全无事故，一次性通过质量检查。1998 年，导流洞和其他各项工程被评定为优良工程。2010 年，乌鲁瓦提水利枢纽工程获得“鲁班奖”“詹天佑奖”“大禹奖”。2010 年 12 月，蔡新平担任兵团水利水电集团党委书记、董事长。随后企业调整产业结构，先后成立水利施工、房产施工、市政施工投资经营、房产经营、钢结构生产和小额贷款等二级法人公司。兵团水利水电集团在建工师成为首家实行多级多档综合性薪酬管理办法，推行项目部模拟股份制经营模式，建立纵向到底、横向到边的绩效考核管理办法的企业，企业获得良好的经济效益。

2014 年 5 月，蔡新平获“兵团劳动模范”称号。

周荣英　女，汉族，1974 年 12 月出生，1997 年 10 月参加工作，中共党员，兵团四建雁池新型建材公司成品车间负责人。

1997 年 10 月，周荣英在兵团四建水泥厂参加工作。2009 年，她利用所学知识进行多次试验，获得 30 余个水泥产品的配方，成功生产出砌筑砂浆、抹灰砂浆两项新产品。2010 年 5 月，水泥车间保质保量完成普硅 52.5 高标号水泥的任务。2013 年 12 月，周荣英负责对现有砂浆生产设备技术改造工作。经过近一年的反复试验，生产出砂浆产品质量全部合格，获得自治区散装水泥办公室认可，通过使用戈壁石机制砂筛分技术生产干混砂浆的生产线。此配方适合新疆砂浆生产的添加剂配方，使砂浆成本每吨降低 20 元左右，同时成品车间在此基础上研发成功利用机制砂生产外墙保温砂浆的配方获得自治区新型墙体材料认证证书。

2014 年，周荣英获“兵团劳动模范”称号。

三、开发建设新疆劳动奖章获得者

王宝龙 男，汉族，1966 年 12 月出生，1991 年 10 月参加工作，中共党员，兵团建工一建总经理、副董事长。

王宝龙参加工作以来，先后担任兵团建工一建 101 项目技术负责人、项目经理，兵团建工一建副总经理、总经理等职务。2004 年 10 月，兵团建工一建承建兵团机关办公大楼，结构类型为框架剪力墙，地下 2 层，地上 19 层，建筑面积 66120 平方米，王宝龙担任项目部第一项目经理。工程于 2004 年 12 月开工，2005 年 12 月竣工。在施工中，项目部大量采用新技术、新工艺，做到文明施工，绿色环保。2007 年 9 月，通过中国建筑协会专家评审，工程获中国建筑工程“鲁班奖”。

2006 年，王宝龙获“开发建设新疆劳动奖章”。

四、兵团屯垦戍边劳动奖章获得者

成新贵 男，汉族，1962 年 8 月出生，1981 年 4 月参加工作，北新路桥公司机调中心挖掘机长。

成新贵先后参加吐乌大高等级公路、南疆铁路、河南洛界高速公路等工程建设。1997—2000 年，他在南疆铁路西延工程项目部工作 3 年。作为一名挖掘机手，他每天最早一个来到施工现场，最后一个返回驻地。南疆铁路线下工程牙哈段到喀什段，干旱少雨、风沙较大，严重影响挖掘机作业。面对恶劣的环境，成新贵没有后退，一天十几个小时在戈壁荒原作业。2000—2002 年，他每年完成产值超过 100 万元，超额完成项目部下达的各项指标。

2002 年，成新贵获“兵团屯垦戍边劳动奖章”。

王宝龙 男，汉族，1966 年 12 月出生，1991 年 10 月参加工作，中共党员，兵团建工一建总经理、副董事长。2004 年，获“兵团屯垦戍边劳动奖章”。（先进事迹见开发建设新疆劳动奖章获得者）

陶勋红 男，汉族，1968 年 12 月出生，1987 年参加工作，中共党员，兵团建工集团安哥拉天昶农场负责人。

2011 年 9 月至 2012 年 4 月，随着安哥拉农业项目的发展与扩大，陶勋红带领水土开发组人员对二号地（现天昶农场 A 区）和三号地（现天昶农场 C 区）进行农田荒地勘测、设计、施工以及实验性生产种植工作。他们克服恶劣的自然地理环境、艰苦简陋的工作与生活条件，完成 2 个地块考察和前期基础性的开发与建设。其中，二号地完成开垦荒地 280 公顷，三号地试验田水稻产量 420 千克，完成开荒种植 100 公顷水稻地任务。

2012 年 10 月，天昶农场养殖场成立。天昶农场养殖场作为新成立的养殖场处于建设、试验、摸索阶段，各环节都存在一定的困难。陶勋红和工作人员不等不靠，克服基础设施建设缓慢，预混料品种不全且供应不及时等问题，确保农场养殖场家禽养殖生产。经过一年多建设，完成年饲养 30 万只家禽的实验室、孵化室、出雏室、育雏室、鸡舍、鸭舍、鹅舍及日产 16 吨饲料的加工厂建设。

2015 年，陶勋红获“兵团屯垦戍边劳动奖章”。

段辉林　男，汉族，1962年12月出生，1981年7月参加工作，中共党员，北新路桥公司副总经理。

1997—1999年，段辉林先后参与南疆铁路库车、巴楚、阿克苏、喀什等车站的修建任务。2000—2010年，段辉林带领项目部走出新疆，开拓河南、内蒙古、陕西、甘肃等建筑市场，先后承揽工程50多个，工程中标价100亿元以上。在长期的项目管理中，段辉林提出“四个目标”，即做到经营节约型项目、做大型企业文明项目、做和谐安全项目、做培养人才的项目，确保项目长期持续发展。2013年，他负责的北方事业部10个在建项目完成产值7.24亿元，完成年计划的103%，实现利润4688万元，完成年计划的335%。2014年，他负责的项目部完成产值12.3亿元，实现利润6200万元，为北新路桥经济发展作出了重要贡献。

2015年，段辉林获“兵团屯垦戍边劳动奖章”。

第四节　高级职称、一级建造师人员名录

2015年兵团建工集团及全资子公司高级专业技术职称人员一览表

表23-4-1

序号	姓名	性别	职称名称	学历	单位
1	雷　毅	男	正高级工程师	本科	兵团建工集团
2	马超刚	男	正高级工程师	本科	
3	张　华	男	正高级工程师	本科	
4	任辉明	男	高级工程师	本科	
5	王志民	男	高级工程师	本科	
6	史全喜	男	高级工程师	本科	
7	周　彬	男	高级工程师	本科	
8	刘小军	男	高级工程师	本科	
9	石春梅	女	高级工程师	大专	
10	叶琪英	女	高级工程师	本科	
11	甘玉芬	女	高级工程师	本科	
12	黄为群	男	高级工程师	本科	
13	邓如才	男	高级工程师	本科	
14	李建军	男	高级工程师	大专	
15	殷春梅	女	高级工程师	本科	

续表 23-4-1

序号	姓名	性别	职称名称	学历	单位
16	王春生	男	高级工程师	本科	兵团建工集团
17	逯新建	男	高级工程师	本科	
18	李　铭	男	高级工程师	本科	
19	刘国栋	男	高级工程师	大专	
20	吴孟龙	男	高级工程师	本科	
21	范吉明	男	高级工程师	本科	
22	刘云华	男	高级工程师	本科	
23	王永慧	女	高级工程师	本科	
24	王宝龙	男	高级工程师	本科	
25	罗玉民	男	高级工程师	本科	
26	王泽锋	男	高级工程师	本科	
27	马建东	男	高级工程师	本科	
28	王江生	男	高级工程师	本科	
29	李建西	男	高级工程师	本科	
30	张德进	男	高级工程师	本科	
31	毕永来	男	高级工程师	大专	
32	黄开其	男	高级工程师	本科	
33	刘　彬	男	高级工程师	本科	
34	李成德	男	高级工程师	本科	
35	何宝生	男	高级工程师	本科	
36	徐晓鹏	男	高级工程师	本科	
37	杨　力	男	高级工程师	本科	
38	邓礼成	男	高级工程师	本科	北新路桥集团
39	孙敦江	男	高级工程师	本科	
40	张　斌	男	高级工程师	本科	
41	赵光军	男	高级工程师	本科	
42	林明荣	男	高级工程师	本科	

续表 23-4-1

序号	姓名	性别	职称名称	学历	单位
43	于水泳	男	高级工程师	本科	北新路桥集团
44	张理忠	男	高级工程师	本科	
45	李友谊	男	高级工程师	本科	
46	冉长玲	女	高级工程师	本科	
47	陈争春	男	高级工程师	本科	
48	罗先红	男	高级工程师	本科	
49	沈炳军	男	高级工程师	本科	
50	张　斌	男	高级工程师	本科	
51	曾照波	男	高级工程师	本科	
52	李　浩	男	高级工程师	本科	
53	徐卫民	男	高级工程师	本科	
54	徐卫兵	男	高级工程师	本科	
55	谷秋先	男	高级工程师	本科	
56	张仁全	男	高级工程师	本科	
57	宋建梅	女	高级工程师	本科	
58	李　强	男	高级工程师	本科	
59	倪志江	男	高级工程师	本科	
60	牛丽娟	女	高级工程师	本科	
61	马天胜	男	高级工程师	本科	兵团水利水电集团
62	姚旭春	男	高级工程师	本科	
63	邓正刚	男	高级工程师	本科	
64	黎汉进	男	高级工程师	本科	
65	万建江	男	高级工程师	本科	
66	陈新民	男	高级工程师	本科	
67	孙卫江	男	高级工程师	本科	
68	丁江新	男	高级工程师	本科	
69	蔡新平	男	高级工程师	本科	

续表 23-4-1

序号	姓名	性别	职称名称	学历	单位
70	夏建国	男	高级工程师	本科	兵团水利水电集团
71	蔡小六	男	高级工程师	中专	
72	史忠敏	女	高级工程师	本科	
73	王　林	男	高级工程师	高中	
74	秦　勇	男	高级工程师	大专	
75	刘　琳	男	高级工程师	大专	
76	李　忠	男	高级工程师	大专	
77	李　林	男	高级工程师	大专	
78	张延莉	女	高级工程师	本科	
79	马玉红	女	高级工程师	大专	
80	莫先清	女	高级工程师	大专	
81	平　涛	男	高级工程师	本科	
82	刘淑英	女	高级工程师	本科	兵团建工一建
83	杨小龙	男	高级工程师	本科	
84	杨新平	男	高级工程师	本科	
85	苏学英	女	高级工程师	本科	
86	丁长江	男	高级工程师	本科	
87	力宏彬	男	高级工程师	本科	
88	翁　鸽	男	高级工程师	本科	
89	高　艳	女	高级工程师	本科	
90	蒋允瑞	男	高级工程师	本科	
91	王国军	男	高级工程师	本科	
92	李　毅	男	高级工程师	大专	
93	秦继攀	男	高级工程师	大专	
94	丁长新	男	高级工程师	本科	
95	吕国民	男	高级工程师	本科	
96	谢　飞	男	高级工程师	本科	

续表 23-4-1

序号	姓名	性别	职称名称	学历	单位
97	李石莹	男	高级工程师	本科	兵团建工一建
98	孙春旺	男	高级工程师	本科	
99	史全喜	男	高级工程师	本科	
100	周胜军	男	高级工程师	本科	
101	吕永平	男	高级工程师	本科	
102	苑　征	女	高级工程师	本科	
103	宗江新	女	高级工程师	本科	
104	蔡江萍	女	高级工程师	大专	
105	周布荣	女	高级工程师	本科	
106	秀　拉	女	高级工程师	本科	
107	齐保林	男	高级工程师	本科	
108	王新年	男	高级工程师	本科	
109	邓克伟	男	高级工程师	本科	
110	邵丽华	女	高级工程师	大专	
111	裘　斌	男	高级工程师	大专	
112	许志新	男	高级工程师	本科	
113	陈后庚	男	高级工程师	本科	
114	吴　镝	男	高级工程师	本科	
115	王春香	女	高级工程师	本科	
116	李　博	男	高级工程师	本科	
117	邢美荣	女	高级工程师	本科	
118	刘美莲	女	高级工程师	本科	
119	朱延平	男	高级工程师	本科	
120	夏全胜	男	高级工程师	本科	

续表 23-4-1

序号	姓名	性别	职称名称	学历	单位
121	朱　惠	女	高级工程师	本科	兵团四建
122	李　壁	男	高级工程师	本科	
123	杨顺舟	男	高级工程师	本科	
124	刘　斌	男	高级工程师	本科	
125	彭仁淑	女	高级工程师	本科	
126	张　诚	男	高级工程师	本科	
127	侯迎春	男	高级工程师	本科	
128	张　勇	男	高级工程师	大专	
129	顾建江	男	高级工程师	大专	
130	李　华	男	高级工程师	本科	
131	刘　智	男	高级工程师	本科	
132	陈　晓	男	高级工程师	本科	
133	蒋　琴	女	高级工程师	大专	
134	李　明	男	高级工程师	大专	
135	雷亚虹	男	高级工程师	大专	
136	冯俊华	女	高级工程师	本科	
137	冉　波	男	高级工程师	本科	
138	陈建华	男	高级工程师	大专	
139	邢　舟	男	高级工程师	本科	
140	林玉宏	男	高级工程师	本科	
141	刘国栋	男	高级工程师	本科	
142	余华珍	女	高级工程师	本科	
143	吾尔亚提	女	高级工程师	本科	
144	杨云峰	男	高级工程师	本科	
145	冯卫东	男	高级工程师	本科	
146	章　文	男	高级工程师	本科	
147	张佩琼	女	高级工程师	本科	
148	许红梅	女	高级工程师	大专	

续表 23-4-1

序号	姓名	性别	职称名称	学历	单位
149	张志远	男	高级工程师	本科	兵团四建
150	郭　宏	男	高级工程师	本科	
151	马有为	男	高级工程师	本科	
152	张常谋	男	高级工程师	大专	
153	吴广陵	男	高级工程师	大专	
154	张建忠	男	高级工程师	大专	
155	卢兴琼	女	高级工程师	本科	
156	兰晓华	女	高级工程师	本科	
157	韩卫东	男	高级工程师	本科	
158	王秀丽	女	高级工程师	本科	
159	李志国	男	高级工程师	大专	
160	吴晓玲	女	高级工程师	本科	
161	李建西	男	高级工程师	本科	
162	谢长林	男	高级工程师	本科	兵团五建
163	高新民	男	高级工程师	大专	
164	刘绍明	男	高级工程师	本科	
165	史洧珍	男	高级工程师	大专	
166	郭培峰	男	高级工程师	大专	
167	周宏亮	男	高级工程师	大专	
168	翟庆国	男	高级工程师	大专	
169	邱喜玲	女	高级工程师	大专	
170	杨　兵	男	高级工程师	大专	
171	刘俊芳	女	高级工程师	大专	
172	杜开云	男	高级工程师	大专	
173	李呈坤	男	高级工程师	大专	
174	方拥政	男	高级工程师	大专	
175	李华强	男	高级工程师	大专	
176	田春华	女	高级工程师	大专	

续表 23-4-1

序号	姓名	性别	职称名称	学历	单位
177	姜党恩	男	高级工程师	大专	兵团五建
178	刘进喜	男	高级工程师	大专	
179	董世伟	男	高级工程师	大专	
180	朱荣霞	女	高级工程师	大专	兵团六建
181	吴辉生	男	高级工程师	大专	
182	杜争泽	男	高级工程师	大专	
183	柴峻岭	男	高级工程师	本科	
184	李　增	男	高级工程师	大专	
185	杨　健	男	高级工程师	本科	
186	李国新	男	高级工程师	本科	
187	田红兵	男	高级工程师	大专	
188	陶新民	男	高级工程师	本科	
189	黄洪强	男	高级工程师	本科	
190	曾　雄	男	高级工程师	本科	
191	姬燕枝	女	高级工程师	本科	
192	冯玉萍	女	高级工程师	大专	
193	董金珍	女	高级工程师	本科	
194	郭春萍	女	高级工程师	大专	
195	李旭政	男	高级工程师	本科	
196	夏心文	女	高级工程师	本科	
197	郭庆辉	男	高级工程师	本科	
198	吕超海	男	高级工程师	大专	北新国际公司
199	周　庆	男	高级工程师	大专	
200	朱长江	男	高级工程师	本科	
201	黄　斌	男	高级工程师	本科	
202	仇建新	男	高级工程师	大专	
203	金国强	男	高级工程师	本科	
204	王　琳	男	高级工程师	本科	

续表 23-4-1

序号	姓名	性别	职称名称	学历	单位
205	史全喜	男	高级工程师	本科	北新建筑公司
206	杨　力	男	高级工程师	本科	
207	陈晓群	男	高级工程师	本科	
208	王　新	男	高级工程师	本科	
209	姚建仑	男	高级工程师	本科	
210	顾安林	男	高级工程师	本科	
211	徐晓鹏	男	高级工程师	本科	
212	刘　彬	男	高级工程师	本科	
213	黄德惠	女	高级工程师	本科	
214	何宝生	男	高级工程师	本科	
215	杨　俊	男	高级工程师	本科	
216	吕新民	男	高级工程师	本科	
217	毛森林	男	高级工程师	本科	
218	戴秀生	男	高级工程师	本科	
219	姜建明	男	高级工程师	本科	
220	薛　艳	女	高级工程师	本科	
221	徐建军	男	高级工程师	本科	
222	王景明	男	高级工程师	本科	
223	王志峰	男	高级工程师	本科	
224	魏　军	男	高级工程师	本科	
225	薛守方	男	高级工程师	本科	
226	唐忠义	男	高级工程师	本科	
227	黄开其	男	高级工程师	本科	北新土木公司
228	张　华	男	高级工程师	本科	
229	杨克伟	男	高级工程师	本科	
230	付　军	男	高级工程师	本科	
231	刘东鲁	男	高级工程师	本科	
232	吴孟龙	男	高级工程师	本科	

续表 23-4-1

序号	姓名	性别	职称名称	学历	单位
233	张　华	男	高级工程师	本科	北新土木公司
234	庞淑梅	女	高级工程师	本科	
235	李四雄	男	高级工程师	本科	
236	郝建强	男	高级工程师	本科	
237	师高鹏	男	高级工程师	本科	
238	张艳召	男	高级工程师	本科	
239	刘　保	男	高级工程师	本科	
240	王永慧	女	高级工程师	本科	
241	伊　勇	男	高级工程师	本科	
242	朱　鹏	男	高级工程师	本科	
243	陈秋生	男	高级工程师	本科	
244	陈　刚	男	正高级工程师	本科	北新建材工业集团
245	蔡志舰	男	高级工程师	本科	
246	李勇江	男	高级工程师	本科	
247	李新和	男	高级工程师	本科	
248	詹祥慧	男	高级工程师	本科	
249	苏　瑞	男	高级工程师	本科	
250	王新胜	男	高级工程师	本科	
251	郭德军	男	高级工程师	本科	
252	张国英	女	高级工程师	本科	
253	王进江	男	高级工程师	本科	
254	尹行龙	男	高级工程师	本科	北新房产公司
255	毕永来	男	高级工程师	大专	
256	袁建新	男	高级工程师	本科	
257	陈胜峰	男	高级工程师	本科	
258	石　衍	男	高级工程师	本科	
259	朱明强	男	高级工程师	本科	
260	赖冬梅	女	高级工程师	本科	

续表 23-4-1

序号	姓名	性别	职称名称	学历	单位
261	张新波	男	高级工程师	本科	北新房产公司
262	轩新军	男	高级工程师	本科	
263	邓　宇	男	高级工程师	本科	
264	王新军	男	高级工程师	本科	兵团建科院
265	潘昌远	男	高级工程师	大专	
266	胡　俊	男	高级工程师	大专	
267	高　源	男	高级工程师	本科	
268	吴声宏	男	高级工程师	本科	
269	王予予	女	高级工程师	本科	
270	张卫国	男	高级工程师	本科	兵团建科院
271	黄文江	男	高级工程师	本科	
272	齐小平	男	高级工程师	本科	
273	赵天鹏	男	高级工程师	本科	
274	郑翠红	女	高级工程师	本科	
275	陈　龙	男	高级工程师	本科	
276	买文刚	男	高级工程师	本科	
277	战金花	女	高级工程师	本科	
278	王玉萍	女	高级工程师	大专	
279	轩　勇	男	高级工程师	本科	
280	陈荣涛	男	高级工程师	本科	
281	贾　玲	女	高级工程师	本科	
282	朱国红	女	高级工程师	本科	
283	张　玲	女	高级经济师	本科	兵团建工集团
284	姚　敏	男	高级经济师	本科	
285	胡晓斌	男	高级经济师	本科	
286	李　强	男	高级经济师	本科	北新路桥集团
287	梅庆甫	男	高级经济师	本科	兵团水利水电集团
288	王希杰	男	高级经济师	大专	

续表 23-4-1

序号	姓名	性别	职称名称	学历	单位
289	高秀伊	女	高级经济师	大专	兵团水利水电集团
290	王国军	男	高级经济师	本科	兵团建工一建
291	李江玲	女	高级经济师	本科	兵团四建
292	葛世新	男	高级经济师	本科	兵团六建
293	牛　犇	男	高级经济师	本科	北新国际公司
294	谢治国	男	高级经济师	大专	
295	姚　敏	男	高级经济师	本科	北新建筑公司
296	赵政卫	男	高级经济师	本科	兵团建科院
297	王建疆	男	高级经济师	本科	
298	郁　惠	女	高级经济师	本科	
299	李　宁	女	高级经济师	本科	
300	张玉贤	男	高级会计师	本科	兵团建工集团
301	付大泉	男	高级会计师	本科	
302	张丽琴	女	高级会计师	本科	
303	吕淑珊	女	高级会计师	本科	
304	杨　锦	女	高级会计师	本科	
305	于新红	女	高级会计师	本科	
306	张学斌	男	高级会计师	本科	
307	朱兴梅	女	高级会计师	本科	
308	孙军江	男	高级会计师	本科	
309	肖建芳	女	高级会计师	本科	
310	庄建军	男	高级会计师	本科	兵团水利水电集团
311	彭忠平	男	高级会计师	本科	
312	段永芬	女	高级会计师	本科	兵团建工一建
313	涂晓芬	女	高级会计师	本科	
314	庄乾玉	女	高级会计师	本科	
315	马玉荣	女	高级会计师	本科	
316	刘欣增	男	高级会计师	本科	

续表 23-4-1

序号	姓名	性别	职称名称	学历	单位
317	程　铖	女	高级会计师	本科	兵团建工一建
318	来春红	女	高级会计师	本科	
319	黄祖华	女	高级会计师	本科	
320	于冬梅	女	高级会计师	本科	
321	蒋　敏	女	高级会计师	大专	兵团四建
322	王冬梅	女	高级会计师	大专	
323	钱　斌	男	高级会计师	大专	兵团五建
324	程莉英	女	高级会计师	大专	
325	王军年	男	高级会计师	大专	
326	白益新	男	高级会计师	本科	兵团六建
327	王永勤	男	高级会计师	本科	北新国际公司
328	张学斌	男	高级会计师	本科	北新建筑公司
329	吴晓宁	女	高级会计师	本科	
330	李　丽	女	高级会计师	本科	
331	刘红艳	女	高级会计师	本科	
332	赵　霞	女	高级会计师	本科	
333	刘树刚	男	高级会计师	本科	
334	刘江风	女	高级会计师	本科	北新土木公司
335	范文胜	男	高级会计师	本科	北新建材工业集团
336	李　勇	男	高级会计师	本科	
337	陆　杰	女	高级会计师	本科	北新房产公司
338	张兆华	女	高级会计师	大专	
339	朱兴梅	女	高级会计师	本科	
340	罗　斌	男	高级会计师	本科	兵团建科院
341	李　青	女	高级会计师	本科	
342	刘心胜	男	高级统计师	本科	北新国际公司
343	杨　微	女	高级统计师	大专	兵团五建
344	肖建芳	女	高级审计师	本科	兵团建科院

续表 23-4-1

序号	姓名	性别	职称名称	学历	单位
345	张景峰	男	高级政工师	本科	兵团建工集团
346	王伟峰	男	高级政工师	本科	
347	张　辉	女	高级政工师	大专	
348	钱中华	女	高级政工师	本科	
349	张新斌	男	高级政工师	本科	
350	李　明	男	高级政工师	本科	
351	倪志江	男	高级政工师	本科	北新路桥集团
352	牛丽娟	女	高级政工师	本科	
353	李彩英	女	高级政工师	本科	
354	郭小萍	女	高级政工师	大专	兵团水利水电集团
355	余明礼	男	高级政工师	大专	
356	陈晓欢	男	高级政工师	大专	
357	冯和忠	男	高级政工师	大专	
358	唐冬萍	女	高级政工师	本科	
359	王杜娟	女	高级政工师	大专	
360	陈向新	男	高级政工师	本科	
361	李　璐	女	高级政工师	大专	
362	詹秀英	女	高级政工师	本科	兵团建工一建
363	贾秀丽	女	高级政工师	本科	
364	孔庆国	男	高级政工师	本科	
365	狄百庆	男	高级政工师	本科	兵团四建
366	侯明杰	男	高级政工师	大专	
367	郭　琴	女	高级政工师	本科	
368	于淑娟	女	高级政工师	大专	
369	肖祖利	男	高级政工师	本科	
370	王新跃	男	高级政工师	本科	
371	胡战全	男	高级政工师	本科	
372	丁建广	男	高级政工师	本科	

续表 23-4-1

序号	姓名	性别	职称名称	学历	单位
373	单清平	女	高级政工师	大专	兵团四建
374	张梅珍	女	高级政工师	大专	
375	李　禾	男	高级政工师	本科	兵团五建
376	徐雅芬	女	高级政工师	大专	
377	陈建国	男	高级政工师	大专	
378	王航平	男	高级政工师	大专	
379	罗　纤	女	高级政工师	大专	
380	开新平	男	高级政工师	大专	
381	刘　丽	女	高级政工师	大专	
382	张正卿	女	高级政工师	大专	
383	潘春燕	女	高级政工师	大专	
384	戴文虎	男	高级政工师	大专	
385	陈菊花	女	高级政工师	大专	
386	徐长安	男	高级政工师	大专	
387	吴剑锋	男	高级政工师	本科	兵团六建
388	王　星	男	高级政工师	本科	
389	宁勇强	男	高级政工师	本科	
390	张丽萍	女	高级政工师	本科	
391	孙新荣	女	高级政工师	大专	
392	路岭英	女	高级政工师	大专	
393	郭　红	女	高级政工师	大专	
394	杜铁强	男	高级政工师	本科	
395	谭欣枚	女	高级政工师	大专	
396	谢永革	男	高级政工师	本科	北新国际公司
397	赵国标	男	高级政工师	本科	
398	陈建国	男	高级政工师	本科	北新建筑公司
399	晏　雷	男	高级政工师	本科	北新建材工业集团
400	杨　帆	男	高级政工师	本科	兵团建科院

续表 23-4-1

序号	姓名	性别	职称名称	学历	单位
401	廖劲辉	男	高级政工师	本科	兵团建科院
402	王树明	男	副译审	本科	北新国际公司
403	张新军	男	高级农艺师	本科	

2015 年兵团建工集团及全资子公司一级建造师人员一览表

表 23-4-2

序号	姓名	性别	出生年月	一级建造师专业	取得时间	单位名称
1	张　斌	男	1975.2	公路工程	2009.11	北新路桥集团
2	黄国林	男	1972.3	公路工程	2005.3	
3	张国栋	男	1968.2	公路工程	2005.3	
4	杜恩华	男	1984.12	公路工程	2013.9	
5	肖　权	男	1972.10	公路工程	2006.2	
6	陈长江	男	1975.2	公路工程	2006.9	
7	李桂林	男	1976.1	公路工程	2006.2	
				水利水电	2007.3	
8	周述斌	男	1979.5	公路工程	2014.7	
9	魏占春	男	1982.4	公路工程	2015.3	
10	段辉林	男	1962.12	公路工程	2006.2	
11	杨晓强	男	1969.7	公路工程	2006.9	
12	王蜀元	男	1979.3	公路工程	2011.11	
13	李沧桑	女	1973.12	公路工程	2011.5	
14	李爱珍	女	1973.12	建筑工程	2013.3	
15	陈争春	男	1973.1	公路、市政	2006.2	
16	邱宏魁	男	1973.1	公路、市政	2010.3	
17	李建学	男	1972.11	公路、市政	2006.2	
18	李友谊	男	1981.11	公路、市政	2014.6	
19	马　波	男	1983.3	公路工程	2013.1	
20	连建平	男	1964.12	公路工程	2006.9	
21	徐文源	男	1972.8	公路工程	2012.3	
				市政公用	2014.6	

续表 23-4-2

序号	姓名	性别	出生年月	一级建造师专业	取得时间	单位名称
22	刘洪利	男	1973.9	公路工程	2012.3	北新路桥集团
				建筑工程	2014.6	
23	李　辉	男	1969.11	公路工程	2005.3	
24	丁荣斌	男	1966.8	公路工程	2008.4	兵团水利水电集团
25	金洪军	男	1972.4	公路工程	2008.5	
26	刘自春	男	1969.5	公路工程	2008.7	
27	张大伟	男	1975.1	公路工程	2006.9	
28	郑良才	男	1977.5	公路工程	2012.12	
29	鲁本哲	男	1962.10	公路工程	2008.2	
30	肖　峰	男	1698.12	建筑工程	2008.6	
31	梅庆甫	男	1965.12	建筑工程	2010.5	
32	张清东	男	1974.6	建筑工程	2008.6	
33	李绍武	男	1972.4	建筑、公路	2008.6	
34	屈新茂	男	1968.6	建筑、市政	2006.2	
35	曾宁清	男	1955.3	市政工程	2005.5	
36	黄文彪	男	1963.3	水利工程	2008.8	
37	黎汉进	男	1960.1	水利工程	2005.5	
38	李昌明	男	1960.9	水利工程	2008.5	
39	田学兵	男	1975.12	水利工程	2006.9	
40	张发红	男	1975.12	水利、建筑	2009.3	
41	郑子文	男	1979.7	水利工程	2010.12	
42	钱军远	男	1962.1	水利工程	2011.3	
43	吴登年	男	1980.1	水利工程	2011.3	
44	吴任俭	男	1982.9	水利工程	2011.3	
45	曾小燕	女	1966.8	水利工程	2006.5	
46	梁新宇	男	1969.3	水利工程	2010.9	
47	徐虎城	男	1975.12	水利、公路	2008.10	
48	李　忠	男	1961.12	水利工程	2005.5	
49	翟洪阁	男	1971.7	公路工程	2012.12	

续表 23-4-2

序号	姓名	性别	出生年月	一级建造师专业	取得时间	单位名称
50	李频平	男	1961.11	水利工程	2006.11	兵团水利水电集团
51	吕向兵	男	1979.8	水利工程	2014.2	
52	吴玉灿	男	1976.5	水利工程	2013.6	
53	廖俊财	男	1972.9	建筑工程 水利工程	2006.9	
54	郭检生	男	1967.11	水利工程	2013.4	
55	吴卫东	男	1978.11	水利工程	2009.1	
56	季卫华	男	1975.3	公路工程	2006.7	
57	廖东建	男	1978.5	水利工程	2015.6	
58	陈后庚	男	1970.11	建筑工程	2008.4	兵团建工一建
59	方志文	男	1965.8	建筑工程	2013.12	
60	李石莹	男	1974.7	建筑工程 市政工程	2008.2	
61	刘贺利	男	1968.4	建筑工程	2008.2	
62	陆建军	男	1975.2	建筑工程	2010.8	
63	王明杰	男	1964.6	建筑工程 市政工程	2008.6	
64	王新年	男	1968.12	建筑工程	2008.2	
65	吴　镝	男	1976.6	建筑工程	2011.11	
66	吴建辉	男	1968.12	建筑工程 市政工程	2008.2	
67	杨小龙	男	1976.1	建筑工程 市政工程	2008.1	
68	俞军基	男	1966.2	建筑工程	2013.7	
69	占和国	男	1970.4	建筑工程 市政工程	2013.12	
70	吴长庚	男	1975.5	建筑工程	2008.1	
71	周艳荣	女	1966.10	建筑工程	2013.5	
72	朱延平	男	1968.4	建筑工程	2008.2	

续表 23-4-2

序号	姓名	性别	出生年月	一级建造师专业	取得时间	单位名称
73	俞安祥	男	1971.11	建筑工程 市政工程	2014.12	兵团建工一建
74	耿　华	男	1974.11	建筑工程	2008.7	
75	李　壁	男	1961.12	建筑工程	2008.2	兵团四建
76	方　明	男	1970.4	建筑工程	2008.2	
77	谈建平	男	1963.9	建筑工程	2008.2	
78	张建忠	男	1970.8	公路工程	2008.4	
79	范海涛	男	1971.10	公路工程	2008.4	
80	陈建华	男	1975.7	建筑工程	2008.2	
81	李志国	男	1978.7	建筑工程	2008.2	
82	梁海龙	男	1966.11	建筑工程	2008.2	
83	张志远	男	1968.10	建筑工程	2008.2	
84	唐　奇	男	1965.1	建筑工程	2008.3	
85	张　诚	男	1959.11	建筑工程	2008.3	
86	李　喆	男	1979.3	建筑工程	2013.12	
87	刘　燕	女	1978.4	建筑工程	2007.11	
88	乔云祺	男	1974.5	建筑工程	2015.10	
89	陈晓群	男	1958.9	建筑工程	2008.4	北新建筑公司
90	王　新	男	1963.5	建筑工程	2008.2	
91	刘　彬	男	1974.2	建筑工程	2010.8	
92	何宝生	男	1963.6	建筑工程	2010.8	
93	毛森林	男	1973.9	建筑工程	2011.2	
94	吴　利	男	1961.2	建筑工程	2008.4	
95	杨　衡	男	1962.6	建筑工程	2008.4	
96	胡世会	男	1968.8	建筑工程 水利水电 公路工程	2009.3	
97	张新勇	男	1966.4	建筑工程	2008.1	

第二十四章　先进集体

兵团建工集团始终以“挑战自我、努力超越”的精神凝聚人心，以打造外向型、国际化的企业集团为发展目标。所属企业强化民主管理、深化企业改革、抢抓发展机遇，企业经济呈现良好态势。在做大做强兵团建工集团的同时，深入开展各项创建活动，职工收入稳步增长，精神文明建设取得突出成绩。在全体职工的共同努力下，企业多次获国家级、自治区级、兵团级先进单位称号。

第一节　先进集体简介

一、全国建设科技进步奖——兵团建科院

2002年，兵团建科院改制为有限责任公司。公司设科研开发部、技术服务部、管理部、党群部4个部门。院属检测中心为独立事业法人。兵团建科院先后承担自治区、兵团各类建筑、公路、铁路及水利工程的试验检测任务，并以较高的工作质量和良好的服务态度，赢得了业主、监理、施工单位的好评。先后承担兰新二线奎北铁路、吐库铁路、喀和铁路S3标段、肯斯瓦特水利工程中心试验室的检测工作，先后承担兵团级课题30多项，获专利20项。

2003年，兵团建科院获得兵团建设局“昆仑杯”建设科技成果二等奖。2006年8月，兵团建科院获得兵团科技进步三等奖。具有代表性的专利有混凝土试件标准养护调温装置、移动式混凝土试件标准养护室自控制装置、混凝土试件传送口、管口支模器、水面移动取能器、组合管洞定位支模器。2006年，兵团建科院被建设部授予“十五”全国建设科技进步先进集体称号。

二、全国精神文明建设工作先进单位——兵团交通建设工程公司

2000—2005年，兵团交通建设工程公司重视职工文化建设工作。先后投资1.5万元为图书室订购报纸15种、杂志30余种。建立局域网站，办《路桥之声》小报，制作宣传板报20余块，扩大企业宣传文化建设的新亮点和先进文化的传播平台。反映企业建设成就，展示兵团路桥人精神风采的企业专题片《路桥丰碑》在自治区成立40周年之际在新疆电视台播出。2005年，公司通过自治区精神文明单位复审验收。

2009年，兵团交通建设工程公司发挥先进典型的示范、带动和激励作用。在职工群众中开展“三德、三观、三义”教育，以多种教育为主，激发干部职工的爱国热情和创造热情。在庆祝中华人民共和国成立60周年活动中，公司制作图片展板21块，展示企业从成立以来工程建设、精神文明建设、职工文化生活等各方面的发展成就。2009年，公司获“全国精神文明建设工作先进单位”称号。

三、全国工人先锋号——兵团建工一建己元公司移动机房楼项目部

2007年，兵团建工一建己元公司承建新疆移动公司机房楼工程。此项工程是兵团建工一建承建工程中投资规模最大的一项工程，移动机房楼项目部有职工17人。为确保工程质量、树立企业的形象，项目部成立质量创优领导小组，把质量管理意识提高管理层。根据工程建筑面积较大的特点，将责任区进行划分，从而明确管理人员各自的职责。在管理方面，实行分区不分家，发现问题及时相互指出，相关技术员会同项目部主任工程师立即采取措施及时排除，并把工程质量和施工进度放在首位，有效地保证了施工的进度和工程质量。

项目部坚持“以人为本、安全第一”的方针。按规定项目部配备2名专职安全员，对安全工作进行强化管理，坚持对安全生产工作进行日常检查，对发现的问题和隐患及时进行整改，将事故苗头消灭在萌芽状态之中。2007年9月5日，移动公司机房楼工程作为兵团推荐项目接受全国总工会开展的“安康杯”活动检查。9月22日，该工程作为自治区和兵团推荐工程，接受建设部开展的全国“质量月”活动的检查。2008年，工程项目完工。2009年，移动机房工程获兵团优质工程“昆仑杯”奖。2010年，移动机房项目部获“全国工人先锋号”称号。

四、全国建筑业先进企业——北新路桥公司

2010年，北新路桥公司是由兵团建工集团控股、以路桥建设为主营业务的上市公司，公司拥有公路工程施工总承包特级、公路路面（路基）工程专业承包一级、市政公用工程总承包一级、隧道工程专业承包二级资质。同时，拥有对外承包工程经营、对外援助成套项目A级实施企业等资格。公司下设6个事业部和数十家控（参）股公司，拥有国际、国内领先水平的机械装备1050余台（套），年施工能力达60亿元以上，施工项目遍布甘肃、陕西、内蒙古、四川、湖南、海南、重庆等16个省、自治区、直辖市，以及巴基斯坦、吉尔吉斯斯坦、塔吉克斯坦、阿尔及利亚、蒙古、安哥拉6个国家。

为确保工程质量，北新路桥公司成立以总经理为主体的质量安全保证体系和以总工程师、项目经理、主任工程师为主的质量安全监督体系，并采取动态管理以目标考核、严格奖罚等措施，保证质量体系的运行。所有完工工程项目的质量合格率都为100%，优良率100%。在技术进步与管理创新中，北新路桥公司承担兵团工业科技攻关计划项目“土壤固化剂SFGH在水泥稳定土中的应用研发”“乳化沥青冷再生”“乳化沥青冷再生技术研究”“骨架密实型水泥稳定材料研究”等多个技术项目的研究工作，获得科技成果鉴定证书。

2004年，北新路桥公司获“全国用户满意施工企业”称号；2009年，公司获“全国文明单位”称号；2011年，公司获“全国建筑业先进企业”称号。

五、全国“三八”红旗集体——兵团四建雁池新型建材公司成品车间

兵团四建雁池新型建材公司成品车间由司磅、配料班、放灰班、机电修理班、运行班组成，55名员工中有女职工34人，包括17名听力、肢体、语言障碍的残疾人。

兵团四建雁池新型建材公司所属新疆鑫慧红雁预拌砂浆公司，是全国首批12家预拌砂浆生产示范企业。为使预拌砂浆在施工中快速推广，车间副主任深入施工工地了解预拌砂浆的使用情况，参与改进生产工艺。成品车间的职工在3.2米×13米磨机前加装一台循环粗粉磨，使台时产量在原基础上提高20吨。2011年，通过不断积累经验，台时产量在上年基础上提高15吨，每吨水泥节约电能5度，全年节约电费120万元。

2011年，在新建粉煤灰烘干线项目过程中，电工班的女工承担工程全部电路的设计安装，所有控制柜、电线柜、降压启动柜的制作安装。她们克服高空危险等施工圆满完成任务，为公司节约成本近120万元。2006—2015年，兵团四建雁池新型建材公司成品车间先后被评为全国“先进生产班组”、兵团“三八红旗集体”、全国“五一巾帼标兵岗”；2011年2月，成品车间被全国总工会评为全国“三八红旗集体”。

六、全国优秀施工企业——兵团建工集团

2002年，兵团建工集团加快改革现行国有资产管理体系，以建立和完善出资人制度为核心，构建兵团、建工师、集团、国有资产运营的监管体系，确保国有资产出资人到位。所属企业相继完成改制工作，成立兵团建工集团第一建筑安装工程有限责任公司、兵团建工集团第八建筑安装工程有限责任公司、兵团建筑科学技术研究院有限责任公司。

2004年3月3日，兵团建工集团加大改革力度，修订《兵团建工集团章程》《兵团建工集团党委会议事规则》《兵团建工集团董事会议事规则》《兵团建工集团监事会议事规则》，建立和理顺母子公司体制下新的监督体系和工作机制。2010年，兵团建工集团在做强建筑主业的同时，大力发展建筑关联产业，延长产业链，努力提升集团综合实力。全年，完成总产值82.31亿元，完成建筑业产值78.2亿元，完成工业产值4.1亿元。2011年，兵团建工集团推动发展结构转型升级，加强经济结构调整，转变经济发展方式，打造生产经营型与资本经营型兼容的投资控股的专业化管理公司，实现完成产值超百亿元的目标。全年完成总产值130.38亿元，完成建筑业产值125.78亿元，完成工业产值4.6亿元。

2012年，兵团建工集团下设子公司16家，上市公司1家。经过不断发展壮大，兵团建工集团实行国有资产经营责任制的运行机制和集团管理体制，使企业走向集约化、规范化、效益化经营之路。积极实行“走出去”战略,形成“疆内、疆外、国外”三大市场。承建的工程先后获“鲁班奖”“詹天佑奖”“大禹奖”等奖项。2013年3月，兵团建工集团获“全国优秀施工企业”称号。

七、全国五一劳动奖状——兵团水利水电集团

2010年4月8日，按照建工师、兵团建工集团党委战略部署，兵团八建和建业公司合并成立兵团水利水电集团。兵团水利水电集团先后划转、组建、收购11家全资公司和控股公司，形成以水利水电工程为主，市政路桥、工民建、投资为辅，工业、房地产、勘测设计、商贸流通等产业相互协调发展的“一主三辅、多元经营”的产业发展格局。

2013年，为实现集团化管理和调整经济结构，公司狠抓企业内部管理，先后制定和出台“工程投标、物资设备、工程质量技术安全、经营、财务、人力资源”等的管理办法，并形成以制度化进行管理的体制机制。为实现责、权、利相统一的管理要求，公司推行目标责任制。随着管理体系的不断完善，公司取得较好的业绩。石河子西一路独塔双索面预应力斜拉高架桥工程，其外观质量在同类工程中达到较高水平。承建的肯斯瓦特水利枢纽工程因其进度快、质量好，多次受到业主好评。塔城地区白杨河水利工程在多次联检中受到业主高度评价。2014年4月，兵团水利水电集团被中华全国总工会授予“全国五一劳动奖状”。

八、全国青年文明号——北新国际安哥拉区团总支

2013年，北新国际安哥拉区团总支有青年280人。其中，28岁以下青年114人，35岁以下青年166人。安哥拉区团总支按照“党建带团建”的工作思路，稳扎稳打，阶段推进，夯实各基层项目团组织建设工作。始终把建设“学习型”青年文明号、培育“学习型”青年职工作为创建活动的重要内容，全面增强他们的政治理论和业务技术素质。针对青工集中的特点，团总支把提高业务技能作为建设“学习型”青年文明号的有力手段，广泛开展技术练兵活动、“师带徒”活动。为丰富青年文化生活，团总支以活动为载体，寓思想道德教育于各项活动之中。通过开展春节期间内部巡演活动、“五一”劳动节文化会演活动、摄影大赛、健美操比赛、足球联赛等活动，加强青年职工间的交流，凝聚团队正能量，提升海外工作的自豪感和荣誉感。

安哥拉区项目部关爱职工生活，把美化营区环境和职工住宿环境作为主要工作。团总支持续组织开展集中采购日用百货、开通网络电话、建立理发室等便民服务活动，提升职工学习休闲的生活质量。在饮食上克服运输困难及当地物资匮乏的难题，对食堂管理员、厨师等服务人员进行严格管理和考核，提高伙食质量，确保员工吃得好、吃得健康。坚持每月发放疟疾防治药品，每季进行体检防治疟疾，保证职工身体健康。安哥拉区团总支先后获得建工师“五四红旗团支部”、兵团“青年文明号”等称号。2014年，安哥拉区团总支获“全国青年文明号”称号。

第二节　获自治区、兵团表彰的先进集体名录

1998—2015年兵团建工集团所属企业获自治区表彰先进集体统计表

表24-2-1

授予称号	授予单位	获奖时间
自治区建设系统精神文明建设先进单位	兵团四建	1998
自治区“十佳”青年突击队	兵团建工集团特种机械工程分公司	2000
自治区青年文明号	北新路桥富豪工程建设有限公司	2004
自治区工程建设标准定额工作先进单位	北新路桥公司	2003
自治区重合同守信用企业	北新路桥公司	2002
	兵团路桥总公司	2005
		2008
	兵团四建	2008
	兵团四建	2011
自治区建设系统基层思想政治工作先进单位	北新路桥公司路桥一分公司	2002
	北新路桥公司巴基斯坦项目部	2006
	兵团八建第二筑路项目部	2006
自治区建设系统精神文明先进单位	兵团八建	2000

续表 24-2-1

授予称号	授予单位	获奖时间
自治区建设系统精神文明先进单位	兵团八建	2006
自治区开发建设新疆奖状集体	兵团五建	2006
自治区优秀施工企业	兵团八建	2006
	北新路桥公司	2008
自治区“五一”巾帼集体奖状	北新路桥公司四方土木工程试验研究所检测中心	2008
自治区工人先锋号	新疆雁池新型建材有限公司	2009
自治区市政优秀施工企业	兵团四建	2009
自治区公路基本建设项目先进集体	北新路桥公司	2010
自治区交通建设先进施工单位	北新路桥公司	2010
自治区先进基层党支部	建工集团安哥拉项目部	2011
自治区工人先锋号	兰新铁路第二双线 XTJP 标段 1 号拌和站	2013
自治区先进基层党支部	北新国际委内瑞拉 TIUNA（蒂乌娜）项目部	2015

1998—2015 年兵团建工集团获兵团表彰先进集体统计表

表 24-2-2

授予称号	授予单位	获奖时间
先进基层党组织	兵团四建	1998
兵团先进基层武装部	兵团四建	1999
兵团安全生产先进单位	兵团八建	2003
	北新路桥公司	2009
兵团施工安全管理优秀企业	兵团八建	2004
兵团先进单位	北新路桥公司	2006
兵团和谐社区建设示范社区	兵团八建	2008
	北新路桥公司	2009
兵团青年文明号	北新路桥公司巴基斯坦真纳国际机场滑行道重建项目部	2008
	北新路桥公司重庆绕城高速公路工程项目部	2008
兵团民族团结进步先进集体	兵团建工一建	2006

续表 24-2-2

授予称号	授予单位	获奖时间
兵团民族团结进步先进集体	兵团路桥总公司	2010
	兵团四建市政公司	2010
兵团法治先进单位	兵团路桥总公司	2010
兵团“三八”红旗集体	北新四方土木工程试验研究所有限责任公司	2006
	兵团八建女工委	2010
兵团“安康杯”优胜企业	兵团路桥总公司	2006
兵团创新型企业试点单位	北新路桥公司	2010
兵团工会促进再就业示范基地	兵团六建二分公司	2006
兵团先进基层党支部	北新路桥公司	2006
	北新路桥投资公司重庆蕴丰公司党支部	2011
	兵团四建新疆雁池新型建材有限公司党总支	2011
	兵团建工一建建业公司党支部	2011
	兵团交通建设公司喀什草湖产业园项目部党支部	2014
兵团“五四”红旗团支部	兵团路桥总公司机关联合团支部	2007
	兵团水利水电集团公司肯斯瓦特水工程项目部团支部	2011
	兵团五建电力三分公司团支部	2011
	北新国际安哥拉区赞谷项目团支部	2015
兵团“五四”红旗团委	兵团四建团委	2011
兵团屯垦戍边劳动奖状	北新路桥公司	2002
	兵团水利水电集团	2013
	兵团建工一建	2014
兵团文明单位	兵团交通建设公司	2015
兵团基层民兵建设先进单位	兵团交通建设公司	2012
兵团“五一”巾帼集体奖状	北新国际安哥拉医疗站	2015
兵团商务系统先进企业	北新国际公司	2015

附　录

一、重要历史文献资料

关于同意成立兵团建筑安装工程总公司的复函

（新政办函〔1992〕101号）

兵团工一师：

兵建发〔1992〕119号《关于成立兵团建筑安装工程总公司的请示》收悉。经自治区人民政府领导批准，现函复如下：

一、同意成立“兵团建筑安装工程总公司”，隶属于兵团工一师。该公司为独立核算、自主经营、自负盈亏并实行工程总承包的经济实体。

二、该公司工程总承包资质由自治区主管部门按规定审查核准。经营范围由自治区工商行政管理局在工商注册登记时按有关规定予以核定。

新疆维吾尔自治区人民政府

一九九二年八月四日

中国共产党

新疆生产建设兵团建筑工程第一师委员会文件

（师党发〔1993〕89号）

关于新疆农垦建筑安装工程总公司成立临时党委的决定

总公司：

为加强总公司党的建设，健全党的组织在改革开放、发展社会主义市场经济活动中，发挥党的政治核心作用，经师党委常委会议9月28日研究决定成立农垦建筑安装工程总公司临时党委。党委委员设7名，由李肖民、陈渥浦、祁树华、刘为公、马凤山、周彬同志组成，党委委员暂缺1名待补。

李肖民为临时党委书记。

此决定

一九九三年十月九日

关于同意组建兵团建工（集团）有限责任公司的批复

（新兵函〔2000〕44号）

兵团建工师：

你师《关于组建新疆兵团建工（集团）有限责任公司的请示》收悉。经研究，现批复如下：

一、兵团同意组建新疆生产建设兵团建设工程（集团）有限责任公司［简称兵团建工（集团）有限责任公司］，享受国家、自治区、兵团有关组建发展企业集团的政策，行业管理归口兵团建设局。

二、兵团建工（集团）有限责任公司由兵团建筑安装工程总公司为核心企业，以建工师所属10家企业单位为紧密层企业，以及其他半紧密层和松散层企业所组成。集团成立后，各成员单位的独立法人地位不变，仍实行自主经营，自负盈亏，独立核算，照章纳税，独立承担民事责任。

三、兵团建工（集团）有限责任公司是国有独资的有限公司。集团公司可作为其他成员单位的国有资产投资主体，行使出资者职能并承担相应的资产保值增值责任。有关国有资产授权的具体事宜，由兵团国有资产管理局办理。

四、在组建兵团建工（集团）有限责任公司过程中，集团公司要创造条件，加快向经营性公司转变。对原建筑工程公司内部机构和人员，要进行调整和精减。对原总公司兴办的经营实体要进行清理整顿、能独立经营在核实资产占用、明确出资关系的前提下继续维持独立经营；不能独立经营予以撤并，以适应资产经营和生产经营的需要，迅速增强集团公司经济实力。

五、兵团建工（集团）有限责任公司紧密层中的事业单位和集团公司直属事业单位暂保持原财务体制。

望你们接此批复，抓紧组织实施，加快建工（集团）有限责任公司的组建运作，在组建、运作和挂牌过程中，要进一步探索结构调整和资产重组的途径，实现国有资产优化配置，不断理顺集团公司与成员企业的关系，以充分发挥集团公司的综合功能和整体优势，为新疆建筑业、兵团建筑业健康、快速发展做出新的贡献。

新疆生产建设兵团

二〇〇〇年十二月八日

关于对建工师规范重组兵团建设工程（集团）有限责任公司有关问题的批复

（新兵函〔2003〕1号）

建工师：

你们《关于规范重组新疆生产建设兵团建设工程（集团）有限责任公司几个重要问题的请示》（师发〔2002〕62号）收悉。经研究，现批复如下：

一、建工集团公司规范重组的指导思想

（一）必须按照党的十六大关于国企改革和国资管理的有关精神、兵团党委“1+8”文件精神、兵团国资委对建工集团公司改革发展要求，解放思想，加大力度，坚定不移地稳步推进建工集团公司的规范重组和改制发展工作。

（二）建工集团公司规范重组一定要按照党和国家有关法律法规和国有企业建立现代企业制度的要求规范进行，切实建立“产权清晰、权责明确、政企分开、管理科学”的现代企业制度。

（三）坚持从兵团、建工师和企业的实际出发，实事求是地推进建工集团公司规范重组，要有利于调动建工师上上下下的积极性，有利于建工集团公司的规范重组及所属建筑团的改制发展，有利于保持建工师企业职工的稳定，推进建工师各项事业的持续发展。

二、关于建工集团公司规范重组几个主要问题

（一）建工集团公司作为国有独资控股公司，其“总承包、投资、管理、监督、服务”的职能定位基本符合现代企业运行规则和国家关于建筑企业承包和管理运行要求。

（二）根据兵团国资委的授权，建工师是建工集团公司的出资人，建工师对建工集团公司行使出资人的三项权利，即重大投资决策权、选择经营者和收益分配权。

（三）建工集团公司规范重组后，其属性是企业，所属建筑团改制后，经营性资产成为建工集团公司专业子公司的资产，形成母子公司体制运行模式，不再承担行政或社政职能。因此，建工师建筑团的改制，应按照经营和社政分离的原则推进，最终形成“政企分开、职能明确、各司其职、协调运作”的运行模式，改制后各专业子公司，其党组织隶属建工集团公司党委管理，建筑团党委受建工师党委领导。

（四）考虑到建工师资产状况不好，财力较弱，其下属建筑团在改制时，在有效资产转入改制后企业的同时，改制后企业应承担与经营资产相关的债务，以利于企业顺利改制和人员、社政职能的分离，保证存续建筑团确实不因债务和社会负担过重而无法稳定和生存。

（五）为了建工集团公司重组规范，建工集团公司重组后另设党委，接受建工师党委的领导。建工集团公司党委会、纪委和工会与建工师相应机构均本着精干、效能原则设立，机构、人员互不兼职，不交叉。

（六）关于建工集团公司法人治理结构。

1. 理清认识。能否规范建立公司法人治理结构是决定建工集团公司能否切实规范重组，真正建立现代企业制度的关键。建工师作为建工集团公司的出资人，是推进建工集团公司规范重组和改制发展的责任主体。建工师主要领导兼职，对建工集团公司规范重组有利有弊。是否兼职不是判定建工集团公司规范与否的唯一标准。

2. 建工师作为建工集团公司的出资人，在党委的管理上，建工师与建工集团公司是领导与被领导的关系；在产权上，是出资人与被投资企业的关系。

3. 建工师副师职及其以下领导和机关其他公务员在建工集团公司规范重组、建立法人治理结构时均不兼职。在建工集团公司规范重组时，留在建工师，保留公务员职务；进入集团公司不保留公务员身份。进入集团公司或留在建工师，由建工师根据工作需要和本人意愿决定。

考虑建工师及企业的实际和建工集团公司规范的特殊性，建工师两位主要领导可暂时兼任集团公司职务。具体做法可以分两步走，兼职不兼薪，先兼职过渡，后彻底分离。即两位主要领导暂时分别兼任建工集团公司董事长和总经理，保留公务员身份；下属建筑团改制完成，经营和社政分立并两条线运行后，彻底分离，从上到下不兼职。两位主要领导兼职期间拿公务员工资，不拿企业薪酬,参加兵团年度争先创优奖励。不兼职的集团公司高管人员根据绩效,由建工师根据兵团“1+8”文件规定决定报酬。建工集团改制完成后，由兵团根据实际需要和个人意愿最终决定担任师领导、享受公务员待遇还是担任集团公司董事长和总经理，不保留公务员身份，享受企业待遇。

（七）关于建工集团公司的薪酬制度。

1. 根据兵团国资委的授权，建工师作为建工集团公司的出资人，按照公司效益与贡献相适应和“两低于”原则决定集团公司薪酬。

2. 建工师两位主要领导兼任建工集团公司董事长和总经理，拿公务员工资。

3. 集团公司管理人员，根据出资人确定的薪酬制度，分档确定工资水平。

请建工师接此批复后，抓紧做好前期各项准备工作，尽快实施。

二〇〇三年一月二日

中国共产党
新疆生产建设兵团建筑工程第一师委员会文件

（师党发〔2003〕3号）

关于成立兵团建工集团公司党委和纪委的通知

集团公司党委，各团（公司）、院校党委（总支），师直党工委：

根据兵团党委新兵党常字〔2002〕21号“常委会议纪要”和新兵函字〔2003〕1号“关于对建工师规范重组兵团建设工程（集团）有限责任公司有关问题的批复”精神，建工师党委常委会就兵团建设工程（集团）有限责任公司（简称“兵建集团公司”）规范重组后党的委员会和纪律检查委员会的设置进行了研究，作出了决定。现通知如下：

一、成立兵建集团公司党的委员会（暂设5人）

书记：岳有堂（兼）

副书记：王江生（兼）、赵文艺

委员：岳有堂、王江生、赵文艺、雷毅

二、成立兵建集团公司党的纪律检查委员会

书记：赵文艺

集团公司原临时党委在新的党委班子宣布之日起即予以撤销

中国共产党新疆生产建设兵团建筑工程师委员会

二〇〇三年二月十日

建工师党委贯彻新兵党发〔2004〕8号文件及新兵党办发〔2005〕33号文件的实施意见

（师党发〔2006〕6号）

兵团党委《关于建工师体制改革有关问题的指导意见》（新兵党发〔2004〕8号）文件和《关于进一步做好建工师与建工集团人事管理体制有关工作的通知》（新兵党办发〔2005〕33号）文件，是指导建工师深化体制改革的纲领性文件。师党委为了进一步深化建工师体制改革，为了规范建工师、建工集团的职责行为，为了加快建工师、建工集团的发展，特提出本实施意见：

一、经过两年的辛勤工作，建工师改革的目标基本到位，各种关系基本理顺。

兵团党委2004年1月14日，针对建工师体制不顺、机制不活、社会负担沉重、市场竞争能力弱等一些不适应社会主义市场经济发展要求的矛盾和问题，下发了《关于建工师体制改革有关问题的指导意见》（新兵党发〔2004〕8号）文件，明确了建工师“政企分开，撤团建企，精干行政，做强集团”的改革目标。在兵团党委的指导下，在建工师党委、建工集团党委的领导下，在全师各级党组织和全师干部职工的努力下，在二、七、八师的大力配合下，经过两年的辛勤工作，兵团党委8号文件明确的建工师改革目标已基本到位，各种关系已基本理顺，建工师、建工集团出色地完成了兵团党委交给的各项任务。

（一）政企分开目标基本实现，建工师与建工集团的体制基本理顺。

按照精干行政，做强集团的原则，建工师与建工集团在职能和人员上基本分开；建工师履行的党政军和国有资产监督管理两大职能在逐渐完善加强；在建工师的授权监督下，建工集团履行授权范围内国有资产的经营与管理、国有资产保值增值的责任感在逐渐提高；建工集团党委的工作在建工师党委的领导下逐渐展开；建工师各职能部门与建工集团各职能部门的业务工作基本衔接；在进行政企分开，体制理顺的两年中，建工师、建工集团都较好地完成了当年的任务指标；政企分开后，建工师、建工集团都为今后的发展奠定了良好的态势。

（二）撤团建企基本结束，划转交接基本完成，社政职能逐步到位。

按照政企分开、撤团建企、主辅分离的原则，撤销建工师各建工团番号，改为企业的任务已圆满结束；主辅分离，剥离社会职能和非经营性资产的工作在有条不紊地进行；其中划转交接给二、七、八师的工作已经基本完成；学校剥离整合由师教委统一管理的工作已经完成；离退休人员社会化管理的工作正在完善；建工师在乌鲁木齐市各企业剥离出社政职能的管理机构也在抓紧组建之中；各企业承担的社会职能在逐步剥离；医疗保险属地统筹的目标已经实现；建工师机关和事业单位的人员也已列入兵团人员经费预算管理，为做强集团，加快建工师发展奠定了基础。

二、进一步理顺职责，规范行为，实现做强集团，加快建工师快速发展的目标。

建工师、建工集团改革的阶段性目标基本实现，各种关系基本理顺，但距兵团党委提出的做强集团，使建工师进入快速发展的快车道任重而道远。全师上下要进一步贯彻落实兵团党委8号文件和33号文件精神，理顺职责，规范行为，明确方向，围绕做强集团，加快建工师发展的共同目标而努力工作。

（一）建工师与建工集团党、工、团实行垂直领导。

根据兵团党委8号文件和33号文件精神及建工师党委2006年第二次常委会议确立“在党的建设上，以条条管理为主，师、集团、企业三级党委要自上而下，一脉贯通”的精神；按照管资产与管人、管事相结合的原则，遵循管理到位不越位、不错位的原则，明确建工师党委与建工集团党委和建工集团党委与所属各企业党委是领导与被领导的关系。建工师与建工集团党、工、团实行垂直领导，为做到管理层次清晰，管理职能明确，开展工作的职责规定如下：

1. 党委工作职责：

（1）建工师党委各部门要主动地开展工作；指导建工集团党委各部门和各企业党委工作；检查建工集团党委各部门和各企业党委工作。

（2）建工集团党委各部门及各企业党委要自觉地接受建工师党委各部门的指导和检查。

（3）建工集团纪委在建工师纪委和建工集团党委的领导下开展工作，建工师纪委的工作可与建工集团纪委共同或直接延续至各企业开展工作。

（4）人事管理职责：

①建工集团党委书记、副书记和纪委书记，由建工师纪委、党委组织部考察，由建工师党委常委会议决定任免。

②建工集团董事长、董事、监事会主席和监事，由建工师党委组织部和国资委考察，由建工师党委常委会议决定任免。

③建工集团财务总监，由建工师党委组织部考察，由建工师党委常委会议决定委派或更换。

④建工集团总经理由建工集团董事长提名，集团党委组织考察，由集团董事会聘任或解聘。

⑤建工集团副总经理由建工集团总经理提名，集团党委组织考察，由集团董事会聘任或解聘。

⑥建工集团各企业的党委书记、副书记、纪委书记，由集团党委组织考察，集团党委会议决定任免。

2. 工会工作职责：

建工集团工会在建工集团党委领导下，在建工师工会的指导下开展工作，建工集团工会负责各企业工会的指导工作，建工师工会可与建工集团工会共同帮助、指导、检查各企业工会的工作。

建工集团工会主席由集团党委提出人选，征求建工师工会意见后，由集团工会代表大会选举产生。

3. 共青团工作职责：

建工集团团委在建工集团党委领导下，在建工师团委的指导下开展工作。建工集团团委负责各企业团委的指导工作，建工师团委可与建工集团团委共同帮助、指导、检查各企业团委的工作。

（二）规范建工师（出资人）与建工集团（经营者）的职责行为。

根据兵团党委8号文件和33号文件精神及建工师党委2006年第二次常委会议“在经济工作上，师与集团公司的关系，就是出资人与经营者的关系，将过去行政管理模式，真正转变为产权管理的模式，进一步明确出资人与经营者双方的权利和义务”的精神，明确出资人与经营者的权利和责任如下：

1. 出资人的权利和责任

（1）建工师作为出资人拥有选择经营者、重大事项监督管理和国有资产经营收益三项权利：

①选择经营者是指建工师有任免建工集团董事会组成人员、监事会组成人员和财务总监委派或更换的权利。

②重大事项监管是指建工师有对建工集团经营过程中的重大事项通过报告制度、审计制度等实行监管的权利。

③国有资产经营收益是指建工师有对建工集团授权经营管理的资产下达各项经济指标及资产收益考核的权利。

（2）建工师作为出资人应承担行政执法、政策服务、社政管理的责任。

①行政执法主要是指以安全、质检、环保、计生、劳动监察等方面通过行政执法来服务于企业的责任。

②政策服务主要是指从社会保险、下岗再就业、民政救济、扶贫帮困、政策性破产等方面通过争取国家政策来服务于企业的责任。

③社政管理主要是指从学校、医院、离退休、社区等方面，通过剥离的方式减轻企业的负担，为企业提供宽松的内部环境来服务于企业的责任。

2. 经营者的权利和责任

（1）建工集团董事会作为出资人代表拥有对授权范围内国有资产的经营管理权；有对所属全资、控股、参股和托管企业履行出资人代表的权利；有对集团中高层管理人员的聘任和解聘权。

①对授权范围内国有资产的经营管理主要是指资产重组、股份制改造、资源整合和调配、投资决策等其他经营管理方面的权利。

②对所属全资、控股、参股和托管企业履行出资人代表主要是指对授权范围内的全资、控股、参股和托管企业代表出资人履行出资人应有的一切权利。

③对集团中高层管理人员的聘任或解聘权主要是指对集团总经理、副总经理和各企业负责人的聘任或解聘的权利。

（2）建工集团董事会作为出资人代表应承担国有资产保值、增值、收益回报；完善机制，完善法人治理结构，依法经营，建立现代企业制度；加强内部管理做大做强集团的责任。

①国有资产保值、增值、收益回报主要是指负责授权范围的国有资产总量不流失、不减少，并按下达的年度指标实现增值目标，实现收益上交目标的责任。

②完善机制、完善法人治理结构、依法经营、建立现代企业制度主要是指深化集团内部改革改制，完善集团作为母公司的机制，建立完善子公司的法人治理结构，依照国家法律经营授权的资产，建立完善建工集团现代企业制度的责任。

③加强内部管理，做大做强集团主要是指加强母、子公司的生产管理、经营管理、资金管理、质量安全管理及基础业务的管理，不断夯实做大做强集团基础的责任。

（三）明确出资人与经营者重大事项处理的职责。

根据兵团党委8号文件和33号文件精神及建工师党委2006年第二次常委会议的精神，建工集团重大事项划分为请示性报告事项，备案性报告事项和定期性报告事项三种。建工师、建工集团对重大事项处理的职责明确如下：

1. 请示性报告事项

（1）请示性报告事项的内容：

①建工集团及子企业的资产重组、对外投资；股份制改造方案和公司章程；国有股权转让的事项。

②建工集团及子企业发生分立、合并、破产、解散、增减资本、发行公司债券的事项。

③建工集团负责人的薪酬，依据考核结果的奖惩事项。

④建工集团及子企业对集团以外任何性质的担保事项。

⑤建工集团认为需要请示的其他事项。

（2）请示性报告事项的受理：

请示性报告事项由建工师办公室受理。

（3）请示性报告事项的要求：

请示性报告事项必须待建工师明确批复后方可实施。

2. 备案性报告事项

（1）备案性报告事项的内容：

①建工集团总经理、副总经理、部门经理、副经理和各企业董事、监事及副经理以上领导人员的职务变动情况。

②建工集团子企业发生亏损，致使国有资本及权益减少30%以上的情况。

③建工集团及各企业集团内部间的重大担保事项。

④建工集团各企业因违法或重大经营失误造成国有资产重大损失或者危及国有资产安全的情况。

⑤建工集团认为需要报备的其他事项。

（2）备案性报告事项的受理：

备案性报告事项由建工师办公室受理。

（3）备案性报告事项的要求：

备案性报告事项，只需报备，不须批准。

3. 定期性报告事项

（1）定期性报告事项的内容：

①建工集团国有资产各类月报告（报表）。

②建工集团国有资产各类年报告（报表）。

③建工集团财务各类月报告（报表）。

④建工集团财务各类年报告（报表）。

⑤建工集团国内生产总值、社会总产值及其他主要经济指标完成情况的月统计报告（报表）。

⑥建工集团国内生产总值、社会总产值及其他主要经济指标完成情况的年统计报告（报表）。

⑦建工集团应定期或不定期统计上报的其他报告（报表）。

（2）定期性报告事项的受理：

定期性报告事项由建工师人事局、国资委、发改委、财务局、劳动局、建设局、审计局、统计局等业务相关部门受理。

（3）定期性报告事项的要求：

定期性报告事项按建工师受理部门的时间要求、内容要求办理。

4. 对重大事项报告方与受理方的要求

建工集团对请示性报告事项、备案性报告事项和定期性报告事项，有保密或其他要求的应注明或说明。

受理方因未按报告方要求而泄密，给报告方造成经济损失的，应追究受理方的责任。

出资人对请示性报告事项无正当理由迟延不办或批示不当，致使国有资产遭受损失的，出资人应承担责任。

三、围绕共同目标，认真做好各自工作。

做强集团，加快建工师的发展，这是兵团党委对建工师和建工集团提出的发展思路，也是建工师和建工集团共同的发展目标。全师各行业、各企业、各单位，建工师和建工集团的各部门都要紧紧围绕这个共同目标开展工作。在这个目标的指导下，做好建工师和建工集团各自的主要工作。

（一）建工师要做好的主要工作。

一是要继续“精干行政”做好服务的工作。

建工师要为做大做强建工集团提供服务和保障，在政策、资金和项目上加大支持力度。师机关和各事业单位在机构改革的基础上，要继续完善机构和人员的精简，同时在国有资产监督管理方面要加大力量；要继续转变机关各部门的服务职能、服务意识、服务态度和服务效果；要继续加快事业单位的改革，跟上建工师发展的需要；为基层服务，为企业服务。

二是要继续做好直属企业的改革，为建工师的加快发展营造新的增长点。

对建工集团以外的直属企业，已经进行了一些改制，取得了初步成效，但发展速度还比较慢，改革的力度还比较小，我们要继续加大力度，向前推进。继续调整直属企业的结构，在建工集团之外培育新的增长点。

三是履行党政军的职能，在社政建设方面要继续加大力度，加快进度。为做强集团创造宽松的内部环境。

建工师作为党政军企合一的体制，就师机关而言，主要是履行党政军的职能和国有资产监管的职能，在党的建设，行政执法，人民武装，综合治理等方面要继续加大力度。在社政建设上，尽快剥离企业承受的社会负担。力争 2006 年底完成社政剥离。加快建工师社政机构组建的进度。

（二）建工集团要做好的主要工作。

一是继续把“四大板块”越做越大、越做越强。

在巩固扩大新疆市场的基础上，实施“走出去”的战略，拓展国内市场，开辟国际市场，为做强集团奠定广阔的市场基础。

二是继续加强管理，履行好出资人代表的职责，提高经营效益。

管理是企业永恒的主题，加大在经营核算，经营管理，质量管理，各类业务技能提高等方面的内部管理上下功夫，为创名牌，创品牌，创“鲁班奖”，创“詹天佑奖”，创更多的优质工程，创出一流企业而努力，对各企业履行好出资人代表的职责。在国有资产保值增值、提高经营效益上下功夫。

三是继续加大内部改革，完善机制，建立现代企业制度。

集团要充分发挥国有全资母公司的优势，建立符合市场运作的机制。子公司要加快改革步伐，加快改制为国有控股的投资主体多元化的股份制企业。集团及已改制的子公司要完善法人治理结构。建立母公司、子公司、项目部的三级管理架构。用现代企业制度统领各层次的管理。

兵团党委 8 号文件，33 号文件和兵团领导在建工师、建工集团调研时的重要讲话，为建工师、建工集团今后很长一段时间的工作指明了方向。我们要自觉地把思想和行动统一到两个文件和一个讲话精神上来，全师上下团结一心，为实现做强集团，加快建工师发展的共同目标而努力工作。

新疆生产建设兵团建工师党委

2006 年 2 月 28 日

二、重要制度

新疆生产建设兵团建设工程（集团）有限责任公司党委会议事规则

（2004 年 3 月 22 日建工师党委常委会第七次会议通过）

第一章 总 则

第一条 为了适应现代企业制度的要求，规范兵团建设工程（集团）有限责任公司（简称集团公司）党委会议事和决策制度，充分发挥党委的政治核心作用，根据《中华人民共和国公司法》、党的十六大精神、《中国共产党章程》《中共中央关于进一步加强和改进国有企业党的建设工作的通知》《兵团国企党建工作暂行规定》、兵团“1+8”文件、兵团党委〔2004〕8 号文及集团公司章程，制定本议事规则。

第二条 集团公司党委隶属于建工师党委，接受后者的领导。集团公司党委会、纪委和工会与建工师相应机构均本着精干、效能原则设立，机构、人员互不兼职，不交叉。各全资、控股和托管公司党组织隶属于兵团建工集团公司党委，接受后者的领导。

第三条 集团公司党委会由 9 人组成。其中，党委书记 1 人、副书记 2 人（暂空 1 人），党委会成员由建工师党委决定任免。

第四条 集团公司党委以“三个代表”重要思想为指导，在集团公司母子体系范围内切实加强党的思想建设、组织建设和作风建设。通过集团公司党委较好地发挥作用和行使职权，为集团公司经济发展服务。

第二章 议事的范围和内容

第五条 党委会议事范围包括党委会需要讨论做出决定的事项、需要审议提出意见的事项和需要通报的事项。

第六条 需要党委会讨论做出决定的事项为：

（一）传达中央、上级党委召开的会议和重要文件精神，研究制定贯彻实施意见。

（二）决定召开集团公司党员代表大会或党员代表会议，制定贯彻执行党员代表大会决议、决定的措施

（三）集团公司党委上报兵团、建工师党委或上级有关部门的重要报告、请示。

（四）集团公司党委、纪委年度工作要点、总结，重要工作报告、党群组织及工作机构的设置、管理制度的制定、调整，党风廉政建设、基层党组织建设、党员队伍建设等方面重要事项。

（五）集团公司重要干部经党委会讨论后，按照规定程序任免。需要党委会讨论审核推荐、提名、任免的干部范围是：

1. 集团公司直接管理的全资、控股、托管公司党委书记、副书记、委员，纪委书记，工会主席；

2. 集团公司纪委副书记、纪委委员，工会副主席，团委书记、副书记，机关党组织的书记、副书记、委员；

3. 拟报上级党组织审批的干部；

4. 其他需要党委会讨论的干部。

（六）集团干部教育、培养、考察、监督等重要管理制度，领导班子、干部队伍建设重要事项，后备干部队伍建设工作重要事项；集团权属及托管企业中层干部任职条件和职位、职数的管理、监督。

（七）集团精神文明建设、思想政治工作、企业文化建设、人口和计划生育工作、社会治安综合治理等方面年度工作要点、总结，重要工作报告、工作制度及重要活动、会议安排。

（八）集团公司和报上级组织审批的先进立功集体、个人的名单、奖励办法。

（九）其他需要党委会讨论决定的事项。

第七条　需要集团党委参与决策，提出意见、建议的事项。

（一）提交集团公司董事会决定的事项：

1. 集团公司发展战略、规划和年度经营计划；

2. 集团公司年度财务预算方案、决算方案、利润分配方案和各类融资方案；

3. 对外合作、合资和海外投资项目，投资额在 500 万元（含）以上的基本建设、技术改造和固定资产投资建设项目；

4. 集团公司劳动工资、福利待遇总体方案；

5. 集团及其权属、托管公司的重大产权转让、产权抵押、担保方案；

6. 集团权属、托管公司的设立、合并、分立、变更、解散、清算方案；

7. 集团公司章程、董事会议事规则等重要制度修改方案；

8. 其他必须由董事会审议决定和需要向董事会通报的事项。

（二）常要集团公司党委考察、提出意见的干部范围：

1. 集团公司派往全资、控成、参股子公司和托管公司的董事长、副董事长、董事，监事会主席、副主席、监事、总经理、副总经理、财务总监、三总师；

2. 集团公司机关部门正、副部长（经理）；

3. 集团公司驻疆外（国外）非常设及常设办事机构成员。

（三）集团公司建设、管理的重大事项：

1. 集团公司年度工作安排和总结，重要管理制度、管理体制改革调整方案的制定、修改；

2. 集团公司人员编制、人才培养、开发规划，引进高级人才方案及干部人事制度改革方案；

3. 集团公司组织机构和下属单位设置、调整；

4. 按规定需要上报的重大建设项目设计、投融资、招投标及工程管理的重要事项；

5. 安全生产、交通战备、保密、外事等方面年度工作计划、总结，应急工作预案，重大保障任务、重要活动和突发事件工作部署；

6. 工资改革调整、劳动保障、福利保险、住房补贴发放等与职工切身利益有关的重要事项；

7. 集团公司的资产、经营资源处置方案，提取超限额的大额度现金；

8. 党委应参与决策的其他建设、管理重大事项。

（四）大型活动安排等重要事项。

（五）集团工会、团委年度工作计划、总结，重要工作制度，职工代表大会、工会会员代表大会、团员代表大会及大型群众性活动安排等群众工作重要事项。

（六）其他需要党委会审议提出意见、建议的事项。

第八条　需要向党委会通报的重要事项为：

（一）集团权属及托管公司和直接管理的中、高层干部的拟任免人选应向集团党委组织部备案，并由组织部向党委会通报。

（二）其他需要向党委会通报的事项。

第九条　党委每年召开一次民主生活会。

第三章　会议制度

第十条　党委会由党委书记召集并主持，党委书记不能出席会议时，可委托一名副书记召集并主持，会后该副书记应将会议情况、决定事项及时向书记报告。

第十一条　党委会出席人员为：书记、副书记、党委委员。根据会议需要可安排有关人员列席。

第十二条　党委会会议必须有半数以上委员到会方能举行。讨论干部问题时，书记、副书记和委员一般都应全部到会；讨论其他问题时，委员因故不能参加会议，应在会前请假，由书记在会前向其征求意见，会后向其通报党委会决定的事项。

第十三条　党委会议事要认真执行党的民主集中制，遵循“集体领导，民主集中，个别酝酿，会议决定”的原则。党委会充分发扬民主，与会党委委员要畅所欲言，负责地发表自己的明确意见。

第十四条　党委成员必须维护党委集体领导的权威，坚决执行党委会的决议。如有不同意见，可以保留意见或向上级党委反映。当情况发生变化，需改变原决议时，可提请党委复议。但在集团公司党委或上级党委未改变原决议时，仍要坚决执行党委决议。不得散布与集体决议相反的意见，不得擅自改变决定，各行其是。对不宜公开的内容及会议讨论的情况，要严格保密，不得以任何形式向外泄露。

第十五条　党委会的每项议题须经充分讨论，由主持人集中多数人的意见后，形成党委明确的决议。全文决定多个事项时，应逐项表决；讨论干部问题，应逐个表决。党委会办事机构设在党委办公室。

第四章　党委会议题提出和确定

第十六条　党委会议题由党委书记根据兵团建工师党委的指示精神、下级的请示和集团公司的实际情况确定。

第十七条　不搞临时动议。确需讨论研究的，可列为下次党委会议的议题；遇有紧急重要事项确需党委及时作出决定的，应由会议主持人就是否列为议题征求到会委员的意见，经多数人同意后，方可作为议题进行讨论，作出决定。

第十八条　多数党委委员提议要集体讨论决定的问题，一般也应列入会议议题。

第十九条　对于重要的议题，党委书记、副书记和委员之间，会前应协商通气，尽可能达成共识。对意见分歧较大，一时难以达到统一的议题，一般应做进一步的调查论证和协商后，再提交会议集体讨论决定。

第二十条　提交党委讨论的议题，有关部门要事前进行认真的调查研究，广泛征求意见，负责地提出较为成熟的方案。对干部的考察，党委组织部（与人力资源部合署）和纪委要提出详细的考察意见。涉及多个部门、单位共管的议题，应在会前协商一致；如经协商仍不能取得一致意见，应将不同意见如实向党委汇报。

第二十一条　党委会会议讨论审议集团公司经营生产重大问题、重要管理制度和涉及职工切身利益的重大事项，应当在会前听取集团工会和职工的意见、建议。

第二十二条　提交党委会讨论的议题和文件，要力求简明扼要，问题集中。会议文件要在会前 2 日发给与会人员，开会时一般不再读文件，以便集中时间进行讨论、决策。

第二十三条　提交党委会的议题，由党委会秘书（与集团党委办公室合署）整理后，报党委书记确定。

第五章　会议的组织安排

第二十四条　党委秘书（通过党委办公室，下同）根据党委书记确定的会议议题，安排会议议程，准备会议文件，组织安排会议召开：一般应提前 2 天通知党委成员。

第二十五条　党委秘书应做好会议记录并编写纪要或决议。党委会做出的决定或决议需上报或下发的，必须经书记审定并确定报、发范围。

第六章　党委会决议的实施

第二十六条　党委会做出的决议，属于某一方面的工作，由分工负责该项工作的党委成员或副书记组织实施；内容有交叉的工作，由党委书记或由书记指定副书记协调组织实施。

第二十七条　贯彻党委决议的过程中，如遇到新情况、新问题时，一般问题由分工负责该项工作的党委成员或副书记直接决定或处理，并对此负责；较大问题应向书记报告，由书记或副书记协调提请党委会复议。

第二十八条　对执行党委决议的情况，党委书记有协调、督促检查的权利和责任，副书记、委员和有关部门要主动向党委书记报告执行情况：党委秘书要对会议决定事项的落实情况及存在的问题进行汇总，并向党委书记报告。

第七章　其　他

第二十九条　本规则由集团公司党委负责解释、修改。

第三十条　本规则自建工师党委批准之日起实施。

新疆生产建设兵团建设工程（集团）有限责任公司董事会议事规则

（2004年3月22日建工师党委常委会第七次会议通过）

第一章 总 则

第一条 为了健全和规范新疆生产建设兵团建设工程（集团）有限责任公司（以下简称集团公司）董事会议事和决策程序，保障集团公司经营管理工作的顺利进行，依据《新疆生产建设兵团建设工程（集团）有限责任公司章程》（简称《公司章程》及其他有关法律法规规定，制定本议事规则。

第二条 董事会依据和《公司章程》设立，为集团公司常设机构，对兵团建工师（出资人）负责，对内管理集团公司事务，对外代表集团公司，是集团公司经营管理的决策机构。集团公司是国有独资公司，不设股东会，经出资人授权，董事会可行使出资人的部分权利。

第三条 董事会接受集团公司监事会的监督，尊重职工代表大会的意见和建议。

第二章 董事与董事长

第四条 集团公司不设股东会。董事会为集团公司的决策机构，对出资人负责。经出资人授权，董事会可行使出资人授予的职权。

集团公司董事会由9人组成，其中董事会设董事长1人，副董事长2人。由出资人任免董事长，副董事长、董事由出资人任免。

第五条 董事长为集团公司的法定代表人。

第六条 董事每届任期3年，可以连任，任期届满前，出资人不得无故解除其职务。董事会换届时，连任的董事人数一般不得少于董事会总人数的二分之一。

第七条 董事可以在任期届满前提出辞职。董事辞职应当向董事会提交书面辞职报告。

如因董事的辞职导致集团公司董事会少于《公司章程》规定人数的三分之二，该董事的辞职报告应在下任董事填补因其辞职产生的缺额后方能生效。

出资人应当尽快委派新的董事，填补因董事辞职产生的空缺。

第八条 董事提出辞职或者任期届满，其对集团公司和出资人负有的义务在其辞职报告尚未生效或者生效后的合理期间内，以及任期结束后的合理期间内并不能自然解除，其对集团公司商业秘密保密的义务在其任职结束后仍然有效，直至该秘密成为公开信息。

第九条 董事应当熟悉集团公司业务和相关的业务知识。董事应当遵守集团《公司章程》，维护出资人利益，忠实履行职务。董事长、副董事长、董事不得兼任本集团公司以外的公司或其他经营组织的负责人。

第十条 董事不得利用在集团公司的地位和职权，为自己谋取私利；不得侵占集团公司财产，不得挪用集团公司资金或者将集团公司资金借贷给他人；不得以集团公司资产为个人或其他与集团公司无关的企业提供担保；董事离任时须进行离任审计。

第十一条　董事承担的责任：

（一）对因决策失误造成国有资产流失或者重大损失及影响的，负相应责任；

（二）对侵犯出资人权益的行为，负相应责任；

（三）对集团公司的违法行为，承担相应的法律责任；

（四）承担《中华人民共和国公司法》第十章规定的相应的法律责任；

（五）有《中华人民共和国公司法》第六十条、六十三条的行为，给集团公司造成损害的，应当承担相应赔偿责任。

第十二条　董事长除享有一般董事的权利，承担一般董事的义务之外，还行使下列职权：

（一）召集和主持董事会会议；

（二）检查董事会决议的实施情况；

（三）代表集团公司签署有关文件；

（四）在发生战争、特大自然灾害等紧急情况下，对集团公司事务行使符合法律、法规规定和集团公司利益的特别裁决权和处置权，并在事后向董事会报告；

（五）在董事会休会期间，主持董事会的日常工作；

（六）董事会决议授予的其他职权。

第十三条　当董事长不能行使职权时，由董事长或董事会授权副董事长或其他董事行使董事长的职权。

第三章　董事会的职权

第十四条　董事会行使下列职权：

（一）贯彻执行出资人决定，完成出资人提出的资产保值增值目标和任务，向出资人报告工作；

（二）制定、修改、补充集团公司章程；制定集团公司的发展规划、年度财务预算方案、决算方案、利润分配方案和弥补亏损方案；

（三）审议批准集团公司年度经营方针、目标和计划；

（四）制定集团公司增加或者减少注册资本的方案和发行集团公司债券的方案；

（五）制定集团公司合并、分立、变更、破产、解散转让方案；

（六）制定国有资产产（股）权变更方案，制定集团公司国有资产的收益收缴办法；

（七）决定集团公司的重大投资决策和资本运作计划。审议批准集团公司股权投资或者转让金额在200万元（不含200万元）人民币以上的投资项目。其中，200万元（不含200万元）至500万元（含）的项目董事会授权董事长审批；审议批准集团公司贷款或担保金额或融资借款在300万元人民币以上（不含300万元）的项目（包括但不限于总承包项目、权属和托管企业间往来等）。其中，300万元（不含）至1500万元（含）的项目董事会授权董事长审批；审议批准集团公司非经营性资金支出金额在10万元（含）以上的项目。其中，10万元（含）至100万元（含）的项目董事会授权董事长审批；审议批准集团公司生产性营业资金支出金额50万元（含）以上的项目。其中，

50 万元（含）至 1000 万元（含）的项目董事会授权董事长审批；

（八）审议批准集团公司的基本管理制度包括但不限于集团公司人力资源管理、薪酬与业绩考核制度、产（股）权代表与财务负责人管理办法等，决定集团公司内部管理机构设置；

（九）经出资人和董事长提名，由集团公司董事会聘任或者解聘公司总裁；经出资人和董事长的提名，集团公司党委考察，由集团公司董事会聘任或者解聘集团公司的常务副总裁、副总裁、总会计师及其他高级管理人员；

（十）经董事长提名，集团公司党委考察，由集团公司董事会聘任或者解聘权属企业的产（股）权代表、财务负责人。集团公司董事会同意董事长（或由董事长授权总裁）与权属和托管企业的产（股）权代表、财务负责人签订资产经营（或财务管理监督）和业绩目标合同，并由集团公司董事会听取、批准其述职报告和其他重大事项报告，决定其报酬和奖励；

（十一）经董事长提名，集团公司党委考察，由董事会聘任或者解聘薪酬与考核委员会的主任、副主任、委员及董事会秘书；

（十二）出资人授予的其他职权。

第四章　董事会的议事和表决

第十五条　董事会每年至少召开两次会议，根据需要，董事长或三分之一以上董事或监事会可提议召开董事会临时会议。

第十六条　会议的组织安排：

（一）董事会秘书（通过董事会办公室,下同）负责搜集各方面（包括但不限于各位董事）信息，根据董事会权限提出会议议题，报董事长确定；

（二）董事会秘书根据董事长确定的会议议题，安排会议议程、通知全体董事、准备会议文件、组织安排会议召开、负责会议记录及会议决议、纪要的起草工作；

（三）董事会会议应以传真、电子邮件等方式提前 10 日以上通知董事，临时会议应提前 2 个工作日通知董事。董事会会议材料应提前 3 个工作日、董事会临时会议应提前 1 天分送董事。会议拟作出决议的重大事项必须提前明确说明。

第十七条　董事会会议应由董事本人出席。董事因故不能出席，可以书面委托其他董事代为出席董事会，委托书中应载明授权范围。

董事会会议应由二分之一以上的董事出席方可举行。

第十八条　董事会会议按以下程序进行：

（一）各董事及有关人员应在会议前充分思考及调研，相关议题应咨询出资人或员工意见；

（二）董事长主持会议，宣布会议议程；

（三）逐项听取会议事项的报告；

（四）逐项审议会议事项，各董事充分发表各自意见；

（五）董事长应口头征询与会董事，议案是否审议完毕，未审议完毕应口头说明，否则视为审议完毕；

（六）对会议事项逐项表决；

（七）董事长宣布会议决议，全体与会董事在会议决议上签字；

（八）董事长宣布会议结束。

第十九条　董事会会议对会议通知中列明的议案按顺序进行审议。如需改变会议通知中列名的议案顺序应先征得出席会议董事的过半数同意。

第二十条　董事会会议原则上不审议在会议通知中未列明的议案或事项。特殊情况下需增加新的议案或事项时，应先由到会董事过半数同意将新增议案或事项列入会议议程后，方可对新增议案或事项进行审议和表决。

第二十一条　董事会对议案采取一事一议的表决规则，即每一议案审议完毕后，开始表决；一项议案未表决完毕，不得审议下项议案。

第二十二条　董事会对本议事规则第十四条规定的职权作出决议时,除第（二）（三）（四）（五）项的决议须由全体董事三分之二以上通过外，其他须经全体董事的过半数通过。

第二十三条　董事与董事会决议事项有利害关系的，在进行表决时应当回避。该项决议应由三分之二以上（含）没有利害关系的董事表决同意方为有效。

第二十四条　董事会定期会议和临时会议的表决方式均为记名投票表决，也可以通信表决方式进行，但审议下列事项时不得采取通信表决方式：

（一）集团公司章程的修改；

（二）集团公司增加或者减少注册资本；

（三）发行集团公司债券；

（四）集团公司的分立、合并、解散、清算和破产；

（五）利润分配方案和弥补亏损方案；

（六）《公司章程》规定的不得通讯表决的其他事项。

第二十五条　前条所称通讯表决方式包括电报、电传和传真方式，董事会会议以该等方式进行表决时，参与表决的董事应自收到集团公司以电报、电传或传真方式发出的董事会议案及表决票之日起 2 个工作日内将其签署了表决意见的表决票以电报、电传或传真方式发回集团公司。

董事会议案以上述方式表决并做出决议后，董事长应及时将决议以书面方式通知全体董事。

第二十六条　董事应当对董事会的决议承担责任。董事会的决议违反法律、行政法规或者集团公司章程，致使集团公司受到严重损失的，参与决议的董事对集团公司承担相应责任。但经证明在表决时曾表明异议并记载于会议记录的，该董事可以免除责任。

第五章　董事会会议记录

第二十七条　董事会应当对会议所议事项的决议作成会议记录。出席会议的董事和记录员应当在会议记录上签名。

董事会会议以通信表决方式进行的，记录员应将会议通信表决过程及参与表决董事的表决情况记入会议记录并将会议记录再以电报、电传或传真方式发送予参与表决的董事签署。

第二十八条　董事会会议记录包括以下内容：

（一）会议召开的日期、地点和召集人姓名；

（二）出席会议董事的姓名和委托他人出席会议的董事姓名及受委托董事姓名，或以通信表决方式召开董事会时参与表决董事的姓名；

（三）会议议程；

（四）董事发言要点；

（五）每一决议事项的表决方式和结果，表决结果应载明赞成、反对和弃权的票数；

（六）以通讯表决方式召开董事会时参与表决董事进行表决的电报、电传或传真的原件及复印件。

第二十九条　会议记录在集团公司保存，会议记录的完整副本应迅速送交于每一位董事。

第六章　附　则

第三十条　集团公司应当为董事会提供必要的办公条件和业务活动经费，经费按照财务有关规定列支。

第三十一条　本规则未尽事宜，按照有关法律、法规、规范性文件及《公司章程》执行。

第三十二条　本规则的解释权属于集团公司董事会。

第三十三条　本规则自董事会通过并经出资人批准之日起生效。

新疆生产建设兵团建设工程（集团）有限责任公司监事会议事规则

（2004 年 3 月 22 日建工师党委常委会第七次会议通过）

第一章 总 则

第一条 为进一步完善新疆生产建设兵团建设工程集团有限责任公司（以下简称集团公司）法人治理结构，保障监事会依法独立行使监督权，依据《新疆生产建设兵团建设工程（集团）有限责任公司章程》（简称《公司章程》）及其他有关法律法规规定，制定本议事规则。

第二条 集团公司监事会由出资人派出，向出资人负责，依据《国有企业监事会暂行条例》有关规定，以财务监督为核心，根据有关法律、行政法规等有关规定，对集团公司的财务活动、董事会及成员以及总裁等高级管理人员的经营管理行为进行监督，确保国有资产及其权益不受侵犯，维护集团公司、出资人及职工的合法权益。监事会依据有关法律、法规、《公司章程》及本议事规则的规定行使监督权的活动受法律保护，任何单位和个人不得干涉。

第三条 监事会与企业是监督与被监督的关系，监事会不参与、不干预集团公司的经营决策和经营管理活动。

第二章 监事会

第四条 集团公司监事会由 5 人组成，设监事会主席 1 名。其中，专职监事 3 人（由出资人指定或撤换），兼职监事 2 名（由出资人从集团公司权属企业选定或撤换）。监事每届任期 3 年。

第五条 监事会的人员组成，应当保证监事会具有足够的经验和能力，独立有效地行使对董事及董事会、总裁等高级管理人员履行职务的监督和对集团公司财务的监督和检查。

第六条 集团公司应对监事会履行职责的行为，提供必要的办公条件及业务活动经费。

监事会履行职责时，有权要求集团公司任何部门提供相关资料，集团公司各业务部门必须按要求提供并应给予其他必要协助，不得拒绝、推诿或阻挠。

第七条 监事会设监事会主席一名，由出资人委派或更换。监事会主席行使下列权力：

（一）召集和主持监事会会议；

（二）检查监事会决议的实施情况，并向监事会报告决议的执行结果；

（三）代表监事会向出资方报告工作；

（四）负责监事会的日常工作，签署监事会的决议和建议；

（五）应当由监事会主席履行的其他职责。

监事会主席不能履行职权时应指定一名监事代行使其职权。

第八条 监事会按照经出资人同意的监事会议事规则运作。监事会的职责是：

（一）检查集团公司贯彻执行有关法律、行政法规和规章制度的情况；对董事会的重大决策和集团公司的日常经营活动进行监督；

（二）会同董事会对集团公司权属企业及托管企业资产的整体运行进行监控；

（三）检查集团公司财务，查阅集团公司的财务会计资料及与企业经营管理活动有关的其他资料，验证集团公司财务会计报告的真实性、合法性；

（四）检查集团公司负责人的经营行为，并对其经营管理业绩进行评价，提出奖惩、任免建议；

（五）当集团公司负责人的行为损害集团公司的利益时，要求当事人予以纠正。不纠正的有权向出资人反映；

（六）检查企业的经营效益、利润分配、国有资产保值增值、资产运营等情况；

（七）提议召开董事会临时会议；

（八）要求集团公司高级管理人员、内部审计人员和外部审计人员出席监事会会议，解答所关注的问题；

（九）向董事会或出资人反映集团公司职工对集团公司经营状况财务状况以及职工利益的重大决策意见；

（十）《中华人民共和国公司法》《国有企业监事会暂行条例》和出资人授予的其他职权；

（十一）监事列席董事会会议。

第九条　监事会对董事长二董事、总裁、常务副总裁、副总裁等集团公司高级管理人员的违法行为和重大失职行为，经全体监事一致表决同意，有权向出资人提出更换董事长或董事或向董事会提出解聘集团公司高级管理人员的建议。

第十条　监事会对董事长、董事、总裁、常务副总裁、副总裁等集团公司高级管理人员的监督记录以及进行财务或专项检查的结果应成为对董事、集团公司高级管理人员绩效评价的重要依据，并有权向出资方、董事会提出对上述人员的任免和奖惩的建议，集团公司薪酬与考核委员会须认真听取。

第十一条　监事会开展监督工作和参加对外会议、培训、聘请律师事务所、会计师事务所帮助检查工作所需支付的费用由集团公司承担。

第十二条　监事会应在年度监事会会议结束后向出资人提交当年关于集团公司的监督专项报告，内容应当包括：

（一）集团公司财务的检查情况；

（二）董事长、总裁、常务副总裁、副总裁等集团公司高级管理人员执行集团公司职务时的尽职情况及对有关法律、法规、《公司章程》及出资人决议的执行情况。

第十三条　监事会至少每年进行一次财务检查，必要时可到下属企业进行检查、访谈，全面了解集团公司经营运作情况，也可聘请律师事务所、会计师事务所或集团公司财务部门给予帮助。

第三章　监　事

第十四条　有下列情形之一的，不得担任集团公司监事会的监事：

（一）《中华人民共和国公司法》第五十七条规定的情形之一者；

（二）集团公司董事长、总裁和财务负责人；

（三）集团公司董事长、总裁、财务负责人的父母、配偶，兄弟姐妹和子女及其配偶。

第十五条　任期内监事不履行监督义务，致使集团公司利益、出资人利益或者职工利益遭受重大损害的，应当视其过错程度，分别依照有关法律、法规追究其责任；出资人可按规定的程序解除其监事职务。监事履行集团公司职务时，违反法律、法规或《公司章程》的规定，给集团公司造成损害的，应承担赔偿责任。

第十六条　监事连续两次不能出席监事会会议的，视为不能履行职责，出资人应当予以撤换。

第十七条　监事可以在任期届满前提出辞职。监事辞职应当向监事会提交书面辞职报告，由监事会提请出资人批准监事辞职，并填补其空缺。监事的辞职报告经法定程序批准后方能生效。

第十八条　监事提出辞职或者任期届满，其对集团公司和出资人负有的义务在其辞职报告尚未生效或者生效后的合理期限内，以及任期结束后的合理期间内并不自然解除，其对集团公司商业秘密保密的义务在其任职结束后仍然有效，直至该秘密成为公开信息。

第十九条　监事会成员必须对检查报告内容保密，并不得泄露企业的商业秘密。

第二十条　监事会成员在监督检查中成绩突出，为维护国家利益做出重要贡献的，给予奖励。

第二十一条　监事会成员有下列行为之一的，依法给予行政处分或者纪律处分，直至撤销监事职务；构成犯罪的，依法追究刑事责任：

（一）对企业的重大违法违纪问题隐匿不报或者严重失职的；

（二）与企业串通编造虚假检查报告的；

（三）有违反《国有企业监事会暂行条例》第二十一条、第二十二条所列行为的。

第四章　监事会会议

第二十二条　监事议事以监事会会议的形式进行，主要有定期会议和日常会议。

第二十三条　监事会每年至少召开两次定期会议：一次在中期财务报告后的一个月内召开，另一次在年度财务报告后的两个月内召开。

定期会议主要是对集团公司半年度及年度经营状况和资产运作情况进行审核；总结监事会前期工作成果，讨论确定监事会年度和半年度工作计划。

定期监事会议应提前 10 日通知全体监事。通知应包括会议的时间、地点、内容及讨论表决事项等。

第二十四条　监事在有正当理由和目的的情况下，有权要求监事会主席召开临时监事会，监事会主席必须在 2 个工作日内答复，并在 5 个工作日内召开监事会临时会议。临时监事会会议的决议与定期监事会会议的决议具有同等效力。

临时监事会会议应于会议召开 2 个工作日前通知全体监事。

监事会会议因故不能如期召开，应向监事说明原因。

第二十五条　监事会会议应由三分之二以上（含）监事出席方可举行。

第二十六条　监事会认为必要时，可要求集团公司董事、总裁、常务副总裁、副总裁等集团公司高级管理人员、财务审计人员出席监事会会议，回答所关注的问题。被邀请参加监事会会议的人员应参加会议。

第二十七条　监事会日常工作会议是监事会了解信息、调查研究、沟通、协调关系的工作会议。发生如下情况之一时可召开监事会日常工作会议：

（一）为完成监事会年度工作计划，监事会在自身工作运作的各个环节（包括部署、实施、检查、考核）中要召开的各类工作性会议；

（二）监事会对董事会的决策事项及资产运行情况需要向有关方面了解情况、听取意见时；

（三）监事会在日常工作中需要与有关监督职能部门协调关系时；

（四）监事会落实国有资产出资方临时部署的监督事项时。

第二十八条　监事会会议议程由监事会主席确定，但监事会主席在确定会议议程时应考虑其他监事的书面提议。

监事会会议应当遵照召集会议的书面通知所列的议程进行。

第二十九条　监事会议事的主要范围为：

（一）对集团公司董事会决策经营目标、方针和重大投资方案提出监督意见；

（二）对集团公司中期、年度财务预算、决算的方案提出意见；

（三）对集团公司利润分配方案和弥补亏损方案提出审查、监督意见；

（四）对董事会决策重大项目投资、抵押、担保等及对总承包项目等提出意见；

（五）对集团公司内控制度的建立和执行情况进行审议，提出意见；

（六）对董事长、董事、总裁、常务副总裁、副总裁等集团公司高级管理人员执行集团公司职务时违反法律、法规、《公司章程》，损害出资人利益和集团公司利益的行为提出纠正意见；

（七）监事换届、辞职，讨论推荐新一届监事名单或增补名单提交出资人；

（八）其他有关出资人利益、集团公司发展的问题。

第三十条　监事会会议应有记录，出席会议的监事和记录人应当在会议记录上签名。监事有权要求在记录上对其在会议上的发言作出某种说明性记载。监事会会议记录作为出资人和集团公司档案保存，保存期限为十年。监事会会议记录包括以下内容：

（一）会议召开的日期、地点和召集人姓名；

（二）出席会议监事的姓名；

（三）会议议程；

（四）监事会发言要点；

（五）每一决议事项的表决方式和结果。

第三十一条　监事会决议由监事记名表决，每名监事有一票表决权。监事会决议应当由全体监事三分之二以上（含）表决通过。

第三十二条　监事会表决程序：一般采用举手表决，必要时可记名投票表决。进行表决可分同意和反对两种，一般不能弃权。如果投弃权票必须申明理由并记录在案。

第三十三条　监事会每次对集团公司进行检查结束后，应当及时作出检查报告。

检查报告的内容包括集团公司财务以及经营管理情况评价；集团公司负责人的经营管理业绩评价以及奖惩、任免建议；企业存在问题的处理建议；出资人要求报告或者监事会认为需要报告的其他事项。监事会不得向集团公司透露前款所列检查报告内容。

第三十四条 检查报告经监事会成员讨论，由监事会主席签署，报出资人批复，并抄送有关部门。监事对检查报告有原则性不同意见的，应当在检查报告中说明。

第三十五条 监事会在监督检查中发现集团公司经营行为有可能危及国有资产安全、造成国有资产流失或者侵害国有资产所有者权益以及监事会认为应当立即报告的其他紧急情况，应当及时向出资人提出专项报告。

第三十六条 集团公司应当定期、如实向监事会报送财务会计报告，并及时报告重大经营管理活动情况，不得拒绝、隐匿、伪报。

第三十七条 监事会根据对集团公司实施监督检查的需要，必要时，经出资人同意，可以聘请会计师事务所对集团公司进行审计。监事会根据对集团公司进行监督检查的情况，可以建议出资人责成建工师审计局依法对集团公司进行审计。

第三十八条 监事应对监事会决议承担责任。监事会决议违反法律、行政法规或《公司章程》，致使集团公司遭受损失的，参与决议的监事对集团公司负赔偿责任。但经证明在表决时曾表示异议并记载于会议记录的，该监事可以免除责任。

第五章 附 则

第三十九条 本议事规则未尽事宜，按照国家有关法律、法规、《公司章程》执行。

第四十条 本议事规则由监事会修订并负责解释，经出资人批准后生效。

三、重要工作报告

围绕总目标实现新跨越 为圆满完成集团“十三五”目标而努力奋斗

——在中国共产党兵团建工集团第一次代表大会上的报告

各位代表、同志们：

中国共产党兵团建工集团第一次代表大会，是在集团上下深入学习贯彻党的十八届六中全会和自治区第九次党代会精神，全面推进社会稳定和长治久安总目标的关键时期召开的一次具有重要意义的会议。这次大会的主要任务是：深入落实习近平总书记系列重要讲话精神，全面贯彻党的十八大和十八届三中、四中、五中、六中全会，第二次中央新疆工作座谈会精神以及全国国有企业党的建设工作会议精神，坚持“五位一体”总体布局和“四个全面”战略布局，认真贯彻五大发展理念，动员各级党组织、全体共产党员肩负起历史责任，团结带领广大干部职工围绕总目标、实现新跨越，为圆满完成集团“十三五”目标而努力奋斗。

现在，我代表兵团建工集团党委向大会作报告。

一、“十二五”期间主要工作回顾

五年来，在兵、师党委的坚强领导下，集团党委以维护社会稳定和长治久安为总目标，坚持稳中求进工作总基调，主动把握适应新常态，采取有效措施，积极应对经济下行压力，狠抓从严管党治党，按照“三步走”发展战略，克服重重困难，全面超额完成“十二五”规划的战略目标，各项事业实现超常规、跨越式发展，取得了令职工振奋、令社会瞩目的成绩，建工集团上下呈现出团结拼搏、攻坚克难、共谋发展的良好局面。

——维稳戍边能力全面加强。集团党委始终把维护社会稳定和长治久安工作作为一项突出的政治任务来抓，牢固树立底线思维，扎实推进反恐维稳、民兵武装、信访稳定、综合治理、安全生产等工作，在应急维稳、处置突发事件、维护民族团结中做出了积极贡献，确保了全集团的和谐稳定。按照“立足三大市场、面向七大板块、融入兵的元素、发挥堡垒作用”的总要求，提出编组跟着项目走，做到哪里有工程项目，哪里就有民兵组织的工作思路，在集团各项目部广泛开展“兵”字号工程活动，通过加强指导、落实制度、创新方式、强化宣传等方法，锻造了“四有”民兵队伍，发挥了“兵”字号工程“稳定器”的特殊作用。真正将“兵”字号工程创建成“疆内凸显维稳、疆外展示形象、海外强化管理”的“示范区”。兵团建工集团中泰雅居项目“兵”字号工程，得到上级领导的肯定。五年来，每年都完成征兵任务、基干民兵和普通民兵编组任务，维稳戍边能力显著提升，“稳定器、大熔炉、示范区”功能得到充分发挥。认真落实“六联督办单”和“五包”责任制，积极化解矛盾纠纷，实现了集团和谐稳定。

——综合实力大幅提升。“十二五”期间，建工集团党委始终把发展作为第一要务，加强党对经济工作的领导，保持了经济平稳较快发展，主要指标均超额完成。2010年至2015年，营业收入从73.55亿元增长到263.18亿元，年均增长29%；总产值从81.8亿元增长到310.5亿元，年均增长30%；实现利润从1.36亿元增长到6.18亿元，年均增长35%。净资产从15.58亿元增长到52.29亿元，年均增长27%；总资产从81.7亿元增长到292.64亿元，年均增长29%。资产规模稳步增长，资质等级全面提升，取得了房屋建筑施工总承包和公路工程施工总承包特级资质，短期融资券、中期票据、增发股票、产业基金先后成功发行，直接融资能力快速提高，资本运作取得实效，综合实力大幅提升。

——市场领域逐步扩大。“十二五”期间，集团抢抓西部大开发建设的历史机遇，积极实施“立足疆内、拓展疆外、挺进海外”的发展战略。五年来，集团累计承揽工程任务1102.33亿元。其中，疆内市场承揽工程任务637.98亿元，疆外市场承揽工程任务274.73亿元，海外市场承揽工程任务189.62亿元，疆内、疆外、海外三大市场占比为58：25：17，结构科学、互为补充的“三大市场”格局已初步形成。随着“一带一路”倡议的深入推进，集团“三大市场”将进一步向广度和深度拓展。

——发展方式持续转变。“十二五”期间，集团房屋建筑、公路、铁路、水利水电、房地产开发、建材工业、商贸物流等板块实力进一步增强，通过不断调整产业结构和转型升级推进“五大转变”（由生产经营型逐步向经营管理型转变，由施工总承包逐步向工程总承包转变，由资产经营型向资本经营型转变，由低端市场为主逐步向高端市场为主转变，由粗放型管理向集约型管理转变）。集团先后承建了重庆合川工业园BT项目、福建顺邵高速BOT项目、重庆渝长高速BOT项目，肯斯瓦特水利枢纽工程、兰新高铁、中瑞国际、安哥拉、委内瑞拉社会住房等高端项目，投资开发了华域龙湾、北新佳境、北新大厦等房地产项目，发展方式转变取得阶段性成果，企业发展活力得到进一步释放。

——重点改革不断深化。“十二五”期间，集团经济结构调整取得成效，资源配置进一步优化。集团在企业之间合作和专业板块资源整合的基础上，积极推行股权多元化方式，实现跨地区、跨企业、跨行业之间的资源整合。为满足集团海外事业的发展，审时度势，组建成立了北新国际公司；在兰新高铁、吐库铁路、喀和铁路等项目的基础上，组建土木公司；通过整合现有资源，收购永固钢构、天山玻璃厂、新型建材厂股权的方式，组建建材工业集团，同时将兵团设备安装公司划归建材工业集团管理；北新路桥对兵团路桥和天昶公司进行资产重组和行业整合，板块实力进一步增强。同时，通过参股、控股等市场化手段，积极与兵团第三师、十三师、十四师等师团以及喀什等地方企业进行了资源整合。截至“十二五”末，集团共有全资公司35家，控股公司44家，参股公司11家。

——科技创新成绩斐然。集团始终高度重视科技创新工作，“十二五”期间，集团及所属各企业累计投入近亿元用于科技研发，积极推广“四新”技术，通过与上海建工交流学习、举办清华总裁班、冬休培训等多种方式，加大对员工的学习与培训力度，科研能力及成果应用不断加强，培育出一批国家级、省部级创新成果。“十二五”期间，集团累计获得各级优质工程198项，各级安全文明工地123项，国家专利34项，各级工法128项，申报兵团、自治区及各部委的科研课题30余项，集团技术中心引进了BIM技术、成立创客空间，建科院成立了技术创新工作室。集团科技创新发展的驱动力进一步增强。

——发展成果惠及民生。“十二五”期间，集团职工收入稳步增长，在岗职工平均工资由2010年的3.29万元增长到2015年的6.45万元，年均增幅14.4%，职工基本医疗保险、生育保险、养老保险、失业保险等实现全覆盖，城镇居民医疗保险参保率100%，职工多元增收目标全面实现，各项福利待遇全面落实，生活水平显著提高。集团党委践行“民生优先、群众第一、基层重要”的理念，始终把保障和改善民生作为工作出发点和落脚点。以落实“十件实事”为抓手，职工住房条件、施工现场生活环境得到进一步改善。“十二五”期间，集团及所属各企业累计投资5.88亿元，相继建成保障性住房4187套，共计31.82万平方米。1.2万名职工群众迁入新居，职工群众幸福感和获得感进一步提升。

——社会形象得以彰显。2015年，集团产值突破300亿元，并连续两年跻身“中国企业500强”，是新疆唯一进入500强的建筑企业；在2015年“250家国际承包商”和“250家全球承包商”排名中，集团分列第118位和第79位，为西北五省唯一一家入选企业；在“2015中国100大跨国公司及跨国指数”榜单中，位列第88位；2015年度中国建筑业竞争力双200强第31位。集团当选为中国建筑业协会、中国对外承包工程商会副会长单位，成为这两个国家级行业协会成立30年来，在新疆产生的首个副会长单位。

——从严治党取得实效。“十二五”期间，集团党委紧紧围绕改革发展稳定大局和加快转变发展方式、调整产业结构的中心任务，切实加强和改进党的思想建设、组织建设、作风建设、制度建设和反腐倡廉建设，建立健全和进一步完善企业领导体制，从制度上保证党组织在参与决策、带头执行、有效监督等方面发挥领导核心和政治核心作用，圆满完成了上级党委部署的各项工作任务。集团各级党组织扎实开展党的群众路线教育实践活动、“三严三实”“四强”专题教育和“两学一做”学习教育，加强各级班子民主集中制建设。党委班子立足中心、驾驭全局、引领发展、应对各种复杂局面的能力不断提升，成效明显。全力配合兵团党委巡视组工作，完成了巡视任务。加强各级领导班子建设和干部队伍建设，规范干部选任程序，突出实绩考核、评价和任用干部，调整干部31批次，涉及集团干部任免147人次。

五年来，我们始终把人才队伍建设摆在十分重要的战略位置，精心谋划、扎实推进，“十二五”末，集团共有一级建造师249人，二级建造师850人，教授级高工18人，高级职称478人，中级职称人员2215人，初级职称人员2630人，具有职称和执业资格的员工占员工总数的57.9%，为集团市场开发、施工生产、队伍稳定提供了坚强的组织保证和人才支撑。

五年来，集团党委始终坚持“支部建在项目上，党旗飘在工地上”的有效做法，按照“五同五有”“五同”（建立基层党组织与成立工程项目部、明确工作职责同步，配齐配强项目经理与配齐配强党支部书记同步，推进工程项目建设与推进党建工作同步，检查生产经营工作与检查党建工作同步，评比表彰优秀项目与表彰优秀党组织同步）。“五有”（有一个好班子、有一支好的党员队伍、有一个好的工作机制、有一个好的工作业绩、有一个好的群众反映）标准抓好基层党组织标准化建设，推动基层党组织达到“六有”目标（有坚强有力的服务核心、有本领过硬的服务队伍、有功能实用的服务场所、有形式多样的服务载体、有健全完善的服务机制、有职工群众满意的服务业绩），基层组织建设得到不断加强，党员队伍素质明显提高。集团基层党组织建设做到全覆盖，组织体系健全，保证每一名党员都在党组织的管理之中，支部工作有计划、有组织、有落实。集团所属北新国际公司委内瑞拉区蒂乌娜项目党支部获 2016 年度“全国先进基层党组织”荣誉称号。

集团党委始终坚持党对意识形态工作的领导。加强社会主义核心价值观、中国梦宣传教育，大力弘扬兵团精神，唱响主旋律，凝聚正能量，宣传思想文化工作不断加强。在对外宣传上，紧密结合企业的中心工作，加强集团和各企业内部报纸、刊物的阵地建设和通讯员队伍建设；注重新媒体运用，利用微博、微信等平台宣传企业品牌形象。“十二五”期间，全集团在省部级以上媒体刊稿 1.4 万多篇，极大地提高了集团的影响力和知名度。与《兵团日报》、兵团摄影家协会共同举办了两届“兵团建工杯”摄影大赛，连续举办了五届职工摄影作品展和两届书画作品展，得到了广泛参与好评。工会、共青团等群团组织实现组织覆盖、工作覆盖、服务覆盖，作用发挥明显。

五年来，集团党委认真落实“两个责任”，作风建设取得新进展，中央八项规定、兵团党委 26 条规定、师党委 16 条规定和集团党委 10 条规定落实到位，“四风”问题得到有效遏制，纪律审查力度持续加大，惩治腐败成效显著。反腐倡廉建设深入推进，“三转”落实到位，准确把握“四种形态”。五年来，集团及各企业共收到信访举报 204 件，问题线索处置 76 件，初核了结 58 件，立案 21 件，党政纪处理 25 人，其中企业领导人员 4 人，为企业挽回经济损失 267.77 万元，移交司法 3 人，营造了风清气正的良好政治生态。

同志们，“十二五”时期，是集团整体规模迅速扩大，企业综合实力显著增强的五年；是改革发展有序推进，产业结构逐步优化的五年；是企业管理不断创新，文化建设与和谐建设不断进步的五年；也是党的建设继承和创新成绩显著的五年。“十二五”期间，集团发生的变化令人欣喜，取得的成绩来之不易，积累的经验弥足珍贵。这些成绩的取得是兵、师党委坚强领导和大力支持的结果，凝聚着全集团广大党员的辛劳和付出，凝聚着全集团干部职工的智慧和汗水。在此，我代表集团党委向长期以来为集团经济社会发展做出贡献的各位代表，并通过你们向集团全体干部职工，特别是战斗在疆内外、海外一线的职工和关心支持集团各项事业发展的老领导、老同志表示衷心的感谢和崇高的敬意！

二、“十二五”以来收获的经验

回顾五年来的工作，我们收获的经验体会是：

——*必须紧紧围绕新疆工作总目标谋划各项工作*。维护社会稳定和长治久安，是新疆工作的总目标；牢牢把握稳定和发展两个关键点，是集团党委各项工作的遵循。我们通过狠抓以“兵”字号工程为载体的维稳戍边工作，丰富“兵”字号工程活动内涵，健全企业管理制度，进行稳定工作风险评估，将稳定工作纳入企业领导人员绩效考核体系，强化政治责任担当，加强民兵武装力量建设，履行维稳戍边使命任务，把镶嵌在全疆各地的工程项目部，打造成反恐维稳的前沿阵地和坚强堡垒，为企业发展营造了良好环境，形成了稳定工作与经济建设的协调发展、良性互动。

——*必须始终坚持发展第一要务不动摇*。这不仅是上级党委对我们提出的要求，也是集团在激烈市场竞争中生存的现实需要，更是集团全体干部职工的迫切愿望。五年来，集团实现了主要经济指标 20% 以上高速增长、职均收入翻一番的目标。坚定不移地以做大做强集团为目标，以提高质量和效益为中心，坚持稳中求进积极“进”，稳中有为主动“为”，做到稳中提质、稳中求好、稳中求优。

——*必须坚定不移地实施“走出去”发展战略*。立足疆内、拓展疆外、挺进海外的“三大市场”战略，是集团在市场竞争洗礼中，经过探索和阵痛后获取的成功经验。通过与中信建设、中国路桥等央企合作，培养了一支敢打硬仗、能打硬仗、打胜硬仗的海外队伍，海外事业实现了从“借船出海”到“驾船出海”的转变，为推动海外市场“4+1”的区域发展战略奠定了坚实的基础（“4+1”，即：4个海外市场区域分别是以安哥拉为中心的南部非洲区，以阿尔及利亚为中心的北部非洲区、以委内瑞拉为中心的拉美区，以新疆周边国家为中心的中亚、南亚区；1个海外农业项目）。通过与上海建工、西部地区建工集团合作，疆外市场实现较快拓展，已在四川、重庆、湖北、云南、福建等21个省（区、市）投资建设并设立了分支机构。

——*必须持续调整产业结构和转变发展方式*。围绕国际国内市场需求和新常态下固定资产投资方向，着眼于生产经营与资本运营相结合、投资与建设相结合、产业结构调整与外部资源整合相结合，形成新的业务发展模式，提升产业层次，拉伸产业链条，将七大板块打造成支撑集团快速发展的主引擎。借助北新路桥上市平台，推进资本运作步伐，创新融资方式，为改变传统施工模式、承揽高端项目、提升经营规模和质量以及加快发展方式转变提供资本支持。

——*必须坚持牢固树立品牌发展意识*。品牌是企业宝贵的无形资产，集团始终把品牌建设作为一项重要工作来抓，牢固树立品牌意识、推进品牌战略。2015年，集团荣获“新疆维吾尔自治区成立60周年新疆影响力品牌”称号，通过品牌建设，扩大社会影响力和知名度，进一步提升广大职工的自我认同和自信心，使集团可以在日趋激烈的市场竞争中与大型央企同台竞技，不断发展和壮大。

——*必须坚持围绕发展抓党建，抓好党建促发展的思路*。集团党委紧紧围绕企业改革发展大局，充分发挥企业党组织的领导核心和政治核心作用，不断加强和改善党的领导和党建工作。集团党委始终把领导班子建设摆在突出位置，巩固和提高“四好”领导班子建设，坚持集团中层以上领导人员定期培训制度、强化对领导人员的教育、培养和监督，从思想、组织、作风、制度和廉政建设等方面全面加强各级领导班子建设，并以此带动干部队伍和党员队伍建设。

——*必须坚持以人为本，调动各方面积极因素，形成实现发展目标的总体合力*。坚持“人才强企”“人才资源是第一资源”的理念，以“五个依托”为平台，开辟人才招聘和引进新途径。五年来，共引进大中专毕业生4033人，北新路桥、北新国际在属地化管理方面进行了有益的尝试，并积累了一些很有价值的经验和做法。坚持事业、感情、待遇、环境、文化留人，为人才成长创造良好条件，各级各类人才在各自岗位上发挥了突出作用。坚持为广大职工谋利益，办实事，调动和发挥广大职工的积极性、主动性和创造性，为企业稳步发展提供强大动力。

三、贯彻落实自治区、兵团、师党委工作部署，在总目标的引领下做好“十三五”各项工作

“十三五”期间，我们要紧紧围绕社会稳定和长治久安这一总目标，扎扎实实落实好中央的新要求、新定位和自治区、兵、师党委的部署要求，在准确把握大势中做好集团“十三五”各项工作，履行好维稳戍边使命。当前，我们已经站在一个新的起点上，肩上的责任重大，任务艰巨，面临的发展环境发生深刻变化，市场竞争加剧，但我们更应该看到面临的大好机遇。一是随着“一带一路”倡议和中巴经济走廊的深入推进，中国将加大对周边和“一带一路”沿线国家投资力度；二是要实现全面小康社会的目标，新一轮城镇化建设、扶贫攻坚工程及职工多元增收势必会快速推进；

三是“十三五”期间，国家铁路固定资产投资规模为3.5万亿～3.8万亿元，为我们做强铁路板块提供了市场基础；四是第二次中央新疆工作座谈会明确提出，要坚定不移推动新疆更好更快发展，“十三五”期间，新疆基础设施建设投资规模超万亿元；五是兵地融合发展，兵团向南发展战略的进一步实施。这些都为集团发展提供了难得的机遇和环境。“十二五”期间，集团各项事业的发展，为我们积累了丰富的实战经验，拓宽了视野，增强了信心和勇气。

但是，我们也必须清醒认识到存在的问题、面临的严峻形势和挑战。务必清醒地认识到经济发展已经进入新常态。集团应对投资方式发生转变的措施不足，在实践中统筹协调“四个全面”和五大发展理念的思路不清晰，没有找准推进混合所有制经济和PPP模式的切入点和结合点。务必清醒地认识到加快推进企业改革，调整结构、优化资源配置、完善健全现代企业制度迫在眉睫。务必清醒地认识到集团内部管控还需要加强，对所属企业国有资产监管体制还需完善，利益输送、国有资产流失等现象仍然存在。务必清醒地认识到人才队伍跟不上企业发展的需要，特别是管理高端项目、海外项目、资本运作的人才缺乏。务必清醒地认识到集团经济运行质量不高，管理空心化仍没有完全解决，科技创新活力不足，核心竞争力不强，转变发展方式的任务迫切而又艰巨。务必清醒地认识到党的建设必须进一步加强，企业党组织领导核心和政治核心作用未得到充分发挥；一些领导班子和领导人员的能力不能满足新形势、新任务、新挑战的需要；“两个责任”落实不到位，对党风廉政建设和反腐败斗争的严峻形势认识不足，有的企业落实“两个责任”存在“虚抓空管”现象。

“十三五”期间工作的指导思想是：高举中国特色社会主义伟大旗帜，以马克思列宁主义、毛泽东思想、邓小平理论、“三个代表”重要思想、科学发展观为指导，全面贯彻党的十八大和十八届三中、四中、五中、六中全会精神，深入贯彻习近平总书记系列重要讲话，特别是在第二次中央新疆工作座谈会上的重要讲话和视察新疆及兵团时的重要讲话精神，坚决贯彻落实以习近平同志为核心的党中央治疆方略，按照自治区党委和兵、师党委的决策部署，统筹推进“五位一体”总体布局、协调推进“四个全面”战略布局，牢固树立和贯彻五大发展理念，积极适应、把握、引领经济发展新常态，围绕社会稳定和长治久安总目标，以科学发展为主线，以改善民生为出发点和落脚点，以提高发展质量和效益为目标，以转变发展方式为突破口，统筹推进经济建设、政治建设、文化建设、社会建设、生态文明建设和党的建设，切实履行好维稳戍边职责使命，更好发挥“稳定器”“大熔炉”示范区作用。

“十三五”期间发展目标是：按照“三步走”发展战略，巩固提升集团在全国500强中的位置，实现整体上市的奋斗目标。主要经济社会指标保持中高速增长，力争“十三五”末营业收入突破500亿元大关，努力将集团打造成投资拉动、高度融合、产业优化、管理科学、创新驱动的现代大型建设投资控股企业集团。

各位代表！成就鼓舞人心，目标催人奋进。实现上述目标，必须坚定不移贯彻执行党中央、国务院、自治区和兵、师党委的决策部署，全面实施《兵团建工集团“十三五”发展规划》，坚定发展信心，创新发展思路，不断深化改革，转变发展方式，各级党员领导人员要敢于担当，努力作为，把集团的事业不断推向前进！

“十三五”期间，要重点做好以下九个方面的工作。

（一）精准施策调结构，全力以赴稳增长。

一是深耕“三大市场”，做精做强建筑主业。要继续优化“三大市场”区域布局，在巩固扩大现有市场的基础上，不断拓展新的地区和国家。要发挥房建、公路两个特级资质的优势，寻求大市场、承接大项目；要及早着手水利水电工程、铁路工程资质升特工作，抓住国家扶贫攻坚、新一轮城镇化建设、城市综合管廊建设、海绵城市建设、“十三五”国家铁路投资建设、自治区重点水利工程建设、兵团向南发展的机遇，做精做强建筑主业。二是坚持主业强、副业精的战略定位。注重资源共享以及专业布局，培育经营特色明显、科技含量较高、市场前景广阔的专业领域，重点发展消防设施、建筑装饰装修、建筑幕墙和环保工程等专业施工公司，逐步提升高端建筑市场的专业施工能力。三是围绕建筑主业延伸产业链。要继续通过资源整合、内引外联，发展建筑工程设计、咨询、新型建材工业、装配式建筑部件和商贸物流产业，提高集团化运营能力、专业化经营水平和市场竞争力。四是做好商品房去库存，加大资金回笼力度。要抓住国家出台农民工市民化、税收减免、财政补贴、降准降息以及完善住房制度改革等一系列房地产去库存政策，加快回笼资金。五是继续深化“走出去”战略。要按照海外区域发展“4+1”的战略，抓住国家实施“一带一路”的历史机遇，积极参与中巴经济走廊重大项目建设，增强国际化运营能力，力争在海外市场有新突破。

（二）转变发展方式，提高发展质量。

一是改变传统施工模式。通过 PPP、BOT、BT 等模式，投资参与市政基础设施、轨道交通、城镇开发、公共服务等领域，为企业的发展寻找新的“蓝海”，要规范投资程序，加强投资项目可行性研究，建立健全投资风险评估预警机制，规避投资风险。集团每年将提供部分资金用于支持各企业以 PPP 等模式承揽工程项目。二是组建成立投资公司。通过股权投资、并购、财务投资等灵活的投资机制和方式，引领集团创新业务模式，拓展业务领域，进一步提升集团的核心竞争力和盈利能力。三是提升管理水平。在“十三五”期间，要更加注重提高管理、注重增加科技含量、注重节能环保、注重可持续发展，要实现集团由粗放型经营向集约型经营的根本转变。四是提高总承包能力。在疆内大型工程上，利用本土企业优势，借助新疆政策支持，实施大型项目施工总承包和工程总承包。五是加强对外合作。以开放、共享的发展理念，加强与央企、西部九省区建工集团的携手合作，投资、承建国内外大型工程项目，谋求互促共赢。

（三）实现改革新突破，培育发展新动能。

全面深化改革对我们来说，既是机遇，也是挑战。一是“十三五”期间，要完成集团整体上市工作，通过整体上市，盘活存量，提高集团净资产和投融资能力，提升以 PPP 模式参与建设重点工程、重大基础设施的能力。二是在供给侧改革的趋势下，通过兼并、联合、股份合作等形式，整合资产、人才、市场等资源，以满足集团快速发展和长远发展的需要。三是完成四建、五建、六建的改制工作，引入非国有资本参与三个企业的改制，建立起股权结构多元、股东行为规范、内部约束有效、运行高效灵活的经营机制，进一步释放发展活力。四是健全公司法人治理结构。重点是推进董事会、监事会建设，建立健全权责对等、运转协调、有效制衡的决策执行监督机制，充分发挥董事会的决策作用、监事会的监督作用、经理层的经营管理作用，实现规范的公司治理。

（四）加快创新驱动，增添发展活力。

一是围绕建筑主业和施工项目，以金莱公司、建科院为中心，加强科研投入，确定技术攻关、科技创新项目，组建强有力的研发团队，开展科技创新工作，力争每年获得一项到两项国家发明专利、实用新型技术专利，重点在 BIM 技术、建筑动漫、海绵城市建设等领域有所突破。集团上下要提高对科技创新、科研开发重要性的认识，增强技术创新意识，提高技术创新水平，增强企业核心竞争力，为集团发展提供强有力的技术支撑。二是加大对绿色建材、装配式建筑、3D 打印等建材工业的引进力度，提高绿色建材、装配式建筑在工程项目上的应用，树立绿色发展的理念。三是以“双创”为契机，积极营造有利于创新创业的环境氛围，增强集团创新活力，引导广大职工积极投入岗位创新热潮之中，积极培育青年员工创新创业的意识和能力，推进全员创新。

（五）抓实开源节流，做精降本增效。

要充分运用“互联网 +”的思维，利用信息化手段，加强对集团下属企业及项目的管控。一是做实集团资金归集平台。实现集团资金集中监控、统筹融资、统一筹划、内部调剂，内部资金成本计价管理等功能，在保证控制资金风险的前提下，降低集团与下属企业的财务费用，高效利用闲置流动资金，达到降低集团整体资金成本的目标。时机成熟时，成立财务公司。二是做实集团大宗材料统一采购平台。组建大宗材料采购中心，将分散在各企业、项目部的采购职能一律纳入采购系统，统一采购，统一管理，按照“择优、择廉、择近”原则采购，充分发挥批量采购的优势，把握主动权，减少中间采购环节，最大幅度地降低采购成本。三是建立劳务用工管理平台。面对建筑业发展的新形势、新任务、新要求，要在用工理念和方式上不断创新，大胆探索劳务用工的新途径，实现用工模式的新突破，培养稳定的劳务工队伍。四是建立项目合同管理和管理费预算管理平台。建立完善的合同管理体系，对合同进行分级、分层、分类管理；建立合同签订前的申报备案制度和合同执行过程中信息反馈制度，并对签约、履约进行过程监控，实行规范化、程序化管理；补充完善成本管理办法，形成一套完整的成本核算和成本控制系统。对于重点项目，要定期将实际成本与目标成本进行对比，分析存在的差异，及时发现问题进行调整，控制和降低各项费用开支。五是建立一项目一审计平台。加强对项目的监管审计，形成有效的检查监督机制，以目标成本为依据，从预算收入、主要实物量、价格、分项成本和资金等方面入手，开展对项目成本的稽查工作，严格工程项目的事前、事中和竣工审计，采取有效措施，防止项目亏损。通过做实这五大平台补齐集团的短板，这既是集团降本增效的有效手段，也是在新常态下反腐倡廉工作的必然要求。

（六）突出风险防范，严格内控管理。

一是要加大管控力度。借鉴国内大企业管理大项目、高端项目先进经验，完善制度化、程序化管理，加强财务审计、经营稽核力度，提高管控能力，确保项目干得好，成本算得出，资金收得回。二是要严格管理企业债务。加强对企业债务情况的全面核查，掌握融资、对外担保等情况，建立健全风险管控体系，控制借贷规模和资产负债率，保障资金链安全，坚决杜绝盲目借贷、违规举债、资金错配等行为，有效降低企业杠杆率。三是要加强对外投资的管控。要建立健全集团对外投资机制、项目报批程序、投资评估制度、责任追究机制，重大投资项目要严格执行民主集中制，落实“三重一大”事项集体决策制度。四是要抓好质量安全工作。以开展“工程质量提升行动”为抓手，建立健全企业内部质量安全体系，加强企业内部诚信建设，将安全质量管理与企业诚信建设有机结合起来。要严格“党政同责、一岗双责、齐抓共管、失职追责”的要求，抓好安全生产责任制落实，形成人人重视质量、人人重视安全的工作氛围，保证每个项目的工程质量落到实处，以安全、质量品牌赢得市场。

（七）切实保障改善民生，提升职工群众获得感。

要始终坚持把共享发展、增进人民福祉作为根本出发点，不断增加职工收入，适时建立企业年金制度、员工持股计划。要坚持民生优先，倾力保障和改善民生，努力改善职工生产、生活条件，把职工群众的安危冷暖放在首要位置，持续开展民生建设年活动，每年扎实推进“十件实事”惠民工程，让职工群众在共建共享中有更多获得感，让职工群众切身感受到以习近平同志为核心的党中央的关怀与温暖。认真落实国家相关法律法规和《中共中央、国务院关于构建和谐劳动关系的意见》，坚持以人为本，贴近基层、贴近职工，建立健全和谐劳动关系，维护职工、农民工和企业的合法权益。深入推进法治建设，坚持依法治企、依法经营。

（八）加强培育先进文化，构建良好人文环境和企业氛围。

要与时俱进，以改革创新精神加强思想政治工作和文化建设，努力营造健康向上、团结和谐的精神家园。要不断推进企业文化建设，打造富有兵团建工特色的企业文化，把集团企业文化理念向企业制度、流程和职工的行为渗透；积极组织各种文化活动，努力培养选树一批叫得响、过得硬、推得开的先进典型，充分发挥先进典型在弘扬企业精神中的示范作用；要打造企业品牌形象，充分发挥企业报刊、网站的优势，加强与新闻媒体的联系，大力宣传企业“五个文明”建设成果，尤其要做好企业改革发展成就、重点工程建设、各类先进典型的宣传报道工作，对内凝聚人心、鼓舞士气，对外塑造形象、扩大影响，不断提升“兵团建工”品牌的知名度、信誉度和美誉度。

（九）着眼新疆工作总目标，抓好维稳戍边工作。

要按照兵团和师党委的要求，牢牢把握社会稳定和长治久安这一新疆工作的总目标和核心任务，结合履行职责使命，深入学习领会，抓好贯彻落实。要深刻认识到，社会稳定和长治久安是以习近平同志为核心的党中央交给我们的重大政治任务，是兵团和全师工作的着眼点和着力点。我们所有工作都要紧紧围绕总目标、服务总目标，坚决不跑偏、不分心、不犯方向性错误。

要认真落实好党管武装制度，调整配备好以企业党委书记为主任的武委会组成人员，配齐配强企业专（兼）职武装干部。按照基干民兵编实编强、普通民兵编够编好的工作思路，完成企业年度民兵编组任务。每年抓好在编基干民兵三分之一人员的训练和民兵轮训备勤工作，多种形式开展好企业职工冬季普训工作，提高全员“兵”的意识。设武装部的单位，按照兵、师民兵武装工作第二个三年计划，突出抓好基层武装部和民兵营（连）部正规化达标建设，为履行使命任务奠定基础。完成年度征兵任务，落实好《义务兵家庭优待办法》，做好退伍军人培训和安置工作。

要继续加强“兵”字号工程建设，发挥好“稳定器、大熔炉、示范区”作用。集团所属各单位在工程项目广泛开展“兵”字号工程活动，对企业、项目的各项管理和生产经营起到了很好的推进作用，也积累了宝贵的经验，各级、各单位要把这项活动纳入企业工作的重要组成部分，持之以恒地抓下去。要以工程项目为平台，通过扩大工程任务总量，扩展施工队伍，增加项目人员总量；积极推进劳务工队伍的属地化用工，吸纳一定比例的当地人员特别是少数民族大学生在工程项目就业。要广泛开展“民族团结一家亲”活动，和困难少数民族家庭结对认亲，经常走访，真情、真心地为少数民族群众做好事、办实事。要发挥建筑业技术装备优势、产业优势、人才优势、质量技术优势和现代企业文化优势，积极参与地方各项建设，充分发挥辐射带动周边地区融合发展的作用。

要加强维稳军事力量建设，加快推进基层人武部正规化建设。围绕建设一流民兵队伍，加强民兵应急分队建设，构建有效的情报信息网络体系。要积极配合相关部门落实严打活动，按照上级部署积极参与地方维稳工作，实现联防联控、群防群治。要完善和落实严厉打击暴力恐怖活动应急方案，编实维稳力量，做到在关键时刻能“拉得出、用得上、起作用”。

要认真落实平安单位管理办法，提升平安创建水平。要发挥好基层组织及群防群治力量末梢作用，努力实现预知预警、预防预控。要以“七五”普法开局为契机，开展好民族团结教育及法制宣传教育活动，协助相关部门依法惩治各类违法犯罪行为。坚持“打防结合、预防为主、专群结合、依靠群众”的工作方针，落实工作责任制，完善突发事件应急体系和应急管理机制。严格把控重大决策事项社会稳定风险评估制度，防止引发社会矛盾。落实好“五包”责任，开展社会矛盾排查化解，提高发现能力、化解能力、处置效率。

四、坚持全面从严治党，充分发挥领导核心和政治核心作用

要全面落实从严治党的要求。切实强化“政治意识、大局意识、核心意识、看齐意识”，各级党组织、广大党员干部，任何时候、任何情况下都要在思想上、政治上、行动上同以习近平同志为核心的党中央保持一致，对以习近平同志为核心的党中央绝对忠诚，坚决维护以习近平同志为核心的党中央的绝对权威。各级领导人员必须做到在政治上讲忠诚、组织上讲服从、行动上讲纪律，要做严守政治纪律和政治规矩的清醒人、明白人、带头人。各级党组织要坚决落实全面从严治党主体责任，真管真严、敢管敢严、长管长严，把党的建设新的伟大工程推向前进，为集团经济社会发展提供根本保障。

（一）充分发挥国有企业党的领导核心和政治核心作用，加强党对建工集团各项工作的领导。习近平总书记在国有企业党建工作会议上指出，坚持党的领导、加强党的建设，是国有企业的“根”和“魂”。党对国有企业的领导是政治领导、思想领导、组织领导的有机统一。集团各级党组织要发挥好领导核心和政治核心作用，围绕把握方向、谋划全局、提出战略、制定政策、推动法治、营造环境、抓好落实的要求，把加强党的领导和完善公司治理统一起来，创新国有企业党组织发挥领导核心和政治核心作用的途径和方式，保证党和国家方针政策、重大部署在企业贯彻执行。集团党委作为集团工作的领导核心，凡属全集团重大发展规划、重大方针政策、工作总体部署以及关系全局的重大问题，都要经集团党委会研究决定。要认真贯彻中央群团工作会议精神，加强各级党组织对群团工作的领导，发挥好工会、共青团等群团组织的作用，推进群团组织把工作重心转向基层、放在群众身上。

（二）要切实承担好、落实好从严管党治党责任。集团各级党组织要紧紧围绕全面解决党的领导、党的建设弱化、淡化、虚化、边缘化问题，抓好党建工作。坚持从严治党、思想建党、制度治党，增强管党治党意识，建立健全党建工作责任制，聚精会神抓好党建工作，做到守土有责、守土负责、守土尽责。要加强基层党组织建设，以“六个到哪里”为遵循，细化、量化企业和项目部党建工作，让基层支部成为团结群众的核心、教育党员的学校、攻坚克难的堡垒。要加强党员队伍建设，充分发挥共产党员先锋模范作用，把党员日常教育管理的基础性工作抓紧、抓好，从基本组织、基本队伍、基本制度严起，使全面从严治党要求落在实处。要按照“一个主题”、围绕“两大目标”、抓好“八个方面工作”的思想政治工作体系，把思想政治工作作为各级党组织一项经常性、基础性工作来抓，把解决思想问题同解决实际问题结合起来，多做得人心、暖人心、稳人心的工作。要发挥“访惠聚”工作作用，把中央、自治区和兵、师党委部署“一揽子”落到实处，“一竿子”贯彻到底。

（三）要加强领导班子和干部队伍建设，树立正确用人导向。强化党组织在企业领导人员选拔任用、培养教育、管理监督中的责任，保证人选政治合格、作风过硬、廉洁不出问题。根据集团改革发展需要，明确选人用人标准和程序，创新选人用人方式，要将在一线摸爬滚打、锻炼成长起来的良将贤才选拔到领导岗位。支持董事会依法选择经营管理者、经营管理者依法行使用人权，坚决防止和整治选人用人中的不正之风。加强对企业领导人员尤其是主要领导人员的日常监督管理和综合考核评价，及时调整不胜任、不称职的领导人员，切实解决企业领导人员能上不能下的问题，铸造一支“特别能吃苦、特别能战斗、特别善经营、特别能奉献”的干部队伍。要加大属地化招录人才、使用人才的力度，提升企业管理团队整体素质。要以扎实开展“两学一做”学习教育为契机，全面提升党员干部队伍的思想政治素质。

（四）深入推进党风廉政建设和反腐败斗争，营造风清气正的政治生态。要全面贯彻落实党的十八届六中全会精神，切实落实好反腐倡廉“两个责任”。集团各级党组织要加强领导，旗帜鲜明地支持纪委开展工作；纪检机构要科学运用“四种形态”，履行好执纪监督问责职能，突出纪律审查重点。把党的十八大后不收敛、不收手，问题严重、群众反映强烈，现在重要岗位可能还要提拔使用的党员领导干部作为主要对象，严肃查处非正常亏损造成的国有资产流失、“三重一大”决策制度执行不到位等问题。努力构筑企业领导人员不敢腐、不能腐、不想腐的有效机制。要坚持运用法治思维和法治方式反腐败，完善反腐倡廉制度体系。全集团各级、各部门和广大党员干部要自觉践行“三严三实”要求，结合开展“两学一做”学习教育，大力弘扬求真务实精神。坚持民主集中制，严格落实中央八项规定，做对党忠诚、勇于创新、治企有方、兴企有为、清正廉洁的好干部。对违反纪律、发生腐败案件的单位，既严格追究主体责任、监督责任，又严肃追究领导责任。

（五）强化担当精神，全面提升执行力、落实力。执行力就是战斗力，就是竞争力。集团各级领导人员必须要有敢于担当和攻坚克难的勇气和锐气，提高执行集团决策部署的自觉性。要把集团的总体安排部署，不折不扣落到实处；要讲政治，顾大局，说一不二，步调一致；要形成目标分解、组织实施、监督检查、反馈落实良性循环机制，确保集团战略决策全面落实。

各位代表、同志们，我们正处在全面建成小康社会的伟大时代，把企业做强做大，推进企业持续健康发展，打造百年基业，为职工群众谋取福祉，是我们肩负的神圣使命，也是新时期兵团建工人共同的意愿和追求。新一届集团党委将一如既往，带领广大党员，团结全体职工，抢抓机遇，趁势而为，真抓实干、砥砺前行，以坚定不移的信念、百折不挠的精神，为谱写集团“十三五”发展新篇章而努力奋斗！为维护社会稳定和长治久安作出新的更大的贡献！

凝心聚力谋发展真抓实干铸辉煌
——努力开创兵团建工集团发展新局面

兵团建工集团一届一次职工（会员）
代表大会上的工作报告

各位代表：

现在，由我代表集团经营层做总经理工作报告，请代表们予以审议。

2016年，面对建筑市场持续下行、经营形势异常严峻、安全稳定压力巨大等多重挑战，集团公司紧紧围绕年度奋斗目标和“三步走”战略，牢固树立社会稳定和长治久安总目标，集团上下统一思想，坚定信心，开拓进取，经过全体员工的共同努力，各项目标全面完成，经济发展呈现出良好的态势，民生进一步改善、内部稳定和谐，社会形象明显提升，党的建设取得了新成效。

一、2016年工作回顾

（一）坚持稳中求进总基调，推动经济平稳健康发展。

2016年，在2015年“250家国际承包商”和“250家全球承包商”排名中，集团分列第118位和第79位，为西北五省唯一一家入选企业；在“2015中国100大跨国公司及跨国指数”榜单中，列第88位；2015年度中国建筑业竞争力双200强第31位，为新疆唯一一家入选企业。集团累计完成产值336亿元，与上年同期完成310.8亿元相比，增幅为8.1%。承揽工程任务总量604.8亿元，与上年同期542.9亿元相比，增幅为11.4%。在经济下行压力不断加大，市场竞争日趋激烈的严峻形势下，取得如此成绩实属不易。

（二）加大全面深化改革力度，激发活力增添发展动能。

一是今年以来，集团各单位在巩固疆内市场的基础上，加大“走出去”的力度，兵团四建、兵团六建、水电集团在疆外市场开拓上实现了新的突破，北新路桥抢抓“一带一路”建设倡议机遇，在中亚、南亚市场实现新的突破。二是围绕建筑主业，加快推进建筑产业化建设。建材工业集团总投资5亿元启动重钢项目，建成后的重钢基地项目将成为新疆最大的重钢结构生产企业，必将为推动集团建筑产业化奠定坚实基础。三是参与PPP项目实现重大突破。集团以BOT方式承接了重庆渝长高速扩能改造项目，项目总投资额近90亿元；北新路桥以PPP模式参与十师北屯市市政基础设施项目。四是创新融资方式，拓宽直接融资渠道。北新路桥依托上市公司平台，通过增发股票解决福建顺邵高速项目资本金，目前已获证监会受理；集团多次与金融机构洽谈，以股权基金方式解决重庆渝长高速项目资本金。五是按照兵师党委的统一部署，加强兵地共建，促进融合发展。兵团四建克服资金困难，参与莎车农场改扩建项目；兵团六建以EPC模式，投资20亿元参与225团城镇建设项目。六是创新人才引进模式。北新路桥、北新国际面对规模不断扩大、人才缺乏的状况，按属地化原则招用人才，取得了很好的成效。七是推进品牌建设，走品牌化发展之路。积极申报第二届兵团质量奖，经专家现场审核验收，最终获得第二届兵团质量奖，目前正在着手准备申报中国质量奖相关资料。八是科技创新能力不断提升，QC 小组创建活动成果丰硕，创优创杯工作成绩斐然。

（三）围绕新疆工作总目标，履行维稳戍边职责使命。

1. 广泛开展“兵”字号工程活动，锻造“四有”民兵队伍。在集团项目部广泛开展“兵”字号工程活动，发挥好“兵”字号工程“稳定器”的特殊作用。征兵任务、基干民兵和普通民兵编组任务、民兵训练、轮训备勤任务全面完成。

2. 深化创建平安企业，切实抓好信访稳定工作。一是建立健全平安建设组织体系，把平安企业创建当作一项重要工作来抓，一同检查考评。二是建立健全了矛盾纠纷排查、调解工作组织机构，完善了工作机制，加强了调解组织的网络建设，定期排查、定期报告。三是做好“七五”普法工作。开展“国家宪法日系列活动”。四是做好平安建设工作，“平安单位”“平安科室”“平安家庭”等创建率达 90% 以上，职工群众满意度明显提升。五是认真落实信访工作“六联单督办”制度。全年，集团及所属各企业信访办共接待来信、来访 342 件，735 人次，结案 302 件，结案率 88%。

3. 狠抓民族团结工作，营造民族团结良好氛围。一是按照自治区和兵、师党委统一部署，扎实开展“民族团结进步年”活动，制定“民族团结一家亲”实施方案。各企业特别是南疆项目工程部以实际行动推动“民族团结进步年”活动，使用少数民族劳务工、在当地开展帮扶活动等受到称赞。5 月 20 日，兵团交建喀什草湖项目部三名青年职工勇救落水的维吾尔族儿童的感人事迹已在当地被人们广泛传颂，在国内各大报纸、电视媒体广为传播。二是扎实深入开展“访惠聚”活动。按照“只能加强、不能削弱，只能提升、不能一般化，更要深入深化、干出效果”的工作要求，做好“访惠聚”工作，集团共有 6 名同志参加兵团帮扶南疆地方村或连队“访惠聚”工作组。

（四）紧扣保障和改善民生，提升广大职工群众获得感。

集团始终把改善民生作为一项重要工作来抓，持续提高集团职工群众生活质量和幸福指数。一是集团职工收入稳步增长。今年，集团在岗职工平均工资增速高于集团完成产值规模增速。二是全力做好社会保障工作。集团职工基本医疗保险、生育保险、养老保险、失业保险等实现全覆盖，城镇居民医疗保险参保率 100%。三是集团上下集中各方面的力量和智慧，通过申请国拨资金和企业自筹等方式筹措资金，继续推进兵团六建等单位保障性住房建设，解决困难职工和大学生住房问题。四是兵团一建、兵团四建、兵团五建以开展“两学一做”学习教育为契机，切实解决职工群众反映的问题，积极筹措资金对住宅小区道路、地下管网进行改造，增加健身器材，极大地改善了职工住房生活环境。五是践行“民生优先、群众第一、基层重要”理念，全面落实民生工程。

（五）坚持全面从严治党，深入推进党的建设。

以“两学一做”学习教育为抓手，以集团及各企业召开党代会（党员大会）换届选举为契机，推动加强党的领导和建设工作落到实处。

1. 狠抓政治理论学习，在严守政治纪律和政治规矩上取得明显成效。一是针对经济下行给干部职工思想带来的冲击，集团集中组织开展党的十八届五中、六中全会精神，兵师党委全委扩大会议精神，引导职工群众正确看待企业面临的严峻形势，建立与“新常态”相适应的发展理念与心理预期，为贯彻落实上级各项安排部署，推进全年各项工作提供了思想保证。二是扎实推进学习型党组织建设。特别是新一届集团党委改变了传统中心组学习的方式方法，每次学习都有企业主要领导参加，并要求每次学习都有集团高管和企业领导根据学习内容、结合工作实际谈体会，并通过集团报刊、OA平台等进行刊登交流。

2. 加强基层党组织建设，构筑坚强战斗堡垒。一是强化对权力运行和党内制度的监督，结合习近平总书记在国有企业党建工作会议上的讲话精神，对集团党委会工作规则进行了修订。进一步加强对民主集中制、“三重一大”等制度落实的监督，强化对制度执行情况的专项检查。二是按照“三个同步”的要求，不断加强基层党建工作，建立兵团建工集团党组织、党员信息库管理办法，利用现代化手段实现对党组织和党员的日常管理。三是积极引导基层党务干部探索“党建+”，推动党建工作与中心工作深度融合，解决“加什么”“怎样加”的问题。

3. 加强领导班子和干部队伍建设，树立正确用人导向。集团认真做好领导人员选拔任用工作，在今年换届前严格组织程序，严格履行干部选拔任用程序，对各企业进行了全面的换届人事考察，采取民主推荐、民主测评、民意调查、实绩分析、个别谈话、综合评价等方法步骤进行深入考察，充分发挥组织监督、群众监督作用，坚决抵制“带病提拔”和“破格提拔”现象。

4. 严格落实“两个责任”，深入推进党风廉政建设和反腐败工作。一是强化政治纪律和政治规矩，加强党的纪律建设。组织集团所属企业党员领导干部认真学习领会《中国共产党章程》及习近平总书记对严明党的政治纪律提出的新要求。二是落实从严治党主体责任，让失责必问成为常态，对职责范围内的党风廉洁建设工作敷衍塞责、不抓不管，造成不良后果和恶劣影响的，坚持“一案双查”坚决追究责任。三是巩固深化“四风”成果，健全作风建设长效机制，通过开展“四项治理”工作，推动党风政风企风持续好转。四是运用监督执纪“四种形态”，围绕中心“重点作为”。2016年，集团及各企业收到信访举报58件，问题线索处置30件，初核了结16件，立案10件/人，党政纪处分9人，其中处级领导人员1人，追究刑事责任1人，对反映失实予以澄清了结9件，为企业挽回经济损失110余万元。五是强化对权力的制约监督，筑牢围栏“提前作为”。坚持下级纪委定期向上级纪委报告工作制度，健全纪委书记定期述职、约谈汇报、重大事项报告等制度，积极探索实施巡察制度。六是加强干部队伍自身建设，明确责任“主动作为”。聚焦中心任务，巩固深化“三转”，对不作为的纪检干部，该调整的调整，对不敢抓、不敢管，监督责任缺位的坚决问责，推动责任压力持续向基层传导，激活“神经末梢”。

我们在认真总结和肯定成绩的同时，也务必清醒地认识到存在的一些不足之处，主要表现在：发展的内生动力不足，产业结构仍然比较单一，抗风险能力较弱，转型升级任重道远，个别企业管理粗放，项目管理上混乱，发展质量不高，人才队伍断层严重等。

二、2017年奋斗目标和工作思路

综合考虑今年经济发展趋势、“十三五”规划的目标任务以及上级党委对集团发展的要求与期望，确定今年的发展总目标是：完成产值405.05亿元（其中建筑业340.4亿元，工业32.1亿元，三产32.55亿元），在手任务总量700亿元，固定资产投入41.77亿元，实现利润9.73亿元，职均收入7万元。主要工作思路是：一业多元、投资拉动、防范风险、强化管理、提质增效。实现上述目标，我们要着力做好以下方面工作。

（一）健全维稳工作机制，为新疆稳定大局贡献力量。

面对新疆维稳工作常态化的要求，这就要求集团上下要充分认识当前维稳工作的重要性、紧迫性，坚决克服麻痹思想、侥幸心理，认真落实各项维稳工作，加强集团重点部位排查整治工作，进一步健全维稳工作机制、完善重点地区项目部安保措施、强化集团社会面管控措施，推进集团维稳工作的制度化、常态化建设。

（二）依托“三大市场”，做大做强建筑主业。

继续深耕疆内、疆外、海外三大市场，是我们实现今年任务目标的根本保障。2017 年，我们要继续依托三大市场，抓好传统项目的招投标，积极采取 PPP 模式参与工程项目的承揽，优化布局，实现主业稳步发展。一是要“守好大本营”。面对今年自治区 1.5 万亿元以上基础设施建设、兵团 2700 亿元基础设施建设的新机遇，要抢抓市场，积极进行信息收集、筛选，抓好工程项目前期跟踪、市场调研工作，加快拓展新区域、新项目。特别是要围绕兵团向南发展的整体部署，积极跟进南疆基础设施建设项目，争取多承揽工程项目，履行兵团国企使命。二是继续大力拓展疆外市场份额，适时设置西南、华南区域管理总部，在巩固疆外市场的同时，加强对区域内所有办事处的统一管理，对集团各企业在区域内的市场拓展、项目建设进行协调、管控，争取在疆外市场份额取得新突破。三是加快“走出去”步伐。要研判国际形势，“量体裁衣、审时度势”制定海外经营策略，海外工作继续沿着“一国为主、深度开发、辐射周边”模式，加快安哥拉、委内瑞拉、阿尔及利亚、科威特等国家的项目推进工作，加强格鲁吉亚、马来西亚、孟加拉国、柬埔寨等国家的市场开拓。根据集团“十三五”海外发展规划，突出专业化、兼重多元化、关注地域化，整合内外部资源，坚持在“一带一路”沿线国家增加独立开发项目数量、在热点市场走联合与分包这条主线，实现差异化竞争、延长产业链。利用与周边国家的地缘优势，完善区域内统一的市场开拓平台，利用多年在海外承建项目的施工经验和对当地技术规范、文化习俗的了解，增强国际化运营能力。

（三）围绕建筑主业，做优做精建筑工业和服务业。

要利用集团在建设施工领域拥有的技术、特长、经验及各种优势资源、营销渠道，围绕主业实施同心多元发展策略，开展与建设施工有关的服务业、贸易等业务，实现经营的多元化、市场的多元化。一是围绕主业发展建材工业。建材工业是集团未来的增长极，要以北新建材集团为平台，精准定位发展目标，以建筑产业现代化为引领，做绿色、低碳、环保部品、部件的集成商；各企业要形成集团工业化“一盘棋”思想，加强合作，形成合力，推动集团建材工业发展。二是在大力发展绿色建材、装配式建筑、内部电商、建筑装饰装修、建筑工程勘察设计、园林绿化、进出口贸易、投融资、“互联网 +”、3D 打印、BIM 技术应用、高端旅游等业务的同时，通过涉足建筑产业上下游各个环节，培育种子业务，扩大集团业务经营领域。

（四）转变传统发展模式，促进企业转型升级。

一是向工程总承包模式转变。要以房建、公路总承包特级资质优势，向工程总承包商转变。工程总承包是推进建筑产业化的重要途径和手段，我们要将工程建设的全过程打造为完整的一体化产业链，形成项目立项可研、项目设计、建设施工、融资一体化和运营管理一体化，使资源优化、整体效益最大化。二是组建水利工程、轨道基础设施、民用建筑工程 3 个专业事业部，充分整合集团优势资源，做大做强专业板块，扩大 3 个领域的市场份额。三是充分发挥集团投融资平台作用，围绕集团结构调整和转型升级战略目标，加强集团的投融资管理工作，让资金更好地服务于生产经营，确保集团投资、控股、参股公司和重大项目的投资管理科学、合理、有效、规范运行。四是依据集团市场开发的整体规划，转变传统的融资方式，积极采取股权基金、债券、资产证券化等融资手段，拓宽融资渠道。加快永续债券的发行，加快成立股权基金，提升以 PPP 模式参与大型基础设施建设项目、特色小镇建设的能力。加强对 PPP 项目资产证券化研究，拓宽集团 PPP 项目后融资手段。五是加强对合作联合、联营合作项目的管控和风险防范，对项目进行全过程管理，强化项目结算、资料管理，保证集团利益不受损害。六是对 PPP 项目投资进行会议评审，开展对项目初评、投标前评审工作，甄选优质项目，防范经营风险。七是加强同员工、客户、业内同行、不同行业的合作，与集团的团队共同体、利益共同体、趋势共同体及资源共同体实现合作共赢。

（五）强化基础管理，提质增效降成本。

一是围绕集团战略实施和经营管理的重点，开展企业费用预算、项目成本预算管理，建立预算责任体系，将费用预算管理深入各子公司、事业部、大型项目中，确保预算目标实现。二是在上半年建立集团分承包队伍和合作经营伙伴名录，甄选出一批有能力、有资质、守合同、重信用的分承包队伍和合作经营伙伴参与集团公司工程项目施工。三是在下半年继续推进集团集采平台建设，组建大宗材料采购中心，减少中间采购环节，最大幅度地降低采购成本，减少跑冒滴漏。各企业在同等价格、同等条件下必须使用集团内部的产品或服务。四是由审计、纪检、财务、经营、质量安全部门组成综合检查组，对大型项目每年巡查一次，对一般项目每半年巡察一次，强化项目精益化管理，着重解决技术空心化、经营空心化，以包代管的现象，杜绝人为性亏损发生。五是强化法律风险防控，坚持“重在事前预防、事中控制”的要求，重点做好合同、招投标、诉讼管理工作。六是完善科学的投资决策机制，跟踪控制项目进程，监督评估项目风险，重视投资周期和投资收益。七是加快实现产权动态管理，对所属企业往年所进行的固定资产投资、对外合作投资、固定资产购置进行监督检查，建立完整的数据库，掌握集团公司范围内的各类资产的分布及现实情况，防范国有资产流失。八是加大工程款清欠力度，各企业要提高对清收工作的重视度，把清欠工作当作一项重要的政治任务、经济责任，跟踪问效、考核问责，保证清收工作取得实效。集团每半年对内部企业应收拖欠款进行一次协调、清理。九是重视企业信誉评价工作。要加强内部管理，理顺外部关系，建立问题库，加强销号管理，规划好企业资质维护工作。

（六）深化国企改革，增添发展活力。

一是集团和各企业要继续完善企业法人治理结构。严格按《中华人民共和国公司法》建立和完善企业管理体制和运行机制。二是加快集团整体上市的步伐，在 2017 年启动集团整体上市前期基础性工作，力争三年、确保五年完成整体上市。三是健全集团决策、执行和监督机制，严格落实“三重一大”决策程序，强化集团现代化科学化管理，切实保障职工合法权益，充分发挥广大干部职工的积极性和创造性。四是简化管理层级。通过重组整合、压缩各企业内部管理层级，建立紧凑、干练的扁平化组织结构。五是深入贯彻落实中央关于兵团深化改革的部署要求，加快推进集团公司改革发展新进程。

（七）强化品牌建设，牢固树立“安全质量是发展的生命线”意识。

一是落实主体责任，齐抓共管。加强安全生产工作的组织领导，强化“一岗双责”，增强责任意识，落实安全生产责任制，落实监管职责，坚持管行业必须管安全、管业务必须管安全、管生产经营必须管安全，而且要党政同责、一岗双责、齐抓共管。二是认真贯彻落实质量终身责任。各所属企业要严格按照住建部《建筑工程五方责任主体项目负责人质量终身责任追究暂行办法》等规定，全面提高质量责任意识，切实落实好项目经理的质量责任。三是加大质量管理投入，提升管理手段，以开展质量隐患排查、专项整治活动为抓手，加大现场质量监视、测量仪器设备的资金投入，强化过程监督、检查，确保过程质量可控。四是继续开展创先争优活动，加强“安全文明工地”的创建。要从目前被动的安全管理变成自觉的、主动的管理模式。在安全管理方面要发挥安全文明工地的示范作用，推广先进经验，以创建“安全文明工地”活动为抓手，全面推进集团施工现场安全生产标准化建设工作，促进集团安全生产管理水平的整体提高。五是坚持走“科技兴安”之路。要着眼于集团的发展需求，进一步增加科技投入，通过科技创新，为安全生产工作提供可靠的技术保障和技术支撑。

（八）坚持以人为本，切实保障和改善民生。

着力解决职工群众最关心、最直接、最现实的利益问题，将职工群众安危冷暖放在首位，坚持服务职工，以切实可行的举措在关爱职工中提升服务质量。不断增加职工收入，倾力保障和改善民生，与职工群众共享集团发展成果。营造待遇适当、无后顾之忧的生活环境。依据企业所在城市经济发展水平和同行业其他企业的薪酬水平，科学制定基准报酬。对特殊人才要制定特殊薪酬，构建专业化、特色化、个性化的服务体系。

（九）深入推进全面从严治党，为集团经济发展保驾护航。

各企业要认真履行从严治党责任，结合行业特点和自身实际，以严肃党内政治生活和强化党内监督为重点，加强基层党组织建设和干部队伍建设，增强“四个意识”，结合“三会一课”和开展“学讲话、转作风、促落实”专项活动，加强“四好”领导班子、“四强”党组织、“四优”共产党员的建设，打牢基层基础，充分发挥各企业党委领导核心和政治核心作用，基层党组织战斗堡垒作用和党员先锋模范作用。要深入开展党风廉政建设和反腐败工作，严格落实“两个责任”，运用好监督执纪“四种形态”，以“零容忍”的态度坚决加大执纪审查力度，加强监督执纪问责，把权力关进制度的笼子，营造风清气正的良好政治生态，让不敢腐、不能腐、不想腐成为各企业领导干部的行动自觉。要推进民族团结宣传教育和民族团结进步创建，深入扎实开展好“民族团结一家亲”和民族团结联谊活动。

各位代表、同志们，面对新形势和艰巨的任务我们责任重大。为此，我们要做好迎接挑战，克服困难的思想准备，以更加开阔的视野、更加昂扬的斗志、更加扎实的作风，紧紧围绕奋斗目标，奋力拼搏，用勤劳和智慧为集团可持续发展再创新功，为维护社会稳定和长治久安做出新的更大的贡献。

四、“十三五”工作回顾

兵团建工集团“十三五”期间工作总结

为全面了解新疆生产建设兵团建设工程（集团）有限责任公司（以下简称兵团建工集团）“十三五”期间各项工作开展情况，深入分析。兵团建工集团发展过程中的制约因素，为“十四五”期间快速发展找方法、探路径，现就兵团建工团“十三五”期间各项工作开展情况总结如下。

一、企业情况

兵团建工集团前身为新疆农垦建筑安装工程总公司，于1992年8月经新疆维吾尔自治区人民政府新政办〔1992〕10号文批准，在工一师北疆铁路指挥部基础上组建。2004年1月，兵团建工集团在国有企业改制重组进程中，贯彻兵团党委8号文件《关于建工师体制改革有关问题的指导意见》精神，实现政企分设、撤团建企、主辅分离，建立和理顺母子公司体制下新的监督体系和工作机制，为兵团建工集团经济快速发展增添后劲。

（一）企业基本情况。截至2020年底，集团注册资本金10.18亿元，资产总额为605.56亿元，净资产107.02亿元，是新疆本土最大的综合性建设投资集团，形成了以建设施工为主业（公路、房屋建筑、市政、水利水电、铁路五大板块），集投融资、房地产开发、国际工程、建材工业、商贸物流、科研设计为一体的多元化经营格局。

至“十三五”末，兵团建工集团企业知名度、影响力得到了大幅度提升，获得了众多国内外荣誉及奖项。先后4次入围中国企业综合500强；连续多年入围中国建筑企业500强；连续17年入围ENR全球最大250家国际承包商榜单；连续7年荣获中国建筑业双200强竞争力企业；荣获全国AAA级信用企业称号。获得鲁班奖4项、詹天佑奖3项、大禹奖1项、国家级优质工程18项、省部级优质工程230项，在工程创优方面取得了显著成就。

（二）组织架构情况。截至2020年底，兵团建工集团所属企业131家（含项目公司13家、海外分公司7家、参股企业10家），其中全资或控股企业121家，参股企业10家。按所属级次分，集团本级1家；二级企业13家，包括控股及全资子公司12家（1户控股上市公司：北新路桥集团），参股公司1家（建新成功银行）；三级企业101家；四级企业16家（北新路桥集团12户、兵团建工一建集团3家、北新建材1家）。按所属行业分，建筑主业企业65家；工业企业19家；三产服务企业47家。

兵团建工集团下设12家子公司（6家子公司为师重点企业），其中5家建筑企业、2家建材工业企业、1家房地产开发企业、2家建筑科技研发企业、2家商贸流通企业。

（三）人力资源情况。截至2020年底，兵团建工集团共有员工8937人，其中女性2513人，管理人员7460人。各年龄段职工人数情况：30岁及以下职工3183人、31至40岁职工2322人、41—50岁职工1842人、50岁及以上职工1590人。学历情况：研究生及以上学历194人、大学本科学历3756人、大专学历3109人、中专及以下学历1878人。职称情况：正高46人、高级571人、中级2071人、初级1650人。执业资格情况：一级建造师312人，二级建造师839人。

（四）资质情况。兵团建工集团及各企业现有特级施工总承包资质2项，分别为建筑工程、公路工程；一级施工总承包资质14项，专业承包一级资质14项，设计资质6项，房地产开发一级资质2项。

二、“十三五”期间企业经济运行情况

（一）2016年经济运行情况。2016年，兵团建工集团累计总产值334.69亿元，与上年同期310.71亿元相比，增长7.7%。其中建筑业产值286亿元，占总产值的85.4%；工业总产值25.07亿元，占产值的7.5%；其他营业收入23.69亿元，占总产值的7.1%。

截至2016年底，兵团建工集团在手工程任务总量607.88亿元，与上年同期542.94亿元相比，增长12%。其中上年结转工程为277.38亿元，本年新接工程330.51亿元。2016年，集团完成固定资产投资23.08亿元，与上年同期相比增长16.8%。

（二）2017年经济运行情况。2017年，兵团建工集团累计总产值351.17亿元，与上年同期334.69亿元相比，增长5%。其中，建筑业产值278.18亿元，占总产值的79.2%，同比下降2.7%；工业总产值27.3亿元，占总产值的7.8%，与上年同期相比增长9.2%；其他营业收入45.68亿元，占总产值的13%，与上年同期相比增长92.82%。

截至2017年底，兵团建工集团在手工程任务总量535.33亿元，与上年同期607.88亿元相比，下降12%。其中，上年结转工程为258.95亿元，本年新接工程276.38亿元。2017年，集团完成固定资产投资41.98亿元，同比增长81.89%。

（三）2018年经济运行情况。2018年，兵团建工集团累计总产值386.49亿元，与上年同期351.17亿元相比，增长10%。其中，建筑业产值292.08亿元，占总产值的79.2%，与上年同期相比增长5%；工业总产值35.74亿元，占产值的7.8%，与上年同期相比增长30.9%；其他营业收入58.67亿元，占总产值的15.2%，与上年同期相比增长28.4%。

截至2018年底，兵团建工集团在手工程任务总量688.79亿元，与上年同期608.87亿元相比，增长13.1%。其中上年结转工程为286.73亿元，本年新接工程402.06亿元。2018年，集团完成固定资产投资40.72亿元，与上年同期相比下降3%。

（四）2019年经济运行情况（不含六建）。2019年，兵团建工完成总产值349.29亿元，与上年同期365.82亿元相比，下降4.5%。其中，建筑业产值完成264.35亿元，与上年同期相比下降2.6%；工业产值完成24.94亿元，与上年同期相比增长14.9%（扣除附营工业）；三产服务业完成60亿元，与上年同期增相比长2.3%。

截至2019年底，兵团建工集团在手工程任务总量668.2亿元，与上年同期635.75亿元相比，增长5.1%。其中上年结转任务总量353.17亿元，本年新接任务总量315.03亿元，与上年同期376.88亿元相比，下降16.4%。2019年，兵团建工集团完成固定资产投资33.79亿元，与上年同期相比下降4%。

（五）2020年经济运行情况。2020年，兵团建工集团完成总产值409.34亿元，与上年同期349.29亿元相比，增长17.19%。其中建筑业产值完成288.16亿元，与上年同期相比上升9.15%；

工业产值完成 26.62 亿元，与上年同期相比增长 6.91%；三产服务业完成 94.56 亿元，与上年同期相比增长 57.6%。

截至 2020 年底，兵团建工集团在手工程任务总量 769.97 亿元，与上年同期 668.2 亿元相比，增长 15.23%。其中上年结转任务总量 367.34 亿元，本年新接任务总量 402.63 亿元，与上年同期 315.03 亿元相比，增长 28.12%。2020 年，兵团建工集团完成固定资产投资 40.09 亿元，与上年同期相比增长 23%。

三、"十三五"期间重大项目实施情况

兵团建工集团列入十一师"十三五"规划的项目共有 7 项，分别是十一师昌园红山苑八家户小区改造安居工程配套基础设施建设项目 440 万元；十一师四团保障性安居工程配套基础设施项目 470 万元；十一师七团保障性安居工程配套基础设施项目 945 万元；四建社区多功能公共活动场地建设及健身设施建设项目 30 万元；四团紫悦阳光保障安居小区住房项目 200 万元；八建友谊路南区社区服务站建设项目 100 万元；北新路桥集团股份有限公司公路路面及桥梁加固地方实验室创新项目 2000 万元，目前均已按照既定计划完成。

四、"十三五"期间重点工作开展情况

（一）加强内控管理，推动企业高质量发展。

1. 明晰发展方向，明确整体发展思路。兵团建工集团通过对行业发展的研判，以深化国资国企改革为契机，确定"十三五"期间整体发展思路：围绕国资国企改革"十三化"路径（企业分类专业化、集团管理资本化、管理层级扁平化、法人治理规范化、行业排名市场化、议事制度规则化、激励约束长效化、企业评价效益化、人才培养属地化、战略合作股份化、社会事业一体化、企业文化时代化、党的建设标准化），全面推进"13579"工程的落地实施。通过"13579"工程的实施，构建"学习型、创新型、责任型"和"同心多元化、管理现代化、发展国际化"的企业集团。

2. 狠抓项目管理，规范项目管理行为。兵团建工集团为进一步规范项目管理行为，严肃项目管理纪律，提高项目运行质量，集团制定出台《兵团建工集团项目管理"三大纪律九项要求"实施办法（暂行）》和《兵团建工集团投标评审办法（试行）》，从源头抓规范项目管理行为。同时为进一步强化项目精细化管理，加强项目现场指导，兵团建工集团印发《市场经营和现场经营管理指导规范》，全面提升项目现场管理水平。

3. 加强投资项目全过程管理，规范投资行为。为加强兵团建工集团投资项目管理效率，提升投资效益，有效防范投资风险，集团成立了投资评审委员会，评审委员会按照实施细则及投资管理办法的规定，对集团投资项目进行科学的决策。为有效防范投资风险，加强投资项目的全过程管理，集团制定了投资管理办法和违规经营投资责任追究办法，在各环节各阶段规范集团及权属企业的投资行为。

4. 加大财务管控力度，有效防范金融风险。为进一步加大兵团建工集团财务管控力度，从全面预算管理、会计核算、资金管理和融资管控等方面出台了相应的管理办法。子公司已对机关管理费用实现了预算管理，随着管控水平的不断提供，未来拟向全面预算管理推进。在防范金融风险方面，兵团建工集团制定防范和化解金融债务风险方案，预警和防范债务风险发生，同时，制定多种防范措施，确保现金流安全，避免出现债务违约风险。

（二）持续深化改革，激发企业内生活力。

根据中发3号文的精神及兵团关于深化国资国企改革的部署安排，集团自2017年以来，深入开展国资国企改革，进一步激发了集团及各企业发展活力，调动企业发展的积极性。

1.持续推进“四个一批”企业压减工作。2020年度兵团建工集团持续推进“四个一批”企业压减工作，有效促进了集团“四个一批”企业在“瘦身健体”、提质增效、股权出让、处置“僵尸企业”方面取得突破性进展。同时针对存在大量债权债务及法律诉讼案件在短时间内无法完成清理工作的全资子公司，集团采用“母公司托底，将债权债务整体划转”的办法，率先将公司注销，由母公司代其行使法人主体权力，完成后续处置工作，从而加快企业的处置进度，并取得了较好的效果。截至2020年12月底，累计完成分类处置企业124家，完成压减计划的93%。其中完成关闭注销企业94家（含北新建材重组整合后注销企业1家），转让退出企业28户，破产清算企业2家，剩余待处置企业11家。集团通过股权转让以及资产处置，累计收回资产出让金4.48亿元。

2.积极推进优势产业集团培育。兵团建工集团对标新兵党发〔2018〕14号文件的相关要求，在完成压减企业户数和层级的同时，注重培育优势产业集团工作。对产业上下游关联度强的“小、散、弱”企业，通过业务重组、资产划转等方式进行内部整合，打造产业集团。分别组建了以房屋建筑为主业的兵团城建集团；以铁路和市政轨道交通为主业的兵团城市轨道交通集团；以水泥制品为主业的雁池新型建材公司。3家优势产业集团公司组建后，企业市场主体意识有效增强，企业内部管理机制不断完善，改革内生动力显著增强，发展质量和抗风险能力进一步提升，产业集中度明显提高。截至2020年底，兵团城建集团资产总额60.26亿元，负债总额49亿元，所有者权益11.26亿元，资产负债率81.31%，实现利润8043万元，同比增长3.19%。兵团城市轨道交通集团资产总额411721.43万元，负债283516.45万元，净资产128204.97万元，实现利润总额4628万元。雁池建材资产总额16.08亿元，负债总额9.56亿元，企业资产负债率由2019年61.49%下降到59.47%，下降2.02%，实现产值16.04亿元，实现利润9777.9万元。

3.逐步完成“三供一业”分离移交和退休人员社会化管理工作。兵团建工集团涉及“三供一业”移交的共计14个居民小区，其中一建集团6个，四建集团5个，水利水电集团2个，北新路桥1个。需分离移交：供暖4002户、供水10460户、供电7823户、物业10046户。经过兵团建工集团所属相关企业经过两年多的辛苦努力，“三供一业”分离移交工作已全部完成。同时按照要求将“三供”改造项目的结算竣工验收资料整理建档，报送师国资委为第十一师顺利通过“三供一业”移交工作的验收打下坚实的基础。

退休人员社会化管理方面，截至2020年底，兵团建工集团已经100%完成5952名退休人员社会化移交工作。其中，移交兵团其他师市538人，移交乌鲁木齐市5414人。

4.巡视整改工作。兵团建工集团继续坚持问题导向，狠抓兵团党委巡视反馈意见以及兵团审计局专项审计提出问题的整改落实工作。

5.做好建科院改制工作。根据第十一师下发的《第十一师推进经营类事业单位改革工作方案》文件要求，兵团建工集团展开对建科所、检测中心等经营类事业单位改革工作。

6. 强化制度建设，规范管理。2019 年，对兵团建工集团 69 项规章制度进行了修订和完善，其中新制定各类规章制度近 30 项，并通过监督检查强化各项制度的执行力。在集团管控上，建立了投资审批、劳务管理等制度并完善了董事会四个委员会。在企业管理上，对三重一大、议事规则等进行规范。在项目管理上，规范管理模式，完善劳务和材料采购，规范合同审批。

（三）秉持“巩固疆内、拓展疆外、优化海外”的市场开拓思路，持续增强市场开发能力。

一是坚持“巩固疆内、聚焦向南”，继续做强疆内市场。兵团建工集团为响应市场需要，把任务承揽和投资重点向南疆转移，密切跟踪兵团及各师市重大建设项目；以所属企业全部或部分注册南移为契机，拓展南疆市场，全面参与南疆基础设施建设。二是坚持“拓展疆外、突出重点”，充分挖掘疆外市场潜力。加强与老业主和大客户的战略合作，全方位参与成渝地区双城经济圈、长江经济带建筑市场、雄安新区等京津冀市场；以福建顺邵项目为支点，撬动粤港澳大湾区等东南地区更具活力的市场区域，把市场布局得更科学、开拓得更充分。三是坚持“深耕海外、两个为王”，稳健推进海外市场开发。坚持“安全为王、效益为王”的经营理念，在把握安全和收益的基础上，开发环新疆中亚市场；利用海外项目既有设备、人力等资源，深耕以阿尔及利亚为中心的北部非洲区、以安哥拉为中心的南部非洲区、以委内瑞拉为中心的拉美区市场。

（四）聚焦总目标，贯彻落实总目标。

1. 常态化抓好各项维稳工作。严格遵守值班带班工作制度，落实“三防”措施，通过开展各类检查督导，抓好问题线索的整改；驻乌各企业、偏远地区项目部通过开展不同形式的应急演练，增强应急人员防范意识和处突能力，确保集团上下稳定。

2. 高标准做好民兵武装工作。按照实名制要求，民兵组织整顿顺利进行；民兵轮训备勤和军事训练任务圆满完成，职工大冬训活动广泛开展；“兵”字号工程已融入企业特别是项目管理的重要内容，全面推进。

（五）持续加大投入，狠抓科技创新和安全生产。

一是持续增加科技投入，增强企业创新能力。兵团建工集团 2020 科技课题立项 8 项，专利受理、授权 31 件，完成工法开发 39 项，完成“QC”课题 19 项，完成“四新”技术应用 58 项。二是进一步强化主体责任落实。各级领导班子签订“党政同责、一岗双责、齐抓共管、失职追责”责任书，各级职能部门签订“一岗双责”责任书，确保集团安全生产形势持续稳定可控。三是加大隐患排查力度。集团在各层级定期开展安全隐患排查，对各企业、各项目检查出的隐患，要求及时整改，定期回头看。四是重点关注海外项目安全。主动与当地政府和军、警建立联防机制，强化安全意识，完善防范措施，确保了海外项目人员生命、财产安全。

（六）做好宣传思想工作，筑牢舆论和意识形态阵地。

一是掀起学习宣传贯彻党的十九届四中全会精神的热潮，深入基层搞宣讲，兵团建工集团有 3000 多名党员、6100 多名干部职工聆听了宣讲报告，基本实现全覆盖。二是紧密结合中心工作，围绕生产经营、国资国企改革、新中国成立 70 周年、“不忘初心、牢记使命”主题教育、党史教育等，加大在国家级、省级和地市级等主要媒体的新闻报道力度。三是开发应用“兵团建工集团党建 + 园”App，利用新媒体的优势服务中心工作、展示集团形象，强化舆论引导、服务全体党员。

索 引

说明：本索引为综合性索引，提取主题词为索引词条，以汉语拼音音序排列，第一个字母相同则按第二个字母排序，依次类推；所载为全志书一、二级目题名（不含概述、大事记、附录、编后记）；词条后的阿拉伯数字为题名在志书所处的页码位置。

A

B

C

D

F

G

H

J

K

M

P

Q

R

S

T

X

Y

Z

编后记

2011 年 6 月，根据兵团修志工作要求，建工师正式启动第二轮修志工作。2016 年 3 月，兵团建工集团启动《兵团建工集团志（1992—2015）》编纂工作，成立新疆生产建设兵团建设工程（集团）有限责任公司史志编纂委员会，由党委办公室承办志书编辑工作。兵团建工集团党委照“一纳入、五到位”要求，落实人员、经费、办公场所，召开修志工作专题会议，明确编修志书的指导思想、编纂任务、编纂步骤、部门分工，对志书的篇目设计、记述方法、质量标准作了统一规定。为保证志书质量，聘请有志书编辑经验的退休人员参与志书编纂工作。

《兵团建工集团志（1992—2015）》编纂工作分为四个阶段，第一阶段完成体例设计、资料搜集工作。第二阶段完成编辑长编、初稿工作。第三阶段完成初稿的查遗补漏和评审工作。第四阶段完成三审三校和出版工作。在编纂志书过程中，编辑人员克服资料缺乏的困难，主动与各部门联系，要求各部门按志书要求提供资料。同时，与师史志办、师档案局联系，翻阅与兵团建工集团历史相关的文件、资料进行整理鉴别。编辑人员本着实事求是的科学态度，对每件历史事实和每个数据进行反复考证，力求载入志书资料经得起历史考验。

2017 年 6 月，编辑人员整理出资料长编 100 万字；2018 年 8 月，编辑人员汇总志书初稿 60 万字。同时，按章节打印出来分发各部门审阅，随后编辑人员根据反馈意见对全书进行修改。2018 年 12 月 24 日，志书通过第十一师史志办公室终审。2019—2020 年，由于兵团建工集团领导调整、部门人员变化较大，志书工作暂停。2021 年 1—9 月，编辑人员查遗补漏再次对志书内容进行修改。9 月 25 日，师史志办公室对志书再次评审，经过专家讨论，一致同意通过终审。

《兵团建工集团志（1992—2015）》上限 1992 年 8 月，下限 2015 年 12 月，共有 24 章 91 节，共计 50 万字。志首设凡例、概述、大事记，志末设附录、索引、编后记，内文配图片，翔实反映企业 1992—2015 年间在兵团、第十一师领导下取得的新成就、新经验，充分展示了企业的政治、经济、文化和社会发展的亮点和特色，为后人留下了真实可信的历史资料，是外界了解兵团建工集团的工具书。

《兵团建工集团志（1992—2015）》在编纂过程中，始终得到第十一师史志办、机关各部门、离退休领导支持，在此表示衷心的感谢。由于时间跨度长，内容涉及面广、资料搜集整理难度较大，加之编辑人员水平有限，难免有疏漏差错，敬请读者给予批评指正。

2022 年 4 月 20 日

挑战自我　努力超越